PONS

Reisewörterbuch

Schwedisch

bearbeitet von
Barbro Byström
neu bearbeitet von Dagmar Villa

W0382118

Ernst Klett Verlag für Wissen und Bildung
Stuttgart · Dresden

Bildquellen
Ch. Binder, Widnau: 159; IfA, Stuttgart: 22, 36, 49, 51, 67, 105, 108, 113, 115, 116, 129, 135, 179; Mairs Geographischer Verlag, Ostfildern: 74/75; Mauritius, Stuttgart: (Aourell) 25, (HCM) 165; E. Meyer-Koch, Stuttgart: 41; SAS, Stuttgart: 58; Schwedisches Touristik-Amt, Hamburg: 72, 79, 91, 95, 121, 124; H. Schwenk, Stuttgart: 143; M. Sucha, Frankfurt: 13

PONS Reisewörterbuch
Bearbeitet von Barbro Byström
Neu bearbeitet von Dagmar Villa

Phonetische Umschrift und Grammatik:
Dr. Maria Bonner, M.A., Saarbrücken
Neu bearbeitet von: Dagmar Villa, Västeras

Die Deutsche Bibliothek – CIP-Einheitsaufnahme
Pons-Reisewörterbuch. – Stuttgart; Dresden:
Klett-Verlag für Wissen und Bildung
NE: Reisewörterbuch
Schwedisch.
[Hauptw.]. Bearb. von Barbro Byström. –
[Neuausg.], 1. Aufl. / neubearb. von Dagmar Villa. – 1992
ISBN 3-12-518121-6
NE: Byström, Barbro; Villa, Dagmar

Gedruckt auf chlorfrei gebleichtem Papier

1. Auflage 1992 – Nachdruck 1992
© Ernst Klett Verlag für Wissen und Bildung GmbH, Stuttgart 1992
Alle Rechte vorbehalten.
Redaktion: Barbara Pflüger, Regina Reinboth
Umschlaggestaltung: BSS, Sachse und Partner GmbH, Bietigheim-Bissingen
Fotosatz: Fotosatz Kaufmann, Stuttgart
Reproduktionen: Günther Piltz, Esslingen
Druck: Konkordia Druck GmbH, Bühl/Baden
Printed in Germany.

ISBN 3-12-518121-6

Inhalt

Vorwort

Das PONS Reisewörterbuch Schwedisch ist ein „Verständigungsführer“. Mit ihm lernen Sie nicht nur einzelne Wörter, sondern wie Sie sich tatsächlich im Ausland verständigen können.

Für Alltagssituationen, in die Sie bei Ihrer Reise geraten, sind die gebräuchlichsten Redewendungen aufgeführt. Diese sind dialogisch aufgebaut, so daß Sie nicht nur wissen, was Sie zu sagen haben, sondern auch die entsprechenden Antworten verstehen können.
Beachten Sie die blauen Punkte. Sie markieren Äußerungen oder Sätze, mit denen Sie auf Ihrer Auslandsreise am häufigsten konfrontiert werden.

Das PONS Reisewörterbuch Schwedisch ist in 11 Themenbereiche gegliedert. Es begleitet Sie auf allen Etappen Ihrer Auslandsreise: auf der Anreise oder bei der Ankunft im Hotel, am Strand genauso wie bei einem Treffen mit Geschäftsfreunden.
Zu jedem dieser Themenbereiche finden Sie die wichtigsten Redewendungen mit thematisch geordneten Wortlisten. In ihnen sind die wichtigsten Begriffe aufgeführt, die in den jeweiligen Situationen vorkommen können.
Mit Hilfe dieser Wortlisten sowie des zusätzlichen Wörterbuchteils am Ende des Buches können Sie die aufgeführten Beispielsätze den konkreten Situationen individuell anpassen.

Darüber hinaus sind alle schwedischen Begriffe und Redewendungen in Lautschrift angegeben. Die Kurzgrammatik hilft Ihnen, sich rasch über den Aufbau der schwedischen Sprache zu orientieren.

Bilder und nützliche Tips informieren Sie und stimmen Sie auf kulturelle Besonderheiten und die landschaftlichen Reize Schwedens ein.

Aussprache

ˈ	vor einer Silbe bedeutet, daß die nachfolgende Silbe den Druckakzent erhält (vgl. Seite 9).		
ˇ	vor einer Silbe bedeutet, daß die nachfolgenden Silben den musikalischen Akzent erhalten (vgl. Seite 9).		
:	bedeutet, daß der vorhergehende Laut lang zu sprechen ist.		
[i:]	geschlossener als in M**ie**te	polis	[pɔˈli:s]
[i]	wie in M**i**tte	inte	[ˇintə]
[e:]	wie in B**ee**t	leva	[ˇle:va]
[e]	wie in engl. b**e**d	enda	[ˇenda]
[ɛ:]	wie in R**ä**te	läder	[ˈlɛ:dər]
[ɛ]	wie in r**e**tte	hellre	[ˈhɛlrə]
[æ:]	offener als [ɛ:], nur vor [r], selten vor [j]	här	[hæ:r]
[æ]	wie in engl. h**a**m, nur vor [r], selten vor [j]	herre	[ˇhærə]
[ɑ:]	wie in engl. f**a**ther	aning	[ˇɑ:niŋ]
[a]	wie in M**a**nn	mann	[man]
[y:]	wie in H**ü**te	hyra	[ˇhy:ra]
[y]	wie in H**ü**tte, **Y**psilon	hydda	[ˇhyda]
[ø:]	wie in b**ö**se	hövlig	[ˇhø:vli]
[ø]	kurzes [ø]	mjölk	[mjølk]
[œ:]	wie in frz. s**œ**ur, nur vor [r]	göra	[ˇjœ:ra]
[œ]	wie in R**ö**cke, nur vor [r]	mörk	[mœrk]
[ʉ:]	ähnlich wie dt. ü, jedoch mit den Lippen nach innen gezogen	gud	[gʉ:d]
[ɵ]	wie in frz. l**e**	guld	[gɵld]
[ə]	wie in bitt**e**, nie betont	kaffe	[ˇkafə]
[u:]	wie in M**u**t	mode	[ˇmu:də]

[u]	geschlossener als in M**u**tter	fort	[fuʈ]
[o:]	wie in **O**fen	gård	[go:ɖ]
[ɔ]	wie in **o**ffen	gång	[gɔŋ]
[p]	wie in **P**ol	pengar	[ˇpɛŋar]
[b]	wie in **B**ohne[1]	backe	[ˇbakə]
[t]	wie in **T**eller	tid	[ti:d]
[d]	wie in **D**elle[1]	dam	[dɑ:m]
[k]	wie in **K**ahn	kaffe	[ˇkafə]
[g]	wie in **G**ans[1]	gata	[ˇgɑ:ta]
[f]	wie in **f**allen	far	[fɑ:r]
[v]	wie in **W**asser, **V**ioline[1]	vecka	[ˇveka]
[s]	wie in rei**ß**en, la**ss**en	sak	[sɑ:k]
[ʃ]	wie in Ti**sch**, die Lippen jedoch nicht gerundet; in einem großen Teil Schwedens statt dessen ein gleichzeitiges [ʃ] und [x]	nation	[naʃu:n]
[ç]	wie in i**ch**	kedja	[ˇçe:dja]
[j]	wie in **j**eder	gärna	[ˇjæ:ɳa]
[h]	wie in **H**alle	hals	[hals]
[l]	wie in **L**uft	lampa	[ˇlampa]
[r]	gerolltes Zungenspitzen-r	rock	[rɔk]
[m]	wie in **M**ut	man	[man]
[n]	wie in **N**ase	nagel	[nɑ:gəl]
[ŋ]	wie in la**ng**	hunger	[hɵŋər]
[ʈ]	t mit zurückgebogener Zungenspitze[2]	ort	[uʈ]
[ɖ]	d mit zurückgebogener Zungenspitze[2]	gård	[go:ɖ]
[ɳ]	n mit zurückgebogener Zungenspitze[2]	gärna	[ˇjæ:ɳa]

[ɭ]	l mit zurückgebogener Zungenspitze[2]	förlåt	[fœɭo:t]
[ʂ]	s mit zurückgebogener Zungenspitze[2]	person	[pæʂu:n]

[1] [b, d, g, v] werden im Schwedischen auch am Wortende stimmhaft ausgesprochen.

[2] In Südschweden statt dessen Zäpfchen-r + t/d/n/l/s für die Schreibung rt, rd, rn, rl, rs.

Silbenstruktur und Betonung

Im Schwedischen sind Silben immer gleich lang, d. h. sie enthalten entweder einen kurzen Vokal und einen langen Konsonanten oder einen langen Vokal und einen kurzen Konsonanten. In der Transkription wird nur die Länge des Vokals angegeben (durch :). Nach kurzen Vokalen sind die Konsonanten also immer lang zu sprechen.
Das Schwedische unterscheidet zwischen dem Druckakzent und dem musikalischen Akzent. Der Druckakzent entspricht der Betonung im Deutschen, den musikalischen Akzent gibt es im Deutschen nicht.
Der Druckakzent (Akzent 1) wird in der Transkription durch ˈ vor der betonten Silbe wiedergegeben.

vatten [ˈvatən]
potatis [puˈtɑ:tis]

Der musikalische Akzent (Akzent 2) ist ein zusammengesetzter Akzent mit fallendem Ton auf der Silbe mit Hauptbetonung und höher fallendem Ton auf der folgenden Silbe. Er wird in der Transkription mit ˇ vor der hauptbetonten Silbe wiedergegeben. Fällt, besonders in zusammengesetzten Wörtern, die Nebenbetonung nicht auf die unmittelbar folgende Silbe, so wird die nebenbetonte Silbe durch vorausgehendes ˈ bezeichnet.

öre [ˇœ:rə]
vykort [ˇvy:kuʈ]
uppehåll [ˇɵpəˈhɔl]

Im Satzzusammenhang ordnet sich die Wortbetonung der Satzbetonung unter. Nur die im Satz betonten Wörter behalten ihre Wortbetonung, die übrigen sind unbetont. In der Transkription von Ausdrücken oder Sätzen können deshalb auch einsilbige Wörter ein ˈ erhalten, wenn sie die Satzbetonung tragen, während mehrsilbige Wörter ohne Akzente transkribiert sein können.

Das schwedische Alphabet

A	a	[ɑ:]	K	k	[ko:]	U	u	[ʉ:]
B	b	[be:]	L	l	[ɛl]	V	v	[ve:]
C	c	[se:]	M	m	[ɛm]	W	w	[ˈdəbəl ve:]
D	d	[de:]	N	n	[ɛn]	X	x	[ɛks]
E	e	[e:]	O	o	[u:]	Y	y	[y:]
F	f	[ɛf]	P	p	[pe:]	Z	z	[ˈsɛ:ta]
G	g	[ge:]	Q	q	[kʉ:]	Å	å	[o:]
H	h	[ho:]	R	r	[ær]	Ä	ä	[æ:]
I	i	[i:]	S	s	[ɛs]	Ö	ö	[ø:]
J	j	[ji:]	T	t	[te:]			

Abkürzungen im Reisewörterbuch

adj	Adjektiv, Eigenschaftswort	adjektiv
adv	Adverb, Umstandswort	adverb
conj	Konjunktion, Bindewort	konjunktion
el	Elektrizität	electricitet
etw	etwas	något
f	Femininum, weiblich	femininum
jdm	jemandem	någon
jdn	jemanden	någon
m	Maskulinum, männlich	maskulinum
mede	Medizin	medicin
n	Neutrum, sächlich	neutrum
ngn	jemanden	någon
ngt	etwas	något
pers prn	Personalpronomen	personligt pronomen
pl	Plural, Mehrzahl	pluralis
poss prn	Possessivpronomen	possessivst pronomen
prn	Pronomen, Fürwort	pronomina
prp	Präposition, Verhältniswort	preposition
rel	kirchlich, geistlich	religiös
s.	sich	sig
sing	Singular, Einzahl	singularis
tele	Telefon, Telegraf	telefon, telegraf
verb	Verb, Zeitwort	verb

Allgemeine Abkürzungen

AB	aktiebolag	Aktiengesellschaft
bl.a.	bland annat	unter anderem
d.	död	gestorben
dvs	det vill säga	das heißt
eftr.	efterträdare	Nachfolger
e.Kr.	efter Kristus	nach Christus
em.	eftermiddag(en)	nachmittags
f.	född	geboren
f.Kr.	före Kristus	vor Christus
fm.	förmiddag(en)	vormittags
FN	Förenta nationerna	Vereinte Nationen
f.n.	för närvarande	zur Zeit
fr.	fru/fröken	Frau/Fräulein
Gbg	Göteborg	Göteborg
hr(r)	herr(ar)	Herr(en)
KAK	Kungliga Automobil Klubben	Königlicher Automobilklub
kl.	a) klockan b) klass	a) Uhr b) Klasse
kr	kronor	Kronen
moms		Mehrwert- und Umsatzsteuer
nr, n:r	nummer	Nummer
osv.	och så vidare	und so weiter
SAS	Scandinavian Airlines Systems	Skandinavische Luftfahrtgesellschaft
SJ	Statens Järnvägar	Schwedische Staatsbahnen
SL	Storstockholm Lokaltrafik	Großstockholmer Verkehrsbetriebe
SRK	Svenska Röda Korset	Schwedisches Rotes Kreuz
Sth(lm)	Stockholm	Stockholm (Stadt)
STF	Svenska Turistföreningen	Schwedischer Fremdenverkehrsverband
t.e(x).	till exempel	zum Beispiel
TV	Television	Fernsehen
vån.	våning	Stockwerk
ö.h.	över havet	über dem Meeresspiegel

Hinweise zur Benutzung des Wörterbuches

Im Wörterbuch steht das Substantiv in der Grundform. An erster Stelle folgt der bestimmte Artikel (-**en** oder -**n**, -**et** oder -**t**), der an die Grundform angehängt wird. An zweiter Stelle steht die Pluralendung, die an den Stamm angehängt wird. Hat der Plural Umlaut, so ist die vollständige Pluralform angegeben.

kväll ⟨-en, -ar⟩	lies:	kväll		Abend
		kvällen	der	Abend
		kvällar		Abende
blomma ⟨-n, -or⟩	lies:	blomma		Blume
		blomman	die	Blume
		blommor		Blumen
bok ⟨-en, böcker⟩	lies:	bok		Buch
		boken	das	Buch
		böcker		Bücher

Bei den schwachen Verben ist jeweils die Endung des Präteritum und des Partizip Perfekt angegeben.

måla ⟨-ade, -at⟩	lies:	måla	malen
		målade	malte
		målat	gemalt
stänga ⟨-de, -t⟩	lies:	stänga	schließen
		stängde	schloß
		stängt	geschlossen
köpa ⟨-te, -t⟩	lies:	köpa	kaufen
		köpte	kaufte
		köpt	gekauft
nå ⟨-dde, -tt⟩	lies:	nå	erreichen
		nådde	erreichte
		nått	erreicht

1 Auf einen Blick
En snabb överblick

Oft gesagt und oft gehört

Vad man ofta säger och ofta hör

Ja.	Ja. [jɑ:]
Nein.	Nej. [ne:j]
Bitte.	Varsågod. [vaʂe:ˈgu:d]
Danke.	Tack. [tak]
Wie bitte?	Förlåt? [fœˈɭo:t]
Selbstverständlich.	Självklart. [ˇʃɛlvklɑ:ʈ]
Einverstanden!/In Ordnung!	Okej! [o:kɛj]
Verzeihung!	Förlåt. [fœˈɭo:t]
Einen Augenblick, bitte.	Ett ögonblick. [et ˇø:gɔnˈblik]
Genug!	Det räcker! [de: ˈrɛkər]
Hilfe!	Hjälp! [jɛlp]
Wer?	Vem? [vem]
Was?	Vad? [vɑ:d/vɑ]
Welcher/Welche/Welches?	Vilken/vilka/vilket? [ˇvilkən/vilka/vilkət]
Wem?	(Åt) vem? [(o:t) vem]
Wen?	Vem? [vem]
Wo?	Var? [vɑ:r]
Wo ist/Wo sind …?	Var är …? [vɑ:r e:]
Woher?	Varifrån? [ˇvɑ:riˈfro:n]
Wohin?	Vart? [vɑ:ʈ]
Warum?	Varför? [ˇvɑ:rfœ:r]
Weshalb?	Varför det? [ˇvɑ:rfœ: ɖe:]
Wofür?	Varför? [ˇvɑ:rfœ:r], Vartill? [vɑ:rˈti] För vad? [fœ:r vɑ:d]
Wozu?	Vartill? [vɑ:rˈti], Till vad? [til vɑ:d]

Wie?	Hur? [hʉ:r]
Wieviel?	Hur mycket? [hʉ:r ˇmykə]
Wie viele?	Hur många? [hʉ:r ˇmoŋa]
Wie lange?	Hur länge? [hʉ:r ˇlɛŋə]
Wann?	När? [næ:r]
Ich möchte …	Jag skulle vilja … [jɑ: ˇskəle ˇvilja]
Gibt es …?	Finns det …? [finsde:] Har ni …? [hɑ: ŋi:]

Zahlen/Maße/Gewichte

Räkneord/Mått/Vikter

0	noll [nɔl]
1	ett [et]
2	två [tvo:]
3	tre [tre:]
4	fyra [ˇfy:ra]
5	fem [fɛm]
6	sex [sɛks]
7	sju [ʃʉ:]
8	åtta [ˇɔta]
9	nio [ˇni:ə]
10	tio [ˇti:ə]
11	elva [ˇɛlva]
12	tolv [tɔlv]
13	tretton [ˇtrɛtɔn]
14	fjorton [ˇfju:ʈɔn]
15	femton [ˇfɛmtɔn]
16	sexton [ˇsɛkstɔn]
17	sjutton [ˇʃətɔn]
18	arton [ˇɑ:ʈɔn]
19	nitton [ˇnitɔn]
20	tjugo [ˇçʉ:gə]
21	tjugoett [çʉ:ˈet]
22	tjugotvå [çʉ:ˈtvo:]
23	tjugotre [çʉ:ˈtre:]
24	tjugofyra [çʉ:ˇfy:ra]
25	tjugofem [çʉ:ˈfɛm]

26	tjugosex [çʉ:ˈsɛks]
27	tjugosju [çʉ:ˈʃʉ:]
28	tjugoåtta [çʉ:ˇɔta]
29	tjugonio [çʉ:ˇni:ə]
30	trettio [ˇtrɛti]
31	trettioett [ˇtrɛtiˈet]
32	trettiotvå [ˇtrɛtiˈtvo:]
40	fyrtio [ˇfœṭi]
50	femtio [ˇfɛmti]
60	sextio [ˇsɛksti]
70	sjuttio [ˇʃɵti]
80	åttio [ˇɔti]
90	nittio [ˇniti]
100	hundra [hɵndra]
101	etthundraett [ethɵndraˈet]
200	tvåhundra [ˇtvo:hɵndra]
300	trehundra [ˇtre:hɵndra]
1000	tusen [tʉ:sən]
2000	tvåtusen [ˇtvo:tʉ:sən]
3000	tretusen [ˇtre:tʉ:sən]
10000	tiotusen [ˇti:ətʉ:sən]
100000	hundratusen [ˇhɵndraˈtʉ:sən]
1000000	en miljon [en milˈju:n]
1.	första [ˇfœʂta]
2.	andra [ˇandra]
3.	tredje [ˇtre:djə]
4.	fjärde [ˇfjæ:ɖə]
5.	femte [ˇfɛmtə]
6.	sjätte [ˇʃɛtə]
7.	sjunde [ˇʃɵndə]
8.	åttonde [ˇɔtɔndə]
9.	nionde [ˇni:ɔndə]
10.	tionde [ˇti:ɔndə]
1/2	hälften [ˈhɛlftən]
1/3	en tredjedel [en ˇtre:djəˈde:l]
1/4	en fjärdedel [en ˇfjæ:ɖəˈde:l]
3/4	tre fjärdedelar [tre: ˇfjæ:ɖəˈde:lar]
3,5%	tre och en halv procent [tre: ɔ en halv prɔˈsɛnt]
27 °C	tjugosju grader (Celsius) [çʉ:ˈʃʉ: ˇgrɑ:dər (ˇsɛlsiɵs)]
–5 °C	minus fem grader (Celsius) [ˈmi:nɵs fɛm ˇgrɑ:dər (ˇsɛlsiɵs)]

1992	nittonhundranittiotvå [ˇnitɔnhɵndranitɔˈtvo]
Millimeter	millimeter [miliˈme:tər]
Zentimeter	centimeter [sɛntiˈme:tər]
Meter	meter [ˈme:tər]
Kilometer	kilometer [çiluˈme:tər]
Meile	mil [mi:l]
Seemeile	sjömil [ˇʃø:mi:l]
Quadratkilometer	kvadratkilometer [ˇkvadra:tçi:luˈme:tər]
Ar	ar [a:r]
Hektar	hektar [hɛkˈta:r]
Liter	liter [ˈli:tər]
Gramm	gram [gram]
100 Gramm	ett hekto [et hɛktu]
Kilogramm	kilo [ˇçi:lu]
Dutzend	ett dussin [et ˇdəsin]

Zeitangaben

Tidsangivelser

Uhrzeit	Klockan
Wieviel Uhr ist es?	Hur mycket är klockan? [hʉ:r ˇmykə e: ˇklɔkan]
Können Sie mir bitte sagen, wie spät es ist?	Förlåt, kan ni tala om för mig hur mycket klockan är? [fœˈlo:t kani ta:la ˈom fœ:r mɛj hʉ:r ˇmykə ˇklɔkan e:]
Es ist …	Klockan är … [ˇklɔkan e:]
3 Uhr.	tre. [tre:]
5 nach 3.	fem över tre. [fɛm ˈøvər tre:]
3 Uhr 10.	tio minuter över tre. [ˇti:ə miˈnʉ:tər ˈø:və tre:]
Viertel nach 3.	kvart över tre. [kvaʈ ˈøvər tre:]
halb 4.	halv fyra. [halv ˇfy:ra]
Viertel vor 4.	kvart i fyra. [kvaʈ i: ˇfy:ra]
5 vor 4.	fem (minuter) i fyra. [fɛm (miˈnʉ:tər) i: ˇfy:ra]
1 Uhr.	ett. [et]
12 Uhr mittag/Mitternacht.	tolv på dagen/på natten. [tɔlv po: ˈdagən/po: ˈnatən]

Geht diese Uhr richtig?	Går den här klockan rätt? [go:r den hæ:r ˇklɔkan rɛt]
Sie geht vor/nach.	Den går före/efter. [dɛn go:r ˇfœ:rə/ˈɛftər]
Es ist spät/zu früh.	Det är sent/för tidigt. [de: e: se:nt/fœˈṭi:dit]
Um wieviel Uhr?/Wann?	Hur dags?/När? [hʉ: ˈḍaks/næ:r]
Um 1 Uhr.	Klockan ett. [klɔkan ˈet]
Um 2 Uhr.	Klockan två. [klɔkan ˈtvo:]
Gegen 4 Uhr.	Omkring klockan fyra. [ɔmˈkriŋ klɔkan ˇfy:ra]
In einer Stunde.	Om en timme. [ɔm en ˇtimə]
In zwei Stunden.	Om två timmar. [ɔm tvo: ˇtimar]
Nicht vor 9 Uhr morgens.	Inte före klockan nio på morgonen. [ˇintə fœ:rə klɔkan ˇni:ə po: ˇmɔrɔnən]
Nach 8 Uhr abends.	Efter klockan åtta på kvällen. [ˈɛftər klɔkan ˇɔta po: ˈkvɛlən]
Zwischen 3 und 4.	Mellan tre och fyra. [ˇmelan tre: ɔ ˇfy:ra]
Wie lange?	Hur länge? [hʉ: ˇḷɛŋə]
Zwei Stunden (lang).	Två timmar. [tvo: ˇtimar]
Von 10 bis 11.	Från tio till elva. [fro:n ˇti:ə til ˇɛlva]
Bis 5 Uhr.	Till klockan fem. [til ˇklɔkan fɛm]
Seit wann?	Sedan när? [se:dan ˈnæ:r]
Seit 8 Uhr morgens.	Sedan klockan åtta i morse. [se:dan klɔkan ˇɔta i ˇmɔʂə]
Seit einer halben Stunde.	Sedan en halvtimme. [se:dan en ˇhalvtimə]
Seit acht Tagen.	Sedan en vecka. [se:dan en ˇveka]

Sonstige Zeitangaben — Övriga tidsuppgifter

abends	på kvällen [po: ˈkvɛlən]
alle halbe Stunde	varje halvtimme [ˇvɑ:rjə ˇhalvtimə]
alle zwei Tage	varannan dag [vɑ:ˇranan dɑ:g]
am Sonntag	på söndag [po: sønda]
am Wochenende	på helgen [po hɛljən]
bald	snart [snɑ:ṭ]
diese Woche	denna vecka [ˇdena ˇveka]

gegen Mittag	omkring klockan tolv [ɔmˈkriŋ klɔkan ˈtɔlv]
gestern	igår [iˈgo:r]
heute	idag [iˈdɑ:]
heute morgen/abend	i morse/i kväll [i ˇmɔʃə/i ˈkvɛl]
in 14 Tagen	om fjorton dagar [ɔm ˇfju:ʈɔn ˇdɑ:gar]
innerhalb einer Woche	inom en vecka [ˇinɔm en ˇveka]
jeden Tag	varje dag [ˇvarjə dɑ:g]
jetzt	nu [nʉ:]
kürzlich	nyligen [ˇny:ligən], nyss [nys]
letzten Montag	förra måndagen [ˇfœra ˈmɔndan] i måndags [i ˈmɔndas]
manchmal	ibland [iˈbland]
mittags	vid middagstiden [vi: ˇmidasˈti:dən]
morgen	i morgon [i ˇmɔrɔn]
morgen früh/abend	i morgon bitti/kväll [i mɔrɔn ˇbiti/kvɛl]
morgens	på morgonen [po: ˇmɔrɔnən] på morgnarna [po: ˇmɔ:rnarna]
nachmittags	på eftermiddagen [po ˇɛftərˈmidan] på eftermiddagarna [po ˇɛftərmiˈdɑ:gana]
nächstes Jahr	nästa år [ˇnɛsta o:r]
nachts	på natten [po: ˈnatən]
stündlich	varje timme [ˇvɑ:rjə ˇtimə]
täglich	dagligen [ˇdɑ:gligən]
tagsüber	under dagen [ˈəndə ˈɖɑ:gən]
übermorgen	i övermorgon [i ˇø:vərmɔrɔn]
um diese Zeit	vid den här tiden [vi:d den hæ:r ˈti:dən]
von Zeit zu Zeit	då och då [do: ɔ do:]
vor zehn Minuten	för tio minuter sedan [fœ:r ˇti:ə miˈnʉ:tə ʂen]
vorgestern	i förrgår [i ˈfœrgo:r]
vormittags	på/under förmiddagen [po:/ˈəndər ˇfœ:rmidan]

Wochentage	Veckodagar
Montag	måndag ['mɔnda]
Dienstag	tisdag ['tisda]
Mittwoch	onsdag ['unsda]
Donnerstag	torsdag ['tuʂda]
Freitag	fredag ['fre:da]
Samstag	lördag ['lœ:ɖa]
Sonntag	söndag ['sønda]

Monate	Månader
Januar	januari [janɵ'ɑ:ri]
Februar	februari [febrɵ'ɑ:ri]
März	mars [maʂ]
April	april [a'pril]
Mai	maj [maj]
Juni	juni ['jʉ:ni]
Juli	juli ['jʉ:li]
August	augusti [aɵ'gɵsti]
September	september [sɛp'tɛmbər]
Oktober	oktober [ɔk'tu:bər]
November	november [nu'vɛmbər]
Dezember	december [de'sɛmbər]

Jahreszeiten	Årstider
Frühling	vår, -en, -ar [vo:r]
Sommer	sommar, -(e)n, somrar ['ˇsɔmar]
Herbst	höst, -en, -ar [høst]
Winter	vinter, -n, vintrar ['vintər]

Feiertage	Helgdagar
Neujahr	nyår ['ˇny:o:r]
Dreikönigstag	trettondagen ['ˇtrɛtɔn'dɑ:gən]
Fastnachtsdienstag	fettisdag ['ˇfe:ti:s'dɑ:g]
Aschermittwoch	askonsdagen ['ˇaskunsda]
Karfreitag	långfredag ['ˇlɔŋfre:da]
Ostern	påsk [po:sk]
Ostermontag	annandag påsk ['ˇanan'dɑ:g po:sk]

Walpurgisnacht (30. April)	valborgsmössoafton [ˇvɑ:lbɔrjsmɛsu'aftɔn]
1. Mai	första maj [fœʂta 'maj]
Christi Himmelfahrt	Kristi Himmelsfärdsdag [ˇkristi ˇhiməlfæ:dʂ'dɑg]
Pfingsten	pingst [piŋst]
Pfingstmontag	annandag pingst [ˇanan'dɑ:g piŋst]
Mittsommernacht (24. Juni)	midsommar [ˇmisɔmar]

Das Mittsommernachtsfest wird an dem Samstag zwischen dem 20. und dem 26. Juni gefeiert.

Allerheiligen (1. November)	allhelgonadag [alˇhɛlgɔna'dɑ:g]
Luciafest (13. Dezember)	Luciafest [ləˇsi:a'fɛst]
Heiliger Abend	julafton [ˇjʉ:laftɔn]
Weihnachten	jul [jʉ:l]
1. Weihnachtsfeiertag	juldagen [ˇjʉ:ldɑ:gən]
2. Weihnachtsfeiertag	annandag jul [ˇanan'dɑ:g jʉ:l]
Silvesterabend	nyårsafton [ˇny:o:ʂ'aftɔn]

Datum

Datum

Den Wievielten haben wir heute?	Vad är det för datum idag? [vɑ: e: de: fœ: ˇɖɑ:təm i'dɑ:]
Heute ist der 1. Mai.	Idag är det den första maj. [i'dɑ: e: de: den ˇfœʂta maj]

Wetter

Väder

Wie wird das Wetter heute?	Vad blir det för väder idag? [vɑ: bli: ɖe: fœ:r 'vɛ:dər i'dɑ:g]
Wir bekommen schönes/schlechtes/unbeständiges Wetter.	Det blir vackert/dåligt/ostadigt väder. [de: bli:r 'vakəʈ/ˇdo:lit/ˇu:stɑ:dit 'vɛdər]

Es bleibt schön/schlecht.	Det vackra/dåliga vädret fortsätter. [de: ˇvakra/ˇdo:liga ˈvɛ:drət ˇfuʈʂɛtər]
Es wird wärmer/kälter.	Det blir varmare/kallare. [de: bli:r ˇvarmarə/ˇkalarə]
Es soll regnen/schneien.	Det kommer att regna/snöa. [de: ˈkɔmər at ˇrɛgna/ˇsnø:a]
Es ist kalt/heiß/schwül.	Det är kallt/hett/kvavt. [de: e: kalt/het/kvɑ:ft]
Es zieht ein Gewitter/ Sturm auf.	Det kommer att bli åska/storm. [de: ˈkɔmər at bli: ˇo:ska/stɔrm]
Es ist neblig/windig.	Det är dimmigt/blåsigt. [de: e: ˇdimit/ˇblo:sit]
Die Sonne scheint.	Solen skiner. [ˈsu:lən ˈʃi:nər]
Der Himmel ist wolkenlos/bedeckt.	Himlen är molnfri./Det är mulet. [ˈhimlən e: ˇmo:lnfri:/de: ɛ: mʉlət]
Wieviel Grad haben wir heute?	Hur många grader är det idag? [hʉr ˇmɔŋa grɑ:dər e: de: iˈdɑ:]
Es ist 20 Grad Celsius.	Det är tjugo grader (Celsius). [de: e: ɕʉgu grɑ:dər sɛlsiɵs]
Wie ist der Straßenzustand in …?	Hur är vägarna i … ? [hʉ:r e: ˇvɛ:gaɳa i:]
Die Sicht beträgt nur 20 m/weniger als 50 m.	Man har bara tjugo meters sikt/mindre än femtio meters sikt. [man hɑ:r bɑ:ra ɕʉgu me:teʂ sikt/mindra ɛn fɛmtiu me:teʂ sikt]

Die Straßen sind glatt. — Vägarna är hala. [ˇvɛ:gaɳa e: hɑ:la]

Schneeketten sind erforderlich. — Det är nödvändigt att ha snökedjor. [de: e: ˇnø:dvɛndit at hɑ: ˇsnø:çe:djur]

Wortliste Wetter

Barometer	barometer, -n, -rar [baruˈme:tər]
bewölkt	molnigt [ˇmo:lnit]
Blitz	blixt, -en, -ar [blikst]
Bö	by, -n, -ar [by:]
Dämmerung	*(am Morgen)* gryning, -en [ˇgry:niŋ]
	(am Abend) skymning, -en [ˇʃymniŋ]
diesig	disig [ˇdi:sig]
Donner	åska, -n [ˇo:ska]
Ebbe	ebb, -en [ɛb]
Eis	is, -en [i:s]
feucht-kühl	kallt och fuktigt [kalt ɔ ˇføktit]
Flaute	stiltje [ˇstiltjə]
Flut	flod, -en, -er [flu:d]
Frost	frost, -en [frɔst]
Glatteis	halka, -n [ˇhalka]
Hagel	hagel, haglet [ˈhɑ:gəl]
heiß	varmt [varmt], hett [het]
heiter	klart [klɑ:t]
Hitze	hetta, -n [ˇheta]
~welle	värmebölja, -n [ˇværməˈbølja]
Hoch	högtryck, -et [ˇhø:gtryk]
kalt	kallt [kalt]
Klima	klimat, -et [kliˈmɑ:t]
Luft	luft, -en [løft]
~druck	lufttryck, -et [ˇløftryk]
naß	blöt [blø:t], våt [vo:t]
Nebel	dimma, -n, -or [ˇdima]
Niederschlag	nederbörd, -en [ˇne:dərˈbœ:ɖ]
Nieselregen	duggregn-et [ˇdøgrɛŋn]
Pulverschnee	pudersnö-n [ˇpʉdərsnø:]
Regen	regn, -et [rɛŋn]
~schauer	regnskur, -en, -ar [ˇrɛŋnskʉ:r]
regnerisch	regnig [ˇrɛŋig]
Schnee	snö, -n [snø:]
~sturm	snöstorm, -en, -ar [ˇsnø:stɔrm]
schwül	kvav [kvɑ:v]
Schwüle	kvav luft, -en [kvɑ:v løft]
Sonne	sol, -en, -ar [su:l]

Sonnen|aufgang	soluppgång, -en, -ar [ˇsu:lɵpgɔŋ]
~untergang	solnedgång, -en, -ar [ˇsu:lne:dgɔŋ]
sonnig	solig [ˇsu:lig]
sternenklar	stjärnklar [ˇʃɛ:ɳkla:r]
Tauwetter	töväder, tövädret [ˇtø:vɛ:dər]
Temperatur	temperatur, -en, -ar [tɛmpəraˈtʉ:r]
Tief	lågtryck, -et [ˇlo:gtryk]
Trockenheit	torka, -n [ˇtɔrka]
Überschwemmung	översvämning [ˇø:vəʂvɛmniŋ]
warm	varm [varm]
wechselhaft	växlande [ˇvɛkslandə]
Wetter|bericht	väderleksrapport, -en, -er [ˇvɛ:dəle:ksraˈpɔʈ]
~vorhersage	väderutsikter [ˇvɛ:dərˈʉ:tsiktər]
Wind	vind, -en, -ar [vind]
~stärke	styrka, -n [ˇstyrka]
Wolke	moln, -et, - [mo:ln]
Wolkenbruch	skyfall, -et, - [ˇʃy:fal]

Wortliste Farben

beige	beige [be:ʃ]
blau	blå [blo:]
braun	brun [brʉ:n]
kastanien~	kanstanjebrun [kasˇtanjəˈbrʉ:n]
farbig	färgad [ˇfærjad]
ein~	enfärgad [ˇe:nfærjad]
mehr~	flerfärgad [ˇfle:rfærjad]
gelb	gul [gʉ:l]
golden	guld [gɵld]
grau	grå [gro:]
grün	grön [grø:n]
lila	lila [ˇli:la]
orange	orange [uˈraŋʃ]
rosa	rosa [ˇro:sa]
rot	röd [rø:d]
schwarz	svart [svaʈ]
silbern	silver [ˈsilvər]
türkisfarben	turkosfärgad [ˇtərko:sˈfærjad]
violett	violett [viuˈlɛt]
weiß	vit [vi:t]
hell …	ljus … [jʉ:s]
dunkel …	mörk … [mœrk]

2 **Kontakte**
Kontakter

Begrüßung/Vorstellung/Bekanntschaft
Hälsning/Presentation/Bekantskap

Guten Morgen!	God morgon. [gu: ᵛmɔrɔn]
Guten Tag!	Goddag. [gu:ˈdɑ:]
Guten Abend!	God afton. [gu: ᵛaftɔn]
Hallo!/Grüß dich!	Hej! [hɛj]
Wie ist Ihr Name, bitte?	Hur var namnet? [hʉ:r vɑ:ˈɳamnət]
Wie heißt du?	Vad heter du? [vɑ:ˈhe:tə dʉ:]

Im Schwedischen verwendet man häufiger die Anrede „du" als im Deutschen. Zu Freunden und Arbeitskollegen sagt man immer „du", meist auch in Geschäften, beim Tanken usw. „ni" kann wie das deutsche „Sie" gebraucht werden.
Die Anrede in der 3. Person wird vor allem von älteren Leuten verwendet. Spricht man jemanden in der 3. Person an, so verwendet man Titel und Familiennamen.

Mein Name ist .../Ich heiße ...	Jag heter ... [jɑ: ˈhe:tər]
Darf ich bekannt machen? Das ist ...	Får jag presentera? Det här är ... [fo:r jɑ: presɛnˈte:ra de: hæ:r e:]
Frau X.	fru X. [frʉ:]
Fräulein X.	fröken X. [ˈfrø:kən]
Herr X.	herr X. [hær]
mein Mann.	min man. [min man]
meine Frau.	min fru. [min frʉ:]
mein Sohn.	min son. [min so:n]
meine Tochter.	min dotter. [min ᵛdɔtər]
mein Bruder/meine Schwester.	min bror/min syster. [min bru:r/min ᵛsystər]
mein Freund/meine Freundin.	min vän/min väninna. [min vɛn/min vɛᵛnina]
mein Kollege/meine Kollegin.	min kollega. [min kɔˈle:ga]
Wie geht es Ihnen/dir?	Hur mår ni/du? [hʉ:r mo: ɳi:/ɖʉ:]
Wie geht's?	Hur står det till? [hʉ: ʂto: ɖeˈtil]
Danke. Und Ihnen/dir?	Bra tack, och ni/du själv? [brɑ: tak ɔ ni:/dʉ: ʃɛlv]

Woher kommen Sie/kommst du?	Var kommer ni/du ifrån? [vɑ:r ˈkɔmə ɳi:/dʉ: iˈfro:n]
Ich bin aus …	Jag kommer från … [jɑ: ˈkɔmər fro:n]
Sind Sie/Bist du schon lange hier?	Har ni/du varit här länge? [hɑ: ɳi:/dʉ: ˇvɑ:rit hæ: ˇlɛŋə]
Ich bin seit … hier.	Jag är här sedan … [jɑ: e: hæ: ʂɛn]
Wie lange bleiben Sie/bleibst du?	Hur länge tänker ni/du stanna? [hʉ: ˇlɛngə ˈtɛŋkər ni:/dʉ: ˇstana]
Sind Sie/Bist du zum ersten Mal hier?	Är ni/du här för första gången? [e: ni:/dʉ: hæ:r fœ:r ˇfœʂta ˈgɔŋən]
Sind Sie/Bist du allein?	Är ni/du ensam? [e: ni:/dʉ: ˇe:nsam]
Nein, ich bin mit meiner Familie hier./Nein, ich bin mit Freunden unterwegs.	Nej, jag är här med min familj./Nej, jag är ute och reser med vänner. [nɛj jɑ: e: hæ:r me: min faˈmilj/nej jɑ: e: ʉ:tə ɔˈre:sər me: ˇvɛnər]
Sind Sie/Bist du auch im Hotel Astoria/auf dem Campingplatz …?	Bor ni/du också på hotell Astoria/på camping plats …? [bu: ɳi:/dʉ: ˇɔkso: po: huˈtɛl asˇto:ria/po: ˇkampiŋˈplats]

Alleine unterwegs/Verabredung

Ensam ute/Träff

Warten Sie/Wartest du auf jemanden?	Väntar ni/du på någon? [ˇvɛntar ni:/dʉ: po: nɔn]
Haben Sie/Hast du für morgen schon etwas vor?	Har ni/du redan planerat något för i morgon? [hɑ: ɳi:/dʉ: ˇre:dan plaˈne:rat nɔt fœ:r iˇmɔrɔn]
Wollen wir zusammen hingehen?	Ska vi gå dit tillsammans? [skɑ: vi: go: di:t tilˈsamans]
Wollen wir heute abend miteinander ausgehen?	Skall vi gå ut tillsammans ikväll? [skɑ: vi: go: ˈʉ:t ˇtilsamans iˈkvɛl]
Darf ich Sie/dich zum Essen einladen?	Får jag bjuda ut er/dig på mat? [fo:r jɑ: ˇbjʉ:da ˈʉt e:r/dɛj po: ˈmɑ:t]
Wann treffen wir uns?	När ska vi träffas? [næ: ʂkɑ: vi: ˇtrɛfas]

Darf ich Sie/dich abholen?	Får jag komma och hämta er/dig? [fo:r jɑ: ˅kɔma ɔ ˅hɛmta e:r/dɛj]
Wann soll ich kommen?	När skall jag komma? [næ: ʂkɑ: jɑ: ˅kɔma]
Treffen wir uns um 9 Uhr …	Skall vi träffas klockan 9 … [skɑ: vi: ˅trɛfas klɔkan ˅ni:ə]
vor dem Kino.	utanför biografen. [˅ʉ:tanˈfœ:r bi:uˈgrɑ:fən]
auf dem … Platz.	på … torget. [po: … ˈtɔrjət]
im Café.	på kaféet. [po: kaˈfet]
Sind Sie verheiratet?	Är ni gift? [e: ni: ˈgift]
Hast du einen Freund?	Har du någon vän/kille? [hɑ: dʉ: nɔn ˈvɛn/˅kilə]
Hast du eine Freundin?	Har du någon vännina/tjei? [hɑ: dʉ: nɔn vɛ˅nina/ˈçɛj]
Darf ich Sie/dich nach Hause bringen?	Får jag följa er/dig hem? [fo:r jɑ: ˅følja e:r/dɛj ˈhem]
Ich bringe Sie/dich noch zum/zur …	Jag går med dig/er till … [jɑ: go:r ˈme: dɛj/e:r til]
Kann ich Sie/dich wiedersehen?	Kan jag träffa er/dig igen? [kan jɑ: ˅trɛfa e:r/dɛj iˈjen]
Ich hoffe, Sie/dich bald wiederzusehen.	Jag hoppas att få träffa er/dig snart igen. [jɑ: ˅hɔpas at fo: ˅trɛfa e:/dɛj ʂnɑ:ʈ iˈjɛn]
Vielen Dank für den netten Abend.	Tack för en trevlig kväll. [tak fœ:r en ˅tre:vli kvɛl]
Lassen Sie mich bitte in Ruhe!	Var snäll och låt mig vara i fred! [vɑ: ʂnɛl ɔ lo:t mɛj vɑ:ra i: ˈfre:d]
Hau ab!	Försvinn!/Stick! [fœ:ʂvin/stik]
Jetzt reicht's!	Nu räcker det! [nʉ: ˈrɛkər de]

Besuch

Besök

Entschuldigen Sie, wohnt hier Herr/Frau/Fräulein X?	Ursäkta mig, bor herr/fru/fröken X här? [ˇʉ:ʂɛkta mɛj bu:r hær/frʉ:/ˈfrø:kən ... hæ:r]
Nein, er/sie ist umgezogen.	Nej, han/hon har flyttat. [nɛj han/hun hɑ:r ˇflytat]
Wissen Sie, wo er/sie jetzt wohnt?	Vet ni var han/hon bor nu? [ve:t ni: vɑ:r han/hun bu: ɳʉ:]
Kann ich mit Herrn/Frau/Fräulein X sprechen?	Kan jag få tala med herr/fru/fröken X? [kan jɑ: fo: ˇtɑ:la me: hær/frʉ/ˈfrø:kən]
Wann ist er/sie zu Hause?	När kommer han/hon hem? [næ:r ˈkɔmər han/hun hem]
Kann ich eine Nachricht hinterlassen?	Kan jag få lämna ett meddelande? [kan jɑ: fo: ˇlɛmna et ˇme:de:landə]
Ich komme später noch einmal vorbei.	Jag kommer tillbaka senare. [jɑ: kɔmə ʈilˈbɑ:ka ˇse:narə]
• Kommen Sie/Komm herein.	Stig in. [sti:g ˈin]
• Nehmen Sie/Nimm bitte Platz.	Varsågod och sitt. [vɑ:ʂəˈgu: ɔ sit]
Ich soll Sie/dich von Paul grüßen.	Jag har hälsningar till er/dig från Paul. [jɑ: hɑ:r ˇhɛlsniŋa ʈil e:r/dɛj fro:n paəl]
• Was darf ich Ihnen/dir zu trinken anbieten?	Vad får jag bjuda på att dricka? [vɑ: fo:r jɑ: ˇbjʉ:da po: at ˇdrika]
Auf Ihr/dein Wohl!	Skål! [sko:l]
• Können Sie/Kannst du nicht zum Mittagessen/Abendessen bleiben?	Kan ni/du inte stanna på lunch/middag? [kan ni:/dʉ: ˇintə ˇstana po: lənʃ/ˇmida]
Vielen Dank. Ich bleibe gern, wenn ich nicht störe.	Tack så mycket. Jag stannar gärna om det passar er. [tak so: ˇmykə. jɑ: stanar ˇjæɳa ɔm de: ˇpasar e:r]
Es tut mir leid, aber ich muß jetzt gehen.	Tyvärr, jag måste gå. [tyˈvær jɑ: ˇmɔstə go:]

Abschied

Avsked

Auf Wiedersehen!	Adjö! [aˈjø:]
Bis bald!	Vi ses snart! [vi: se:s snɑ:ʈ]
Bis später!	Vi ses senare/sedan! [vi: se:s se:narə/sen]
Bis morgen!	Vi ses i morgon! [vi: se:s iˇmɔrɔn]
Gute Nacht!	God natt! [gu:ˈnat]
Tschüß!	Hej då! [hɛj do:]
Alles Gute!	Lycka till! [lyka ˈtil]
Viel Vergnügen!	Mycket nöje! [mykə ˇnøjə]
Gute Reise!	Lycklig resa! [ˇlykli ˇre:sa]
Ich lasse von mir hören.	Jag hör av mig. [jɑ: hœ:r ˈɑ:v mɛj]
Grüßen Sie/Grüß … von mir.	Hälsa … från mig. [ˇhɛlsa … fro:n mɛj]

Bitte und Dank

Artighetsfraser

Ja, bitte.	Ja, tack! [jɑ: tak]
Nein, danke.	Nej, tack! [nɛj tak]

Im Schwedischen sagt man häufig „tack". Oft fügt man hinzu, wofür man sich bedankt:

Tack för besöket.	*Danke für den Besuch.*
Tack för lånet.	*Danke fürs Ausleihen.*
Tack för i går.	*Danke für gestern (nach einer Einladung).*
Tack för senast.	*Danke für neulich.*

Beim Einkaufen sagt man „tack" oder „tack, tack" (wenn man fertig ist und das Geschäft verläßt) statt des deutschen „Auf Wiedersehen!".

Darf ich Sie/dich um einen Gefallen bitten?	Får jag be er/dig om en tjänst? [fo:r jɑ: be: e:r/dɛj ɔm en çɛnst]

Gestatten Sie?	Tillåter ni? [ˇtilo:tə ɳi:]
Können Sie mir bitte helfen?	Förlåt, kan ni hjälpa mig? [fœ'ɭo:t kan ni: ˇjɛlpa mɛj]
Danke.	Tack. [tak]
Vielen Dank.	Tack så mycket! [tak so: ˇmykə]
Danke, sehr gern.	Tack, mycket/hemskt gärna. [tak ˇmykə/hemst gæ:ɳa]
Danke, gleichfalls!	Tack detsamma! [tak de'sama]
Das ist nett, danke.	Tack, det var vänligt. [tak de: vɑ: ˇvɛnlit]
Vielen Dank für Ihre Hilfe/Mühe.	Tack så mycket för hjälpen/besväret. [tak so: ˇmykə fœ:r 'jɛlpən/bə'svæ:rət]
Bitte sehr./Gern geschehen.	För all del. Det var så litet./Det var ingenting. [fœ:r al'de:l de: vɑ: so: ˇli:tə/ de: vɑ: ˇiŋen'tiŋ]

Entschuldigung/Bedauern

Ursäkt/Beklagande

Entschuldigung!	Ursäkta!/Förlåt! [ˇʉ:ʂɛkta/fœ'ɭo:t]

„Förlåt" sagt man, wenn man jemanden behelligt, z. B. auf die Füße getreten hat, sonst „ursäkta" oder „förlåt".

Ich muß mich entschuldigen.	Jag ber om ursäkt. [jɑ: be:r ɔm ˇʉ:ʂɛkt]
Das tut mir leid.	Jag beklagar. [jɑ: bə'klɑ:gar] Det var synd. [de: vɑ: 'synd]
Es war nicht so gemeint.	Det var inte meningen. [de: vɑ:r ˇintə ˇme:niŋən]
Schade!	Så synd! [so: synd]
Es ist leider nicht möglich.	Tyvärr, det är omöjligt/det är inte möjligt. [ty:'vær de: e: ˇu:møjlit/de: e: ˇintə møjlit]
Vielleicht ein andermal.	Kanske en annan gång. [kanʃə en ˇanan gɔŋ]

Glückwunsch

Lyckönskan

Herzlichen Glückwunsch!	Hjärtliga gratulationer! [ˇjæʈliga gratəla'ʃu:nər]
Alles Gute!	Lycka till! [lyka 'til]
Alles Gute zum Geburtstag/Namenstag!	Gratulerar på födelsedagen/namnsdagen! [gratə'le:rar po: ˇfø:dəlsə'dɑ:gən/ˇnamnsdɑ:gən]
Viel Erfolg!	Lycka till! [lyka 'til]
Viel Glück!	Lycka till! [ˇlyka 'til]
Gute Besserung!	Krya på dig/er! [kry:a 'po: dɛj/e:r]
Schöne Feiertage!	Trevlig helg! [ˇtre:vli hɛlj]

Verständigungsschwierigkeiten

Svårigheter att göva sig förstådd

Wie bitte?	Förlåt? [fœ'ɭo:t]
Ich verstehe Sie/dich nicht. Bitte, wiederholen Sie/wiederhole es.	Jag förstår inte. Var snäll och säg om det. [jɑ: fœ'ʂto:r ˇintə. vɑ: ʂnɛl ɔ sɛj 'ɔm de:]
Bitte sprechen Sie/sprich etwas langsamer/lauter.	Var vänlig och tala lite långsammare/högre. [vɑ:r ˇvɛnli ɔ tɑ:la li:tə ˇloŋsamarə/'hø:grə]
Ich verstehe/habe verstanden.	Jag förstår/har föstått. [jɑ: fœ'ʂto:r/hɑ:r fœ'ʂtɔt]
Sprechen Sie/Sprichst du …	Talar ni/du … [ˇtɑ:la ɳi:/ɖʉ:]
Deutsch?	tyska? [ˇtyska]
Englisch?	engelska? [ˇɛŋəlska]
Französisch?	franska? [ˇfranska]
Ich spreche nur wenig …	Jag talar bara litet … [jɑ: tɑ:lar ˇbɑ:ra ˇlitə]
Was heißt … auf schwedisch?	Vad heter … på svenska? [vɑ: 'he:tər … po: ˇsvɛnska]

Was bedeutet das?	Vad betyder det? [vɑ: bəˈty:də ɖe:]
Wie spricht man dieses Wort aus?	Hur uttalar man det här ordet? [hu:r ˇʉ:tu:lar man de: ˈhæ:r u:ɖət]
Schreiben Sie/Schreibe es mir bitte auf!	Var snäll och skriv ner det åt mig! [vɑ: ʂnɛl ɔ skri:v ˈne: ɖe: o:t mɛj]
Buchstabieren Sie/Buchstabiere es bitte!	Var vänlig och stava! [vɑ:r ˇvɛnli ɔ stɑ:va]

Meinungsäußerung

Åsikter

Das gefällt mir (nicht).	Det tycker jag (inte) om. [de: ˈtykər jɑ: (ˇintə) ɔm]
Ich möchte lieber …	Jag skulle hellre … [jɑ: ˇskələ ˇhɛlrə]
Am liebsten wäre mir …	Helst skulle jag … [hɛlst skəla jɑ:]
Das wäre nett.	Det vore snällt. [de: ˇvu:rə ˈsnɛlt]
Mit Vergnügen.	Med nöje. [me: ˇnøjə]
Prima!	Utmärkt! [ˇʉ:tmærkt]
Ich habe keine Lust dazu.	Det har jag ingen lust till. [de: hɑ:r jɑ: ˇiŋən ləst til]
Ich will nicht.	Jag vill inte. [jɑ: ˈvil ˇintə]
Das kommt nicht in Frage.	Det kommer inte på frågan. [de: ˈkɔmər ˇintə po: ˇfro:gan]
Auf gar keinen Fall.	Absolut inte. [apsɔˈlʉ:t ˇintə]
Ich weiß noch nicht.	Det vet jag inte än. [de: ve:t jɑ: ˇintə ɛn]
Vielleicht.	Kanske. [ˇkanʃə]
Wahrscheinlich.	Antagligen. [ˇantɑ:gligən] Förmodligen. [fœrˈmu:dligən]

Angaben zur Person

Personuppgifter

Alter	Ålder
Wie alt sind Sie/bist du?	Hur gammal är ni/du? [hʉ:r ˅gamal e: ni:/dʉ:]
Ich bin 39.	Jag är trettionio år. [jɑ: e: trɛti˅ni:ə o:r]
Wann haben Sie/hast du Geburtstag?	När har ni/du födelsedag? [næ:r hɑ: ni/ɖu: ˅fødelseˈdɑ:g]
Ich bin am 12. April 1954 geboren.	Jag är född den tolfte april nittonhundrafemtiofyra. [jɑ: e: fɵd den ˅tɔlftə aˈpril ˅nitɔnhɵndrafemtify:ra]

Beruf/Studium/ Ausbildung	Yrken/Studier/Utbildning
Was machen Sie/machst du beruflich?	Vad har ni/du för yrke? [vɑ: hɑ: ɳi:/ɖʉ: fœ:r ˅yrkə]
Ich bin Arbeiter/in.	Jag är arbetare. [jɑ: e: ˅arbe:tarə]
Ich bin Angestellte/r.	Jag är tjänsteman. [jɑ: e: ˅çɛnstəˈman]
Ich bin Beamter/Beamtin.	Jag är (stats-, kommunal-) tjänsteman. [jɑ: e: (˅stɑ:ts/kɔmɵ˅nɑ:l) ˅çɛnstəˈman]
Ich bin Freiberufler.	Jag är fri yrkesutövare. [jɑ: e: fri: ˅yrkəsˈʉ:tø:varə]
Ich bin Rentner/in.	Jag är pensionär. [jɑ: e: paŋʃuˈnæ:r]
Ich bin arbeitslos.	Jag är arbetslös. [jɑ: e: ˅arbe:tsˈlø:s]
Ich arbeite bei …	Jag arbetar hos … [jɑ: ˅arbe:tar hus]
Ich gehe noch zur Schule.	Jag går fortfarande i skolan. [jɑ: go:r ˅fuʈfɑ:randə i: ˅sku:lan]
Ich gehe ins Gymnasium.	Jag går på gymnasiet. [jɑ:ˈgo:r po: gymˈnɑ:siet]
Ich bin Student/in.	Jag är student/studerande. [jɑ: e: stɵˈdɛnt/stɵde:randə]
Wo/Was studieren Sie/studierst du?	Var/Vad studerar/läser ni/du? [vɑ:r/vɑ:d stɵˈde:rar/lɛ:sər ɳi:/ɖʉ:]

Ich studiere ... in München.	Jag studerar/läser .... i München. [jaː steˈdeːrar/lɛːsər ... iː ˈmynçən]
Was für Hobbies haben Sie/hast du?	Vad har du för fritidsintressen? [vɑː hɑː dʉː fœːr ˇfriːtiːdsinˈtrɛsən]

Wortliste Berufe/Studium/Ausbildung

Altenpfleger/in	vårdbiträde, -t, -n (av gamla) [ˇvoːɖbiːtrɛːdə]
Angestellte/r	tjänsteman, -nen, -män [ˇçɛnstəˈman]
Anglistik	engelska, -n [ˇɛŋəlska]
Apotheker/in	apotekare, -n, - [apuˈteːkarə]
Arbeiter/in	arbetare, -n, - [ˇarbeːtarə]
Archäologie	arkeologi, -en [arkeuloːˈgiː]
Architekt/in	arkitekt, -en, -er [arkiˈtɛkt]
Architektur	arkeologi, -en [arkeuloːˈgiː]
Arzt/Ärztin	läkare, -n, - [ˇlɛːkarə]
Arzthelferin	mottagningssköterska, -n, -or [muːtaːgniŋsʃøːteʂka]
Automechaniker	bilmekaniker, -n, - [ˇbiːlmeˈkaːnikər]
Bäcker/in	bagare, -n, - [ˇbaːgarə]
Beamter/Beamtin	(stats-, kommunal-)tjänsteman, -nen, -män [ˇstaːtsçɛnstəˈman/ kɔmeˇnaːlçɛnstəˈman/ˇçɛnstəˈman]
Berufsschule	yrkesskola, -n, -or [ˇyrkəˈskuːla]
Betriebswirt/in	företagsekonom, -en, -er [ˇfœːrətaːgsekɔˈnoːm]
Betriebswirtschaft	företagsekonomi, -en [ˇfœːrətaːgsekɔnoˈmiː]
Bibliothekar/in	bibliotekarie, -n, -r [bibliuteˈkaːriə]
Biologe/in	biolog, -en, -er [biɔˈloːg]
Biologie	biologi, -n [biuloːˈgiː]
Briefträger/in	brevbärare, -n, - [ˇbreːvbæːrarə]
Buchhalter/in	bokhållare, -n, - [ˇbuːkhɔlarə]
Buchhändler/in	bokhandlare, -n, - [ˇbuːkhandlarə]
Chemie	kemi, -n [çeˈmiː]
Chemiker/in	kemiker, -n, - [ˈçeːmikər]
Dachdecker/in	takläggare, -n, - [ˇtaːklɛgarə]
Datentypist/in	dataoperatör, -en, -er [ˇdɑta ɔperaˈtœːr]
Dekorateur/in	dekoratör, -en, -er [dekɔraˈtœːr]
Designer/in	designer, -n, - [deˈsajnər]
Dolmetscher/in	tolk, -en, -ar [tɔlk]
Dozent/in	docent, -en, -er [duˈsent]

Drogist/in	färghandlare, -n, - [ˇfærjhandlarə]
EDV-Fachmann/frau	EDB-specialist [ˈeːˈdeːbeːˇspesiaˈlist] EDB-fackman [ˈeːˈdeːbeːˇfakman]
Eisenbahner	järnvägstjänsteman, -nen, -män [ˇjæːɳvɛːgsˈçɛnstəman]
Elektriker/in	elektriker, -n, - [eˈlɛktrikər]
Erzieher/in	förskollärare, -n, - [ˇfœːʂkuːˈlæːrarə]
Facharbeiter/in	fackarbetare, -n, - [fakarˈbetarə]
Fahrlehrer/in	bilskollärare, -n, - [ˇbiːlskuːˈlæːrarə]
Fischer/in	fiskare, -n, - [ˇfiskarə]

Flößer in Gripsholm

Förster/in	skogvaktare, -n, - [ˇskuːgvaktarə]
Fotograf/in	fotograf, -en, -er [fuːtuːˈgrɑːf]
Friseur, Friseuse	frisör, -en, -er [friˈsœːr]
Gärtner/in	trädgårdsmästare, -n, – [ˇtrɛːgoːɖʂˈmɛstarə]
Gastwirt/in	värdshusvärd, -en, -ar/värdinna, -n, -or [væːɖʂhusvæːɖ/ˇvæːɖina]
Geographie	geografi, -n [jeːugraˈfiː]
Geologie	geologi, -n [jeːuloːˈgiː]
Germanistik	germanska språk [jærˇmɑːnska sproːk]
Geschäftsführer/in	direktör [direkˈtœːr], chef [ʃeːf] föreståndare [ˇfœːrəˈstɔndarə]

Geschichte	historia, historien [hisˈtu:ria]
Glaser	glasmästare, -n, - [ˇglɑ:smɛstarə]
Handelsschule	handelsskola, -n, -or [ˇhandəlˈsku:la]
Handwerker/in	hantverkare, -n, - [ˇhantværkarə]
Haus|frau	hemmafru, -n, -ar [ˇhɛmaˈfrʉ:]
~mann	hemmaman, -en, -män [ˇhɛmaˈman]
~meister/in	portvakt, -en, -er [ˇpuʈvakt]
Hebamme	barnmorska, -n, -or [ˇbɑ:ɳmuʂka]
Heilpraktiker/in	naturläkare, -n, - [ˇnatʉ:ˈlɛ:karə]
Hochschule	högskola, -n, -or [ˇhø:gsku:la]
Informatik	informationsvetenskap, -en, -er [informaˇʃunsve:tenˈskɑ:p]
Ingenieur/in	ingenjör, -en, -er [inʃenˈjœ:r]
Installateur/in	rörmokare, -n, - [ˇrœ:rmu:karə]
Institut	institut, -et, -en [instiˈtʉ:t]
Journalist/in	journalist, -en, -er [ʃurnaˈlist]
Jura	juridik, -en [juriˈdi:k]
Juwelier	juvelerare, -n, - [juveˇle:rarə]
Kassierer/in	kassör, -en, -er [kaˈsœ:r]/ kassörska, -n, -or [kaˈsœ:ʂka]
Kaufmann/frau	köpman, -nen, köpmän [ˇçø:pman]
Kellner/in	kypare, -en, -e/servitris, -en, -er [ˇky:parə/servitri:s]
Koch/Köchin	kock, -en, -ar [kɔk]/ kokerska [ˇku:kaʂka]
Konditor/in	konditor, -en, -er [kɔnˈdi:tɔr]
Kraftfahr|er	lastbilschaufför, -en, -er [ˇlastbi:lsʃɔˈfœ:r]
~zeugmechaniker/in	fordonsmekaniker, -n, - [ˇfu:ɖu:nsmeˈkɑ:nikər]
Kranken|gymnast/in	sjukgymnast, -en, -er [ˇʃʉ:kjymˈnast]
~pfleger	sjuksköterska (manlig) [ˇʃʉ:kʃø:təʂka (ˇmanlig)]
~schwester	sjuksköterska, -n, -or [ˇʃʉ:kʃø:təʂka]
Künstler/in	konstnär, -en, -er [ˇkɔnstnæ:r]
Kunst|akademie	konstakademi, -n, -er [ˇkɔnstakadeˈmi:]
~geschichte	konsthistoria, -historien [ˇkɔnsthisˈtu:ria]
Laborant/in	laboratoriebiträde [labɔraˈtu:rie ˇbitrɛ:də]
Landwirt/in	jordbrukare, -n, - [ˇju:ɖbrʉ:karə]
Lehrer/in	lärare, -n, - [ˇlæ:rarə]
Lehrling	lärling, -en, -ar [ˇlæ:ɭiŋ]
Leiter/in	föreståndare [fø:reˈstɔndarə] chef, -en, -er [ʃe:f]

Makler/in	mäklare, -n, - [ˇmɛ:klarə]
Maler	målare, -n, - [ˇmo:larə]
Mannequin	mannekäng, -en, -er [manəˈkɛŋ]
Maschinenbau	maskinkonstruktion, -en [maˇʃinkɔnstrɵkˈʃu:n]
Masseur/in	massör/massös, -en, -er [maˈsœ:r/maˈsø:s]
Mathematik	matematik, -en [matemaˈti:k]
Matrose	matros, -en, -er [maˈtru:s]
Maurer	murare, -n, - [ˇmʉ:rarə]
Mechaniker/in	mekaniker, -n, - [meˈkɑ:nikər]
Medizin	medicin, -n, - [mediˈsi:n]
Meteorologe/in	meteorolog, -en, -er [mɛteɔrɔlɔˈg]
Metzger/in	slaktare, -n, - [ˇslaktarə]
Monteur	montör, -en, -er [mɔnˈtœ:r]
Musik	musik, -en [mɵˈsi:k]
Musiker/in	musiker, -n, - [ˈmʉ:sikər]
Notar/in	notarie, -n, -er [nuˈtɑ:riə]
Optiker/in	optiker, -n, - [ˈɔptikər]
Pfarrer/in	präst, -en, -er [prɛst]/kvinnlig präst [ˇkvinlig prɛst]
Pförtner/in	portvakt, -en, -er [ˇpuʈvakt]
Pharmazie	farmaci, -n, -er [farmaˈsi:]
Philosophie	filosofi, -n, -er [filɔsɔˈfi:]
Physik	fysik, -en [fyˈsi:k]
Physiker/in	fysiker, -n, - [ˈfysikər]
Pilot/in	pilot, -en, -er [pi:ˈlu:t]
Politikwissenschaft	statskunskap, -en [ˇstatskɵnˈskɑ:p]
Polizist/in	polis, -en, -er [pɔˈli:s]
Postbeamter/beamtin	posttjänsteman, -nen, -män [ˇpɔstçɛnstəman]
Professor/in	professor, -n, er [prɔfesɔr]
Psychologe/in	psykolog, -en, -er [psykɔˈlo:g]
Psychologie	psykologi, -n [psykɔlo:ˈgi:]
Rechtsanwalt/anwältin	advokat, -en, -er [advuˈkɑ:t]
Redakteur/in	redaktör, -en, -er [redakˈtœ:r]
Reiseleiter/in	reseledare, -n, - [ˇre:seˈle:darə]
Rentner/in	pensionär, -en, -er [paŋʃuˈnæ:r]
Restaurator/in	restaurator, -n, restauratörer [restaɵˈrɑ:tɔr]
Richter/in	domare, -n, - [ˇdumarə]
Romanistik	romanska språk [ruˇmɑ:nska spro:k]
Sachbearbeiter/in	tjänsteman (som handlägger ärenden) [ˇçɛnsteˈman]

Schauspieler/in	skådespelare/skådespelerska [ˇsko:dəˈspe:larə/ˇsko:dəˈspe:ləʂka]
Schlosser/in	låssmed, -en, -er [ˇlo:sme:d]
Schneider/in	skräddare, -n, - [ˇskrɛdarə]/sömmerska, -n, -or [ˇsøməʂka]
Schreiner/in	snickare, -n, - [ˇsnikarə]
Schriftsteller/in	författare, -n, - [fœrˈfatarə] författarinna, -n, -or [fœrfataˇrina]
Schuhmacher/in	skomakare, -n, - [ˇsku:mɑ:karə]
Schule	skola, -n, -or [ˇsku:la]
Gesamtschule	grundskola, -n, -or [ˇgrɵndsku:la]
Grundschule	lågstadium, -stadiet, -er [ˇlo:gstɑ:diɵm]
Gymnasium	gymnasium, gymnasiet, -er [jymˈnɑ:siɵm] gymnasieskola, -n, -or [jymˇnɑ:siəˈsku:la]
Sekundarstufe I	högstadium, -stadiet, -er [ˇhø:gstɑ:diɵm]
Sekundarstufe II	gymnasium, gymnasiet, -er [jymˈnɑ:siɵm]
Schüler/in	elev, -en, -er [eˈle:v]
Sekretär/in	sekreterare, -n, - [sekreˇte:rarə]
Slawistik	slaviska språk [ˇslɑ:viska spro:k]
Sozialarbeiter/in	socialarbetare, -n, - [sɔsiˇɑ:larˈbe:tarə]
Soziologie	sociologi, -n, - [sɔsiɔluˈgi:]
Steuerberater|in	skatterådgivare, -n, - [skatəro:dˇji:varə]
Steward/ess	steward, -en, -er/flygvärdinna, -n, -or [stju:vaɖ/ˇfly:gvæˈɖinə]
Student/in	student, -en, er/studentska, -n, -or [stɵˇdɛnt/stɵˇdɛntska]
Studienfach	ämne, -t, -n [ˇɛmnə]
Studium	studier *pl* [ˈstʉ:diər]
Taxifahrer/in	taxichaufför, -en, -er [ˇtaksiʃɔˈfœ:r]
Techniker/in	tekniker, -n, - [ˈtɛknikər]
Technische Hochschule	teknisk högskola, -n, -or [ˈtɛknisk ˇhø:gsku:la]
Technische(r) Zeichner/in	konstruktionsritare [kɔnstrɵkˇʃonsri:tarə] tekniskritare [ˇtekniskri:tarə]
Theaterwissenschaft	teatervetenskap, -en [ˇte:ɑ:tərve:te:nˈskɑ:p]
Theologie	teologi, -n [te:ɔlɔˈgi:]
Therapeut/in	terapeut [teraˈpɛft]
Tierarzt/ärztin	veterinär, -en, -er [vetəriˈnæ:r]
Übersetzer/in	översättare, -n, - [ˇø:vərˈsɛtarə]

Uhrmacher/in	urmakare, -n, - [ˇʉ:rmɑ:karə]
Umweltbeauftragte/r	miljöombudsman [ˇmiljø:ɔmbʉ:dsman]
Universität	universitet, -et, - [ənivæʂi'te:t]
Verkäufer/in	expedit, -en, -er [ekspe'di:t]
Vertreter|in	försäljare, -n, - [ˇfœ:ʂɛljarə] representant, -en, -er [represen'tant]
Vorlesungen	föreläsningar [ˇfœ:rə'lɛ:sniŋar]
Werkzeugmacher/in	verktygsmakare, -n, – [værkty:gsmɑ:karə]
Wirtschafts|prüfer/in	auktoriserad revisor [auktɔrise:rad revi:'sɔr]
~wissenschaftler/in	nationalekonom, -en, -er [naʃuˇnɑ:lekɔ'no:m]
Wissenschaftler/in	vetenskapsman, -en, män [ˇve:te:nskɑ:ps'man]
Zahnarzt/ärztin	tandläkare, -n, - [ˇtandlɛkarə]
Zahntechniker/in	tandtekniker, -n, - [ˇtandteknikər]
Zimmermann	byggnadssnickare, -n, - [ˇbygnad'snikarə]

3 Unterwegs
På väg

Ortsangaben

Vägbeskrivning

rechts	till höger [til ˈhø:gər]
links	till vänster [til ˈvɛnstər]
geradeaus	rakt fram [rɑ:kt fram]
vor	framför [ˇframfœ:r]
hinter	bakom [ˇbɑ:kɔm]
nach	efter [ˈɛftər]
neben	bredvid [ˇbre:(d)vi:d]
gegenüber	mittemot [ˇmiteˈmu:t]
hier	här [hæ:r]
dort	där [dæ:r]
nah	nära [ˇnæ:ra]
weit	långt (bort) [lɔŋt (bɔʈ)]
Straße	gata, -n, -or [ˇgɑ:ta]
Kreuzung	vägkorsning [ˇvɛ:gkɔçniŋ]
Kurve	kurva [ˇkərva]

Auto/Motorrad/Fahrrad

Bil/Motorcykel/Cykel

Auskunft	Information
Entschuldigung, wie komme ich bitte nach …?	Förlåt, hur kommer jag till …? [fœˈɭo:t hʉ:r ˈkɔmər jɑ: til]
Können Sie mir die Strecke/das auf der Karte zeigen?	Kan ni/du visa mig vägen/det på kartan? [kan ni:/dʉ:ˇvi:sa mɛj: vɛigən/de: po: ˇkɑ:ʈan]
Wie weit ist das?	Hur långt är det? [hʉ: ɭɔŋt e: de]

Außer auf Straßenschildern wird die Entfernung immer in schwedischen Meilen (en mil [en mi:l] *= 10 km) angegeben.*

Bitte, ist das die Straße nach ...?	Förlåt, är det här vägen till ...? [fœ'lo:t e: de: hæ:r 'vɛ:gən til]
Wie komme ich zur Autobahn nach ...?	Hur kommer jag upp på motorvägen till ...? [hʉ:r 'kɔmər jɑ: ɵp po: ˇmu:tɔr'vɛ:gən til]
• Immer geradeaus bis ... Dann ...	Rakt fram tills ... sedan ... [rɑ:kt fram tils ... se:dan/sɛn]
bei der Ampel	vid trafikljuset [vi:d traˇfi:kljʉ:sət]
an der nächsten Ecke	vid nästa gathörn [vid ˇnɛsta ˇgɑ:thœɳ]
links/rechts abbiegen.	vik av till vänster/höger. [vi:k 'ɑ:v til 'vɛnstər/'hø:gər] ta till vänster/höger. [tɑ: til vɛnstər/hø:ger]
• Folgen Sie den Schildern ...	Följ skyltarna ... [følj ˇʃyltana]
Gibt es auch eine wenig befahrene Straße nach ...?	Finns det någon väg till ... som inte är så trafikerad? [fins de nɔn vɛ:g til ... sɔm ˇintə e: so: trafike:rad]
• Sie sind hier falsch. Sie müssen zurückfahren bis ...	Ni/Du har kört fel. Ni/Du måste köra tillbaka till ... [ni:/dʉ: hɑ:r çœ:ʈ fe:l. ni:/dʉ: mɔstə çœ:ra til'bɑ:ka til]

In Schweden ist es Vorschrift, auch bei Tag mit Abblendlicht zu fahren.

An der Tankstelle — Vid bensinstationen

Wo ist bitte die nächste Tankstelle?	Ursäkta, var ligger närmaste bensinstation? [ˇʉ:ʂɛkta vɑ: ligər ˇnærmastə benˇsi:nsta'ʃu:n]
Ich möchte ... Liter ...	Jag vill ha ... liter ... [jɑ: vil hɑ: ... 'li:tər]
Normalbenzin.	regular. [re:gə'lɑ:r]
Super.	premium. ['pre:miəm]
Diesel.	diesel. ['di:səl]
Gemisch.	oljeblandat
bleifrei/mit ... Oktan.	blyfritt/med ... oktan. [ˇbly:frit/me:d ɔk'tɑ:n]

Super bitte, für ... Kronen.	... oktan, för ... kronor. [... ɔkˈtɑːn føːr ... ˇkrunur]

Tanken:
Blyfri (Bleifrei) 95 oktan
Medium 96 oktan
Super 98 oktan

Volltanken, bitte.	Full tank, tack. [fɵl taŋk tak]
Prüfen Sie bitte ...	Skulle ni/du kunna kontrollera ... [ˇskɵlə niː/dʉː kɵna kɔntrɔˈleːra]
den Ölstand.	oljan. [ˇɔljan]
den Reifendruck.	ringtrycket. [ˇriŋtrykət]
Sehen Sie bitte auch das Kühlwasser nach.	Kan ni/du kontrollera kylarvattnet också. [kan niː/dʉː kɔntrɔˈleːra ˇkyːlarˈvatnət ˇɔksoː]
Könnten Sie mir einen Ölwechsel machen?	Skulle ni/du kunna byta olja åt mig? [ˇskɵlə niː/dʉː kɵna byːta ˇɔlja oːt mɛj]
Ich möchte den Wagen waschen lassen.	Jag skulle vilja få bilen tvättad. [jɑː ˇskɵlə vilja foː ˈbiːlən ˇtvɛtad]
Ich möchte eine Straßenkarte dieser Gegend, bitte.	Jag skulle vilja ha en vägkarta över det här området. [jɑː ˇskɵlə vilja hɑː en ˇvɛːgkɑːʈa ˈøːvər deː hæːr ˇɔmroːdət]
Wo ist bitte die Toilette?	Var är toaletten? [vɑːr e tuaˈlɛtən]

Parken — Parkering

Gibt es hier in der Nähe eine Parkmöglichkeit?	Finns det någon parkeringsplats i närheten? [fins deː nɔn parˇkeːriŋsplats iː ˇnæːrheːtən]
Kann ich den Wagen hier abstellen?	Kan jag parkera bilen här? [kan jɑː parˈkeːra ˈbiːlən hæːr]
Könnten Sie mir ... Kronen für die Parkuhr wechseln?	Kan ni/du växla till ... kronor till parkeringsautomaten? [kan niː/dʉː vɛksla til ... krunur til parˇkeːriŋsautɔˈmɑːten]
Ist der Parkplatz bewacht?	Är parkeringsplatsen bevakad? [eː parˇkeːriŋsplatsən bəˈvɑːkad]
● Wir sind leider voll besetzt.	Tyvärr, det är fullt. [tyˈvær deː eː fɵlt]

Wie lange kann ich hier parken?	Hur länge får jag parkera här? [hʉː ˇlɛŋə foːr jɑː parˈkeːra hæːr]
Wie hoch ist die Parkgebühr pro …	Vad är parkeringsavgiften per … [vɑː eː parˇkeːriŋsɑːvjiftən pær]
Stunde?	timme? [ˇtimə]
Tag?	dag? [dɑːg]
Nacht?	natt? [nat]
Ist das Parkhaus die ganze Nacht geöffnet?	Är parkeringshuset öppet hela natten? [eː parˇkeːriŋshʉːsət øpət ˇhela ˈnatən]

Eine Panne / När bilen går sönder

Ich habe eine Panne/einen Platten.	Min bil har gått sönder/jag har fått punktering. [min biːl hɑːr gɔt ˈsøndər/jɑː hɑːr fɔt pɵŋˈteːriŋ]
Würden Sie bitte den Pannendienst anrufen?	Vill ni/du vara vänlig och ringa efter en bärgningsbil? [vil niː/dʉː vɑːra ˇvɛnli ɔ ˇriŋa ˈɛftər en ˇbærjniŋsˈbiːl]
Meine Auto-/Motorradnummer ist …	Mitt registreringsnummer är … [mit rejiˇstreːriŋsˈnɵmar eː]
Würden Sie mir bitte einen Mechaniker/einen Abschleppwagen schicken?	Vill ni/du vara vänlig och skicka hit en mekaniker/bärgningsbil? [vil niː/dʉː vɑːra ˇvɛnli ɔ ˇʃika ˈhiːt en meˈkɑːnikər/ˇbærjniŋsˈbiːl]
Könnten Sie mir mit Benzin aushelfen?	Skulle ni/du kunna låna mig lite bensin? [ˇskɵlə niː/dʉː kɵna ˇloːna mɛj ˇliːtə benˈsiːn]
Könnten Sie mir beim Reifenwechsel helfen?	Skulle ni/du kunna hjälpa mig att byta däck? [ˇskɵlə niː/dʉː kɵna ˇjɛlpa mɛj at ˇbyːta dɛk]
Würden Sie mich bis zur nächsten Werkstatt/Tankstelle abschleppen/mitnehmen?	Skulle ni/du kunna bogsera/ta med mig till närmaste verkstad/bensinmack? [ˇskɵlə niː/dʉː kɵna bugˈseːra/tɑː meː mɛj til ˇnærmastə ˇværkstɑːd/benˇsiːnmak]

Verkehrszeichen

Tunnel

Wild-
wechsel

Piste
kreuzt

Zulässiges
Auflagegewicht

Geländefahrzeuge
verboten

Stop
Fähre

Scharfe Kurve

Festes Hindernis

Hindernis

Umleitung

Toilette

Sehenswürdigkeit

Wanderpfad

Jugendherberge

Stellplatz für
Wohnwagen

Verkauf von
Angelscheinen

In der Werkstatt	På verkstaden
Wo ist hier in der Nähe eine Werkstatt?	Finns det en verkstad här i närheten? [fins de: en ˇværkstɑ:d hæ:r i: ˇnæ:rhe:tən]
Mein Wagen springt nicht an.	Min bil startar inte. [min bi:l ˇstɑ:ʈar ˇintə]
Ich weiß nicht, woran es liegt.	Jag vet inte vad det beror på. [jɑ: ve:t ˇintə vɑ: de: ˈberur po:]
Können Sie mit mir kommen/mich abschleppen?	Kan ni/du komma med mig/bogsera mig? [kan ni:/dʉ: kɔma ˈme: mɛj/bugˈse:ra mɛj]
Mit dem Motor stimmt was nicht.	Det är något fel på motorn. [de: e: nɔt fe:l po: ˇmutɔn]
Die Bremsen funktionieren nicht.	Bromsarna fungerar inte. [ˇbrɔmsaɳa fəŋˈge:rar ˇintə]
... ist/sind defekt.	... är trasig(a) [e: ˇtrɑ:sig(a)]
Der Wagen verliert Öl.	Det läcker olja. [de: lɛkər ˇɔlja]
Können Sie mal nachsehen?	Kan ni/du undersöka vad det är för fel? [kan ni:/dʉ: ˇəndəˈʂø:ka vɑ: de: e: fœ:r fe:l]
Wechseln Sie bitte die Zündkerzen aus.	Vill ni/du vara vänlig och byta tändstiften? [vil ni:/dʉ: vɑ:ra ˇvɛnli ɔ by:ta ˇtɛndstiftən]
Haben Sie (Original-)Ersatzteile für diesen Wagen?	Har ni/du (orginal-)reservdelar till den här modellen? [hɑ: ɳi:/ɖʉ: (ɔrgiˈnɑ:l)reˇsærvde:la ʈil den hæ:r muˈdɛlən]
Machen Sie bitte nur die nötigsten Reparaturen.	Var snäll och gör bara de nödvändigaste reparationerna. [vɑ: ʂnɛl ɔ jœ:r ˇbɑ:ra de ˇnø:dvɛndigastə reparaˈʃu:nəɳa]
Wann ist der Wagen/das Motorrad fertig?	När blir bilen/motorcykeln klar? [næ:r bli:r ˈbi:lən/ˇmuturˈsykəln klɑ:r]
Was wird es kosten?	Vad kommer det att kosta? [vɑ: ˈkɔmər de: ɑt ˇkɔsta]

Verkehrsunfall — Trafikolycka

Es ist ein Unfall passiert.	Det har hänt en olycka. [de: hɑ:r hɛnt en ˇu:lyka]
Rufen Sie bitte schnell …	Var snäll och ring genast efter … [vɑ: ʂnɛl ɔ riŋ ˇje:nast ˈɛftər]
einen Krankenwagen.	en ambulans. [en ambəˈlans]
die Polizei.	polisen. [pɔˈli:sən]
die Feuerwehr.	brandkåren. [ˇbrandko:rən]
Können Sie sich um die Verletzten kümmern?	Kan ni/du ta hand om de skadade? [kan ni:/dʉ: tɑ: hand ɔm dɔm ˇskɑ:dadə]
Haben Sie Verbandszeug?	Har ni/du en förbandslåda? [hɑ: ɳi:/ɖʉ: en fœrˇbandslo:da]
Es war meine/Ihre Schuld.	Det var mitt/ert fel. [de: vɑ:r mit/e:ʈ fe:l]
Sie haben …	Ni/Du har … [ni:/dʉ: hɑ:r]
die Vorfahrt nicht beachtet.	inte lämnat företräde. [ˇintə ˇlɛmnat ˇfœ:rətrɛ:də]
die Kurve geschnitten.	kört över på fel sida i kurvan. [çœ:ʈ ˈø:vər po: fe:l ˇsi:da i: ˇkərvan]
die Fahrspur gewechselt, ohne zu blinken.	bytt fil utan att ge tecken. [bytˈfi:l ˇʉ:tan at je: ˈtɛkən]
Sie sind …	Ni/Du … [ni:/dʉ:]
zu schnell gefahren.	har kört för fort. [hɑ:r çœ:ʈ fœr fuʈ]
zu dicht aufgefahren.	har kört förnära inpå. [hɑ:r çœʈ fœ:ɳæ:ra inˈpo:]
bei Rot über die Kreuzung.	körde mot rött ljus. [ˇçœ:ɖə mu:t røt jʉ:s]
Ich bin … km/h gefahren.	Jag körde … km i timmen. [jɑ: çœ:ɖə … çi:luˈme:tər i timən]

Die Höchstgeschwindigkeit beträgt in geschlossenen Ortschaften 50 km/h, auf Nebenstraßen 70 km/h, auf gut ausgebauten Landstraßen 90 km/h und auf Autobahnen und Schnellstraßen 110 km/h.

Sollen wir die Polizei holen, oder können wir uns so einigen?	Skall vi hämta polisen, eller kan vi komma överens? [ska vi: ˇhɛmta puˈli:sən ɛlar kan vi: kɔma øverˈɛns]

Ich möchte den Schaden durch meine Versicherung regeln lassen.	Jag vill att skadorna regleras genom min försäkring. [jɑ: vil at ˇskɑ:durna re'gle:ras ˇje:nɔm min fœ'ʂɛ:kriŋ]
Ich gebe Ihnen meine Anschrift und Versicherungsnummer.	Ni/Du ska få min adress och mitt försäkringsnummer. [ni:/dʉ: skɑ: fo: min a'drɛs ɔ mit fœˇʂɛ:kri:ŋs'nɵmər]
Geben Sie mir bitte Ihren Namen und Ihre Anschrift/ Namen und Anschrift Ihrer Versicherung.	Kan jag få ert/ditt namn och adress/ era/dina försäkringsuppgifter. [kan jɑ: fo: e:ʈ/dit namn ɔ a'drɛs/ˇe:ra/dina fœˇʂɛ:kriŋs'ɵpjiftər]
Können Sie für mich Zeuge sein?	Kan ni/du vara mitt vittne? [kan ni:/dʉ: ˇvɑ:ra mit ˇvitnə]
Vielen Dank für Ihre Hilfe.	Tack så mycket för hjälpen! [tak so: ˇmykə fœ:r 'jɛlpən]

Rentierscheidung

Hinweise und Informationen

Avfart	Ausfahrt
Avsmalnande väg	Fahrbahnverengung
Barn	Schulkinder überqueren
Begränsad bruttovikt	Gewichtsgrenze
Begränsad fordonshöjd	Niedrige Brücke
Brant nedförslutning	Starkes Gefälle
Byt körfält	Fahrbahn wechseln
Enkelriktad gata	Einbahnstraße
Enkelriktad trafik	Einspuriger Verkehr
Fara	Achtung, Vorsicht
Farlig korsning	Gefährliche Einmündung
Farlig kurva	Gefährliche Kurve
Fordonstrafik förbjuden	Gesperrt für alle Fahrzeuge
Förbud att stanna fordon	Halten verboten
Förbud mot högersväng	Rechtsabbiegen verboten
Förbud mot infart	Keine Einfahrt
Förbud mot U-sväng	Wenden verboten
Genomfart	Umgehungsstraße
Gågata	Fußgängerzone
Gångtunnel	Fußgängerunterführung
Hastighetsbegränsing	Geschwindigkeitsbegrenzung
Huvudlet	Achtung Hauptverkehrsstraße
Håll till höger/vänster	Rechts/links fahren
Kör sakta	Langsam fahren
Lämna företräde	Vorfahrt beachten
Motortrafikled	Zweispurige Fahrbahn
Mötande trafik	Gegenverkehr
Obevakad järnvägsovergang	Unbeschrankter Bahnübergang
Omkörning förbjuden	Überholen verboten
Parkering förbjuden	Parken verboten
Parkering(splats)	Parkplatz
Rondell	Kreisverkehr

Sjukhus	Krankenhaus
Skola	Schule
Slirig körbana	Rutschgefahr
Tidsbegränsad parkering	Begrenzte Parkerlaubnis
Tillfällig väg för omlagd trafik	Umleitung
Trafikljus	Verkehrsampel
Trafiksignal	Signalanlage (Vorwarnung)
Trafikstockning	Verkehrsstau
Tunnel	Tunnel
Utfart	Ausfahrt freihalten
Vägarbete	Straßenarbeiten
Vägkorsning	Kreuzung, Straßeneinmündung
Välj körfält	Bitte einordnen
Återvändsgata	Sackgasse
Övergångsställe	Fußgängerüberweg
Övningskörning	Anfänger

Fischerhäuser auf der Insel Alno bei Sundsvall

Auto-/Motorrad-/Fahrradvermietung | Bil-/Motorcykel-/Cykeluthyrning

Ich möchte für zwei Tage/eine Woche ... mieten.	Jag skulle vilja hyra ... för två dagar/en vecka. [jɑ: ˇskolə vilja ˇhy:ra ... fœ:r tvo: dɑ:gər/en ˇvɛkə]
ein Auto	en bil [en bi:l]
einen Geländewagen	en jeep [en ji:p]
ein Motorrad/Moped/einen Motorroller	en motorcykel/moped/skoter [en ˇmutur'sykəl/mu'pe:d/'sku:tər]
ein Fahrrad	en cykel [en 'sykəl]
Wie hoch ist die Tages-/Wochenpauschale?	Hur mycket kostar det per dag/vecka? [hʉ:r mykə ˇkɔsta ɖe: pær dɑ:g/ˇveka]
Wieviel verlangen Sie pro gefahrenen km?	Vad kostar det per km? [vɑ: ˇkɔsta ɖe: pær çi:lu'me:tər]
Wieviel muß ich als Kaution hinterlegen?	Hur stor är depositionsavgiften? [hʉ: ʂtu:r e: depusiˇʃu:nsɑ:vjiftən]
Ich nehme den .../das ...	Jag tar ... [jɑ: tɑ:r]
Ist das Fahrzeug vollkaskoversichert?	Är fordonet helförsäkrat? [e: ˇfu:ɖu:nət ˇhe:lfœ'ʂɛ:krat]
● Möchten Sie eine Zusatzversicherung?	Vill ni/du ha en extra försäkring? [vil ni:/dʉ: hɑ: en ɛkstrə fœ:ʂɛ:kriŋ]
● Darf ich Ihren Führerschein sehen?	Kan jag få se ert körkort? [kan jɑ: fo: se: e:ʈ ˇçœ:rkuʈ]
Kann ich den Wagen gleich mitnehmen?	Kan jag få bilen direkt? [kan jɑ: fo: 'bi:lən di'rɛkt]
Ist es möglich, das Fahrzeug in ... abzugeben?	Kan jag lämna bilen/motorcykeln i ...? [kan jɑ: ˇlɛmna bi:lən/ˇmu:tɔ'ʂykəln i]

Wortliste Auto/Motorrad/Fahrrad

abbiegen	svänga, -de, -t [ˇsvɛŋa]
abblenden	blända av, -ade, -at [blɛnda ˈɑ:v]
Abblendlicht	halvljus, -et, - [ˇhalvjʉ:s]
Abschleppdienst	bärgningstjänst, -en [ˇbærjniŋsˈçɛnst] räddningstjänst, -en [ˇrɛdniŋsˈçɛnst]
abschleppen	bogsera bort, -ade, -at [bugˈse:raˈbɔʈ]
Abschlepp|seil	bogserlina, -n, -or [bɔgˇse:rli:na]
~wagen	bärgningsbil, -en, -ar [ˇbærjniŋsˈbi:l]
Achse	axel, -n, axlar -de, -t [ˈaksəl]
Hinter~	bakaxel [ˇbɑ:kaksəl]
Vorder~	fram(hjuls-)axel [ˇfram(jʉ:ls)ˈaksəl]
Alarmanlage	larmanläggning, -en, -ar [ˇlarmanˈlɛgniŋ]
Allradantrieb	fyrhjulsdrift, -en [ˇfy:rjʉ:lsdrift]
Anhänger	släp, -et, - [slɛ:p]
Anlasser	startmotor, -n, -er [ˇstɑ:ʈmu:tɔr]
auskuppeln	frikoppla, -ade, -at [ˇfri:kɔpla]
Auspuff	avgasrör, -et, - [ˇɑ:vgasˈrœ:r]
Autobahn	motorväg, -en, -ar [ˇmu:tɔrˈvɛ:g]
Automatik(getriebe)	automat(låda, -n, -or), -en, -er [ɑutomɑ:t(ˈlo:da)]
Autoreifen	bildäck, -et, - [ˇbi:ldɛk]
Baustelle	bygg(nad)splats, -en, -er [ˇbygplats]
Benzin	bensin, -en [benˈsi:n]
~kanister	bensindunk, -en, -ar [benˇsi:ndɵŋk]
~pumpe	bensinpump, -en, -ar [benˇsi:npɵmp]
blenden	blända, -ade, -at [ˇblɛnda]
Blinker	blinker, -n, - [ˈbliŋkər] körriktningsvisare, -n, - [ˇçœ:riktniŋsˈvi:sarə]
Bremsbelag	bromsband, -et, - [ˇbrɔmsband]
Bremse	broms, -en, -ar [brɔms]
bremsen	bromsa, -ade, -at [ˇbrɔmsa]
Brems|flüssigkeit	bromsvätska, -n, -or [ˇbrɔmsvɛ:tska]
~hebel	bromshandtag, -et, - [ˇbrɔmshanˈtɑ:g]
~lichter	bromsljus [ˇbrɔmsjʉ:s]
Bußgeld	böter *pl* [ˈbø:tər]
Defekt	fel, -et, - [fe:l]
Dichtung	packning, -en, -ar [ˇpakniŋ]
Düse	munstycke, -t, -n [ˇmɵnstykə]
Einspritzpumpe	pump (-en, -ar) för direktinsprutning [pɵmp fœ:r diˇrɛktinsprʉ:tniŋ]

Ersatz|rad	reservhjul, -et, - [reˇsærvjʉ:l]
~teile	reservdelar [reˇsærvde:lar]
Fahrrad	cykel, -n, cyklar [ˈsykəl]
Drei-/Zehngangrad	tre-/tioväxlad [tre:/ˇti:uˈvɛkslad]
Rennrad	tävlingscykel [ˇtɛ:vliŋˈsykəl]
Fahrradweg	cykelväg, -en, -ar [ˇsykəlvɛ:g]
Fahrspur	körfil, -en, -er [ˇçœ:rfi:l]
	körfält, -et, - [ˇçœ:rfɛlt]
Fehlzündung	baktändning, -en, -ar [ˇbɑ:ktɛndniŋ]
Felge	fälg, -en, -ar [fɛlj]
Fernlicht	helljus, -et, -en [ˇhe:ljʉ:s]
Flickzeug	reparationsverktyg, -et, - [ˇreparaʃunsˈvɛrktyg]
Frostschutzmittel	antifrysmedel, -medlet, - [antiˇfry:sme:dəl]
Führerschein	körkort, -et, - [ˇçœ:rkuʈ]
Fußbremse	fotbroms, -en, -ar [ˇfu:tbrɔms]
Gang	växel, -n, växlar [ˈvɛksəl]
erster ~	första växeln/ettan [ˇfœʂta ˈvɛksəl/ˇetan]
Leerlauf	tomgång, -en [ˇtumgɔŋ]
Rückwärts~	back, -en [bak]
Gangschaltung	växellåda, -n, -or [ˇvɛksəˈlo:da]
Gas geben	ge gas [je: gɑ:s]
	trycka (-te, -t) på gasen [tryka ˈpo: ˈgɑ:sən]
Gaspedal	gaspedal, -en, -er [ˇgɑ:speˈdɑ:l]
Gebläse	fläkt, -en, -ar [flɛkt]
gebrochen	sönder [ˈsøndər], trasig [ˇtrɑ:si]
Gepäckträger	pakethållare, -n, - [paˇke:thɔlarə]
Getriebe	växellåda, -n, -or [ˇvɛksəˈlo:da]
Handbremse	handbroms, -en, -ar [ˇhandbrɔms]
Hebel	spak, -en, -ar [spɑ:k]
Heizung	värme, -n [ˇværmə]
Hinterrad	bakhjul, -et, - [ˇbɑ:kjʉ:l]
~antrieb	bakhjulsdrift, -et [ˇbɑ:kjʉ:lsˈdrift]
Hupe	signalhorn, -en, - [sigˇnɑ:lhu:ɳ]
Licht~	ljustuta, -n, -or [ˇjʉ:stʉ:ta]
	ljussignal, -en, -er [ˇjʉ:sigˈnɑ:l]
Karosserie	karosseri, -et, -er [karɔsəˈri:]
Keilriemen	fläktrem, -men, -mar [ˇflɛktrɛm]
Kette	kedja, -n, -or [çe:dja]
Kettenfett	olja till cycelkedjan [ˈɔlja til ˇsykelçe:djan]
Klingel	ringklocka, -n, -or [ˇriŋklɔka]
klopfen *(Motor)*	hacka, -ade, -at [ˇhaka]
Kofferraum	bagageutrymme, -t, -n [baˇgɑ:ʃʉ:trymə]

Kolben	kolv, -en, -ar [kɔlv]
Kotflügel	stänkskärm, -en, -ar [ˇstɛŋkʃærm]
Kugellager	kullager, -et, - [ˇku:lɑ:gər]
Kühler	kylare, -n, - [ˇçy:larə]
Kühlwasser	kylarvatten, -vattnet [ˇçy:larˈvatən]
Kupplung	koppling, -en, -ar [ˇkɔpliŋ]
Kupplungshebel	kopplingshandtag, -et, - [ˇkɔpliŋshanˈtɑ:g]
Kurzschluß	kortslutning, -en, -ar [ˇkɔʈʂlʉ:tniŋ]
Landstraße	landsväg, -en, -ar [ˇlansvɛ:g]
Lastwagen	lastbil, -en, -ar [ˇlastbi:l]
Lenker *(Fahrrad)*	styre, -t, -n [sty:rə]
Lenkrad	ratt, -en, -ar [rat]
Lichtmaschine	generator, -n, -er [jeneˈrɑ:tur]
Luft|filter	luftfilter, -et, - [ˇlɵftfiltər]
~pumpe	luftpump, -en, -ar [ˇlɵftpɵmp]
Mantel *(Reifen)*	däck, -et, - [dɛk]
Moped	moped, -en, -er [mɔˈpe:d]
Motor	motor, -n, -er [ˇmu:tɔr]
~haube	motorhuv, -en, -ar [ˇmu:tɔrˈhʉ:v]
~rad	motorcykel, -n, cyklar [ˇmu:tɔˈʂykəl]
~roller	skoter, -n, skotrar [ˈsku:tar]
Mountain bike	mountain bike [mauntin bajk]
Nabe	(hjul)nav [(ˇjʉ:l)nɑ:v]
Nierengurt	njurbälte, -t, -n [ˇnjʉ:rbɛltə]
Notrufsäule	hjälptelefon, -en, -er [ˇjɛlpteleˈfɔn]
Nummernschild	nummerskylt, -en, -ar [ˇnɵmərˈʃylt]
Oktanzahl	oktantal, -et, - [ɔkˇtɑ:ntɑ:l]
Öl	olja, -n [ˇɔlja]
~meßstab	oljesticka, -n, -or [ˇɔljəˈstika]
~wechsel	oljebyte, -t, -n [ˇɔljəˈby:tə]
Packtasche	väska, -an, -or [ˇvɛska]
Panne	missöde, -et, -n, - [ˇmisødə]
(Motor)	motorfel, -et, - [ˇmu:tu:rˈfe:l]
(Reifen)	punktering, -en, -ar [pɵŋkte:riŋ]
Pannendienst	vägtjänst, -en, -er [ˇvɛgçɛnst]
Papiere	papper, -et, - [ˈpapər]
Park|haus	parkeringshus, -et, - [ˇparke:riŋsˈhʉ:s]
~platz	parkeringsplats, -en, -er [ˇparke:riŋsplats]
~uhr	parkeringsautomat, -en, -er [ˇparke:riŋsautuˈmɑ:t]
Pedal	pedal, -en, -er [peˈdɑ:l]
Plattfuß	punktering, -en, -ar [pɵŋkˈte:riŋ]

Promille	promille, -n, - [prɔˈmilə]
PS	hästkrafter [ˇhɛstkraftər]
Rad	hjul, -et, - [jʉːl]
Radkreuz	fälgkors, -et, - [ˇfɛljkɔʂ]
Raststätte	rastplats, -en, -er (med servering) [ˇrastplats meːsærˈveːriŋ]
Regenkombi	regnställ, -et, - [ˇrɛŋnstɛl]
Reifen	däck, -et, - [dɛk]
Rück|licht	baklyse, -t, -n [ˇbɑːklyːsə]
~spiegel	backspegel, -n, -speglar [ˇbakspeːgəl]
~trittbremse *(Fahrrad)*	frihjulsbroms, -en, -ar [ˇfriːjʉːlsbrɔms]
Sattel	sadel, -n, sadlar [ˈsɑːdəl]
Schalthebel	växelspak, -en, -ar [ˇvɛksəlˈspɑːk]
Scheibenwischer	vindrutetorkare, -n, - [ˇvindrʉːtəˈtɔrkarə]
Scheinwerfer	strålkastare, -n, - [ˇstroːlkastarə]
Schiebedach	taklucka, -n, -or [ˇtɑːkløka]
Schlauch *(Reifen)*	slang, -en, -ar [slaŋ]
schmieren	smörja, smorde, smort [ˇsmœrja, smuːɖa, smuːʈ]
Schmirgelpapier	smärgelduk, -en, -ar [ˇsmærjeldʉːk]
Schnellstraße	motortrafikled, -en, -er [ˇmuːturtrafiːkˈleːd]
Schraube	skruv, -en, -ar [skrʉːv]
Schrauben|mutter	skruvmutter, -n, -muttrar [ˇskrʉːvmøtər]
~schlüssel	skruvnyckel, -n, -nycklar [ˇskrʉːvnykəl]
~zieher	skruvmejsel, -n, -mejslar [ˇskrʉːvmɛjsəl]
Schutzblech	skyddsbleck, -et, - [ˇʃydsblɛk]
Sicherheitsgurt	säkerhetsbälte, -t, -n [ˇsɛːkərheːtsˈbɛltə]
Sicherung	säkring, -en, -ar [ˇsɛːkriŋ]
Speiche	eker, -n, -ar [ˇeːkər]
Ständer	(cykel)ställ, -et, - [(ˈsykəl)stɛl]
Standlicht	parkeringsljus, -et, - [parˇkeːriŋsˈjʉːs]
Starthilfekabel	startkabel, -n, -kablar [ˇstɑːʈkɑːbəl]
Steckschlüssel	hylsnyckel, -n, -nycklar [ˇhylsnykəl]
Stoß|dämpfer	stötdämpare, -n, - [ˇstøːtdɛmparə]
~stange	kofångare, -n, - [ˇkuːfɔŋarə]
Straßenkarte	vägkarta, -n, -or [ˇvɛːgkɑːʈa]
Stau	trafikstockning, -en, -ar [traˇfiːkstɔkniŋ]
Sturzhelm	störthjälm, -en, -ar [ˇstœʈjɛlm]
Tachometer	hastighetsmätare, -n, - [ˇhastiheːtsˈmɛːtarə]
Tank	tank, -en, -ar [tank]
~stelle	bensinstation, -en, -er [benˇsiːnstaˈʃuːn]

Teilkasko	delförsäkring, -en [ˇde:lfœˈʂɛ:kriŋ]
trampen	lifta, -ade, -at [ˇlifta]
Tramper	liftare, -n, - [ˇliftarə]
Tretlager	tramplager, -et, - [ˇtrampla:gər]
Umleitung	trafikomläggning, -en, -ar [traˇfi:kɔmˈlɛgniŋ]
Ventil	ventil, -en, -er [vɛnˈti:l]
Vergaser	förgasare, -n, - [fœrˈga:sarə]
Versicherungskarte, grüne	försäkringshandling, -en, -ar [ˇfœ:ʂɛkriŋsˈhandliŋ]
Verteiler	fördelare, -n, - [fœˈɖe:larə]
vierspurig	fyrfilig [ˇfyrfi:lig]
Vollkasko	helförsäkring, -en, -ar [ˇhe:lfœ:ˈʂɛ:kriŋ]
Vorder|licht	framlyse, -t, -n [ˇframly:sə]
~rad	framhjul, -et, - [ˇframjʉ:l]
~radantrieb	framhjulsdrift, -en [ˇframjʉ:lsˈdrift]
Wagen|heber	domkraft, -en, -er [ˇdumkraft]
~wäsche	biltvätt [ˇbi:ltvɛt]
Warn|blinker	varningsblinker, -n [ˇva:ɳiŋsˈbliŋkər]
~dreieck	varningstriangel, -n, -trianglar [ˇva:ɳiŋstri:ˈaŋəl]
Wegweiser	vägvisare, -n, - [ˇvɛ:gvi:sarə]
Werk|statt	verkstad, -en, -städer [ˇværksta:d]
~zeug	verktyg, -et, - [ˇværkty:g]
Windschutzscheibe	vindruta, -n, -or [ˇvindrʉ:ta]
Winterreifen	vinterdäck, -et, - [ˇvintəˈɖɛk]
Zünd|kerze	tändstift, -et, - [ˇtɛndstift]
~schloß	tändningslås, -et, - [ˇtɛndniŋsˈlo:s]
~schlüssel	tändningsnyckel, -n, -nycklar [ˇtɛndniŋsˈnykəl]
Zündung	tändning, -en [ˇtɛndniŋ]
Zylinder	cylinder, -n, cylindrar [syˈlindər]
~kopf	topplock, -et, - [ˇtɔplɔk]

SAS
SCANDINAVIAN AIRLINES SYSTEM
DENMARK NORWAY SWEDEN

Flugzeug

Flyg

Im Reisebüro/ Am Flughafen	På resebyrån/På flygplatsen
Wo ist der Schalter der …-Fluggesellschaft?	Var är … disken? [vɑ:r e: …ˈdiskən]
Wann fliegt die nächste Maschine nach …?	När går nästa flyg till …? [næ:r go:r nɛstə ˈfly:g til]
Ich möchte einen einfachen Flug/Hin- und Rückflug nach … buchen.	Jag skulle vilja boka en enkel/tur-retur flygbiljett till … [jɑ: ˇskələ vilja ˇbu:ka en ɛnkəl/tu:r reˈtu:r ˇfly:gbilˈjɛt til]
Sind noch Plätze frei?	Finns det några lediga platser? [fins de: no:gra ˇle:diga ˇplatsər]
Gibt es auch Charterflüge?	Går det charterflyg också? [go: de: ˇʃɑ:ʈərfly:g ˇɔkso:]
Was kostet der Flug Touristenklasse/1. Klasse?	Vad kostar en flygbiljett i turistklass/första klass? [vɑ: ˇkɔstar en ˇfly:gbilˈjɛt i: tɵˇristklas/ˇfœʂta klas]
Wieviel Gepäck ist frei?	Hur mycket bagage får man ha? [hʉ:r mykə baˈgɑ:ʃ fo:r man hɑ:]
Was kostet das Kilo Übergepäck?	Vad kostar det per kilo övervikt? [vɑ: ˇkɔsta ɖe: pær çi:lu ˇø:vərˈvikt]
Ich möchte diesen Flug stornieren/umbuchen.	Jag skulle vilja avbeställa/boka om den här flygbiljetten. [jɑ: ˇskələ vilja ˇɑ:vbəˈstɛla/ bu:ka ˈɔm den hæ:r ˇfly:gbilˈjɛtən]
Wann muß ich am Flughafen sein?	När måste jag vara på flygplatsen? [nær ˇmɔsta jɑ: ˇvɑ:ra po: ˇfly:gplatsən]
Wo ist der Informationsschalter/Warteraum?	Var är informationsdisken/väntrummet? [vɑ:r e: infɔrmaˇʃu:nsdiskən/ ˇvɛntrɵmət]

Kann ich das als Handgepäck mitnehmen?
Kan jag ta med det här som handbagage? [kan jɑ: tɑ: me: de: hæ:r sɔm ˇhandbagɑ:ʃ]

Hat die Maschine nach … Verspätung?
Är planet till … försenat? [e: ˈplɑ:nət til … fœˈʂe:nat]

Wieviel Verspätung hat sie?
Hur mycket är det försenat? [hʉ:r ˇmykə e: de: fœˈʂe:nat]

Ist die Maschine aus … schon gelandet?
Har planet från … redan landat? [hɑ:r ˈplɑ:nət fro:n … re:dan ˇlandat]

- Letzter Aufruf. Die Passagiere nach …, Flug-Nr. …, werden gebeten, sich zum Ausgang … zu begeben.
Sista uppropet. Passagerare till …, med flyg nummer … ombedes bege sig till utgång … [ˇsista ˇəpru:pət pasaˈʃe:rarə til … me: fly:g nəmər … ˇɔmbe:dəs bəˈje: sɛj til ˇʉ:tgɔŋ]

An Bord

Ombord

- Bitte das Rauchen einstellen! Anschnallen, bitte!
Var vänlig observera att rökning inte längre är tillåten. Var vänlig spänn fast säkerhetsbältena! [vɑ:r ˇvɛnli ɔbsærˈve:ra at ˇrø:kniŋ ˇintə ˈlɛŋrə e: ˇtilo:tən. vɑ:r ˇvɛnli spɛn fast ˇsɛ:kərhetsˈbɛltəna]

Was ist das für ein Fluß/See?
Vad är det för en älv/sjö? [vɑ: e: ˈde: fœ: ren ɛlv/ʃø:]

Was ist das für ein Gebirge?
Vad är det för ett berg/fjäll? [vɑ: e: de: fœr ɛt berj/fjɛl]

Wo sind wir jetzt?
Var är vi nu? [vɑ:r e: vi: nʉ:]

Wann landen wir in …?
När landar vi i …? [næ:r ˇlandar vi: i:]

- Wir landen in etwa … Minuten.
Vi landar om cirka … minuter. [vi: ˇlandar ɔm ˇsirka … miˈnʉ:tər]

Wie ist das Wetter in …?
Hur är vädret i …? [hʉ:r e: ˈvɛ:drət i:]

Ankunft

Ankomst

▶ **auch Kap. 9 - Fundbüro**

Ich finde mein Gepäck/meinen Koffer nicht.
Jag kan inte hitta mitt bagage/min resväska. [jɑ: kan ˇintə ˇhita mit baˈgɑ:ʃ/ min ˇre:svɛska]

Mein Gepäck ist verlorengegangen.	Mitt bagage har kommit bort. [mit baˈgɑːʃ hɑːr kɔmit ˈbɔʈ]
Mein Koffer ist beschädigt worden.	Min resväska har blivit skadad. [min ˇreːsvɛska hɑːr bliːvit ˇskɑːdad]
An wen kann ich mich wenden?	Vart kan jag vända mig? [vɑːʈ kan jɑː ˇvɛnda mɛj]
Von wo fährt der Bus zum Air Terminal ab?	Varifrån avgår bussen till flygterminalen? [ˇvɑːriˈfroːn ˇɑːvgoːr ˈbɵsən til ˇflyːgtærmiˈnɑːlən]

Wortliste Flugzeug

▶ auch Wortliste Eisenbahn

Abflug	avgång, -en [ˇɑːvgɔŋ]
Air Terminal	flygterminal, -en, -er [ˇflyːgtærmiˈnɑːl]
Anflug	ankomst, -en [ˇankɔmst]
Anhänger *(am Koffer)*	adresslapp, -en, -ar [aˇdrɛslap]
Ankunft	ankomst, -en [ˇankomst]
Ankunftszeit	ankomsttid, -en, -er [ˇankɔmsˈtiːd]
Anschluß	anslutning, -en [ˇanslʉːtniŋ]
anschnallen, sich	spänna (-de, -t) fast sig [ˇspɛna ˈfast sɛj]
Anschnallgurt	säkerhetsbälte, -t, -n [ˇsɛːkərheːtsˈbɛltə]
auschecken	checka (-ade, -at) ut [ˇçɛka ˈʉːt]
Auslandsflug	utrikesflyg, -et, - [ʉːtrikəsˈflyːg]
Besatzung	besättning, -en, -ar [bəˈsɛtniŋ]
an Bord	ombord [ɔmˈbuːɖ]
Bordkarte	boarding card [boːɖiŋ kɑːɖ]
buchen	boka, -ade, -at [ˇbuːka]
Buchung	bokning, -en, -ar [ˇbuːkniŋ] beställning, -en, -ar [bəˈstɛlniŋ]
Business class	business class [bisnis ˇklɑːs]
Chartermaschine	charterplan, -et, - [ˇʃɑːʈərˈplɑːn]
Direktflug	direktflyg, -et, - [diˇrɛktˈflyːg]
Düsenmaschine	jetplan, -et, - [ˇjɛtplɑːn]
Economy class	economy class [eˇkɔnɔmiklɑːs]
einchecken	checka (-ade, -at) in [ˇçɛka ˈin]
Fenstersitz	fönsterplats, -en, -er [ˇfønstərplats]
Flug	flyg, -et, - [flyːg]
~gast	passagerare, -n, - [pasaˈʃeːrarə]
~gesellschaft	flygbolag, -et, - [ˇflyːgbuːlɑːg]
~hafen	flygplats, -en, -er [ˇflyːgplats]
~hafengebühr	flygplatsavgift, -en, -er [ˇflyːgplatsˈɑːvjift]

~plan	tidtabell, -en, -er [ˇti:dta'bɛl]
~schein	flygcertifikat, -et, - [ˇfly:gsɛʈifi'kɑ:t]
	flygbiljett, -en, -er [ˇfly:gbil'jɛt]
~strecke	rutt, -en, -er [rɵt]
	färdled, -en, -er [ˇfæ:ɖle:d]
~zeug	flygplan, -et, - [fly:gplɑ:n]
Gang	gång, -en, -er [goŋ]
Gepäck	bagage, -t [ba'gɑ:ʃ]
~abfertigung	incheckning, -en, -ar [ˇinçɛkniŋ]
~ausgabe	utcheckning, -en, -ar [ˇutçɛkniŋ]
Handgepäck	handbagage, -t [ˇhandba'gɑ:ʃ]
Heck	akter, -n ['aktər]
Hubschrauber	helikopter, -n, -ar [heli'kɔptər]
Inlandsflug	inrikesflyg, -et, - [ˇinri:kəs'fly:g]
Kapitän	kapten, -en, -er [kap'te:n]
Kofferkuli	bagagevagn, -en, -ar [baˇgɑ:ʃ'vaŋn]
landen	landa, -ade, -at [ˇlanda]
Landung	landning, -en, -ar [ˇlandniŋ]
Last-minute-Flug	stand-by flyg [stɛndbai 'fly:g]
Linienmaschine	reguljärplan, -et, - [regəlˇjæ:rplɑ:n]
Nichtraucher	icke rökare, -n, - [ˇikə ˇrø:karə]
Not|ausgang	nödutgång, -en, -ar [ˇnø:dʉ:tgɔŋ]
	reservutgång, -en, -ar [reˇsærʉ:tgɔŋ]
~landung	nödlandning, -en, -ar [ˇnø:dlandniŋ]
~rutsche	nödrutschbana, -n, -or [ˇnø:drɵtʃ'bɑ:na]
Passagier	passagerare, -n, - [pasa'ʃe:rarə]
Pilot	pilot, -en, -er [pi'lo:t]
planmäßiger Abflug	avgång enligt tidtabell [ˇɑ:vgɔŋ e:nlit ˇti:dta'bɛl]
Raucher	rökare, -n, - [ˇrø:karə]
Reiseziel	resmål, -et, - [ˇre:smo:l]
	destination, -en, -er [destina'ʃu:n]
Rollfeld	taxibana, -n, -or [ˇtaksi'bɑ:na]
Schalter	lucka, -n, -or [ˇlɵka], disk, -en, -ar [disk]
Schwimmweste	flytväst, -en, -ar [ˇfly:tvɛst]
Sicherheitskontrolle	säkerhetskontroll, -en, -er [ˇsɛ:kərhe:tskɔn'trɔl]
Steward/eß	steward, -en, -er/flygvärdinna, -n, -or [ˇstju:əd/ˇfly:gvæ'ɖina]
stornieren	avbeställa, -de, -t [ˇɑ:vbe'stɛla]
umbuchen	boka (-ade, -at) om [bu:ka 'ɔm]
Verspätung	försening, -en, -ar [fœr'se:niŋ]
zollfreier Laden	taxfree shop, -en, -ar [tɛksfri: ʃɔp]
Zwischenlandung	mellanlandning, -en, -ar [ˇmɛlan'landniŋ]

Eisenbahn
Tåg

Im Reisebüro/ Auf dem Bahnhof — På resebyrån/Ppå järnvägsstationen

Eine einfache Fahrt 2. Klasse/1. Klasse nach …, bitte.	En enkel andra klass/första klass till … [en ɛŋkəl ˇandra klas/ˇfœʂta klas til]
Zweimal … hin und zurück, bitte.	Två tur och retur till …, tack. [tvo: tʉ:r ɔ re'tʉ:r til … tak]
Gibt es eine Ermäßigung für Kinder/Studenten?	Finns det barnrabatt/studentrabatt? [fins de: ˇbɑ:ɳra'bat/stədɛntra'bat]
Bitte eine Platzkarte für den Zug um … Uhr nach …	En platsbiljett på tåget till … klockan … [en ˇplatsbil'jɛt po: to:gət til … klɔkan]

Bei bestimmten Zügen muß man darauf achten, daß Platzkarten erforderlich sind.

• Einen Fensterplatz?	En fönsterplats? [en ˇfønstər'plats]
Ich möchte einen Liegewagenplatz/Schlafwagenplatz für den Zug um 20 Uhr nach …	Jag skulle vilja ha en liggvagnsplats/sovvagnsplats på nattåget till … [jɑ: ˇskələ vilja hɑ: en ˇligvaŋsplats/ˇso:vvaŋsplats po: ˇnato:gət til]
Gibt es einen Autoreisezug nach …?	Finns det något biltåg till …? [fins de nɔt ˇbi:lto:g til]
Was kostet das für ein Auto mit vier Personen?	Vad kostar det för en bil med fyra personer? [va ˇkɔsta ɖe fœren 'bil me: ˇfy:ra pɛ'ʂu:nər]
Ich möchte diesen Koffer als Reisegepäck aufgeben.	Jag skulle vilja pollettera den här resväskan. [jɑ: ˇskələ vilja pɔle'te:ra den hæ:r ˇre:svɛskan]
Wo kann ich mein Fahrrad aufgeben?	Var kan jag pollettera min cykel? [vɑ:r kan jɑ: pɔlɛ'te:ra min 'sy:kəl]
• Wollen Sie Ihr Gepäck versichern?	Vill ni försäkra ert bagage? [vil ni: fœ'ʂɛ:kra e:ʈ ba'gɑ:ʃ]

Geht das Gepäck mit dem ...-Uhr Zug ab?	kommer bagaget att gå med ... -tåget? [ˇkɔmər baˇgɑːʃət at goː meː ˇ... ˈtoːgət]
Wann kommt es in ... an?	När kommer det fram till ...? [næːr ˈkɔmə ɖeː fram til]
Hat der Zug aus ... Verspätung?	Är tåget från ... försenat? [eː ˈtoːgət froːn ... fœˈʂeːnat]
Habe ich in .... Anschluß nach ...?/an die Fähre nach ...?	Finns det förbindelse till ... i ....?/en färjförbindelse i ...? [fins deː fœrˈbindelsə til .... i/en ˇfærjfœrˈbindəlsə iː]
(Wo) Muß ich umsteigen?	Var måste jag byta (tåg)? [vɑːr mɔstə jɑː ˇbyːta (toːg)]
Von welchem Gleis fährt der Zug nach ... ab?	Från vilket spår går tåget till ...? [froːn ˇvilkət spoːr goː ˈʈoːgət til]
• Der Zug Nr. ... aus ... nach ... fährt auf Gleis 1 ein.	Tåg nummer ... från ... till ... inkommer på spår ett. [toːg ˈnɵmər ... froːn ... til ... ˇinkɔmər poː spoːr et]
• Der Zug Nr. ... aus ... hat 10 Minuten Verspätung.	Tåg nummer ... från ... är tio minuter försenat [toːg ˈnɵmər ... froːn ... eː tiu minʉːtər fœrˈseːnat]
• Achtung, Reisende nach ...! Bitte einsteigen und die Türen schließen.	Resande till ...! Tag plats och var god stäng dörrarna! [ˇreːsandə til ... tɑː plats ɔ vɑːr guːd stɛŋ ˇdœraɳa]

Im Zug	**På tåget**
Verzeihung, ist dieser Platz noch frei?	Ursäkta, är den här platsen ledig? [ˇʉːʂɛkta eː den hæːr ˈplatsən ˇleːdi]
Können Sie mir bitte helfen?	Förlåt, kan ni/du hjälpa mig? [fœˈɭoːt kan niː/dʉː ˇjɛlpa mɛj]
Darf ich das Fenster öffnen/schließen?	Får jag öppna/stänga fönstret? [foːr jɑː ˇøpna/ˇstɛŋa ˈfønstrət]
Entschuldigen Sie, bitte. Dies ist ein Nichtraucherabteil.	Ursäkta, men det här är en kupé för icke rökare. [ˇʉːʂɛkta men deː hæːr eː en kɵˈpeː fœːr ˇikə ˇrøːkarə]
Entschuldigen Sie, das ist mein Platz. Ich habe eine Platzkarte.	Ursäkta, men det här är min plats. Jag har platsbiljett. [ˇʉːʂɛkta men deː hæːr eː ˈmin plats. jɑː hɑːr ˇplatsbilˈjɛt]

Hinweise und Informationen

Ankomst	Ankunft
Avresa	Abfahrt
Bagageinlämning	Gepäckaufbewahrung
Barnkupé	Mutter und Kind
Biljettlucka	Fahrkartenschalter
Damer	Damen
Drag	Ziehen
För rörelsehämmade	Schwerbeschädigte
Förvaringsboxar	Schließfächer
Gångtunnel	Unterführung
Herrar	Herren
Hittegodsavdelning	Fundbüro
Icke rökare	Nichtraucher
Information	Auskunft
Ingång	Eingang
Ledigt	Frei
Nödbroms	Notbremse
Platform	Bahnsteig
Platsbeställningar	Platzreservierungen
Röda korsets hjälpstation	Sanitätsstelle
Rökare	Raucher
Skjut	Drücken
Spår	Gleis
Stationsmästare	Bahnhofsvorsteher
Tidtabell	Fahrplan
Till spåren	Zu den Bahnsteigen
Tjänstekupé	Dienstabteil
Toaletter	Toiletten
Tvättrum	Waschraum
Upptaget	Besetzt
Utgång	Ausgang
Varning för tag!	Vorsicht, Zug!
Väntsal	Wartesaal

● Die Fahrkarten, bitte.	Får jag besvära om biljetterna? [fo:r jɑ: bəˈsvæ:ra ɔm bilˈjɛtəɳa]
● Ist noch jemand zugestiegen?	Nypåstigna? [ˇny:po:ˈsti:gna]
Hält dieser Zug in …?	Stannar det här tåget i …? [ˇstana ɖe: hæ: ˈto:gət i:]
Wo sind wir jetzt?	Var är vi nu? [vɑ:r e: vi: nʉ:]
Wie lange haben wir hier Aufenthalt?	Hur långt uppehåll gör vi här? [hʉ: lɔŋt ˇɵpəhɔl jœ:r vi: hæ:r]
Kommen wir pünktlich an?	Kommer vi fram i tid? [ˈkɔmər vi: fram i: ti:d]

Wortliste Eisenbahn

▶ auch Wortliste Flugzeug

Abfahrt	avgång, -en, - [ɑ:vgɔŋ]
Abfahrtszeit	avgångstid, -en, -er [ˇɑ:vgɔŋsˈti:d]
Abteil	kupé, -n, -er [kəˈpe:]
ankommen	komma (kom, kommit) fram ankomma [kɔməˈfram, ˇankɔma]
Aufenthalt	uppehåll, -et, - [ˇɵpeˈhɔl]
aussteigen	stiga av [sti:ga ˈɑ:v]
Autoreisezug	biltåg, -et, - [ˇbi:lto:g]
Bahn|hof	järnvägsstation, -en, -er [ˇjæ:ɳvɛ:gstaˈʃu:n]
~hofsrestaurant	järnvägsrestaurant, -en, -er [ˇjæ:ɳvɛ:gsrestəˈraŋ]
besetzt	upptaget [ˇɵpˈtɑ:gən]
D-Zug	expresståg, -et, - [ɛksˈprɛsto:g]
EC (Eurocity)	Eurocity [eəruˈsiti]
Eilzug	snälltåg, -et, - [ˇsnɛlto:g]
einsteigen	stiga (steg, stigit) på [ˇsti:ga ˈpo:]
Eisenbahn	järnväg, -en, -ar [ˇjæɳvɛ:g]
~fähre	tågfärja, -n, -or [ˇto:gfærja]
Ermäßigung	rabatt, -en, -er [raˈbat]
Fahr|karte	biljett, -en, -er [bilˈjɛt]
~kartenschalter	biljettlucka, -n, -or [bilˇjɛtlɵka]
~plan	tidtabell, -en, -er [ˇti:dtaˈbɛl]
~preis	biljettpris, -et, - [bilˇjɛtpri:s]
Fensterplatz	fönsterplats, -en, -er [ˇfønstərˈplats]
frei	ledig [ˇle:dig]
Gang	gång, -en, -ar [gɔŋ] korridor, -en, -er [kɔriˈdo:r]

Gepäck	bagage, -t [ba'ga:ʃ]
~ablage	bagagehylla, -n, -or [ˇbaga:ʃ'hyla]
~aufbewahrung	bagageinlämning, -en [baˇga:ʃinlɛmniŋ]
~schalter	resgods(inlämning), -en [ˇre:sguds(in'lɛmniŋ)]
~schein	polletteringskvitto, -t, -n [pɔlɛˇte:riŋs'kvitu]
~schließfach	förvaringsbox, -en, -ar [fœrˇva:riŋs'bɔks]
~träger	stadsbud, -et, - [ˇsta:sbʉ:d]
~wagen	godsvagn [gudsvaŋn]
Gleis	spår, -et, - [spo:r]
Großraumwagen	öppen vagn, -en, -ar [øpən vaŋn]
Hauptbahnhof	centralstation, -en, -er [sɛnˇtra:lsta'ʃu:n]
Hochgeschwindigkeits-zug	snabbtåg, -et, - [ˇsnabto:g]
IC (Intercity)	IC (Intercity) [intərsiti]
ICE (Intercity Expreß)	ICE (Intercity Express) [intərsitieks'pres]
Interrail	Interrail [intə'rɛjl]
Kinderfahrkarte	barnbiljett, -en, -er [ˇba:ɳbil'jɛt]
Kurswagen	direktvagn, -en, -ar [diˇrɛktvaŋn]
Liegewagenkarte	liggvagnsbiljett, -en, -er [ˇligvaŋnsbil'jɛt]
Lokomotive	lok, -et, - [lɔk]
nachlösen	köpa biljett på tåget [çø:pa bil'jɛt po: to:gət]
Nichtraucherabteil	icke rökar kupé, -n, -er [ˇikə rø:kar kɵ'pe:]
Notbremse	nödbroms, -en, -ar [ˇnø:dbrɔms]
Platzkarte	platsbiljett, -en, -er [ˇplatsbil'jɛt]
Raucherabteil	rökar kupé, -n, -er [ˇrø:kar kɵ'pe:]
Reisebegleiter *(Broschüre)*	broschyr, -en, -er [brɔ'ʃy:r]
Reservierung	reservering, -en, -ar [resɛr've:riŋ]
Rückfahrkarte	returbiljett, -en, -er [reˇtʉ:rbil'jɛt]
Rundreisefahrschein	rundresebiljett, -en, -er [ˇrɵndre:səbil'jɛt]
Sammelfahrschein	gruppbiljett, -en, -er [ˇgrɵpbil'jɛt]
Schlafwagenkarte	sovvagnsbiljett, -en, -er [ˇso:vaŋnsbil'jɛt]
Schnellzug	snälltåg, -et, - [ˇsnɛlto:g]
Speisewagen	restaurangvagn, -en, -er [restɔˇraŋvaŋn]
Toilette	toalett, -en, -er [tua'lɛt]
Wagennummer	vagnnummer, -et, - [ˇvaŋnəmər]
Wartesaal	väntsal, -en, -ar [ˇvɛntsa:l]
Waschraum	tvättrum, -met, - [ˇtvɛtrɵm]
Zug	tåg, -et, - [to:g]
~begleitpersonal	tågpersonal [ˇto:gpɛʂu'na:l]
Zuschlag	tilläggsavgift, -en, -er [ˇtilɛgs'a:vjift]
zuschlagpflichtig	(särt)illägg fordras [(sæ:rt)i'lɛg ˇfu:ɖras]

Schiff

Båt

Auskunft	Information
Welche ist die beste Schiffsverbindung nach ...?	Vilken är den bästa båtförbindelsen till ...? [ˇvilkən e: den ˇbεsta ˇbo:tfœrˈbindəlsən til]
Wo/Wann fährt das nächste Schiff/die nächste Fähre nach ... ab?	Var/När går nästa båt/nästa färja till ...? [vɑ:r/næ:r go:r/ˇnεsta bo:t/ˇnεsta ˇfærja til]
Wie lange dauert die Überfahrt?	Hur lång tid tar överresan? [hʉ: lɔŋ ti:d tɑ:r ˇø:vəˈre:san]
Welche Häfen werden angelaufen?	Vilka hamnar anlöper vi? [ˇvilka hamnar ˇanlø:pər vi:]
Wann legen wir in ... an?	När lägger vi till i ...? [næ: lεgər vi: ˈtil i:]
Wie lange haben wir Aufenthalt in .. ?	Hur länge gör vi uppehåll i ...? [hʉ: ˇlεŋə jœ:r vi: ˇɵpəˈhɔl i:]
Ich möchte eine Schiffskarte nach ...	Jag skulle vilja ha en (båt)biljett till ... [jɑ: ˇskɵlə vilja hɑ: en (ˇbo:t)bilˈjεt til]
1. Klasse	första klass [ˇfœʂta klas]
Touristenklasse	andra klass/turistklass [ˇandra klas/tɵˇristklas]
eine Einzelkabine	en enkelhytt [en ˇεŋkəlˈhyt]
eine Zweibettkabine	en tvåmanshytt [en ˇtvo:mansˈhyt]

Ich möchte eine Karte für die Rundfahrt um … Uhr.	Jag skulle vilja ha en biljett till rundturen klockan … [jɑ: ˇskələ vilja hɑ: en bilˈjɛt til ˇrəndtʉrən klɔkan]

An Bord — Ombord

Bitte, ich suche Kabine Nr. …	Förlåt, jag söker hytt nummer … [fœˈɭo:t jɑ: ˈsø:kər hyt ˈnəmər]
Kann ich eine andere Kabine haben?	Kan jag få en annan hytt? [kan jɑ: fo: en ˇanan hyt]
Wo ist mein Koffer/mein Gepäck?	Var är min resväska/mitt bagage? [vɑ:r e: min ˇre:svɛska/mit baˈgɑ:ʃ]
Wo ist der Speisesaal/der Aufenthaltsraum?	Var ligger restaurangen/salongen? [vɑ: ˈɭigər restɔˈraŋən/saˈlɔŋən]
Wann wird gegessen?	När serveras måltiderna? [næ: ʂærˈve:ras ˇmolti:dəɳa]
Steward, bringen Sie mir bitte …	Steward, vill ni/du vara vänlig och hämta … åt mig. [ˈstju:əɖ vil ni:/dʉ: vɑ:ra ˇvɛnli ɔ ˇhɛmta … o:t mɛj]
Ich fühle mich nicht wohl.	Jag mår inte bra. [jɑ: mo:r ˇintə brɑ:]
Rufen Sie bitte den Schiffsarzt!	Var snäll och kalla på skeppsläkaren! [vɑ: ʂnɛl ɔ ˇkala po: ˇʃɛpslɛ:karən]
Geben Sie mir bitte ein Mittel gegen Seekrankheit.	Var snäll och ge mig något mot sjösjuka. [vɑ: ʂnɛl ɔ je: mɛj nɔt mu:t ˇʃø:ʃʉ:ka]

Wortliste Schiff

▶ auch Wortlisten Flugzeug, Eisenbahn

Anker	ankare, -t, - [ˇaŋkarə]
anlaufen	anlöpa, -te, -t [ˇanlø:pa]
anlegen in	lägga (lade, lagt) till [lɛga ˈtil]
Anlegeplatz	tilläggsplats, -en, -er [ˇtilɛgsˈplats]
auslaufen	segla (-ade, -at) ut [se:gla ˈʉ:t]
ausschiffen	gå (gick, gått) i land [go: i: ˈland]
Backbord	babord [ˈbɑ:bu:ɖ]
Bettkarte	sovhyttbiljett, -en, -er [ˇso:vhytbilˈjɛt]
an Bord	ombord [ˇɔmbu:ɖ]
Buchung	bokning, -en, -ar [ˇbu:kniŋ] beställning, -en, -ar [bəˈstɛlniŋ]
Bug	bog, -en [bu:g]
Dampfer	ångbåt [ˇɔŋbo:t]

Deck	däck, -et, - [dɛk]
einschiffen	gå (gick, gått) ombord [go: ˇɔmbuɖ]
Fähre	färja, -n, -or [ˇfærja]
Auto~	bilfärja, -n, or [ˇbi:lfærja]
Eisenbahn~	tågfärja, -n, -or [ˇto:gfærja]
Fahrkarte	biljett, -en, -er [bilˈjɛt]
Festland	fastland, -et [ˇfastland]
Hafen	hamn, -en, -ar [hamn]
~gebühr	hamnavgift, -en, -er [ˇhamnɑ:vˈjift]
Heck	akter, -n [ˈaktər]
Jacht	jakt, -en, -er [jakt]
Kabine	hytt, -en, -er [hyt]
Außen~	ytterhytt [ˇytərˈhyt]
Innen~	innerhytt [ˇinərˈhyt]
Kai	kaj, -en, -er [kaj]
Kajüte	kajuta, -n, -or [kaˈjʉ:ta]
Kapitän	kapten, -en, -er [kapˈte:n]
Knoten	knop, -en, -ar [knɔp]
Kreuzfahrt	kryssning, -en, -ar [ˇkrysniŋ]
Kurs	kurs, -en, -er [kɵʂ]
Küste	kust, -en, -er [kɵst]
Landausflug	utflykt, -en, -er [ˇʉ:tflykt]
Landesteg	båtbrygga, -n, -or [ˇbo:tbryga]
Leuchtturm	fyr, -en, -ar [fy:r]
Luftkissenboot	svävare, -n, - [ˇsvɛ:varə]
Mannschaft	besättning, -en, -ar [bəˈsɛtniŋ]
Matrose	matros, -en, -er [maˈtru:s]
Motorboot	motorbåt, -en, -ar [ˇmu:tɔrˈbo:t]
Passagier	passagerare, -n, - [pasaˈʃe:rarə]
Rettungs|boot	livbåt, -en, -ar [ˇli:vbo:t]
~ring	livboj, -en, -ar [ˇli:vbo:j]
Ruder	åra, -n, -or [ˇo:ra]
~boot	roddbåt, -en, -ar [ˇrudbo:t]
Rundfahrt	rundtur, -en, -er [ˇrɵndtʉ:r]
Schwimmweste	flytväst, -en, -ar [ˇfly:tvɛst]
Seegang	sjögång, -en [ˇʃøgɔŋ]
seekrank	sjösjuk [ˇʃø:ʃʉ:k]
Segelboot	segelbåt, -en, -ar [ˇse:gəlˈbo:t]
Sonnendeck	soldäck, -et, - [ˇsu:ldɛk]
Steuerbord	styrbord [ˇsty:rbu:ɖ]
Steward	steward [ˈstju:əɖ]
Tragflächenboot	flygbåt, -en, -ar [ˇfly:gbo:t]
Überfahrt	överfart, -en [ˇø:vərfɑ:ʈ]
Welle	våg, -en, -or [vo:g]
Zwischendeck	mellandäck, -et, - [ˇmɛlanˈdɛk]

An der Grenze

Vid gränsen

Paßkontrolle — Passkontroll

• Ihren Paß, bitte!	Kan jag få se ert pass, tack! [kan jɑ: fo: se: e:ʈ ˈpas tak]
• Ihr Paß ist abgelaufen.	Ert pass har gått ut. [e:ʈ pas hɑ:r gɔt ˈʉ:t]
Ich gehöre zu der Reisegesellschaft aus …	Jag hör till ressällskapet från … [jɑ: hœ: ʈil ˇre:sɛlˈskɑ:pət fro:n]

Zollkontrolle — Tullkontroll

• Haben Sie etwas zu verzollen?	Har ni något att förtulla? [hɑ: ɳi: nɔt at fœˈʈɵla]
Nein, ich habe nur ein paar Geschenke.	Nej, jag har bara ett par presenter. [nɛj jɑ: hɑ:r ˇbɑ:ra et pɑ:r preˈsentər]
• Fahren Sie bitte rechts/links heran.	Var vänlig och kör över till den högra/vänstra sidan. [vɑ:r ˇvɛnli ɔ çœ:r ˈø:və ʈil den ˇhø:gra/ˇvɛnstra ˇsi:dan]
• Öffnen Sie bitte den Kofferraum/diesen Koffer.	Var snäll och öppna bagageluckan/den här väskan. [vɑ: ʂnɛl ɔ ˇøpna baˇgɑ:ʃlɵkan/den hæ:r ˇvɛskan]
Muß ich das verzollen?	Måste jag förtulla det? [mɔstə jɑ: fœˈʈɵla de:]
Wieviel Zoll muß ich bezahlen?	Hur mycket måste jag betala i tull? [hʉ:r ˇmykə mɔstə jɑ: bəˈtɑ:la i: tɵl]

Wortliste Grenze

Ausfuhr	export, -en, -er [ɛksˈpoʈ]
Ausreise	utresa, -n, -or [ˇʉ:tre:sa]
Bestimmungen	bestämmelser [bəˈstɛməlsər]
Einfuhr	import, -en [imˈpɔʈ]
Einreise	inresa, -n, -or [ˇinre:sa]

Familien|name	efternamn, -et, - [ˇɛftəˈɳamn]
~stand	civilstånd, -et [siˇvi:lstɔnd]
ledig	ogift [ˇu:jift]
verheiratet	gift [jift]
verwitwet	*(Mann)* änkling [ˇɛŋkliŋ]
	(Frau) änka [ˇɛŋka]
Führerschein	körkort, -et, - [ˇçœ:rkuʈ]
Geburts|datum	födelsedatum, -et, -data [ˇfø:dəlsəˈdɑ:təm]
~name	efternamn (-et, -) som ogift [ˇɛftəˈɳamn sɔm ˇu:jift]
~ort	födelseort, -en, -er [ˇfø:dəlsəˈuʈ]
Grenzübergang	gräns, -en, -er [grɛns]
	gränsstation, -en, -er [ˇgrɛnstaˈʃu:n]
grüne Versicherungskarte	försäkringsintyg, -et, -en [fœˇʂɛ:kriŋsˈinty:g]
gültig	giltig [ˇjilti]
internationaler Impfpaß	internationellt vaccinationsintyg, -et, - [intəɳaʃuˈnɛlt vaksinaˇʃu:nsinty:g]
Kinderausweis	pass, -et, - [pass]
Nationalitätskennzeichen	nationalitetsskylt, -en, -ar [naʃunaliˇte:tsʃylt]
Passkontrolle	passkontroll, -en, -er [ˇpaskɔnˈtrɔl]
Personalausweis	legitimation, -en, -er [lɛgitimˈʃu:n]
Reisepaß	pass, -et, - [pas]
Sichtvermerk	(pass)visum, -et, visa [(ˇpas)vi:səm/vi:sa]
Staatsangehörigkeit	medborgarskap, -en [ˇme:dbɔrjaˈʂkɑ:p]
Tollwut	rabies [rɑ:bies]
Visum	visum, -et, visa [ˇvi:səm]
Vorname	förnamn, -et, - [ˇfœ:ɳamn]
Wohnort	bostadsort, -en, -er [ˇbu:stɑ:dsˈuʈ]
Zoll	tull, -en, -ar [təl]
~amt	tullkammare, -n, - [ˇtəlkamarə]
~beamter	tulltjänsteman, -nen, -män [ˇtəlçɛnstəman]
~frei	tullfri [ˇtəlfri:]
~gebühren	tullavgifter [ˇtəla:vjiftər]
~kontrolle	tullkontroll, -en, -er [ˇtəlkɔnˈtrɔl]
~pflichtig	tullpliktig [ˇtəlplikti]

U-Bahn (Tunnelbana)

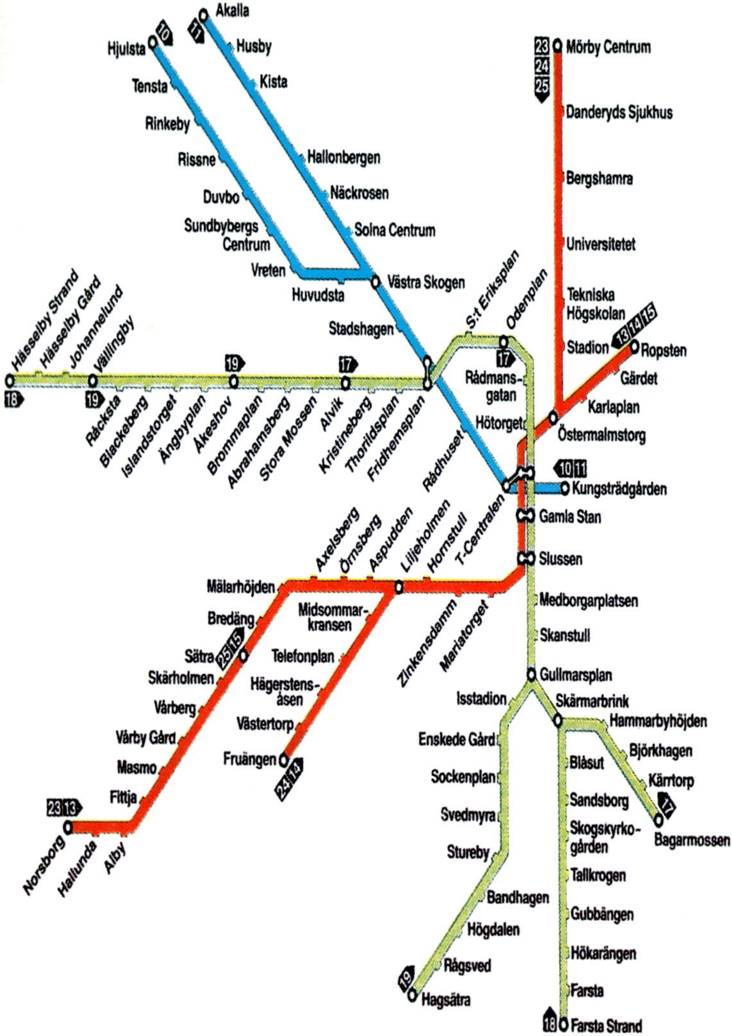

Nahverkehrsmittel

Lokaltrafik

Welcher Bus/Welche Straßenbahn/Welche U-Bahnlinie fährt nach …?	Vilken buss/spårvagn/tunnelbana går till …? [ˇvilkən bɵs/ˇspo:rvaŋn/ˇtɵnəlˈba:na go: ṭil]
Bitte, wo ist die nächste …	Förlåt, var ligger närmaste … [fœˈḷo:t va: ˈḷigər ˇnærmastə]
Bushaltestelle?	busshållplats? [ˇbɵshɔlplats]
Straßenbahnhaltestelle?	spårvagnshållplats? [ˇspo:rvaŋnsˈhɔlplats]
U-Bahnstation?	tunnelbanestation (T-banestation)? [ˇtɵnəlba:nəstaˈʃu:n (ˇte:ba:nəstaˈʃu:n)]
Welche Linie fährt nach …?	Vilken linje går till …? [vilkən linjə ˈgo:r til]
Ist dies der richtige Bus nach …?	Är det här rätt buss till …? [e: de hær rɛt ˈbɵs til]
Wann/Wo fährt der Bus ab?	När/Varifrån avgår bussen? [næ:r/va:riˈfro:n ˇa:vgo:r ˈbɵsən]
Wann fährt die erste/letzte U-Bahn nach …?	När går första/sista tunnelbanan till …? [nær go:r ˇfœṣta/ˇsista ˇtɵnəlˈba:nan til]
In welche Richtung muß ich fahren?	Åt vilket håll ska jag åka? [o:t ˇvilkət hɔl ska: ja: ˇo:ka]
Wie viele Haltestellen sind es?	Hur många hållplatser är det? [hʉ:r mɔŋa ˇhɔlplatsər e: de]
Wo muß ich aussteigen/umsteigen?	Var måste jag stiga av/byta? [va:r mostə ja: sti:ga ˈa:v/ˇby:ta]
Geben Sie mir bitte Bescheid, wenn ich aussteigen muß.	Vill ni vara snäll och säga till när jag skall gå av. [vil ni: va:ra ˈsnɛl ɔ sɛja ˈtil næ:r ja: ska: go: ˈa:v]
Wo kann ich den Fahrschein kaufen?	Var kan jag köpa biljetten? [va:r kan ja: ˇçø:pa bilˈjɛtən]
Bitte, einen Fahrschein nach …	En biljett till …, tack. [en bilˈjɛt til … tak]
Gibt es auch Mehrfahrten-/Wochenkarten?	Finns det klippkort/veckokort också? [fins de ˇklipkuṭ/ˇvɛkoˈkuṭ ˇɔkso]

Stadsbiblioteket
Engelbrekts-kyrka
Tekniska Högskola
Karlbergsvägen
Odengatan
G. Vasa kyrka
Stockholms Universitet
Rehnsgatan
Kungstensgatan
Karlavägen
Döbelnsgatan
Rådmansgatan
Sveavägen
Eriksbergsplan
Runebplan
Observatoriegatan
Kungstensgatan
Rådmansgatan
Tegnérgatan
Kammakargatan
Birger Jarlsgatan
Engelbrektsgatan
Dalagatan
Upplandsgatan
Tegnérlunden
Drottninggatan
Johannes kyrka
Regeringsgatan
A. Fredriks kyrka
Tegnérgatan
Kammakargatan
Brunnsgatan
Folketshus
Stadsteatern
NORRMALM
Kungstornen
Kungsgatan
Torsgatan
Konserthuset
Lästmakargatan
Tunnelgatan
Klarastrandsleden
Barnhusviken
Vasateatern
Hötorg
Kungsgatan
Sveavägen
Vasagatan
Gamla Brogatan
Sergelsgata
Östra Järnvägsgatan
Oscarsteatern
Kungsgatan
Sergelstorg
Hamngatan
Kungsbropl.
Mäster Samuelsgatan
Klarabergsgatan
Klarateatern
Galerian
Regeringsgatan
Kungsträdgården
Kungsholmsgatan
Klarabergsviadukten
Vasagatan
Klara kyrka
Drottninggatan
Jakobs-kyrka
Centralstation
Vattugatan
Medelhavsmuseet
Autobushof
Oper
Bergsgatan
Klara Sjö
G.-Adolfstorg
Kungsholms kyrka
Konstakad.
Fredsgatan
Arvfursten
Norrström
Pala
Rosenbad
Norrbro
Hantverkargatan
HELGEANDSHOLMEN
Riksdag
KUNGSHOLMEN
Stadshuset
Centralbron
Vasabron
Riksdagens Ledamotshus
Kungl. Slottet
Norr Mälarstrand
Riddarhuset
Högstadomstolen
B.-Jarlstorn
Svea Hovrätt
Storkyrkan
RIDDARHOLMEN
Wrangelska Palatset
Börsen
Riddarholmskyrka
Stora Nygatan
Västerlånggatan
Riddarfjärden
Postmuseet

STOCKHOLM
ÖSTERMALM
BLASIE-HOLMEN
SKEPSHOLMEN
DJURGÅRDS-STADEN
Militär-högskolan
Sture-parken
Tessin-parken
Gustav Adolfs-parken
Karla-plan
H. Eleonora kyrka
Armé-museum
Dramat. teatern
Hov-stallet
Historiskamuseet och Kungl. Myntkabinettet
Oscars Kyrka
Nybro-plan
Berzelii Park
Nobel-parken
Nybroviken
Ladugårds-landsviken
Djurgårds-brunnsviken
Idrottshall
Nordiska muséet
Vasamuseet
Biolog. muséet
National-museum
Östasiatiska muséet
Vandrarhem af Chapman
Moderna muséet
Arkitektur-museet
Liljevalchs Konsthall
Tessinska Palat
Strömmen
Lunds Tivoli
Valhallavägen
Floragatan
Östermalmsgatan
Sturegatan
Brahegatan
Grev Turegatan
Nybrogatan
Sibyllegatan
Artillerigatan
Skeppargatan
Strindbergsgatan
Dahlbergsgatan
Erik
Hedinsgatan
Värtavägen
Banérgatan
Karlavägen
Kommendörsgatan
Linnégatan
Turegatan
Humlegårdsgatan
Grev
Storgatan
Riddargatan
Narvavägen
Birger Jarlsgatan
Strandvägen
Stallgatan
Södra Blasieholmsh.
Skeppsholms-bron
Svensksundsvägen
Djurgårdsvägen
Skeppsbron

Taxi

Taxi

Wo ist der nächste Taxistand?	Var ligger närmaste taxistation? [vɑ: ˈligə ˇɳærmastə ˇtaksistaˈʃu:n]
Zum Bahnhof.	Till järnvägsstationen. [til ˇjæ:ɳvɛ:gstaˈʃu:nən]
Zum … Hotel.	Till hotell … [til huˈtɛl]
In die …-Straße.	Till … gatan. [til … gɑ:tan]
Nach …, bitte.	Var snäll och kör till … [vɑ: ʂnɛl ɔ çœ:r til]
Wieviel kostet es nach …?	Hur mycket kostar det till …? [hʉ:r ˇmykə ˇkɔsta ɖe: til]
Halten Sie bitte hier.	Var snäll och stanna här. [vɑ: snɛl o: ˇstana hæ:r]
Warten Sie bitte. Ich bin in 5 Minuten zurück.	Var snäll och vänta. Jag är tillbaka om fem minuter. [vɑ: snɛl o: vɛnta jɑ: e: tilˈbɑ:ka ɔm fɛm minʉ:tər]
Das ist für Sie.	Det är till er. [de: e: til ˈe:r]

Zu Fuß

Till fots

Bitte, wo ist …?	Förlåt, var ligger … [fœˈɭo:t vɑ: ˈligər]
Können Sie mir sagen, wie ich nach … komme?	Kan ni säga mig hur jag kommer till …? [kan ni: ˇsɛja mɛj hʉ:r jɑ: ˈkɔmər til]
• Tut mir leid, das weiß ich nicht.	Det vet jag tyvärr inte. [de: ve:t jɑ: ty:vær ˇintə]
Welches ist der kürzeste Weg nach/zu …?	Vilken är den kortaste vägen till …? [ˇvilkən e: den ˇkɔʈastə ˈvɛ:gən til]
Wie weit ist es zum/zur …?	Hur långt är det till …? [hʉ: ɭɔŋt e: de: til]
• Es ist (nicht) weit.	Det är (inte) långt. [de: e: (ˇintə) lɔŋt]
• Es ist ganz in der Nähe.	Det är alldeles i närheten. [de: e: ˇalde:ləs i: ˇnæ:rhe:tən]

• Gehen Sie geradeaus/ nach links/nach rechts.	Gå rakt fram/till vänster/till höger. [go: rɑ:kt fram/til ˈvɛnstər/til ˈhø:gər]
• Erste/Zweite Straße links/rechts.	Första/Andra gatan till vänster/höger. [ˇfœʂta/ˇandra gɑ:tan til ˈvɛnstər/ˈhø:gər]
• Überqueren Sie …	Gå över … [go: ˈø:vər]
die Brücke.	bron. [bru:n]
den Platz.	torget. [ˈtɔrjət]
die Straße.	gatan. [ˇgɑ:tan]
• Dann fragen Sie noch einmal.	Fråga sedan (sen) igen. [ˇfro:ga ˇse:dan (sen) iˈjɛn]
• Sie können es nicht verfehlen.	Ni kan inte missa det. [ni kan ˇintə ˇmisa de:]
• Sie können … nehmen.	Ni kan ta … [ni kan tɑ:]
den Bus	bussen. [ˈbɵsən]
die Straßenbahn	spårvagnen. [ˇspo:rvaŋnən]
die S-Bahn	pendeltåget. [ˇpɛndəlto:gət]
die U-Bahn	tunnelbanan. [ˇtɵnəlˈbɑ:nan]
den Obus	trådbussen. [ˇtro:dbɵsən]

Wortliste Unterwegs in der Stadt

abfahren	(av)gå [(ɑ:v)go:]
Abfahrt	avgång, -en [ˇɑ:vgɔŋ]
ausrufen	ropa (-ade, -at) ut [ˇru:pa ˈʉ:t]
aussteigen	stiga (steg, stigit) av [sti:ga ˈɑ:v]
Bergbahn	bergbana, -n, -or [ˇbærjbɑ:na]
Bus	buss [bɵs]
~bahnhof	busstation, -en, -er [ˇbɵstaˈʃun]
einsteigen	stiga (steg, stigit) på [sti:ga ˈpo:]
Endstation	slutstation, -en, -er [ˇslʉ:tstaˈʃu:n] ändstation, -en, -er [ˇɛndstaˈʃu:n]
entwerten	stämpla, -ade, -at [ˇstɛmpla]
Fahr|er	chaufför, -en, -er, [ʃɔˈfœ:r]
~kartenautomat	biljettautomat, -en, -er [bilˇjɛtautɔˈmɑ:t]
~plan	tidtabell, -en, -er [ˇti:dtaˈbɛl]
~preis	biljettpris, -et, - [bilˇjɛtpri:s]
~schein	(buss)biljett, -en, -er [(ˇbɵs)bilˈjɛt]
~scheinentwerter	biljettmaskin, -en, -er [bilˇjɛtmaˈʃi:n]
Fußgängerzone	gågata, -n, -or [ˇgo:gɑ:ta]
Gasse	gränd, -en, -er [grɛnd]

Gebäude	byggnad, -en, -er [ˇbygnad]
Gehsteig	trottoar, -en, -er [trɔtuˈɑ:r]
halten	stanna, -ade, -at [ˇstana]
Haltestelle	hållplats, -en, -er [ˇhɔlplats]
Hauptstraße	huvudgata, -n, -or [ˇhʉ:vʉ:dˈgɑ:ta]
Haus	hus, -et, - [hʉ:s]
~nummer	husnummer, -numret, - [ˇhʉ:snəmar]
Innenstadt	centrum, -et, centrer [ˈsɛntrəm]
Kilometerpreis	pris per kilometer [pri:s pɛr çiluˈme:tər]
Kirche	kyrka, -n, -or [ˇçyrka]
Knopf drücken	trycka på knappen [ˇtryka po: knapən]
Kontrolleur	biljettkontrollant, -en, -er [bilˇjɛtkɔntɔˈlant]
lösen *(Fahrschein)*	köpa (biljett) [ˇçø:pa (bilˈjɛt)]
Monatskarte	månadskort, -et, - [ˇmo:nadsˈkuʈ]
Nahverkehrszug	lokaltåg, -et, - [ˇlukɑ:lˈto:g]
Nebenstraße	sidogata, -n, -or [ˇsiduˈgɑ:ta]
Netzkarte	karta över buss-/tåg-/tunnelbanenät [kɑʈa ø:vər bəs/to:g/ˇtənəlpɑ:neˈnɛ:t]
Obus	trådbuss, -en, -ar [ˇtro:dbəs]
Park	park, -en, -er [park]
Pauschalpreis	paketpris, -et, - [paˇke:tpri:s]
Quittung	kvitto, -t, -n [ˇkvitu]
Richtung	riktning, -en, -ar [ˇriktniŋ]
S-Bahn	pendeltåg, -et, - [ˇpɛndəlˈto:g]
Schaffner	konduktör, -en, -er [kɔndəkˈtœ:r]
Stadt|bus	stadsbuss, -en, -ar [ˇstadsbəs]
~rundfahrt	stadstur, -en, -er [ˇstɑ:dstʉ:r]
~teil	stadsdel,-en, -ar [ˇstɑ:dsde:l]
~zentrum	centrum, -et, centrer [ˈsɛntrəm]
Straße	gata, -n, -or [ˇgɑ:ta]
Straßenbahn	spårvagn, -en, -ar [ˇspo:rvaŋn]
Tageskarte	dagkort, -et, - [ˇdɑ:gkuʈ]
Taxi|fahrer	taxichaufför, -en, -er [ˇtaksiʃɔˈfœ:r]
~stand	taxistation, -en, -er [ˇtaksiˈstaˈʃu:n]
Trinkgeld	dricks [driks]
U-Bahn	tunnelbana, -n, -or [ˇtənəlˈbɑ:na] T-bana [ˇte:bɑ:na]
Überlandbus	SJ-buss, -en, -ar [ɛsjibəs] landsvägsbuss [ˇlansvɛ:gsˈbəs]
Vorort	förort, -en, -er [ˇfœ:ruʈ]
Wochenkarte	veckokort [ˇvekuˈkuʈ]

4 Unterkunft

Logi

Auskunft

Information

Können Sie mir bitte … empfehlen?	Kan ni rekommendera … åt mig? [kan ni: rekɔmenˈde:ra … o:t mɛj]
ein gutes Hotel	ett bra hotell [et brɑ: huˈtɛl]
ein einfaches Hotel	ett enkelt hotell [et ˇɛŋkəlt huˈtɛl]
eine Pension	ett pensionat [et paŋʃuˈnɑ:t]
ein Privatzimmer	ett privatrum [et priˇvɑ:trɵm]
Ist es zentral/in Strandnähe gelegen?	Ligger det centralt?/Ligger det i närheten av stranden? [ˈligə ɖe: sɛnˈtrɑ:lt/ ˈligər de: i: ˇnæ:rhe:tən ɑ:v ˈstranden]
Ist es ruhig gelegen?	Har det ett lugnt läge? [hɑ: ɖe: et lɵɳt ˇlɛ:gə]
Was wird eine Übernachtung etwa kosten?	Vad kommer en övernattning att kosta? [vɑ: ˈkɔmər en ˇøvəˈɳatniŋ at ˇkɔsta]
Gibt es hier eine Jugendherberge/einen Campingplatz?	Finns det ett vandrarhem/en campingplats här? [fins de: et ˇvandrarˈhɛm/en ˇkampiŋˈplats hæ:r]

Hotel/Pension/Privatzimmer

Hotel/Pensionat/Privatrum

An der Rezeption	I receptionen
Ich habe bei Ihnen ein Zimmer reserviert. Mein Name ist …	Jag har reserverat ett rum hos er. Mitt namn är … [jɑ: hɑ:r resærˈve:rat ɛt ˈrɵm hɵs e:r. mit namn e:]
Haben Sie noch Zimmer frei?	Har ni något rum ledigt? [hɑ: ɳi: nɔt rɵm ˇle:dit]
… für eine Nacht.	… för en natt. [fœ:r en ˈnat]
… für zwei Tage/eine Woche.	… för två dagar/en vecka. [… fœ: ʈvo: ˇdɑ:gar/en ˇvɛka]
● Nein, wir sind leider vollständig belegt.	Nej tyvärr, vi har fullbelagt. [nɛj tyˈvær vi hɑ:r ˇfɵlbəˈlagt]
● Ja, was für ein Zimmer wünschen Sie?	Ja, vad för slags rum önskar ni? [jɑ: vɑ: fœ ʂlags rɵm ˇønska ɳi:]

ein Einzelzimmer	ett enkelrum [et ˇɛŋkəlrəm]
ein Zweibettzimmer	ett dubbelrum [et ˇdəbəlrəm]
ein Zweibettzimmer, aber bitte nicht mit einem französischen Bett	ett dubbelrum, men med två sängar [et ˇdəbəl'rəm men me: tvo: ˇsɛŋar]
ein ruhiges Zimmer	ett lugnt rum [et ləŋt rəm]
ein sonniges Zimmer	ett soligt rum [et su:lit rəm]
mit fließend Kalt- und Warmwasser	med varmt och kallt vatten [me: varmt ɔ kalt 'vatən]
mit Dusche	med dusch [me: dəʃ]
mit Bad	med bad [me: bɑ:d]
mit Balkon/Terrasse	med balkong/terass [me: bal'kɔŋ/te'ras]
mit Blick aufs Meer	med havsutsikt [me: ˇhafsʉ:tsikt]
straßenseitig gelegen	ett rum mot gatan [et rəm mu:t ˇgɑ:tan]
hofseitig gelegen	ett rum mot gården [et rəm mu:t 'go:ɖən]
Kann ich das Zimmer ansehen?	Kan jag få se på rummet? [kan jɑ: fo: 'se: po: 'rəmət]
Dieses Zimmer gefällt mir nicht. Zeigen Sie mir bitte ein anderes.	Jag tycker inte om det här rummet. Visa mig något annat. [jɑ: tykər ˇintə 'ɔm de: hæ:r 'rəmət. ˇvi:sa mɛj nɔt ˇanat]
Dieses Zimmer ist sehr hübsch. Ich nehme es.	Det här rummet är mycket trevligt. Jag tar det. [de: hæ:r 'rəmət e: ˇmykə ˇtre:vlit. jɑ: tɑ: ɖe:]
Können Sie noch ein drittes Bett/Kinderbett dazustellen?	Kan ni ställa in en säng till/en barnsäng? [kan ni: ˇstɛla in en 'sɛŋ 'til/en ˇbɑ:ɳsɛŋ]
Was kostet das Zimmer mit …	Vad kostar rummet med … [vɑ: ˇkɔstar 'rəmət me:]
Frühstück?	frukost? ['frəkɔst]
Halbpension?	halvpension? [ˇhalvpaŋ'ʃu:n]
Vollpension?	helpension? [ˇhe:lpaŋ'ʃu:n]
• Wollen Sie bitte den Anmeldeschein ausfüllen?	Vill ni vara vänlig och fylla i anmälningsblanketten? [vil ni: vɑ:ra ˇvɛnli ɔ fyla 'i: ˇanmɛ:lniŋsblan'kɛtən]
• Darf ich Ihren Reisepaß/Personalausweis sehen?	Kan jag få se ert pass/er legitimation? [kan jɑ: fo: se: e:ʈ 'pas/e:r legitima'ʃu:n]
Bitte lassen Sie das Gepäck auf mein Zimmer bringen.	Kan ni ta upp bagaget på mitt rum, tack! [kan ni: tɑ: əp ba'gɑ:ʃət po: mit 'rəm tak]

Wo kann ich den Wagen abstellen?	Var kan jag parkera bilen? [vɑ:r kan jɑ: par'ke:ra 'bi:lən]
● In unserer Garage./Auf unserem Parkplatz.	I vårt garage./På vår parkeringsplats. [i: vo:ʈ ga'rɑ:ʃ/po: vo:r parˇke:riŋgs'plats]
Hat das Hotel ein Schwimmbad/einen eigenen Strand?	Har hotellet swimmingpool/egen strand? [hɑ:r hu'tɛlət ˇsvimiŋ'pu:l/ˇe:gən strand]

Gespräche mit dem Hotelpersonal

Samtal med hotellpersonalen

Ab wann gibt es Frühstück?	När får man frukost? [næ:r fo:r man 'frøkɔst]
Wann sind die Essenszeiten?	När serveras måltiderna? [næ:r sær've:ras ˇmo:lti:dərna]
Wo ist der Speisesaal?	Var ligger matsalen? [vɑ: 'ligər ˇmɑ:tsɑ:lən]
Wo kann man frühstükken?	Var kan man äta frukost? [vɑ:r kan man ˇɛ:ta 'frøkɔst]
Eine Treppe tiefer.	En trappa ner. [en ˇtrapa ne:r]
● Sollen wir Ihnen das Frühstück aufs Zimmer schicken?	Ska vi skicka upp er frukost på rummet? [skɑ: vi: ʃika 'øp e:r 'frøkɔst po: 'røməʈ]
Schicken Sie mir bitte das Frühstück um … Uhr aufs Zimmer.	Vill ni vara vänlig och skicka upp frukosten på rummet klockan …? [vil ni vɑ:ra ˇvɛnli ɔ ʃika 'øp 'frøkɔstən po: 'røməʈ klɔkan]
Zum Frühstück nehme ich …	Jag vill ha … till frukosten. [jɑ: vil hɑ: … til 'frøkɔstən]
schwarzen Kaffee.	kaffe utan mjölk [ˇkafə ˇʉ:tan mjølk]
Kaffee mit Milch.	kaffe med mjölk [ˇkafə me: mjølk]
koffeinfreien Kaffee.	koffeinfritt kaffe [kɔfeˇinfrit ˇkafə]
Tee mit Milch/Zitrone.	te med mjölk/citron [te: me: mjølk/si'tru:n]
einen Kräutertee.	ett örtte [et œʈe:]
Schokolade.	choklad [ʃɔ'klɑ:d]
einen Fruchtsaft.	en fruktjuice [en ˇfrøktju:s]
ein weiches Ei.	ett löskokt ägg [et ˇlø:skukt ɛg]
Rühreier.	äggröra [ˇɛgrœ:ra]
Eier mit Speck.	ägg med skinka/bacon [ɛg me: ˇʃiŋka/bejkɔn]

Brot/Brötchen/Toast.	bröd/småfranska/rostat bröd [brø:d/ˇsmo:franska/rɔstat brø:d]
ein Hörnchen.	en giffel [en ˈjifəl]
Butter.	smör [smœ:r]
Käse.	ost [ust]
Wurst.	korv [kɔrv]
Schinken.	skinka [ˇʃinka]
Honig.	honung [ˇho:nəŋ]
Marmelade.	marmelad [marməˈlɑ:d]
etwas Obst.	litet frukt [ˇli:tə frəkt]
Wecken Sie mich bitte morgen früh um ... Uhr.	Var vänlig och väck mig i morgon bitti klockan ... [vɑ:r ˇvɛnli ɔ vɛk mɛj i ˇmɔrɔn ˇbiti klɔkan]
Würden Sie mir bitte ... bringen?	Skulle jag kunna få ... [ˇskələ jɑ: kəna fo:]
noch ein Handtuch	en handduk till? [en ˇhandʉ:k ˈtil]
ein Stück Seife	en tvål? [en tvo:l]
einige Kleiderbügel	några klädhängare? [ˇno:ra ˇklɛ:dhɛŋarə]
Wie funktioniert ...?	Hur fungerar ...? [hʉ:r fəŋˈge:rar]
Bitte meinen Schlüssel.	Får jag be om nyckeln? [fo:r jɑ: be ɔm ˇnykəln]
Hat jemand nach mir gefragt?	Har någon sökt mig? [hɑ: nɔn ˈsø:kt mɛj]
Ist Post für mich da?	Har det kommit någon post till mig? [hɑ: ɖe: ˇkɔmit nɔn pɔst til mɛj]
Haben Sie Ansichtskarten/Briefmarken?	Har ni vykort/frimärken? [hɑ: ɳi: ˇvy:kuʈ/ˇfri:mærkən]
Wo kann ich diesen Brief einwerfen?	Var kan jag posta det här brevet? [vɑ:r kan jɑ: ˇpɔsta de: hæ:r ˈbre:vət]
Wo kann ich ... mieten/ausleihen?	Var kan jag ... hyra/låna? [vɑ:r kan jɑ: ˇhyˈra/ˇlo:na]
Wo kann ich telefonieren?	Var kan jag telefonera? [vɑ:r kan jɑ: telefuˈne:ra]
Kann ich meine Wertsachen bei Ihnen in den Safe geben?	Kan jag deponera mina värdeföremål i ert kassaskåp? [kan jɑ: depɔˈne:ra ˇmina ˇværdəfœ:reˈmo:l i e:t ˇkassaˈsko:p]
Kann ich meine Sachen hier lassen, bis ich wiederkomme?	Kan jag lämna mina saker här tills jag kommer tillbaka? [kan jɑ: ˇlɛmna mina ˈsɑ:kər hæ: ʈils jɑ: kɔmə ʈilˈbɑ:ka]

Beanstandungen — Klagomål

Das Zimmer ist nicht gereinigt worden.	Rummet har inte blivit städat. [ˈrəmət hɑ:r ˇintə blivit ˇstɛ:dat]
Die Dusche …	Duschen … [ˈdəʃən]
Die Spülung …	WC-spolning … [ˇve:se:ˈspu:lniŋ]
Die Heizung …	Värmen … [ˇværmən]
Das Licht …	Ljuset … [ˇjʉ:sət]
Das Radio …	Radion … [ˈrɑ:diun]
Der Fernseher … funktioniert nicht.	TV:n [ˇte:ve:n] fungerar inte. [fəŋˈge:rar ˇintə]
Der Wasserhahn tropft.	Vattenkranen droppar. [ˇvatənˈkrɑ:nən ˇdrɔpar]
Es kommt kein (warmes) Wasser.	Det kommer inget (varmt) vatten. [de: kɔmər ˇiŋət (varmt) ˈvatən]
Die Toilette/Das Waschbecken ist verstopft.	Det är stopp i toaletten/handfatet. [de: e: stɔp i: tuaˈlɛtən/ˇhandfɑ:tət]
Das Fenster schließt nicht/geht nicht auf.	Fönstret går inte att stänga/öppna. [ˈfønstrət go:r ˇintə at ˇstɛŋa/ˇøpna]
Der Schlüssel paßt nicht.	Nyckeln passar inte. [ˇnykəln ˇpasar ˇintə]

Abreise — Avresa

Ich reise heute abend/morgen um … Uhr ab.	Jag reser i kväll/i morgon klockan … [jɑ: ˈre:sər iˈkvɛl/i ˇmɔrɔn klɔkan]
Bis wann muß ich das Zimmer räumen?	Hur länge får jag ha rummet? [hʉ: ˇlɛŋə fo:r jɑ: ˈhɑ: ˈrəmət]
Machen Sie bitte die Rechnung fertig.	Var snäll och gör i ordning notan. [vɑ: ʂnɛl ɔ jœ:ri: ˇo:ɖniŋ ˇnu:tan]
Getrennte Rechnungen bitte.	Kan vi få varsin räkning, tack. [kan vi: fo: ˇvɑ:ʂin ˇrɛ:kniŋ tak]
Nehmen Sie deutsches Geld/Euroschecks?	Tar ni emot tyska pengar/eurocheckar? [tɑ: ɳi: eˈmu:t ˇtyska ˇpɛŋar/ˇeəruˈçɛkar]
Bitte senden Sie noch ankommende Post an diese Adresse nach.	Vill ni vara snäll och eftersända min post till den här adressen. [vil ni: vɑ:ra ˈsnɛl ɔ ˇɛftəˈʂɛnda min pɔst til den ˈhæ:r aˈdrɛsən]
Lassen Sie bitte mein Gepäck herunterbringen.	Kan ni se till att mitt bagage kommer ner? [kan ni: se: ˈtil at mit baˈgɑ:ʃ ˈkɔmər ˈne:r]

Lassen Sie bitte mein Gepäck zum Bahnhof/zum Air Terminal bringen.	Kan ni skicka mitt bagage till järnvägsstationen/flygterminalen? [kan ni: ˇʃika mit baˈgɑ:ʃ til ˇjæ:ɳvɛ:gstaˈʃu:nən/ ˇfly:gtærmiˈnɑ:lən]
Rufen Sie mir bitte ein Taxi.	Var snäll och ring efter en taxi åt mig. [vɑ: ˈʂnɛl ɔ ˇriŋ ˈɛftər en ˈtaksi o:t mɛj]
Vielen Dank für alles. Auf Wiedersehen.	Tack så mycket! Adjö! [tak so: ˇmykə aˈjø:]

Wortliste Hotel/Pension/Privatzimmer

Abendessen	middag, -en, -ar [ˈmida]
Anmeldung	anmälan [ˇanmɛ:lan]
Aschenbecher	askkopp, -en, -ar [ˇaskɔp]
Aufenthaltsraum	uppehållsrum, -met, - [ˇɵpehɔlsˈrɵm]
Aufzug	hiss, -en, -ar [his]
Bade|wanne	badkar, -et, - [ˇbɑ:dkɑ:r]
~zimmer	badrum, -met, - [ˇbɑ:drɵm]
Balkon	balkong, -en, -er [balˈkɔŋ]
Bett	säng, -en, -ar [sɛŋ]
~decke	filt, -en, -ar [filt], täcke, -t, -n [ˇtɛkə]
~laken	lakan, -et, - [ˇlɑ:kan]
~wäsche	sänglinne, -n [ˇsɛŋlinə]
Dusche	dusch, -en, -ar [dɵʃ]
Empfangshalle	hotellobby, -n [ˇhu:təˈlɔby]
Etage	våning, -en, -ar [ˇvo:niŋ]
Fenster	fönster, fönstret, - [ˈfønstər]
Fernseher	TV, -en [ˇte:ve:]
Fernsehraum	TV-rum [ˇte:ve:ˈrɵm]
Frühstück	frukost, -en, -ar [ˈfrɵkɔst]
Frühstücks|büfett	frukostbuffé, -n, -er [ˇfrɵkɔstbɵˈfe:]
~raum	frukostrum, -met, - [ˇfrɵkɔstˈrum]
Grillabend	grillkväll, -en, -ar [ˇgrilkvɛl]
Halbpension	halvpension, -en [ˇhalvpaŋˈʃu:n]
Handtuch	handduk, -en, -ar [ˇhandʉ:k]
Hauptsaison	högsäsong, -en, -er [ˇhø:gsɛˈsɔŋ]
Hausbar	bar, -en, -er [bɑ:r]
Heizung	värme, -n [ˇværmə]
Kategorie	kategori, -en, -er [katəguˈri:]
Kinder|betreuung	barnpassning, -en [ˇbɑ:ɳpasniŋ]
~bett	barnsäng, -en, -ar [ˇbɑ:ɳsɛŋ]
~spielplatz	lekplats, -en, -er [ˇle:kplats]
Kleiderbügel	klädhängare, -n, - [ˇklɛ:dhɛŋarə]

Klimaanlage	luftkonditionering, -en, -ar [ˇløftkɔndiʃuˈne:riŋ]
Kopfkissen	kudde, -n, -ar [ˇkødə]
Kost und Logis	kost och logi [kɔst ɔ lɔˈʃi:]
Lampe	lampa, -n, -or [ˇlampa]
Lichtschalter	strömbrytare, -n, - [ˇstrømbry:tarə]
Matratze	madrass, -en, -er [maˈdras]
Mittagessen	lunch, -en, -er [lønʃ]
Motel	motell, -et, - [muˈtɛl]
Nachsaison	eftersäsong, -en, -er [ˇɛftərsɛˈsɔŋ]
Nachttisch	nattduksbord, -et, - [ˇnatdʉ:ksˈbu:ɖ]
~lampe	läslampa, -n, -or [ˇlɛ:slampa]
Papierkorb	papperskorg, -en, -ar [ˇpapəʂˈkɔrj]
Pension	pension, -en, -er [paɳˈʃo:n]
	pensionat, -at, - [ˇpaɳʃu:ˈnat]
Planschbecken	plaskbassäng, -en, -er [ˇplaskbaˈsɛŋ]
reinigen	låta (kem)tvätta (-ade, -at) [ˇlo:ta (ˇçe:m)tvɛta]
Reservierung	reservering, -en, -ar [resærˈve:riŋ]
Rezeption	reception, -en, -er [resɛpˈʃu:n]
Safe	kassaskåp, -et, - [ˇkasaˈsko:p]
Schlüssel	nyckel, -n, nycklar [ˈnykəl]
Schrank	skåp, -et, - [sko:p]
Sessel	fåtölj, -en, -er [fo:ˈtølj]
Speisesaal	matsal, -en, -ar [ˇmɑ:tsɑ:l]
Spiegel	spegel, -n, speglar [ˇspe:gəl]
Steckdose	väggkontakt, -en, -er [ˇvɛgkɔnˈtakt]
Stecker	stickkontakt, -en, -er [ˇstikɔnˈtakt]
Terrasse	terrass, -en, -er [tɛˈras]
Toilette	toalett, -en, -er [tuaˈlɛt]
Toilettenpapier	toalettpapper, -et [tuaˇlɛtpapər]
Übernachtung	övernattning, -en, -ar [ˇø:vəˈɳatniŋ]
Ventilator	fläkt, -en, -ar [flɛkt]
Verlängerungs|schnur	förlängningssladd, -en, -ar [fœˇlɛŋniŋsˈlad]
~woche	ytterligare en vecka [ˇytəɭiarə en ˇveka]
Vollpension	helpension, -en [ˇhe:lpaŋˈʃu:n]
Vorsaison	försäsong, -en, -er [ˇfœ:ʂɛˈsɔng]
Waschbecken	tvättfat, -et, - [ˇtvɛtfɑ:t]
Wäschewechsel	byte av lakan och handdukar [by:tə ɑ:v ˇlɑ:kan ɔ ˇhandʉ:kar]
Wasser	vatten, -et [ˈvatən]
kaltes ~	kallt vatten [kalt ˈvatən]
warmes ~	varmt vatten [varmt ˈvatən]
~glas	vattenglas, -et, - [ˇvatənglɑ:s]

~hahn	vattenkran, -en, -ar [ˇvatən'kra:n]
Wolldecke	yllefilt, -en, -ar [ˇylәfilt]
Zimmer	rum, -met, - [rөm]
~mädchen	städerska, -n, -or [ˇstɛ:de'ʂka]
~telefon	rumstelefon, -en, -er [ˇrөmstele'fɔn]
Zwischenstecker	adapter, -n, - [a'daptər]

Ferienhäuser/Ferienwohnungen

Fritidshus/Fritidslägenheter

Ist der Strom-/Wasserverbrauch im Mietpreis enthalten?	Ingår el och vatten i hyran? [ingo:r e:l ɔ 'vatən i: ˇhy:ran]
Wo bekommen wir die Schlüssel für das Haus/die Wohnung?	Var kan vi få/hämta nycklarna till huset/våningen? [va:r kan vi: 'fo:/ˇhɛmta ˇnyklarna til hʉsət/ˇvo:niŋən]
Müssen wir sie dort auch wieder abgeben?	Måste vi lämna tillbaka dem där också? [ˇmɔstə vi: ˇlɛmna tilˇba:ka dɔm dæ:r ɔksɔ]
Wo befinden sich die Mülltonnen?	Var finns soptunnorna? [va:r fins ˇsu:ptөnurna]
Müssen wir die Endreinigung selbst übernehmen?	Måste vi (stor)städa innan vi åker? [ˇmɔste vi (stu:r)ˇstɛ:da ˇinan vi: 'o:kər]

Wortliste Ferienhäuser/Ferienwohnungen

▶ **auch Wortliste Hotel/Pension/Privatzimmer**

Anreisetag	ankomstdag, -en, -ar [ˇankɔmst'da:g]
Appartement	våning, -en, -ar [ˇvo:niŋ]
Bungalow	bungalow ['bөŋalɔ]
	fritidshus, -et, - [ˇfri:ti:dshʉ:s]
Endreinigung	(stor)städning, -en, -ar [ˇstɛ:dniŋ]
Eßecke	mat vrå, -n, -r [ˇma:t vro:]
Ferien|anlage	semesterby/fritidsanläggning [ˇsemestərby:/ˇfri:ti:dsan'lɛgniŋ]
~haus	fritidshus [ˇfri:ti:ds'hʉ:s]
~wohnung	semesterlägenhet, -en, -er [ˇsemɛstərʃɛ:gen'he:t]
Geschirr|handtuch	kökshandduk, -en, -ar [ˇçøkshan'dʉ:k]
~spülmaschine	diskmaskin, -en, -er [ˇdiskma'ʃi:n]
Haus|besitzer	husägare, -n, - [ˇhʉ:sɛ:garə]
~tiere	husdjur, -et, - [ˇhʉsjʉ:r]

Herd	spis, -en, -ar [spi:s]
Elektro~	elspis [ˇe:lspi:s]
Gas~	gasspis [ˇgɑ:spi:s]
Kaffeemaschine	kaffebryggare, -n, - [ˇkafeˈbrygara]
Kochnische	kokvrå, -n, -r [ˇku:kvro:]
Kühlschrank	kylskåp, -et, - [ˇçy:lsko:p]
Miete	hyra, -n, -or [ˇhy:ra]
Müll	sopor [ˇsu:pu:r]
Schlaf|couch	bäddsoffa, -n, -or [ˇbɛdsɔfa]
~zimmer	sovrum, -met, - [ˇso:vrɵm]
Schlüsselübergabe	överlämnande av nycklar [ˇø:vərlɛmnandə ɑ:v ˇnyklar]
Strom	ström, -men, -mar [strøm]
~pauschale	schablonavgift, -en, -er [ˇʃablu:nɑ:vˈgift]
~spannung	(el)spänning, -en [(e:l)spɛniŋ]
Studio	studio, -n, -r [ˈstʉ:diɔ]
vermieten	hyra, -de, -t [ˇhy:ra]
Waschmaschine	tvättmaskin, -en, -er [tvɛtmaˇʃin]
Wasserverbrauch	vattenförbrukning, -en [ˇvatənfœ:rbrʉ:kniŋ]
Wohnzimmer	vardagsrum, -met, - [ˇvɑ:ɖɑ:gsˈrɵm]
Zentralheizung	centralvärme, -n [sɛnˇtrɑ:lværmə]

Camping

Camping

Gibt es in der Nähe einen Campingplatz?	Finns det någon campingplats i närheten? [fins de: nɔn ˇkampiŋˈplats i ˇnæ:rhe:tən]
Haben Sie noch Platz für einen Wohnwagen/ein Zelt?	Har ni plats för ytterligare en husvagn/ett tält? [hɑ: ɳi: plats fœ:r ˇytəɭiarə en ˇhʉ:svaŋn/et tɛlt]
Wie hoch ist die Gebühr pro Tag und Person?	Hur stor är avgiften per dag och person? [hʉ: ʂtu:r e: ˇɑ:vjiftən pær dɑ:g ɔ pæˈʂu:n]
Wie hoch ist die Gebühr für …	Vad kostar det för … [vɑ: ˇkɔsta ɖe: fœ:r]
das Auto?	bilen? [ˈbilən]
den Wohnwagen?	husvagnen [ˇhʉ:svaŋnən]
das Wohnmobil?	husbilen? [hʉ:sbi:lən]
das Zelt?	tältet? [ˈtɛltət]
Vermieten Sie Ferienhäuser/Wohnwagen?	Hyr ni ut campingstugor/husvagnar? [hy: ɳi: ʉ:t ˇkampiŋˈstʉ:gur/ˇhʉ:svaŋnar]

Wo kann ich meinen Wohnwagen aufstellen/mein Zelt aufschlagen?	Var kan jag ställa min husvagn/slå upp mitt tält? [vɑ:r kan jɑ: ˇstɛla min ˇhʉ:svaŋn/slo: ˈɵp mit tɛlt]
Wir bleiben ... Tage/Wochen.	Vi stannar ... dagar/veckor. [vi: ˇstanar ... ˇdɑ:gar/ˇvɛkur]
Gibt es hier ein Lebensmittelgeschäft?	Finns det någon livsmedelsaffär här? [fins de: nɔn ˇli:vsme:dəlsaˈfæ:r hæ:r]
Wo sind die ... Toiletten? Waschräume? Duschen?	Var ligger ... [vɑ: ˈligər] toaletterna? [tuaˈlɛtəɳa] tvättrummen? [ˇtvɛtrɵmən] duscharna? [ˇdɵʃaɳa]
Gibt es hier Stromanschluß?	Finns det eluttag här? [fins de: ˇe:lʉ:tɑ:g hæ:r]
Wo kann ich Gasflaschen umtauschen/ausleihen?	Var kan jag byta/hyra gasoltuber? [vɑ:r kan jɑ: ˇby:ta/ˇhy:ra gaˇso:ltʉ:bər]
Ist der Campingplatz bei Nacht bewacht?	Är campingplatsen bevakad på natten? [e: ˇkampiŋˈplatsən bəˈvɑ:kad po: ˈnatən]
Gibt es hier einen Kinderspielplatz?	Finns det någon lekplats här? [fins de: nɔn ˇle:kplats hæ:r]
Können Sie mir bitte ... leihen?	Skulle ni kunna låna mig ...? [ˇskɵlə ni: kɵna ˇlo:na mɛj]

Jugendherberge

Vandrarhem

Kann ich bei Ihnen Bettwäsche/einen Schlafsack leihen?	Kan jag låna sängkläder/en sovsäck hos er? [kan jɑ: ˇlo:na ˇsɛŋklɛ:dər/en ˇso:vsɛk hus e:r]
● Die Eingangstür wird um 24 Uhr abgeschlossen.	Ytterdörren låses klockan 24. [ˇytərdœrən lo:səs klɔkan ˇçʉ:guˈfy:ra]

Wortliste Camping/Jugendherberge

Bauernhof	bondgård, -en, -ar [ˇbundgo:ɖ]
Benutzungsgebühr	... avgift, -en, -er [ˇ... ɑvˈgift]
Camping	camping, -en, - [ˈkampiŋ]
~ausweis	campingkort, -et, - [ˇkampiŋˈkuʈ]
~führer	campingguide, -n, -r [ˇkampiŋˈgajd]
~platz	campingplats, -en, -er [ˇkampiŋˈplats]

Gas|flasche	gasoltub, -en, -er [gaˇsoːlʉːb]
~kocher	gasolkök, -et, - [gaˈsoːlçøːk]
Gemeinschaftsraum	sällskapsrum, -met, - [ˇsɛlskɑːpsˈrɵm]
Geschirrspülbecken	diskbänk, -en, -ar [ˇdiskbɛŋk]
Herbergseltern	vandrarhemsföreståndare, -n, - [ˇvandrarhemsfœːreˈstɔndarə]
Hering	tältpinne, -n, -ar [ˇtɛltpina]
Jugendherberge	vandrarhem, -et, - [ˇvandrarˈhɛm]
Jugendherbergs|ausweis	vandrarhemskort [ˇvandrarhemsˈkuʈ] STF:s medlemskort [esteˈefs ˇmeːdlemsˈkuʈ]
~führer	vandrarhemskatalog, -en, -er [ˇvandrarhemskataˈloːg]
Kinderspielplatz	lekplats, -en, -er [ˇleːkplats]
Kocher	campingkök, -et, - [ˇkampiŋˈçøːk]
leihen	låna, -ade, -at [ˇloːna]
Leihgebühr	hyra, -n, -or [ˇhyːra]
Leinenschlafsack	linnesovsäck, -en, -ar [ˇlinəsoːvˈsɛk]
Mehrbettzimmer	flerbäddsrum, -met, - [ˇfleːrbɛdsˈrɵm]
Mitgliedskarte	medlemskort, -et, - [ˇmeːdlemsˈkuʈ]
Petroleumlampe	fotogenlampa, -n, -or [fuːtuːˇʃeːnlampa]
Propangas	propan, -et [prɔˈpɑːn]
Schlaf|saal	sovsal, -en, -ar [ˇsoːvsɑːl]
~sack	sovsäck, -en, -ar [ˇsoːvsɛk]
Steckdose	väggkontakt, -en, -er [ˇvɛgkɔnˈtakt]
Stecker	stickkontakt, -en, -er [ˇstikɔnˈtakt]
Strom	ström, -men, -mar [strøm]
~anschluß	elanslutning, -en [ˇeːlanslʉːtniŋ]
Studentenwohnheim	studentbostad, -en, ~städer [ˇstɵdɛntbuːˈstɑːd]
Tagesraum	uppehållsrum, -met, - [ˇɵpehɔlsˈrɵm]
Trinkwasser	dricksvatten, -et [ˇdriksvatən]
Voranmeldung	beställning, -en, -ar [bəˈstɛlniŋ]
Waschraum	tvättrum, -met, - [ˇtvɛtrɵm]
Wäschetrockner	torktumlare, -n, - [ˇtɔrktɵmlarə]
Wasser	vatten, -et [ˈvatən]
~kanister	vattendunk, -en, -ar [ˇvatanˈdɵŋk]
Wohn|mobil	husbil, -en, -ar [ˇhʉsbiːl]
~wagen	husvagn, -en, -ar [ˇhʉːsvaŋn]
Zelt	tält, -et, - [tɛlt]
zelten	tälta, -ade, -at [ˇtɛlta]
Zelt|schnur	tältlina, -n, -or [ˇtɛltliːna]
~stange	tältstång, -en, stänger [ˇtɛltstɔŋ]

5 Gastronomie
Mat och dryck

Essen gehen

Gå ut och äta

Wo gibt es hier …	Var finns det … [vɑ:r fins de:]
ein gutes Restaurant?	en bra restaurang? [en brɑ: reste'raŋ]
ein typisches Restaurant?	en typiskt svensk restaurang? [en 'ty:pist svensk reste'raŋ]
ein nicht zu teures Restaurant?	en inte alltför dyr restaurang? [en ˇintə ˇaltfœ: ɖy:r reste'raŋ]
einen Schnellimbiß?	en snack-bar? [en ˇsnakbɑ:r]
Wo kann man hier in der Nähe gut/preiswert essen?	Finns det något här i närheten, där man kan äta gott/billigt? [fins de nɔt hæ:r i ˇnæ:rhe:ten dæ:r man kan ɛ:ta 'gɔt/ˇbilit]

Im Restaurant

På restaurangen

Reservieren Sie uns bitte für heute abend einen Tisch für 4 Personen.	Kan vi få reservera ett bord för fyra personer till i kväll? [kan vi: fo: resær've:ra et bu:ɖ fœ:r ˇfy:ra pæ'ʂu:nər til i'kvɛl]
Bis wann kann man bei Ihnen warm essen?	Hur länge kan man få varm mat här? [hʉ:r ˇlɛŋə kan man fo: 'varm 'mɑ:t hæ:r]
Ist dieser Tisch/Platz noch frei?	Är det här bordet/den här platsen ledigt/ledig? [e: de hæ:r 'bu:ɖət/den hæ:r ˇplatsən ˇle:dit/ˇle:dig]
Einen Tisch für 2/3 Personen, bitte.	Kan vi få ett bord för två/tre personer? [kan vi: fo: et bu:ɖ fœ: ʈvo:/ʈre: pæ'ʂu:nər]
Wo sind bitte die Toiletten?	Var är toaletten? [vɑ:r e: tu:a'lɛtən]
● Bitte hier entlang.	Den här vägen. [den hæ:r 'vɛ:gən]

Bestellung

Frühstück: ▶ auch Kap. 4

Beställning

Herr Ober/Bedienung,	Hovmästaren, får jag be om … [ˇhu:vmɛstarən fo:r jɑ: be: ɔm]
die Speisekarte,	matsedeln, [ˇmɑ:tse:dəln]
die Getränkekarte,	vinlistan, [ˇvi:nlistan]
Weinkarte,	vinlistan, [ˇvi:nlistan]
bitte!	tack! [tak]
Was können Sie mir empfehlen?	Vad kan ni rekommendera? [vɑ:d kan ni: rekɔmen'de:ra]
Haben Sie vegetarische Gerichte/Diätkost?	Har ni vegetarisk mat/dietmat? [hɑ:r ni: vege'tɑ:risk mɑ:t/di:ˇe:tmɑ:t]
Gibt es auch Kinderportionen?	Serverar ni också barnportioner? [sær've:rɑ: ɳi: ɔkso: ˇbɑ:ɳpɔtʃu:nər]
• Haben Sie schon gewählt?	Har ni bestämt er än? [hɑ: ɳi: be'stɛmt e:r ɛn]
• Was nehmen Sie als Vorspeise/Nachtisch?	Vad önskar ni till förrätt/efterrätt? [vɑ:d ˇønska ɳi: til ˇfœ:rɛt/ˇɛftərɛt]
Ich nehme …	Jag tar … [jɑ: tɑ:r]
Als Vorspeise/Nachtisch/Hauptgericht nehme ich …	Som förrätt/efterrätt tar jag … [sɔm ˇfœ:rɛt/ˇɛftə'rɛt tɑ:r jɑ:]
Ich möchte keine Vorspeise, danke.	Jag vill inte ha någon förrätt, tack. [jɑ: vil ˇintə hɑ: nɔn ˇfæ:rɛt tak]
• Wir haben leider kein/e … (mehr).	Tyvärr är det slut på … [ty:'vær e: de: slʉ:t po:]
• Dieses Gericht servieren wir nur auf Bestellung.	Den här rätten serverar vi bara på beställning. [den hæ:r rɛtən ser've:rar vi bara po: be'stɛlniŋ]
Könnte ich statt … … haben?	Kan jag få … i stället för …? [kan jɑ: fo: … i ˇstɛlət fœ:r]
Ich vertrage kein/e …, könnten Sie das Gericht ohne … zubereiten?	Jag tål ingen/inget/inga …, kan ni laga rätten utan …? [jɑ: to:l ˇiŋən/ˇiŋət/ˇiŋa … kan ni: ˇlɑ:ga 'rɛtən ˇʉ:tan]

• Wie möchten Sie Ihr Steak haben?	Hur vill ni ha er stek? [hʉ:r vil ni: ˈha: e:r ste:k]
gut durch	väl genomstekt [vɛ:l ˇje:nɔmste:kt]
halbdurch	halvstekt [ˇhalvste:kt]
englisch	blodig [ˇblu:di]
• Was wollen Sie trinken?	Vad önskar ni att dricka? [vɑ:d ˇønska ɳi: at ˇdrika]
Bitte ein Glas …	Ett glas …, tack. [et glɑ:s … tak]
Bitte eine (halbe) Flasche …	En (halv) flaska …, tack. [en (halv) ˇflaska … tak]
Mit Eis, bitte.	Med is, tack. [me:d ˈi:s tak]
• Guten Appetit!	Smaklig måltid! [ˇsmɑ:kli ˇmo:lti:d]
• Haben Sie noch einen Wunsch?	Önskar ni/önskas det något annat? [ˇønskar ni:/ˇønskas de: ˇno:gɔt ˇanat]
Bitte bringen Sie uns …	Vi skulle vilja ha … [vi: ˇskɵlə vilja hɑ:]
Könnten wir noch etwas Brot/Wasser/Wein bekommen?	Kan vi få litet mer bröd/vatten/vin? [kan vi: fo: ˇli:tə me:r brø:d/ˈvatən/vi:n]

Beanstandungen

Klagomål

Hier fehlt ein/e …	Det saknas … [de: ˇsɑ:knas]
Haben Sie mein/e … vergessen?	Har ni glömt min/mitt/mina …? [hɑ:r ni: glømt min/mit/ˇmina]
Das habe ich nicht bestellt.	Det här har jag inte beställt. [de: hæ:r hɑ:r jɑ: ˇintə bəˈstɛlt]
Das Essen ist kalt/versalzen.	Maten är kall/för salt. [ˈmɑ:tən e: kal/fœ ˈʂalt]
Das Fleisch ist zäh/zu fett.	Köttet är segt/för fett. [ˈɕøtət e: sɛ:gt/fœr ˈfɛt]
Der Fisch ist nicht frisch.	Fisken är inte färsk. [ˈfiskən e: ˇintə fæʂk]
Nehmen Sie es bitte zurück.	Var snäll och ta(g) tillbaka det. [vɑ: ʂnɛl ɔ tɑ: tilˈbɑ:ka de:]
Holen Sie bitte den Chef.	Kan ni hämta hovmästaren. [kan ni: ˇhɛmta ˇho:vmɛstarən]

Die Rechnung

Notan

Bezahlen, bitte.	Får jag be om notan. [fo:r jɑ: be: ɔm ˇnu:tan]
Die Rechnung, bitte. Wir haben es eilig.	Notan, tack. Vi har bråttom. [ˇnu:tan tak vi: hɑ:r ˇbrɔtɔm]
Bitte alles zusammen.	Allt på samma nota, tack. [alt po: ˇsama ˇnu:ta tak]
Getrennte Rechnungen, bitte.	Kan vi få varsin nota, tack. [kan vi: fo: ˇvɑ:ʂin ˇnu:ta tak]
Ist alles/die Bedienung inklusive?	Är det inklusive all?/Är serveringsavgiften inräknad? [e: de: inklʉ:ˈsi:və alt/ e: særˇve:riŋsˈɑ:vjiftən ˇinrɛ:knad]
Die Rechnung scheint mir nicht zu stimmen.	Det verkar som om notan inte stämmer. [de: ˇværka ʂɔm ɔm ˇnu:tan ˇintə ˈstɛmər]
Das habe ich nicht gehabt. Ich hatte …	Det fick jag inte. Jag fick … [de: fik jɑ: ˇintə. jɑ: fik]
● Hat es geschmeckt?	Smakade det bra? [ˇsmɑ:kade de: brɑ:]
Das Essen war ausgezeichnet.	Maten smakade utmärkt. [ˈmɑ:tən smɑ:kade ˇʉ:tmærkt]
Das ist für Sie.	Det är till er. [de: e: til ˈe:r]
Es stimmt so.	Det är bra så. [de: e: brɑ: so:]

Einladung zum Essen/Essen in Gesellschaft

Lunchbjudning/Middagsbjudning

● Greifen Sie zu!	Ta för dig/er! [tɑ: 'fœ:r dɛj/e:r]
Auf Ihr Wohl!	Skål! [sko:l]
Können Sie mir bitte … reichen?	Vill du/ni vara snäll och räcka mig …? [vil dʉ:/ni: ˇvɑ:ra snɛl ɔ ˇrɛka mɛj]
● Noch etwas …?	Litet mer …? [ˇli:tə me:r]
Danke, es war reichlich.	Tack, det räcker. [tak de: 'rɛkər]
Ich bin satt, danke.	Tack jag är mätt. [tak jɑ: e: 'mɛt]
Darf ich rauchen?	Får jag röka? [fo:r jɑ: ˇrø:ka]
Danke für das Essen!	Tack för maten! [tak fœ:r mɑ:tən]

Auch innerhalb der Familie sagt man nach der Mahlzeit „Tack för maten!"
In Südschweden ist „middag" = Mittagessen und „kvällsmat" = Abendessen.

Wortliste Gastronomie ▶ auch Kap. 8, Wortliste Lebensmittel

Abendessen	middag, -en, -ar ['mida]
alkoholfrei	alkoholfri [alkuˇho:l'fri:]
anmachen *(Salat)*	anrätta, -ade, -at [ˇanrɛta]
Aschenbecher	askkopp, -en, -ar [ˇaskɔp]
Bar	bar [bɑ:r]
bedienen, sich	servera sig själv [sær've:ra sɛj ʃɛlv]
Besteck	bestick, -et, - [bə'stik]
bestellen	beställa, -de, -t [be'stɛla]
Bestellung	beställning, -en, -ar [be'stɛlniŋ]
Brot	bröd, -et, - [brø:d]
Butter	smör, -et, - [smœ:r]
Diabetiker	diabetiker, -n, - [diabe:tikər]
dünsten	sjuda, sjöd, sjudit [ˇʃʉ:da]
durchgebraten	välstekt [ˇvɛ:lste:kt]
Eierbecher	äggkopp, -en, -ar [ˇɛgkɔp]
entkorken	korka (-ade, -at) upp [kɔrka 'ɵp]
Essig	vinäger, -n [vi'nɛ:gər]
Faß, vom	fat, -et, - fat … [fɑ:t]

Fett	fett, -et, -er [fe:t]
Fleck	fläck, -en, -ar [flɛk]
frisch	färsk [fæʂk]
Frühstück	frukost, -en, -ar [ˈfrɵkɔst]
Füllung	fyllning, -en, -ar [ˇfylniŋ]
Gabel	gaffel, -n, gafflar [ˈgafəl]
Gang	rätt, -en, -er [rɛt]
gar	genomstekt [ˇje:nɔmˈste:kt]
gebacken	bakad [ˇbɑ:kad]
gebraten	stekt [ste:kt]
am Spieß	grillad på spett [ˇgrilad po: spet]
vom Grill	grillad [ˇgrilad]
in der Pfanne	i (stek-)panna [i: ˇpana/ˇste:kpana]
gedämpft	ångkokt [ˇɔŋkukt]
Gedeck	kuvert, -et, - [kʉvær]
gedünstet	ångkokt [ˇɔŋku:kt], stuvat [ˇstʉ:vat]
gefüllt	fylld [fyld]
gekocht	kokt [kukt]
geräuchert	rökt [rø:kt]
Gericht	maträtt, -en, -er [ˇmɑ:trɛt]
geröstet	halstrad [ˇhalstrad]
Geschmack	smak, -en [smɑ:k]
geschmort	stekt (under lock) [ste:kt (ˇøndər lɔk)]
Getränk	dryck, -en, -er [dryk]
Gewürz	krydda, -n, -or [ˇkryda]
Glas	glas, -et, - [glɑ:s]
Wasser~	vattenglas, -et, - [ˇvatənglɑ:s]
Wein~	vinglas, -et, - [ˇvi:nglɑ:s]
Gräte	fiskben, -et, - [ˇfiskbe:n]
hart	hård [ho:ɖ]
Hauptspeise	huvudrätt, -en, -er [ˇhʉ:vʉ:dˈrɛt]
hausgemacht	hemlagat [ˇhɛmlɑ:gat]
heiß	het [he:t]
hungrig sein	vara hungrig [vɑ:ra ˇhəŋri]
Kaffeekanne	kaffekanna, -n, -or [ˇkafəˈkana]
kalt	kallt [kalt]
Karaffe	karaff, -en, -er [kaˈraf]
Kellner/in	servitör, -en, -er [særviˈtœ:r]/ servitris, -en, -er [særviˈtri:s]
Kinderteller	barnportion, -en, -er [ˇbɑ:npɔʈˈʃu:n]
Knoblauch	vitlök, -en [ˇvi:tlø:k]
Knochen	ben, -et, - [be:n]
Koch	kock, -en, -ar [kɔk]
kochen	koka, -ade, -at [ˇku:ka]

Korkenzieher	korkskruv, -en, -ar [ˇkɔrkskrʉ:v]
Kräuter	kryddor [ˇkrydur]
Kümmel	kummin [ˇkɵmin]
Löffel	sked, -en, -ar [ʃe:d]
Tee~	tesked [ˇte:ʃe:d]
Lorbeer	lagerblad, -et [ˇlɑ:gərˈblɑ:d]
mager	mager [ˈmɑ:gər]
Mayonnaise	majonnäs, -en [majuˈnɛ:s]
Menü	meny, -n, -er [meˈny:]
Messer	kniv, -en, -ar [kni:v]
Mittagessen	lunch, -en, -er [lɵnʃ]
Muskatnuß	muskotnöt, -en [ˇmɵsko:tˈnø:t]
Nachtisch	efterrätt, -en, -er [ˇɛftərɛt]
Nelken	nejlikor [ˇnɛjlikur]
Nudeln	makaroner [makaˈru:nər]
Ober *(Anrede)*	vaktmästare, -n, - [ˇvaktmɛstarə]
Öl	olja, -n [ˇɔlja]
Oliven	oliver [uˈli:vər]
~öl	olivolja, -n [u:ˇli:vɔlja]
Petersilie	persilja, -n [pæˈʂilja]
Pfeffer	peppar, -n [ˇpepar]
~streuer	pepparkar, -et, - [ˇpeparˈkɑ:r]
Portion	portion, -en, -er [pɔʈˈʃu:n]
probieren	provsmaka, -ade, -at [ˇpru:vsmɑ:ka]
Reis	ris, -et, - [ri:s]
roh	rå [ro:]
Rost	grill, -en, -ar [gril]
saftig	saftig [ˇsafti]
Salat	sallad, -en, -er [ˈsalad]
~büfett	salladsbuffé, -n, -er [ˇsaladsbyˈfe:]
Salz	salt, -et [salt]
~streuer	saltkar, -et, - [ˇsaltkɑ:r]
sauer	sur [sʉ:r]
scharf	stark [stark]
Scheibe	skiva, -n, -or [ˇʃi:va]
Schonkost	diet, -en [diˈe:t], dietmat, -en [diˇe:tmɑ:t]
Schüssel	karott, -en, -er [kaˈrɔt]
	skål, -en, -ar [sko:l]
Senf	senap, -en [ˇse:nap]
Serviette	servett, -en, -er [særˈvɛt]
Soße	sås, -en, -er [so:s]
Speise	maträtt, -en, -er [ˇmɑ:trɛt]
~karte	meny, -n, -er [meˈny:]
	matsedel, -n, - [ˇmɑ:tse:dəl]

Spezialität	specialitet, -en, -er [spesiali:ˈte:t]
Strohhalm	sugrör, -et, - [ˇsʉ:grœ:r]
Suppenteller	sopptallrik, -en, -ar [ˇsɔptalrik]
süß	söt [sø:t]
Süßstoff	sötningsmedel [ˇsø:tniŋsˈme:dəl]
Tagesgericht	dagens rätt, -en, -er [ˈdɑ:gəns rɛt]
Tasse	kopp, -en, -ar [kɔp]
Unter~	tefat, -et, - [ˇte:fɑ:t]
	kaffefat, -et, - [ˇkafəˈfɑ:t]
Teekanne	tekanna, -n, -or [ˇte:kana]
Teller	tallrik, -en, -ar [ˇtalrik]
Tischtuch	duk, -en, -ar [dʉ:k]
Trinkgeld	dricks [driks]
trocken *(Wein)*	torrt [tɔʈ]
überbacken	gratinerad [gratiˈne:rad]
vegetarisch	vegetarisk [vɛgeˈtɑ:risk]
Vorspeise	förrätt, -en, -er [ˇfœ:rɛt]
Wasser	vatten, -et [ˈvatən]
weich	mör(t) [mœ:r(t)]
Wein	vin, -et [vi:n]
würzen	krydda, -ade, -at [ˇkryda]
zäh	seg [se:g]
Zahnstocher	tandpetare, -n, - [ˇtandpe:tarə]
zart	mör [mœ:r]
Zitrone	citron, -en, -er [siˈtru:n]
Zuckerdose	sockerskål, -en, -ar [ˇsɔkəˈʂko:l]
Zwiebel	lök, -en, -ar [lø:k]

Matsedel

Speisekarte

Förrätter	Vorspeisen
Glasmästarsill [glɑ:smɛsta'ʂil]	Hering
Gravad lax [ˇgrɑ:vad laks]	rohgebeizter Lachs
Kryddsill [ˇkrydsil]	Gewürzhering
SOS (Sill, ost och smör) [sil ust ɔ smœ:r]	Hering, Käse, Brot und Butter
Tomatsill [tuˇmɑ:tsil]	Tomatenhering
Löksill [ˇlø:ksil]	Zwiebelhering

Soppor	Suppen
Fisksoppa [ˇfisksɔpa]	Fischsuppe
Löksoppa [ˇlø:ksɔpa]	Zwiebelsuppe
Musselsoppa [ˇmɵsəl'sɔpa]	Muschelsuppe
Ärtsoppa/Ärter med fläsk [ˇæʈsɔpa/ˇæʈar me: flɛsk]	Erbsensuppe mit Schweinefleisch/Speck

Traditionell gibt es donnerstags Erbsensuppe, zu der warmer **Punsch** (Arraklikör) getrunken wird.

Fisk och skaldjur	Fisch und Schalentiere
Abborre [ˇabɔrə]	Barsch
Ansjovis [an'ʃo:vis]	marinierte Sprotten
Böcklingslåda [ˇbøkliŋs'lo:da]	Bücklingsauflauf
Fiskbullar [ˇfiskbɵlar]	Fischklößchen
Flundra [ˇflɵndra]	Flunder
Gädda [ˇjɛda]	Hecht
Gös [jø:s]	Zander
Hummer ['hɵmər]	Hummer

Hälleflundra [ˇhɛlə'fləndra]	Heilbutt
Janssons frestelse [ˇjɑ:sɔns ˇfrɛstəlsə]	Janssons Versuchung: Auflauf aus Kartoffelscheiben, marinierten Sprotten, Zwiebeln und Sahne
Krabba [ˇkraba]	Taschenkrebs
Kräftor [ˇkrɛftur]	Flußkrebse
Lutfisk (nur zu Weihnachten!) [ˇlʉ:tfisk]	eingeweichter Stockfisch
Makrill [ˇmakril]	Makrele
Piggvar [ˇpigvɑ:r]	Steinbutt
Räkor [ˇrɛ:kur]	Garnelen
Rödspätta [ˇrø:dspɛta]	Scholle
Sik [si:k]	Maräne
Sillgratin [ˇsilgra'tɛŋ]	Heringsauflauf
Sjöntunga [ˇʃø:təŋa]	Seezunge
Strömming [ˇstrømiŋ]	Hering (klein)
Torsk [tɔʂk]	Dorsch, Kabeljau
ål [o:l]	Aal

Kött — Fleischgerichte

Anka [ˇaŋka]	Ente
Biff à la Lindström [bif a la ˇlindstrø:m]	Frikadellen aus Rindfleisch, rote Bete, Kapern und Zwiebeln
Falukorv [ˇfɑ:lukɔrv]	Fleischwurst
Femöring med ägg [ˇfɛmœ:riŋ me: ɛg]	kleines Steak mit Spiegelei
Fläsk [ˇflɛsk]	Schweinefleisch
Fläskkotlett [ˇflɛskɔtlɛt]	Schweinekotelett
Får [fo:r]	Hammel
Kalvkött [ˇkalvçøt]	Kalbfleisch
Kyckling [ˇçykliŋ]	Hühnchen
Kåldolmar [ˇko:lɔlmar]	Kohlrouladen
Köttbullar [ˇçøtbəlar]	Fleischbällchen
Lammkött [ˇlamçøt]	Lammfleisch

Lever ['le:vər]	Leber
Oxstek [ˇukste:k]	Rinderbraten
Renstek [ˇre:nste:k]	Rentierbraten
Rådjurssadel [ro:jʉʂ'sɑ:də]	Rehrücken
Tjäder ['çɛ:dər]	Auerhuhn
Vilt [vilt]	Wild
Älgstek [ˇɛljste:k]	Elchbraten

Grönsaker — Gemüse

Bruna bönor [ˇbrʉ:na ˇbø:nur]	braune Bohnen (mit Essig und Sirup)
Brysselkål [ˇbrysəl'ko:l]	Rosenkohl
Sallad [salad]	Salat
Kantareller [kanta'relər]	Pfifferlinge
Kål [ko:l]	Kohl
Lök [lø:k]	Zwiebeln
Morötter [ˇmu:røtər]	Gelbe Rüben
Murklor [ˇmərklur]	Morcheln
Potatis(mos) [puˇtɑ:tis('mu:s)]	Kartoffel(brei)
Rödbetor [ˇrø:dbe:tur]	Rote Bete
Svampar [ˇsvampar]	Pilze
Ugnpotatis [ˇəŋnpu'tɑ:tis]	gebackene Kartoffeln
Ärtor [ˇæʈur]	Erbsen

Smörgåsbord

[ˇsmœ:rgo:s'bu:ɖ]

Kaltes Buffet mit verschiedenen Sorten Hering, warmen Fischgerichten, Räucherfisch, kaltem Fleisch, Gemüsesalaten, warmen Fleisch- und Eierspeisen, Käse, Obst, süßen Nachspeisen

Zu jedem Gang nimmt man einen frischen Teller. Zunächst ißt man Hering, dann den Fisch. Als dritten Gang kaltes Fleisch und Salat. Dann folgen die warmen Fleischgerichte, zuletzt Käse und Obst oder Dessert. Zum Hering trinkt man Akvavit und Bier. Zum Nachtisch gibt es Kaffee.

Eferrätt	Dessert
Glass [glas]	Eis
choklad [ʃɔ'kla:d]	Schokolade
jordgubb [ᵛju:ɖgɵb]	Erdbeere
pistach [pis'ta:ʃ]	Pistazie
vanilj [va'nilj]	Vanille
Hovdessert [ᵛhu:vdɛ'sæt]	Baisers mit Schokoladensauce und Schlagsahne
Vispgrädde [ᵛvispgrɛdə]	Schlagsahne
Plättar med hallon [ᵛplɛtar me: ᵛhalɔn]	Pfannkuchen mit Himbeeren
hjortron [ᵛhju:ʈrɔn]	Sumpfbrombeeren
lingon [ᵛliŋgɔn]	Preiselbeeren
smultron [ᵛsmɵltrɔn]	Walderdbeeren
tranbär [ᵛtra:nbæ:r]	Moosbeeren
Ostbricka [ᵛustbrika]	Käseplatte

Bakverk	Gebäck und Torten
bakelser [ᵛba:kəlsər]	Kleine Törtchen
Bullar [ᵛbɵlar]	süße Brötchen
Fyllda strutar [ᵛfylda ᵛstrʉ:tar]	Sahnetütchen
Mazarintårta [masaᵛri:ntɔʈə]	Mandeltorte
Operatårta [ᵛu:pəra'tɔʈə]	Cremetorte
Ostkaka [ᵛustka:ka]	Käsekuchen
Småkakur [ᵛsmo:ka:kur]	Plätzchen
Sockerkaka [ᵛsɔkər'ka:ka]	Sandkuchen
Tårta [ᵛtɔʈa]	Torte
Wienerbröd [ᵛvi:nər'brød]	Plundergebäck
Äppelkaka [ᵛɛpəl'ka:kə]	Apfelkuchen

Alkoholfritt	**Alkoholfreie Getränke**
Kaffe [ˇkafə]	Kaffee

Der Begriff **„kaffe med påtår"** [ˇkafə me: ˇpo:to:r]bedeutet, daß mindestens zwei oder mehr Tassen Kaffee im Preis inbegriffen sind. In Cafés schenkt die Bedienung oder der Kellner nach, in Cafeterias bedient man sich selbst ein zweites oder drittes Mal.

Läskedryck [ˇlɛskə'dryk]	Limonade
Te [te:]	Tee
Mjölk [mjølk]	Milch
Saft [saft]	Fruchtsaft
Alkoholfritt vin [alkɔho:lfrit vi:n]	alkoholfreier Wein

Öl och Sprit	**Bier und Schnäpse**
Öl [ø:l]	Bier
Lättöl [ˇlɛtø:l]	Bier mit geringem Alkoholgehalt
Folköl [ˇfɔlkø:l]	Bier mit mittlerem Alkoholgehalt
Starköl [ˇstarkø:l]	Bier mit hohem Alkoholgehalt
Pilsner ['pilsnər]	mildes Bier mit geringem Alkoholgehalt
Akvavit [akva'vi:t]	Aquavit
Brännvin [ˇbrɛnvi:n]	Kümmelschnaps
Punsch [pənʃ]	Arraklikör
Snaps [snaps]	Klarer Schnaps

6 Kultur und Natur
Kultur och natur

Auf dem Verkehrsbüro
På turistbyrån

Ich möchte einen Stadtplan von … haben.	Jag skulle vilja ha en stadskarta över … [jɑ: ˇskələ vilja hɑ: en ˇstɑ:skɑ:ʈa ˈøvər]
Haben Sie Prospekte von …?	Har ni broschyrer om …? [hɑ: ɳi: brɔˈʃy:rər ɔm]
Haben Sie einen Veranstaltungskalender für diese Woche?	Har ni ett program för vad som händer denna vecka? [hɑ: ɳi: et prɔˈgram fœ:r vɑ: sɔm ˈhɛndə ɖena ˇveka]
Gibt es Stadtrundfahrten?	Finns det stadsrundturer? [fins de: ˇstɑ:srɵndtʉ:rər]
Was kostet die Rundfahrt?	Hur mycket kostar rundturen? [hʉ:r ˇmykə ˇkɔstar ˇrɵndtʉ:rən]

Sehenswürdigkeiten/Museen
Sevärdheter/Museer

Welche Sehenswürdigkeiten gibt es hier?	Vad finns det för sevärdheter här? [vɑ: fins de: fœr ˇse:væ:ɖˈhe:tər hæ:r]
Wir möchten … besichtigen.	Vi skulle vilja titta på … [vi: ˇskələ vilja ˇtita po:]
Wann ist das Museum geöffnet?	När är muséet öppet? [næ:r e: məˈse:ət ˇøpət]
Wann beginnt die Führung?	När börjar visningen? [næ:r ˇbørjar ˇvi:sniŋən]
Gibt es auch eine Führung in Deutsch?	Har ni en visning på tyska också? [hɑ: ɳi: en ˇvisniŋ po: ˇtyska ˇɔkso:]
Darf man hier fotografieren?	Får man fotografera här? [fo:r man futugraˈfe:ra hæ:r]
Was für ein Platz/eine Kirche ist das?	Vad är det där för ett torg/en kyrka? [vɑ: e: de: dær fœr et tɔrj/en ˇçyrka]
Ist das …?	Är det här …? [e: de: hæ:r]
Wann wurde dieses Gebäude erbaut/restauriert?	När byggdes/restaurerades den här byggnaden? [næ:r ˇbygdəs/restæure:radəs den hæ:r ˇbygnadən]

Aus welcher Epoche stammt dieses Bauwerk?	Från vilken epok är den här byggnaden? [fro:n ˇvilkən eˈpo:k e: den hæ:r ˇbygnadən]
Gibt es in der Stadt noch andere Werke von diesem Architekten?	Har den här arkitekten ritat/byggt något annat i den här stan? [hɑ: ɖen hæ:r arçiˈtɛktən ˇri:tat/ˈbykt nɔt ˇanat i: den hæ: ʂtɑ:n]
Sind die Ausgrabungsarbeiten abgeschlossen?	Har man avslutat utgrävningarna? [hɑ:r man ˇɑ:vslʉ:tat ˇʉ:tgrɛ:ˈniŋarna]
Wo sind die Funde ausgestellt?	Var har man ställt ut fynden? [vɑ:r hɑ:r man stɛlt ˈʉ:t ˈfyndən]
Wer hat dieses Bild gemalt/diese Plastik geschaffen?	Vem har målat den här tavlan/gjort den här skulpturen? [vem hɑ:r mo:lat den ˈhæ:r tɑ:vlan/juʈ den hæ:r skɵlpˈtʉ:rən]
Gibt es einen Katalog zur Ausstellung?	Finns det någon katalog till utställningen? [fins de nɔn kataˈlo:g til ʉ:tstɛlniŋən]
Haben Sie das Bild als Poster/Postkarte/Dia?	Har ni tavlan som affisch/vykort/diabild? [hɑ:r ni: tɑ:vlan som aˈfiʃ/ˇvy:kuʈ/ˇdiabild]

Wortliste Sehenswürdigkeiten/Museen

Abtei	klosterkyrka [ˇklɔstərˈçyrka]
Akt	nakenstudie, -n, -er [ˇnɑ:kenˈstʉ:diə]
Altar	altare, -t, - [ˇaltarə]
Altstadt	gammal stadskärna [ˇgamal ˇstadsçæ:ɳa]
Archäologie	arkeologi, -en [arkeulo:ˈgi:]
antik	antik [anˈti:k]
Aquarell	akvarell, -en, -er [akvaˈrel]
Architekt	arkitekt, -en, -er [arkiˈtɛkt]
Architektur	arkitektur, -en, -er [arçitɛkˈtʉ:r]
Ausgrabungen	utgrävningar [ˇʉ:tgrɛ:vniŋar]
Ausstellung	utställning, -en, -ar [ˇʉ:tstɛlniŋ]
Balustrade	baluetrad, -en, -er [baləˈstrɑ:d]
Bauwerk	byggnadsverk, -et, - [ˇbygnadsˈværk]
Befestigungswerk *(vorgeschichtlich)*	fornborg, -en, -ar [ˇfuɳbɔrj]
Besichtigung	besök, -et, - [bəˈsøk]
Bibliothek	bibliotek, -et, - [bibliuˈte:k]

Bild	bild, -en, -er [bild]
~hauer	skulptör, -en, -er [skəlpˈtœ:r]
Bischofssitz	biskopssäte, -t, -en [ˇbiskɔpˈsɛtə]
Blütezeit	blomstringstid, -en, -er [ˇblɔmstriŋsˈti:d]
Bogen	valv, -et, - [valv]
	valvbåge, -n, -ar [ˇvalvbo:gə]
Rund~	rundvalv [ˇrəndˈvalv]
Spitz~	spetsvalv [ˇspetsˈvalv]
~gang	valvgång, -en, -ar [ˇvalvgɔŋ]
Brauchtum	sed, -en, -er/bruk [se:d/brʉ:k]
Bronze	brons, -en [brɔns]
~zeit	bronsålder, -en, -er [ˇbrɔnsɔldar]
Brücke	bro, -n, -ar [bru:]
Brunnen	brunn, -en, -ar [brən]

Ruine Brahehus am Vättern-See

Burg	borg, -en, -ar [bɔrj]
Bürgermeister/in	borgmästare, -n, - [ˇbɔrjmɛstarə]
Büste	byst, -en, -er [byst]
Chor	kör, -en, -er [kœ:r]
~gestühl	korstol, -en, -ar [ˇku:ʂtu:l]
~umgang	koromgång, -en, -er [ˇku:rɔmgɔŋ]
Christ	kristen [ˇkristən]
Christentum	kristendom, -en [ˇkristənˈdum]
Dach	(ytter)tak, -et, - [(ˇytər)tɑ:k]
Decke	(inner)tak, -et, - [(ˇinər)tɑ:k]
Deckenmalerei	takmålningar [ˇtɑ:kmo:lniŋar]

Denkmal	minnesmärke, -t, -n [ˇminəsˈmærkə]
	monument, -et, - [mɔnəˈmɛnt]
~schutz	kulturminnesvård, -en [kɵlˈtu:rminəsvo:ɖ]
Design	design, -en, -er [diˈsajn]
Dom	domkyrka, -n, -or [ˇdo:mçyrka]
dorisch	dorisk [ˈdurisk]
Dynastie	dynasti, -n, -er [dynasˈti:]
Einfluß	inflytande, -t, -n [ˇinfly:tandə]
Empore	läktare, -n, - [ˇlɛktarə]
Epoche	epok, -en, -er [eˈpo:k]
Erker	burspråk, -et, - [ˇbʉ:rspro:k]
Exponat	utställningsföremål, -et, - [ʉ:tstɛlniŋsfœ:rəˈmo:l]
	museiföremål, -et, - [mʉ:ˇseifœ:rəˈmo:l]
Expressionismus	expressionism [ekspreʃuˈnism]
Fassade	fasad, -en, -er [faˈsɑ:d]
Fels(en)zeichnung	hällristning, -en, -ar [ˇhɛlristniŋ]
Fenster	fönster, fönstret, - [ˈfønstər]
Festung	fästning, -en, -ar [ˇfɛstniŋ]
Flügel	flygel, -n, flyglar [ˇfly:gəl]
Foto|grafie	fotografi, -et, -er [futugraˈfi:]
~montage	fotomontage, -t, - [ˇfʉ:tu:mɔnˈtɑ:ʃ]
Fremdenführer	guide, -n, -er [gajd]
Fresko	fresk, -en, -er [frɛsk]
	freskomålning, -en, -ar [ˇfrɛskuˈmo:lniŋ]
Friedhof	kyrkogård, -en, -ar [ˇçyrkuˈgo:ɖ]
Fries	fris, -en, -er [fri:s]
Führung	visning, -en, -ar [ˇvisniŋ]
Fundament	fundament, -et, - [fɵndaˈment]
Funde	fynd [fynd]
Galerie	galleri, -et, -er [galəˈri:]
Gebäude	byggnad, -en, -er [ˇbygnad]
Geburtsstadt	födelsestad, -en, ~städer [ˇfœdelsəˈstɑ:d]
Gedenkstätte	minnesplats, -en, -er [ˇminəsˈplats]
Geistlicher	präst, -en, -er [prɛst]
Gemälde	målning, -en, -ar [ˇmo:lniŋ]
~sammlung	tavelsamling, -en, -ar [ˇtɑ:vəlˈsamliŋ]
germanisch	germansk [jæ:rˈmɑ:nsk]
Geschichte	historia, historien [hisˈtu:ria]
Gewölbe	valv, -et, - [valv]
Giebel	gavel, -n, -, gavlar [ˇgɑ:vəl]
Glasmalerei	glasmåleri, -et, -er [ˇglɑ:smo:leˈri:]

Glocke	klocka, -n, -or [ˇklɔka]
Gobelin	gobeläng, -en, -er [gɔbeˈlɛŋ]
Goldschmiedekunst	guldsmidekonst, -en [ˇgɵldsmi:dəˈkɔnst]
Gottesdienst	gudstjänst, -en [ˇgʉ:dsçɛnst]
Grab	grav, -en, -ar [grɑ:v]
~mal	gravvård, -en, -ar [ˇgrɑ:vo:ɖ] gravmonument, -et, - [ˇgrɑ:vmɔnɵˈment]
~stein	gravsten, -en, -ar [ˇgrɑ:vste:n]
Grafik	grafik, -en [graˈfi:k]
Griechen	greker [gre:kər]
griechisch	grekisk [ˈgre:kisk]
Grundriß	grundritning, -en, -ar [ˇgrɵndri:tniŋ] planritning, -en, -ar [ˇplɑ:nri:tniŋ]
Handelsstadt	handelsstad, -en, -städer [ˇhandəlˈstɑ:d]
heidnisch	hednisk [ˈhe:dnisk]
Hochkultur	högkultur, -en, -er [ˇhø:gkɵltʉ:r]
Hof	gård, -en, -ar [go:ɖ], hov, -et [ho:v]
Holz|schnitt	träsnitt, -et, - [ˇtrɛ:snit]
~schnitzerei	träsnideri, -t, - [ˇtrɛ:sni:deˈri:]
Hünengrab	forngrav, -en, -ar [ˇfu:ɳgrɑ:v]
Illustration	illustration, -en, -er [ilɵstraˈʃon]
Impressionismus	impressionism, -en [imprɛsiuˈnism]
Innen|hof	inre gård [ˇinrə go:ɖ]
~stadt	centrum, -et, centrer [ˈsɛntrɵm]
Inschrift	inskrift, -en, -er [ˇinskrift]
Intarsien	intarsier [inˈtarsier]
ionisch	jonisk [ˈju:nisk]
Jahrhundert	århundrade, -t, -n [ˇo:rhɵndradə]
Jude	jude, -n, -ar [ˇjʉ:də]
Kaiser	kejsare, -n, - [ˇçɛjsarə]
Kaiserin	kejsarinna, -n, -or [çɛjsaˇrina]
Kanzel	predikstol, -en, -ar [preˇdi:kˈstu:l]
Kapelle	kapell, -et, - [kaˈpɛl]
Kapitell	kapitäl, -en, -er [kapiˈtɛl]
Kathedrale	katedral, -en, -er [kateˈdrɑ:l]
Katholik	katolik, -en, -er [katuˈli:k]
Keramik	keramik, -en [çeraˈmik]
Kirche	kyrka, -n, -or [ˇçyrka]
Kirchturm	kyrktorn, -et, - [ˇçyrktu:ɳ]
Klassizismus	klassicism [klasiˈsism]
Klosterkirche	klosterkyrka, -n, -or [ˇklɔstərˈçyrka]
Konfession	(tros) bekännelse, -n, -r [(ˇtru:s) bəˈçɛnəlsə]

König	kung, -en, -ar [kəŋ]
Königin	drottning, -en, -ar [ˇdrɔtniŋ]
Kopie	kopia, -n, -or [kuˇpi:a]
korinthisch	korintisk [koˈrintisk]
Kreuz	kors, -et, - [kɔʂ]
~gang	korsgång, -en, -ar [ˇkɔʂgɔŋ]
Kruzifix	krusifix, -et, - [krʉ:si:ˈfiks]
Krypta	krypta, -n, - [ˇkrypta]
Kultstätte	kultplats, -en, -er [ˇkəltplats]
Kunstgewerbe	konsthantverk, -et, - [ˇkɔnsthantˈvɛrk]
Kupferstich	kopparstick, -et, - [ˇkɔparˈstik]
Kuppel	kupol, -en, -er [kʉ:ˈpo:l]
~bau	kupolbyggnad, -en, -er [kəˇpo:lbygnad]
Landschaftsmalerei	landskapsmåleri, -t, -er [ˇlandskɑ:psmo:leˈri:]
Langhaus	långskepp, -et, - [ˇlɔŋʃɛp]
Leuchter	ljusstake, -n, -ar [ˇjʉ:stɑ:kə]
Lithographie	litografi, -n, -er [litugraˈfi:]
Maler/in	målare, -n, - [ˇmo:larə]
Malerei	målning, -en [ˇmo:lniŋ]
Markt	marknad, -en, -er [ˇmarknad]
	salutorg, -et, - [ˇsɑ:ləˈtɔrj]
~halle	saluhall, -en, -ar [ˇsɑ:ləˈhall]
Marmor	marmor, -n [ˇmarmɔr]
Material	material, -et, - [materiɑ:l]
Mauer	mur, -en, -ar [mʉ:r]
Mittelalter	medeltid, -en [ˇme:dəlˈti:d]
mittelalterlich	medeltida [ˇme:dəlˈti:da]
Mittelschiff	mittskepp, -et, - [ˇmitʃɛp]
Modell	model, -modellen, -er [mɔˈdɛl]
modern	modern [mɔˈdæɳ]
Mosaik	mosaik, -en, -er [musaˈi:k]
Museum	museum, -et, -er [mʉ:ˈse:əm]
Multivisionsschau	multivisionsvisning [məltiviˇʃonsviˇsniŋ]
	multivisionsutställning [məltiviˇʃonsʉ:tˈstɛlniŋ]
Ölmalerei	oljemålning, -en, -ar [ˇɔljəˈmo:lniŋ]
Oper	opera, -n, -or [ˇu:pəra]
Opfer	blot [blu:t], offer, -et, - [ɔfər]
Orgel	orgel, -n, orglar [ˇɔrjəl]
Original	original, -et, - [ɔrigiˈnɑ:l]
Ornament	ornament, -et, - [ɔɳnaˈment]
Palast	palats, -et, - [paˈlats]

Pastell	pastell [pastel]
Pavillon	paviljong, -en, -er [pavil'jɔŋ]
Pergament	pergament, -et, - [pærga'ment]
Pfeiler	pelare, -n, - [ˇpe:larə]
Strebe~	strävpelare, -n, -na [ˇstrɛ:vpe:larə]
	stödpelare, -n, -na [ˇstø:dpe:larə]
phönizisch	fenicisk [feni:sisk]
Pilger|in	pilgrim, -en, -ar [ˇpi:lgrim]
Pilgerfahrt	pilgrimsfärd,- en, -er [ˇpi:lgrims'fæ:ɖ]
Plakat	plakat, -et, - [pla'kɑ:t]
Plastik	skulptur, -en, -er [skəlptʉ:r]
Platz	torg, -et, - [tɔrj]
Plünderung	plundring, -en, -ar [ˇpləndriŋ]
Portal	portal, -en, -er [pɔ'ʈɑ:l]
Porträt	porträtt, -et, - [pɔr'trɛt]
Porzellan	porslin, -et, - [pɔç'li:n]
Protestant	protestant, -en, -er [prutəs'tant]
Querschiff	tvärskepp, -et, - [ˇtvæ:ʂɛp]
Radierung	radering, -en, -ar [ra'de:riŋ]
Rathaus	rådhus, -et, - [ˇro:dhʉ:s]
Regierungsbau	regeringsbyggnad, -en, -er [reˇje:riŋs'bygnad]
rekonstruieren	rekonstruera, -ade, -at [rekɔnstrə'e:ra]
Relief	relief, -en, -er [reli'ɛf]
Religion	religion, -en, -er [reli'ju:n]
restaurieren	restaurera, -ade, -at [restau're:ra]
Restaurierung	restaurering, -en, -ar [restau're:riŋ]
Romantik	romantik, -en [ruman'ti:k]
Rosette	rosett, -en, -er [ru'sɛt]
Ruine	ruin, -en, -er [rʉ:'i:n]
Rundfahrt	rundtur, -en, -er [ˇrəndtʉ:r]
Runen	runa, -n, -or [ˇrʉ:na]
~stein	runsten, -en, -ar [ˇrʉ:nste:n]
Sakristei	sakristia, -n, -or [ˇsakris'ti:a]
Sandstein	sandsten, -en [ˇsandste:n]
Sarkophag	sarkofag, -en, -er [sarku'fɑ:g]
Säule	pelare, -n, - [ˇpe:larə]
Schatzkammer	skattkammare, -n, - [ˇskatkamarə]
Schiff	båt, -en, -ar [bo:t]
Schloß	slott, -et, - [slɔt]
Schnitzerei	snideri, -t, -er [sni:de'ri:]
Schule	skola, -n, -or [ˇsku:la]

Wikingersteine bei Skeppsättning

Sehenswürdigkeiten	sevärdheter [ˇse:væ:ɖˈhe:tər]
Siebdruck	silktryck, -et, - [silktryk]
Skulptur	skulptur, -en, -er [skɵlpˈtu:r]
Stabkirche	stavkyrka, -n, -or [ˇstɑ:vçyrka]
Stadt | mauer	stadsmur, -en, -ar [ˇstadsmʉ:r]
~rundfahrt	stadstur, -en, -er [ˇstɑ:stʉ:r]
Statue	staty, -n, -er [staˈty:]
Stein | setzung *(schifförmig)*	skensättning, -en, -ar [ˇʃensɛtniŋ]
~zeit	stenålder, -n, -ar [ˇste:nɔldər]
Stil	stil, -en, -ar [sti:l]
Stilleben	stilleben, -et, - [ˈstile:ben]
Stuck	stuck, -en, -er [stɵk]
Surrealismus	surrealism, -en [sɵre:aˈlism]
Synagoge	synagoga, -n, -or [ˈsy:nago:ga]
Tafelbild	målning på trätavla [mo:lniŋ po: ˇtrɛ:tɑ:vla]
Taufbecken	dopfunt, -et, - [ˇdu:pfɵnt]
Tempel	tempel, templet, - [ˈtɛmpəl]
Teppich	matta, -n, -or [ˇmata]
Terrakotta	terrakotta, -n [ˇtærakɔta]
Theater	teater, -n, teatrar [teˈɑ:tər]
Töpferei	krukmakeri, -t, -er [ˇkrʉ:kmɑ:kəˈri:]

Tor	port, -en, -ar [puʈ]
Torso	torso, -n [ˈtɔʂɔ]
Totenkult	dödskult, -en [ˇdødskɵlt]
Turm	torn, -et, - [tuːɳ]
Tusche	tusch, -en [tɵʃ]
Überreste	kvarlevor [ˇkvɑːrleːvur]
Universität	universitet, -et, -er [ɵnivæʂiˈteːt]
Vase	vas, -en, -ar [vɑːs]
verbrennen	bränna, -de, -t [ˇbrɛna]
Volkskundemuseum	etnologiskt museum [etnɔˈloːgiskt muˈseːɵm]
vorgeschichtlich	prehistorisk [preːhisˈtuːrisk] förhistorisk [ˇfœːrhisˈtuːrisk]
Wachablösung	vaktavlösning, -en, -ar [ˇvaktɑːvˈløːsniŋ]
Wahrzeichen	vårdtecken i symbol [ˇvoːɖtekən i symˈboːl] kännetecken [ˇçɛnəˈtekən]
Wallfahrtskirche	vallfärdskyrka, -n, -or [ˇvalfæɖsˈçyrka]
Wandmalerei	väggmåleri, -(e)t, -er [ˇvɛgmoːleˈriː]
Weberei	väveri, -en, -er [ˇvɛveˈriː]
Werk	verk, -et, - [verk], arbete, -t, -n [ˇarbeːtə]
Früh~	tidigverk [ˇtiːdiːgverk]
Spät~	senverk [seːnverk]
wiederaufbauen	återuppbygga, -de, -t [ˇoːtərɵpˈbyga]
Wikinger	viking, -en, -ar [ˇviːkiŋ]
Zeichnung	teckning, -en, -ar [ˇtɛkniŋ]
Zisterzienser	cistercienser, -n [ˇsistersiˈɛnsər]
Zitadelle	citadell, -et, - [sitaˈdɛl]

Ausflüge

Utflykter

Kann man von hier aus … sehen?	Kan man se … härifrån? [kan man ˈseː … ˇhæːriˈfroːn]
In welcher Richtung liegt …?	Åt vilket håll ligger …? [oːt vilkət ˈhɔl ˈligər]
Kommen wir am/an … vorbei?	Kommer vi förbi …? [ˈkɔmər viː fœrˈbiː]
Besichtigen wir auch …?	Kommer vi att se på … också? [ˈkɔmər viː at seː poː … ˇɔksoː]
Wieviel freie Zeit haben wir in …?	Hur mycket tid får vi över i …? [hʉːr mykə ˈtiːd foːr viː ˈøːvər iː]

Wann fahren wir zurück?	När åker vi tillbaka? [nær ˈo:kər vi: tilˈbɑ:ka]
Wann werden wir zurück sein?	När kommer vi att vara tillbaka? [næ:r ˈkomər vi: atˈ vɑ:ra tilˇbɑ:ka]

Am Kultsjon, Lappland

Wortliste Ausflüge

Ausflug	utflykt, -en, -er [ˇʉ:tflykt]
Aussichtspunkt	utsiktspunkt, -en, -er [ˇʉ:tsiktsˈpɵŋkt]
Bergdorf	fjällby, -n, -ar [ˇfjɛlby:]
Botanischer Garten	botanisk trädgård, -en, -ar [buˈtɑ:nisk ˈtrɛ:go:ɖ]
Bucht	vik, -en, -ar [vi:k]
Fischer|hafen	fiskehamn, -en, -ar [ˇfiskəˈhamn]
~ort	fiskeort, -en, -er [ˇfiskəˈuʈ]
Fjord	fjord, -en, -er [fjo:ɖ], vik, -en, -ar [vi:k]
Fluss	älv, -en, -ar/å, -n, -ar [ɛlv/o:]
Freilichtmuseum	friluftsmuseum, -et, -er [ˇfri:lɵftsmʉ:ˈseɵm]
Freizeitpark	fritidspark, -en, -er [ˇfri:ti:dsˈpark]
Gebirge	bergskedja, -n, -or [ˇbærjsçe:dja]
Grotte	grotta, -n, -or [ˇgrɔta]
Heide	hed, -en, -ar [he:d]
Hinterland	uppland, -et, ~länder [ˇɵpland]
Höhle	grotta, -n, -or [ˇgrɔta]

Inselrundfahrt	skärgårdstur [ˇʃæ:rgo:ɖsˈtʉ:r] rundtur till öar [ˇrɵndtʉ:r til ˇø:ar]
Klippe	klippa, -n, -or [ˇklippa]
Land|schaft	landskap, -et, - [ˇlandskɑ:p]
~sitz	lantgods, -et, - [ˇlantguds]
Lappenzelt/-hütte	kåta, -n, -or [ˇko:ta]
Markt	marknad, -en, -er [ˇmarknad] salutorg, -et, - [ˇsɑ:lɵˈtɔrj]
Museumsdorf	friluftsmuseum, -et, -er [ˇfri:lɵftsmuˈseɵm]
Naturschutzgebiet	naturskyddat område, -et, -en [naˇtʉrʃydat ˇɔmro:də]
Planetarium	planetarium, planetariet, -er [planeˈtɑ:riɵm]
Platz	torg, -et, - [tɔrj]; plats, -en, -er [plats]
Riff	rev, -et, - [dre:v]
Rund|blick	rundblick, -en, -ar [ˇrɵndblik]
~fahrt	rundtur, -en, -er [ˇrɵndtʉ:r]
Schlucht	klyfta [ˇklyfta], ravin [raˈvi:n] avgrund [ˇɑ:vgrɵnd]

Orsa-See, Dalarna

See	sjö, -n, -ar [ʃø:]
Sternwarte	observatorium, -et, -er [ɔbsærvaˈtu:riɵm]
Sumpf	träsk [trɛsk], kärr [çær] sumpmark [ˇsɵmpmark]

Tagesausflug	dagsutflykt, -en, -er [ˇdagsu:tˈflykt]
Tal	dal, -en, -ar [dɑ:l]
Teich *(Berg/Wald)*	tjärn, -en, -ar [çæɳ]
Tropfsteinhöhle	droppstensgrotta, -n, -or [ˇdrɔpste:nsˈgrɔta]
Umgebung	omgivningar [ˇɔmji:vniŋar]
Vogelschutzgebiet	fågelreservat, -et, - [ˇfo:gəlreserˈvɑ:t]
Wald	skog, -en, -ar [sku:g]
~brand	skogsbrand, -en, ~bränder [ˇskuksbrand]
Wasserfall	vattenfall, -et, - [ˇvatənˈfal]
Wildreservat	viltreservat, -et, - [ˇviltresærˈvɑ:t]
Zoo	zoo, -n, -er [su:]

Veranstaltungen/Unterhaltung

Kultur/Nöjen

Theater/Konzert/Kino — Teater/Konsert/Bio

Welches Stück wird heute abend im Theater gespielt?	Vad ges på teatern ikväll? [vɑ: je:s po: teˈɑ:təɳ iˈkvɛl]
Was läuft morgen abend im Kino?	Vad ges på bion i morgon kväll? [vɑ: je:s po: ˈbi:un iˇmɔrɔn ˈkvɛl]
Werden im Dom Konzerte veranstaltet?	Ges det konserter i domkyrkan? [je:s de: kɔnˈsæʈər i ˇdumçyrkan]
Können Sie mir ein gutes Theaterstück empfehlen?	Kan du/ni rekommendera en bra teaterpjäs? [kan dʉ:/ni: rekɔmenˈde:ra en brɑ: ˇteɑ:terpjɛs]
Wann beginnt die Vorstellung?	När börjar föreställningen? [næ:r ˇbœrjar ˇfœ:rəˈstɛlniŋən]
Wo bekommt man Karten?	Var får man tag i biljetter? [vɑ:r fo:r man tɑ:g i: bilˈjɛtər]
Bitte zwei Karten für heute abend/morgen abend.	Kan jag få två biljetter till ikväll/i morgon kväll? [kan jɑ: fo: tvo: bilˈjɛtə ʈil iˈkvɛl/iˇmɔrɔn kvɛl]
Bitte zwei Plätze zu …	Kan jag få två … kronorsplatser. [kan jɑ: fo: tvo: ˇ… kru:nuʂˈplatsər]
Zwei Erwachsene, ein Kind.	Två vuxna, ett barn. [tvɑ: vɵksna et ˈbaɳ]
Kann ich bitte ein Programm haben?	Kan jag få ett program? [kan jɑ: ˈfo: et prɔˈgram]

Wann ist die Vorstellung zu Ende?	När slutar föreställningen? [næ: ˇʂlʉ:tar ˇfœ:rəˈstɛlniŋən]
Wo ist die Garderobe?	Var ligger garderoben? [vɑ: ˈligər gaɖəˈro:bən]

Wortliste Theater/Konzert/Kino

Akt	akt, -en, -er [akt]
Aufführung	uppförande, -t [ˇɵpfœ:randə]
Ballett	balett, -en, -er [baˈlɛt]
Begleitung	ackompanjemang, -et, - [akɔmpanjəˈmaŋ]
Bühne	scen, -en, -er [se:n]
Chor	kör, -en, -er [kœ:r]
Dirigent	dirigent, -en, -er [diriˈʃɛnt]
Drama	drama, -t, -er [ˇdrɑ:ma]
Eintrittskarte	inträdesbiljett, -en, -er [ˇintrɛ:dəsbilˈjɛt]
Festival	festival, -en, -er [fɛstivɑ:l]
Film	film, -en, -er [film]
~schauspieler/in	(film)skådespelare, -n, -/skådespelerska [(ˇfilm)sko:dəˈspe:larə/ˇsko:deˈspe:leʂka]
Freilufttheater	friluftsteater, -n, -ar [ˇfri:lɵftsteˈɑ:tər]
Garderobe	garderob, -en, -er [gaɖəˈro:b]
Inszenierung	iscensättning, -en, -ar [iˇse:nsɛtniŋ]
Kabarett	kabaré, -n, -er [kabaˈre:]
Kasse	kassa, -n, -or [ˇkasa]
Kino	bio, -n, biografer [ˈbi:u]
Freilicht~	friluftsbio(graf), -en, -er [ˇfri:lɵftsbi:u(ˈgrɑ:f)]
Kleinkunstbühne	kabarélokal, -en, -er [kabaˇre:luˈkɑ:l]
Komödie	komedi, -n, -er [kɔmeˈdi:]
Komponist/in	kompositör, -en, -er [kɔmpusiˈtœ:r]
Konzert	konsert, -en, -er [kɔnˈsær]
Jazz~	jazzkonsert [jaskɔnˈsær]
Kammer~	kammarkonsert [ˇkamarkɔnˈsær]
Kirchen~	kyrkokonsert, -en, -er [ˇçyrkukɔnˈsær]
Pop~	popkonsert [pɔpkɔnˈsær]
Sinfonie~	symfoni-konsert, -en, -er [symfuˇni:kɔnˈsær]
Loge	loge, -n, -r [lo:ʃ]
Musical	musical, -en, -er [mjusikal]
Oper	opera, -n, -or [ˇu:pəra]
Operette	operett, -en, -er [upəˈrɛt]
Opernglas	teaterkikare, -n, - [te:ˈɑ:tərˈçi:karə]
Orchester	orkester, -n, orchestrar [ɔrˈkɛstər]

Originalfassung	originaluppföring, -en, -ar [origiˇnalөpˈfœ:riŋ]
Parkett	parkett, -en [parˈkɛt]
Pause	paus, -en, -er [paөs]
Premiere	premiär, -en, -er [premiˈæ:r]
Programm	program, -met, - [pruˈgram]
~heft	programhäfte, -t, -en [pruˇgramˈhɛftə]
Rang	rad, -en, -er [rɑ:d]
Regie	regi, -n [reˈʃi:]
Rolle	roll, -en, -er [rɔl]
Haupt~	huvudroll, -en, - [ˇhʉ:vөdˈrɔl]
Sänger/in	sångare/sångerska [ˇsɔŋarə/ˇsɔŋəʃka]
Schauspiel	skådespel, -et, - [ˇsko:dəˈspe:l]
Schauspieler/in	skådespelare, -n, - [ˇsko:dəˈspe:larə] skådespelerska [ˇsko:dəspe:ləʂka]
Singspiel	sångspel, -et, - [ˇsɔŋspe:l]
Solist/in	solist, -en, -er [suˈlist]
Spielplan	program, -met, - [pruˈgram]
Tänzer/in	dansare, -en, -/dansös, -en, -er [ˇdansarə/danˈsø:s]
Theaterstück	pjäs, -en, -er [pjɛs]
Tragödie	tragedi, -n, -er [traʃe:ˈdi:]
Untertitel	text(at) [ˇtɛkst(at)]
Veranstaltungskalender	terminkalender, -n, ~drar [terˈmi:nkaˈlendər]
Volksstück	folkteater, -n, -ar [fɔlkteˈɑ:tər] buskteater, -n, -ar [ˇbөskteˈɑ:tər]
Vorhang	ridå, -n, -er [riˈdo:]
Vorstellung	föreställning, -en, -ar [ˇfœ:rəˈstɛlniŋ]
Vorverkauf	förköp, -et [ˇfœ:rçø:p]
Zirkus	cirkus, -en, -ar [ˇsirkөs]

Bar/Diskothek/Nachtclub — Bar/Diskotek/Nattklubb

Welche typischen Abendveranstaltungen werden hier geboten?	Vad får man se för typiska kvällsföreställningar här? [vɑ: fo:r man ˈse: fœ: ˈty:piska kvɛlsfœ:rəstɛlniŋar hæ:r]
Gibt es hier eine gemütliche Kneipe?	Finns det någon trevlig krog här? [fins de nɔn ˇtre:vlig ˈkru:g hæ:r]
Wo kann man hier tanzen gehen?	Finns det någonstans dit man kan gå och dansa här? [fins de ˇnɔnstans ˈdi:t man kan go: ɔ ˇdansa hæ:r]

Ist dort ein eher junges oder älteres Publikum?	Är det gammal eller ung publik där? [eː de ˇgamal ˇelər əŋ pəbˈliːk dæːr]
Ist Abendgarderobe erwünscht?	Måste man vara finklädd/ha kavaj och slips? [mɔstə man ˇvɑːra ˇfiːnklɛd/hɑː kaˈvaj ɔ slips]
● Im Eintrittspreis ist ein Getränk enthalten.	Det ingår en drink i priset. [de ˇingoːr en driŋk iː priːsət]
Ein Bier, bitte.	En öl, tack. [en ˈøːl tak]
Das gleiche noch einmal.	Kan jag få en till likadan? [kan jɑː ˈfoː en til ˇliːkaˈdɑːn]
Diese Runde übernehme ich.	Det är jag som bjuder den här gången. [deː eː jɑː sɔm bjʉːdər den hæːr gɔŋən]
Wollen wir (noch einmal) tanzen?	Ska vi dansa (en gång till)? [skɑː viː dansa (eŋ gɔŋ ˈtil)]
Wollen wir noch einen Bummel machen?	Skall vi gå (en) krogronda? [skɑː viː gɔ (en) ˇkruːgrønda] Skall vi byta lokal? [skɑː viː ˇbyta luˈkɑːl]

Wortliste Bar/Diskothek/Nachtclub

ausgehen	gå ut [goː ˈʉːt]
Band	band, -et, - [band]
Bar	bar [bɑːr]
Discjockey	diskjockey, -n [ˇdiskjɔky]
Diskothek	diskotek, -et, - [diskuˈteːk]
Folklore	folklor, -en [fɔlkˈloːr]
~abend	folkdanskväll, -en, -ar [ˇfɔlkdansˈkvɛl]
Kneipe	krog, -en, -ar [kruːg]
Live-Musik	levande musik [ˇleːvandə mʉːˈsiːk]
Modenschau	modevisning, -en, -ar [ˇmudəˈviːsniŋ] manekäng uppvisning [manəˇkɛŋ əpˈviːsniŋ]
Nachtclub	nattklubb, -en, -ar [ˇnatkləb]
Show	show, -en, -er [ʃøv]
Spiel|casino	spelkasino, -t, -n [ˇspeːlkaˈsiːnɔ]
~halle	spelsal(ong), -en [ˇspeːlsaˈl(ɔŋ)]
tanzen	dansa, -ade, -at [ˇdansa]
Tanz|kapelle	danskapell, -et, - [ˇdanskaˈpɛl]
~musik	dansmusik, -en [ˇdansmʉːˈsiːk]
Türsteher	dörrvakt, -en, -er [ˇdœrvakt]

7 Am Strand/Sport
På stranden/Sport

Im Schwimmbad/Am Strand

Vid simbassängen/På stranden

Gibt es hier ein …	Finns det någon/något … här? [fins de: nɔn/nɔt … hæ:r]
Freibad?	friluftsbad, -et, - [ˇfri:lɵfts'bɑ:d]
Hallenbad?	simhall, -en, -er [ˇsimhal]
Thermalbad?	hälsobad, -et, - [ˇhɛlsu'bɑ:d]
Eine Eintrittskarte (mit Kabine), bitte.	En hytt tack! [en hyt tak]
• Nur für Schwimmer!	Endast simkunniga! [ˇendast ˇsimkɵnia]
• Hineinspringen verboten!	Dykning förbjuden! [ˇdy:kniŋ fœ:r'bjʉ:dən]
• Baden verboten!	Badning förbjuden! [ˇbɑ:dniŋ fœr'bjʉdən]
Ist der Strand sandig/felsig?	Är det sandstrand/klippor? [e: de: ˇsandstrand/ˇklipur]
Ist der Strand steinig?	Är stranden stenig? [e: 'strandən ˇste:ni]
Gibt es hier Seeigel/Quallen?	Finns det sjöborrar/maneter här? [fins de ʃø:bɔrar/ma'ne:tər hæ:r]
Wie weit darf man hinausschwimmen?	Hur långt ut får man simma? [hʉ: ɭɔŋt 'ʉ:t fo:r man ˇsima]
Ist die Strömung stark?	Är det strömt? [e: de: 'strømt]
Ist es für Kinder gefährlich?	Är det farligt för barn? [e: de: ˇfɑ:ɭit fœ:r bɑ:ɳ]
Ich möchte … mieten.	Jag skulle vilja hyra … [jɑ: ˇskɵlə vilja ˇhy:ra]
ein Boot	en båt. [en bo:t]
ein Paar Wasserski	ett par vattenskidor. [et pɑ:r ˇvatən'ʃi:dur]
Was kostet es pro Stunde/Tag?	Vad kostar det per timme/dag? [vɑ: ˇkɔsta ɖe: pær ˇtimə/dɑ:g]

Sport

Sport

Welche Sportveranstaltungen gibt es hier?	Vilka idrottsanläggningar finns det här? [vilka ˇi:drɔtsˈanlɛgniŋar fins de: hæ:r]
Wejche Sportmöglichkeiten gibt es hier?	Vad kan man bedriva för sport här? [va: kan man bəˈdri:va fœ: ʂpɔʈ hæ:r]
Gibt es hier einen Golfplatz/einen Tennisplatz/eine Pferderennbahn?	Finns det en golfbana/en tennisbana/en hästkapplöpningsbana? [fins de: en ˇgɔlfba:na/en ˇtɛnisˈba:na/en ˇhɛstkaplø:pniŋsˈba:na]
Wo kann man hier angeln?	Var kan man fiska här? [va:r kan man ˇfiska hæ:r]
Ich möchte mir das Fußballspiel/das Pferderennen ansehen.	Jag skulle vilja titta på fotbollsmatchen/hästkapplöpningen. [ja: ˇskɵlə vilja ˇtita po: ˇfutbɔlˈmatʃən/ˇhɛstkapˈlø:pniŋən]
Wann/Wo findet es statt?	När/Var äger den rum? [næ:r/va:r ˈɛ:gə ɖen rɵm]
Was kostet der Eintritt?	Vad kostar inträdet? [va:d ˇkɔstar ˇintrɛ:dət]
Gibt es in den Bergen gute Skipisten?	Finns det bra skidbackar i fjällen? [fins de: bra: ˇʃi:dbakar i: ˈfjɛlən]
Um wieviel Uhr ist die letzte Bergfahrt/Talfahrt der Kabinenbahn?	När går sista kabinbanan upp/ner? [næ:r go: ˇʂista kaˇbi:nba:nan øp/ne:r]
Ich möchte eine Bergtour machen.	Jag skulle vilja göra en fjällvandring. [ja: ˇskɵlə vilja ˇjœ:ra en ˇfjɛlvandriŋ]
Können Sie mir eine interessante Route auf der Karte zeigen?	Skulle ni kunna visa mig en intressant tur på kartan? [ˇskɵlə ni: kɵna ˇvi:sa mɛj en intərɛˈsant tʉ:r po: ˇka:ʈan]
Wo kann ich … ausleihen?	Var kan jag låna/hyra …? [va:r kan ja: ˇlo:na/ˇhy:ra]
Ich möchte einen …kurs machen.	Jag skulle vilja gå på en … kurs. [ja: skɵlə ˇvilja ˈgo: po: en … kɵʂ]
Welchen Sport treiben Sie?	Vilken sport utövar ni? [vilkən spɔʈ ˇʉ:tø:va ɳi:]

Ich spiele …	Jag spelar … [jɑ: ˇspe:lar]
Ich bin ein Fan von …	Jag är … supporter. [jɑ: e: … səˈpo:ʈər]
Ich gehe gern …	Jag går gärna … [jɑ: go:r ˇjæɳa]
Kann ich mitspielen?	Kan jag vara med och spela? [kan jɑ: ˇvɑ:ra me: ɔ ˇspe:la]

Wortliste Strand/Sport

Aktivurlaub	aktivitetssemester, -n, -trar [aktiviˇte:tseˈmɛstər]
Anfänger	nybörjare, -n, - [ˇny:bœrjarə]
Angel	metspö, -t, -n [ˇme:tspø:]
~schein	fiskekort, -et, - [ˇfiskəˈkuʈ]
Ausritt	ridtur, -en, -er [ˇri:dtʉ:r]
Bade|bucht	badvik, -en, -ar [ˇbɑ:dvi:k]
~meister	badvakt, -en, -er [ˇbɑ:dvakt]
~steg	badbrygga, -n, -or [ˇbɑ:dbryga]
~tuch	badhandduk, -en, -ar [ˇbɑ:dhanˈdʉ:k]
Ball	boll, -en, -ar [bɔl]
Basketball	basketboll [ˇbɑ:sketˈbɔl]
Berg|station	fjällstation, -en, -er [ˇfjɛlstaˈʃun]
~steigen	bergsbestigning, -en [ˇbærjsbəˈsti:gniŋ]
Bootsverleih	båtuthyrning, -en, -ar [ˇbo:tʉ:tˈhy:ɳiŋ]
Doppel	dubbel [ˈdɵbəl]
Drachenfliegen	drakflygning, -en, -ar [ˇdrɑ:kfly:gniŋ]
Düne	dyn, -en, -er [dy:n]

Dusche	dusch, -en, -ar [dəʃ]
Eintrittskarte	inträdesbiljett, -en, -er [ˇintrɛ:dəsbilˈjɛt]
Einzel	enkel [ˇeŋkəl]
Eis|bahn	skridskobana, -n, -or [ˇskriskuˈbɑ:na]
~hockey	ishocky, -n [ˇi:shɔky]
~kunstlauf	konståkning, -en [ˇkɔnsto:kniŋ]
~lauf	skridskoåkning, -en [ˇskri:dsku:ˈo:kniŋ]
Ergebnis	resultat, -et, - [resəlˈtɑ:t]
Fallschirmspringen	fallskärmshoppning, -en, ar [ˇfalʃærmsˈhɔpniŋ]
Federball	badminton [ˈbɛdmintɔn]
	fjäderboll, -en [ˇfjɛ:dərˈbɔl]
Fitneßcenter	motionsanläggning [motˇʃonsanlɛgniŋ]
	motionsinstitut [motˇʃonsinstitut]
FKK-Strand	nakenbad, -et, - [ˇnɑ:kənˈbɑ:d]
Fortgeschrittener	avancerad [avaŋˈse:rad]
Freibad	friluftsbad, -en, - [ˇfri:ləftsˈbɑ:d]
Fußball	fotboll, -en, -ar [ˇfu:tbɔl]
~mannschaft	fotbollslag, -et, - [ˇfu:tbɔlsˈlɑ:g]
~platz	fotbollsplan, -en, -er [ˇfu:tbɔlsˈplɑ:n]
~spiel	fotbollsmatch, -en, -er [ˇfu:tbɔlsˈmatʃ]
gewinnen	vinna [ˇvina]
Golf	golf, -en [gɔlf]
~schläger	golfklubba, -n, -or [ˇgɔlfkləba]
Gymnastik	gymnastik, -en [gymnasˈti:k]
Halbzeit	halvtid, -en [ˇhalvti:d]
Handball	handboll, -en, -ar [ˇhandbɔl]
Hochseefischen	havsfiske, -t [ˇhafsfiskə]
Jazztanz	jassbalett, -en [ˇjasbaˈlɛt]
joggen	jogga, -ade, -at [ˇjɔga]
Jogging	joggning, -en [ˇjɔgniŋ]
Kanadier	kanadensare [kanaˇdensarə]
	kanot, -en, -er [kaˈnu:t]
Kanu	kanot, -en, -er [kaˈnu:t]
Kasse	kassa, -n, -or [ˇkasa]
Kegeln	bowling [ˈbo:liŋ]
	kägelspel, -et [ˇçɛ:gəlˈspe:l]
Kiesel	grus, -et, - [grʉ:s]
Kurs	kurs, -en, -er [kəʂ]
Langlauf	längdlöpning, -en [ˇlɛŋdlø:pniŋ]
Leichtathletik	friidrott, -en, -er [ˇfriiˈdrɔt]
Liegestuhl	vilstol, -en, -ar [ˇvi:lstu:l]
Loipe	skidspår, -et, - [ˇʃi:dspo:r]

Luftmatratze	luftmadrass, -en, -er [ˇlɵftmaˈdras]
Mannschaft	besättning, -en, -ar [bəˈsɛtniŋ]
Meisterschaft	mästerskap, -et, - [ˇmɛstərˈskɑ:p]
Motor|boot	motorbåt, -en, -ar [ˇmu:tɔrˈbo:t]
~sport	motorsport, -en [ˇmu:tɔˈʂpɔʈ]
Netz	nät, -et, - [nɛ:t]
Nichtschwimmer	icke simkunnig [ˇikə ˇsimkɵnig]
Niederlage	förlust, -en, -er [fœˈɭɵst]
Paddelboot	paddelkanot [ˇpadəlkaˈnu:t]
Paraglider	parasailer [pɑ:raˈsejlar]
Paragliding	parasailing [pɑ:raˈsejliŋ]
Pfeilwerfen	pilkastning, -en, -ar [ˇpi:lkastniŋ]
Pferd	häst, -en, -ar [ˇhɛst]
Pferderennen	hästkapplöpning, -en, -ar [ˇhɛstkapˈlø:pniŋ]
Programm	program, -met, - [pruˈgram]
radfahren	cykla, -ade, -at [ˇsykla]
Rad|rennen	cykeltävling, -en, -ar [ˇsykəlˈtɛ:vliŋ]
~sport	cykelsport, -en [ˇsykəlˈspɔʈ]
~tour	cykeltur, -en, -er [ˇsykəlˈtʉ:r]
reiten	rida [ˇri:da]
Reitsport	ridsport, -en [ˇri:dspɔʈ]
Rennen	tävling, -en, -ar [ˇtɛ:vliŋ] löpning, -en, -ar [ˇlø:pniŋ]
Rettungs|weste	flytväst, -en, -ar [ˇfly:tvɛst]
~ring	livboj, -en, -ar [ˇli:vbɔj]
Ringkampf	brottning, -en, -ar [ˇbrɔtniŋ]
Rodel	rodel, -n, rodlar [ˈro:dəl]
Ruderboot	roddbåt, -en, -ar [ˇrudbo:t]
Rudern	ro, -dde, -tt [ru:]
Sand	sand, -en [sand]
Sauna	bastu, -n [ˇbastɵ]
Schiedsrichter	domare, -n, - [ˇdumarə]
Schläger	racket, -en, -ar [ˈraket]
Schlauchboot	gummiflotte, -n, -ar [ˇgɵmiˈflɔtə]
Schlepplift	släplift, -en, -ar [ˇslɛ:plift]
Schlitten	släde, -n, -ar [ˇslɛ:də]
~fahren	slädfärd, -en, -er [ˇslɛ:dfæ:ɖ]
Schlittschuhe	skridskor [ˇskriskur]
Schnorchel	snorkel, -n, snorklar [ˇsnɔrkəl]
Schwimmbad	simbassäng, -en, -er [ˇsimbaˈsɛŋ]
Schwimmen	simning, -en [ˇsimniŋ]
Schwimmer	simmare, -n, - [ˇsimarə]

Schwimm|flossen	simfötter [ˇsimføtər]
~ring	badring, -en, -ar [ˇbɑ:driŋ]
Segel|boot	segelbåt, -en, -ar [ˇse:gəlˈbo:t]
~fliegen	segelflyga [ˇse:gəlˈfly:ga]
Segeln	segling, -en [ˇse:gliŋ]
Seilbahn	linbana, -n, -or [ˇli:nbɑ:na]
Sessellift	stolslift, -en, -ar [ˇstu:lslift]
Sieg	seger, -n, segrar [ˈse:gər]
Ski	skidor [ˇʃi:dur]
~ alpin	slalom [ˇslɑ:lɔm]
~bindung	skidbindning, -en, -ar [ˇʃi:dbindniŋ]
~brille	skidglasögon [ˇski:dglɑ:sˈø:gɔn]
~kurs	skidkurs, -en, -er [ˇʃi:dkɵʂ]
~laufen	skidåkning, -en [ˇʃi:do:kniŋ]
~lehrer	skidlärare, -n, - [ˇʃi:dlæ:rarə]
~stöcke	skidstavar [ˇʃi:dstɑ:var]
Sonnenschirm	parasoll, -et, - [paraˈsɔl]
Spiel	match, -en, -er [matʃ], spel, -et, - [spe:l]
Sportler/in	idrottsman/idrottskvinna [ˇi:drɔtsˈman/ˇi:drɔtsˇkvina]
Sportplatz	idrottsplats, -en, -er [ˇi:drɔtsˈplats]
Sprungbrett	trampolin, -en, -er [trampuˈli:n]
Start	start, -en [ˇstɑ:ʈ]
Surfbrett	surfingbräda, -n, -or [ˇsœ:rfiŋˈbrɛ:da]
Surfen	surfing, -en [ˈsœrfiŋ]
tauchen	dyka [ˇdy:ka]
Taucher|ausrüstung	dykarutrustning, -en [ˇdy:karˈʉ:trɵstniŋ]
~brille	cyklop, -en, -er [syˈklo:p]
Tennis	tennis, -en [ˈtɛnis]
~schläger	tennisracket, -en, -ar [ˇtɛnisˈrakət]
Tischtennis	bordtennis, -en [ˇbu:ɖtɛnis]
Tor	mål, -et, - [mo:l]
~wart	målvakt, -en, -er [ˇmo:lvakt]
Trainerstunde	träningspass, -et, - [ˇtrɛ:niŋsˈpas]
Tretboot	trampbåt, -en, -ar [ˇtrampbo:t]
Turnen	gymnastik, -en [jymnasˈti:k]
unentschieden	oavgjort [ˇu:ɑ:vjuʈ]
verlieren	förlora, -ade, -at [fœˈɭu:ra]
Volleyball	volleyboll, -en [ˇvɔliˈbɔl]
Wandern	vandra, -ade, -at [ˇvandra]
Wanderweg	vandringsled, -en, -er [ˇvandriŋsˈle:d]
Wasserball	vattenpolo, -t [ˇvatənˈpu:lu:]
Wellenreiten	surfing, -en [ˈsœ:rfiŋ]

Wettkampf	tävling, -en [ˈtɛːvliŋ]
Whirlpool	bubbelpool, -en, -ar [ˈbɵbəlˈpuːl]
Windschirm	vindskydd, -et, - [ˈvindskyd]
Wochenpaß *(Lift)*	sjudagarskort [ˈʃʉːdɑːgarsˈkuʈ]

8 Einkaufen/Geschäfte
Inköp/Affärer

Fragen/Preise

Frågor/Priser

Öffnungszeiten	öppningstider [ˇøpniŋsti:dər]
offen/geschlossen/Betriebsferien	öppet/stängt/industrisemester [øpət/stɛŋt/indəsˇtri:seˈmɛstər]
Wo finde ich … ?	Var hittar jag …? [vɑ:r ˇhitar jɑ:]
Können Sie mir ein … geschäft empfehlen?	Kan ni rekommendera en … affär? [kan ni: rekɔmənˈde:ra en ˇ… aˈfœ:r]
● Werden Sie schon bedient?	Är det tillsagt här? [e: de: ˇtilsakt hæ:r]
Danke, ich sehe mich nur um.	Tack, jag skall bara titta litet. [tak jɑ: skɑ: ˇbɑ:ra ˇtita li:tə]
Ich möchte …	Jag skulle vilja (ha) … [jɑ: ˇskələ vilja (hɑ:)]
Haben Sie …?	Har ni …? [hɑ: ɳi:]
Zeigen Sie mir bitte …	Vill ni vara snäll och visa mig … [vil ni: vɑ:ra ˈsnɛl ɔ ˇvi:sa mɛj]
Bitte ein Paar … ein Stück …	Jag skulle vilja ha [jɑ: ˇskələ vilja hɑ:] ett par [et pɑ:r] en bit … [en bi:t]
Können Sie mir bitte ein anderes/eine(n) andere(n) … zeigen?	Har ni någon annan/något annat …? [hɑ: ɳi: nɔn ˇanan/nɔt ˇanat]
Haben Sie auch etwas Billigeres?	Har ni något som är billigare? [hɑ: ɳi: nɔt sɔm e: ˇbiligarə]
Das gefällt mir. Ich nehme es.	Den/Det tycker jag om. Jag tar den/det. [den/de: tykər jɑ: ˈɔm. jɑ: tɑ: ɖen/ɖe:]
Wieviel kostet es?	Hur mycket kostar den/det? [hʉ:r ˇmykə ˇkɔsta ɖen/ɖe:]
Nehmen Sie … deutsches Geld? Euroschecks? Kreditkarten? Reiseschecks?	Tar ni emot … [tɑ: ɳi eˈmu:t] tyska pengar? [ˇtyska ˇpɛŋar] Eurocheckar? [ˇeəruˈçɛkar] kreditkort? [kreˇditkuʈ] resecheckar? [ˇre:səˈçɛkar]
Können Sie es mir einpacken?	Kan ni packa in det/den åt mig? [kan ni: paka ˈin de:/ˇden o:t mɛj]

Ich möchte dies umtauschen.	Jag skulle vilja byta det här/den här. [jɑ: skɵlə vilja ˇby:ta de ˈhæ:r/ˇden ˈhæ:r]

Wortliste Geschäfte

Antiquariat	antikvariat, -et, - [antikvariˈɑ:t]
Antiquitätengeschäft	antikhandel, -n, -handlar [anˇti:khandəl]
Apotheke	apotek, -et, - [apuˈte:k]
Bäckerei	bageri, -et, -er [bɑ:gəˈri:]
Bioladen	hälsokostaffär, -en, -er [ˇhɛlsɔkɔstaˈfær]
Blumengeschäft	blomsteraffär, -en, -er [ˇblɔmstəraˈfæ:r]
Bootsbedarf	båttillbehör [ˇbo:ttilbeˈhœ:r]
Boutique	boutigue, -n, -er [buˈtik]
Buchhandlung	bokhandel, -n, -handlar [ˇbu:khandəl]
Drogerie	färghandel, -n, -handlar [ˇfærjhandəl]
Eisenwarengeschäft	järnhandel, -n, -handlar [ˇjæ:ɳhandəl]
Elektrohandlung	elaffär, -en, -er [ˇe:laˈfæ:r]
Feinkostgeschäft	delikatessaffär, -en, -er [delikaˇtesɑˈfæ:r]
Fischgeschäft	fiskaffär, -en, -er [ˇfiskaˈfæ:r]
Flohmarkt	loppmarknad, -en, -er [ˇlɔpmarknad]
Fotoartikel	fotoartiklar [ˇfutuaˈʈiklar]
Friseur	frisör, -en, -er [friˈsœ:r]
Gemüsehändler	grönsakshandlare, -n, - [ˇgrø:nsɑ:ksˈhandlarə]
Haushaltswaren(geschäft)	husgeråd(savdelningen) [ˇhʉ:sjero:d(sɑ:vˈde:lniŋən)]
Juwelier	juvelerare, -n, - [jəveˇle:rarə]
Kaufhaus	varuhus, -et, - [ˇvɑ:rəhʉ:s]
Konditorei	konditori, -et, -er [kɔndituˈri:]
Kosmetiksalon	skönhetssalong, -en, -er [ˇʃø:nhe:tsaˈlɔŋ]
Kunstgewerbe	konsthantverk, -et, - [ˇkɔnsthantˈværk]
Kunsthändler	konsthandlare, -n, - [ˇkɔnsthandlarə]
Lebensmittelgeschäft	livsmedelsaffär, -en, -er [ˇli:vsme:dəlsaˈfæ:r]
Lederwarengeschäft	läderaffär, -en, -er [ˇlɛ:dəraˈfæ:r]
Markt	torg, -et, - [to:rj]
Metzgerei	charkuteri(avdelning) [ʃarkɵteˇriɑ:vˈde:lniŋ]
Möbelgeschäft	möbelaffär, -en, -er [ˇmø:bəlaˈfæ:r]
Musikgeschäft	musikaffär, -en, -er [məˇsi:kaˈfæ:r]

Obsthandlung	fruktaffär, -en, -er [ˇfrøkta'fæ:r]
Optiker	optiker, -n, - ['ɔptikər]
Parfümerie	parfymeri, -et, -er [parfymə'ri:]
Pelzgeschäft	pälsaffär, -en, -er [ˇpɛlsa'fæ:r]
Reformhaus	hälsokostbutik, -en, -er [ˇhɛlsukɔstbʉ'tik]
Reinigung, chemische	kemtvätt, -en, -er [ˇçemtvɛt]
Reiseandenken	souvenir, -en, -er [suvə'ni:r]
Reisebüro	resebyrå, -n, -er [ˇre:səby:'ro:]
Schallplattengeschäft	skivaffär, -en, -er [ˇʃi:va'fæ:r]
Schneider/in	skräddare, -n, - [ˇskrɛdarə]
	sömmerska, -n, -or [ˇsømærska]
Schreibwarengeschäft	pappershandel, -n, -handlar [ˇpapəʂ'handəl]
Schuhgeschäft	skoaffär, -en, -er [ˇsku:a'fæ:r]
Schuhmacher	skomakare, -n, - [ˇsku:mɑ:karə]
Secondhand-Laden	secondhandaffär, -en, -er [ˇsɛkɔndhɛnda'fæ:r]
Selbstbedienungsladen	snabbköp, -et, - [ˇsnabçø:p]
Spielwarengeschäft	leksaksaffär, -en, -er [ˇle:ksɑ:ksa'fæ:r]

Spirituosengeschäft	systembolag, -et, - [sysˇte:mbu:lɑ:g]

Außer ganz leichtem Bier kann man alkoholhaltige Getränke nur im „systembolag“, dem staatlichen Monopolladen, kaufen.

Sportartikel	sportartikel, -n, ~artiklar [ˇspɔʈaʈikəl]
Supermarkt	stormarknad [ˇstu:rmarknad]
	varuhus [ˇvɑ:rʉhʉs]

Süßwarengeschäft	godsaksaffär, -en, -er [ˇgu:dsɑ:ksaˈfæ:r]
Tabakladen	tobaksaffär, -en, -er [ˇtu:baksaˈfæ:r]
Uhrmacher	urmakare, -n, - [ˇʉ:rmɑ:karə]
Wäscherei	tvättinrättning, -en, -ar [ˇtvɛtinˈrɛtniŋ]
Zeitungskiosk	tidningskiosk, -en, -er [ˇti:dniŋsçiˈɔsk]

Lebensmittel

Livsmedel

• Was darf es sein?	Vad får det lov att vara? [va fo: ɖe lo:v o:ˇvɑ:ra]
Geben Sie mir bitte …	Kan jag få … [kan jɑ: fo:]
ein Kilo …	ett kilo … [et çi:lu]
10 Scheiben …	tio skivor … [tiu ˇʃi:vur]
ein Stück von …	en bit av … [en bi:t ɑ:v]
eine Packung …	ett paket … [et paˈke:t]
ein Glas …	ett glas … [et glɑ:s]
eine Dose …	en burk … [en bɵrk]
eine Flasche …	en flaska … [en ˇflaska]
eine Einkaufstüte.	en kasse. [en ˇkasə]
• Darf es auch etwas mehr sein?	Får det vara lite mer? [fo: ɖe ˇvɑ:ra ˇli:ta ˈme:r]
• Darf es sonst noch etwas sein?	Var det bra så? [vɑ:ɖe: brɑ: so:]
Dürfte ich vielleicht etwas hiervon probieren?	Skulle jag kunna få provsmaka …? [ˇskɵlə jɑ: ˇkɵna fo: ˇpru:vsmɑ:ka]
Danke, das ist alles.	Tack, det var allt. [tak de: vɑ: alt]

Wortliste Lebensmittel

Aal	ål [o:l]
Äpfel	äpplen [ˇɛplən]
Apfelsinen	apelsiner [apəlˈsi:nər]
Artischocken	kronärtskockor [ˇkru:næʈʂkɔkur]
Aufschnitt	kallskuret [ˇkalskʉ:rət]
Austern	ostron [ˇu:strɔn]
Bananen	bananer [baˈnɑ:nər]
Barsch	abborre [ˇaˈbɔrə]

Bier	öl [ø:l]
Leicht~	lättöl [ˇlɛtø:l]
Birnen	päron [ˇpæ:rɔn]
Blumenkohl	blomkål [ˇblumko:l]
Bohnen	bönor [ˇbø:nur]
grüne ~	gröna bönor [ˇgrøna ˇbø:nur]
weiße ~	vita bönor [ˇvi:ta ˇbø:nur]
Brombeeren	björnbär [ˇbjø:ɳbæ:r]
Brot	bröd, -et, - [brø:d]
Grau~	mörkt bröd [mœrkt brø:d]
Schwarz~	mörkt bröd [mœrkt brø:d]
Sirup~	limpa, -n, -or [ˇlimpa]
Weiß~	långfranska [ˇlɔŋfranska]
Brötchen	småfranska, -n, -or [ˇsmo:franska] kuvertbröd [kɵˇværbrø:d]
belegte ~	smörgåsar (med pålägg) [ˇsmœ:rgo:sar (me: ˇpo:lɛg)]
süße ~	bullar [ˇbɵlar]
Butter	smör, -et, - [smœ:r]
Buttermilch	kärnmjölk, -en [ˇçæɳmjølk]
Dickmilch	filmjölk, -en [ˇfi:lmjølk]
Dörrfleisch	torkat kött [ˇtɔrkat çøt]
Eier	ägg, -et, - [ɛg]
~ von freilaufenden Hühnern	lantägg [ˇlantɛg]
Eis	glass, -en, -ar [glas]
Erbsen	ärtor [ˇæʈu:r]
Kicher~	kikärtor [ˇçi:kæʈər]
Erdbeeren	jordgubbar [ˇju:ɖgɵbar]
Essig	vinäger, -n [viˈnɛ:gər]
Fenchel	fänkål [ˇfɛ:nko:l]
Fisch	fisk, -en, -ar [fisk]
Fleisch	kött, -et, - [çøt]
Fischklöße	fiskbullar [ˇfiskbɵlar]
Fleischwurst	falukorv, -en, -ar [ˇfɑ:lɵˈkorv]
frisch	färsk [fæʂk]
Garnelen	räka, -n, -or [ˇrɛ:ka]
Gebäck	småkakor [ˇsmo:kɑ:kur]
Gemüse	grönsaker [ˇgrø:nsɑ:kər]
gespritzt	besprutad(e) [beˈsprʉ:tad(e)]
Grieß	mannagryn [ˇmanaˈgry:n]
Gurke	gurka, -n, -or [ˇgɵrkur]
Hackfleisch	köttfärs, -en, - [ˇçøtfæʂ]
Haferflocken	havregryn, -en, - [ˇhɑ:vrəˈgry:n]

Hähnchen	kyckling, -en, -ar [ˇçykliŋ]
Hammelfleisch	fårkött, -et [ˇfo:rˈçøt]
Hecht	gädda, -n, -or [ˇjɛda]
Hering	sill, -en, -ar [sil]
	(klein) strömming, -en, -ar [ˇstrømiŋ]
Honig	honung, -en, - [ˇho:nøɳ]
Joghurt	yoghurt, -en [ˈjɔgəʈ]
Kaffee	kaffe, -t [ˇkafə]
Kalbfleisch	kalvkött, -et [ˇkalvˈçøt]
Kammbraten	fläskkarré, -n [ˇflɛskaˈre:]
Karotten	morötter [ˇmu:røtər]
Kartoffeln	potatis [puˈtɑ:tis]
Käse	ost, -en, -ar [ust]
Weich~	mjukost, -en [ˇmjʉ:kust]
Ziegen~	getost, -en, -ar [je:tøst]
Kekse	kex [çɛks]
Kindernahrung	barnmat [ˇbɑ:ɳmɑ:t]
Kirschen	körsbär [ˇçœʂbæ:r]
Knoblauch	vitlök, -en, -ar [ˇvi:tlø:k]
Kohl	kål, -en [ko:l]
Konserven	konserver [kɔnˈsærvər]
Kotelett	kotlett, -en, -er [kɔtˈlɛt]

Krabben	räkor [ˇrɛ:kur]
Kuchen	kaka, -n, -or [ˇkɑ:ka]
Lammfleisch	lammkött, -et [ˇlamçøt]
Lauch	purjolök, -en, -ar [ˇpərjuˈlø:k]
Leberpastete	leverpastej, -en, -er [ˇle:vərpasˈtɛj]

Leberwurst	leverkorv, -en [ˇleːvərkɔrv]
Limonade	läskedryck, -en, -er [ˇlɛskəˈdryk]
	lemonad, -en, -er [lemuːˈnɑːd]
Linsen	lins, -en, -er [lins]
Makrele	makrill, -en, -ar [ˇmakril]
Marmelade	marmelad, -en, -er [marməˈlɑːd]
Mayonnaise	majonnäs, -en, -er [majuˈnɛːs]
Mehl	mjöl, -et [mjøːl]
Miesmuscheln	blåmussla, -n, -or [ˇbloːmɵsla]
Milch	mjölk, -en [mjølk]
fettarme ~	lättmjölk [ˇlɛtmjølk]
Mineralwasser	mineralvatten [ˇminərɑːlˈvatən]
Muscheln	musslor [ˇmɵslur]
Nudeln	makaroner [makaˈrunər]
Nüsse	nötter [ˈnøtər]
Obst	frukt [frɵkt]
Öl	olja, -n [ˇɔlja]
Orangeade	apelsindryck, -en [apəlˇsiːndryk]
Orangensaft	apelsinjuice, -n, -r [apəlˇsiːnjuːs]
Pampelmuse	grapefrukt, -en, -er [ˇgrɛjpfrɵkt]
Petersilie	persilja, -n [ˇpæˈʂilja]
Pfeffer	peppar, -n [ˇpepar]
Pfirsiche	persika, -n, -or [ˇpæˈʂika]
Pflaumen	plommon, -et, - [ˇplumɔn]
Plundergebäck	wienerbröd [ˇviːnərˈbrøːd]
Quark	keso [ˈkeːsɔ]
Rauchfleisch	rökt kött [røkt çøt]
Reis	ris, -et, - [riːs]
Rindfleisch	nötkött, -et, - [ˇnøːtçøt]
Rosinen	russin, -et, - [ˇrɵsin]
Sahne	grädde, -en [ˈgrɛdə]
saure ~	gräddfil, -en [ˇgrɛdfiːl]
Schlag~	vispgrädde [ˇvispˈgrɛdə]
Salat	sallad, -en, -er [ˈsalad]
Salz	salt, -et [salt]
Schinken	skinka, -n, -or [ˇʃiŋka]
gekochter ~	kokt skinka [kukt ˇʃiŋka]
roher ~	rökt skinka [røːkt ˇʃiŋka]
Schokolade	choklad, -en [ʃɔkˈlɑːd]
Schweinefleisch/Speck	fläsk, -et [flɛsk]
Seezunge	sjötunga, -n, -or [ˇʃøːtɵŋə]
Senf	senap, -en [ˇseːnap]
Spargel	sparris, -en, -ar [ˈsparis]
Spinat	spenat, -en, - [speːˈnɑːt]

Suppe	soppa, -n, -or [ˇsɔpa]
Süßigkeiten	sötsaker [ˇsø:tsɑ:kər], godis [ˇgu:dis]
Tee	te, -et [te:]
~beutel	tepåse, -n, -ar [ˇte:po:sə]
Thunfisch	tonfisk, -en, -ar [ˇtu:nfisk]
Toast	rostat bröd, -et, - [ˇrɔstat brø:d]
Tomaten	tomat, -en, -er [tuˈmɑ:tər]
Waffeln	våffla, -n, -or [ˇvɔfla]
Wein	vin, -et, -er [vi:n]
alkoholfreier ~	alkoholfritt vin [alkɔˇho:lˈfrit vi:n]
Rot~	rödvin [ˇrø:dvi:n]
Weiß~	vitt vin [vit vi:n]
Weintrauben	vindruvor [ˇvi:ndrʉvur]
Wurst	korv, -en, -ar [kɔrv]
Zitronen	citroner [siˈtru:nər]
Zucker	socker, -et [ˈsɔkər]
Zwiebel	lök, -en, -ar [lø:k]

Drogerieartikel

Parfymeriartiklar

Wortliste Drogerieartikel

Augenbrauenstift	ögonbrynspenna, -n, -or [ˇø:gɔnbry:nsˈpɛna]
Bürste	borste, -n, -ar [ˇbɔʂtə]
Creme	kräm, en, -er [krɛ:m]
~für trockene/normale/fettige Haut	för torr/normal/fet hy [fø ʈɔr/nɔrˈmɑ:l/fe:t hy]
Feuchtigkeits~	fuktighetskräm, -en, -er [ˇfɵktighe:tsˈkrɛ:m]
Hand~	handkräm, -en, -er [ˇhandkrɛ:m]
Damenbinden	dambindor [ˇdɑ:mbindur]
Deo(dorant)	deodorant, -en [deɔdɔˈrant]
Erfrischungstücher	våtservetter [ˇvo:tsærˈvɛtər]
Fleckenwasser	fläckborttagningsmedel, -medlet [ˇflɛkbɔʈɑ:gniŋsˈme:dəl]
Haar|bürste	hårborste, -n, -ar [ˇho:rbɔʂtə]
~entferner	hårborttagningsmedel [ˇho:rbɔʈɑ:gniŋsˈme:dəl]

Haar|festiger	hårläggningsvätska, -n [ˇho:rlɛgniŋsˈvɛtska]
~klammern	hårnålar [ˇho:rno:lar]
~spray	hårspray, -en [ˇho:rsprɛj]
~waschmittel	hårschampo, -t [ˇho:rʃampu]
~~ für fettiges/normales/trockenes Haar	~ för fett/normalt/torrt hår [før fɛt/nurˈmɑ:lt/tɔʈ ho:r]
~~ gegen Schuppen	~ mot mjäll [mu:ʈ mjɛl]
Kajalstift	kajalpenna, -n, -or [ˇkajɑ:lpɛna]
Kamm	kam, -men, -mar [kam]
Kleiderbürste	klädborste, -n, -ar [ˇklɛ:dbɔʂtə]
Kölnisch Wasser	eau de cologne [o:dəkɔˈlɔnj]
Lichtschutzfaktor	ljusskyddsfaktor, -n, -er [ˇjʉ:sʃydsˈfaktɔr]
Lidschatten	ögonskugga, -n, -or [ˇø:gɔnˈskɵga]
Lippenstift	läppstift, -et, - [ˇlɛpstift]
Lockenwickler	papiljotter [papilˈjɔtər]
Mundwasser	munvatten, -vattnet [ˇmɵnvatən]
Nagel|bürste	nagelborste, -n, -ar [ˈbɔʂtə]
~feile	nagelfil, -en, -ar [ˇnɑ:gəlˈfi:l]
~lack	nagellack, -et [ˇnɑ:gəˈlak]
~lackentferner	remover, -n [reˈmu:vər]
~schere	nagelsax, -en, -ar [ˇnɑ:gəlˈsaks]
Papiertaschentücher	pappersnäsdukar [ˇpapəʂnɛ:sˈdʉ:kar]
Parfüm	parfym, -en, -er [parˈfy:m]
Pflaster	plåster, -et, - [ˈplɔstər]
Pinzette	pincett, -en, -er [pinˈsɛt]
Präservativ	kondom, -en, -er [kɔnˈdo:m]
Puder	puder, pudret [ˈpʉ:dər]
Rasier|apparat	rakapparat, -en, -er [ˇrɑ:kapaˈrɑ:t]
~klinge	rakblad, -et, - [ˇrɑ:kblɑ:d]
~pinsel	rakborste, -n, -ar [ˇrɑ:kbɔʂtə]
~seife	raktvål, -en, -ar [ˇrɑ:ktvo:l]
~wasser	rakvatten, -vattnet [ˇrɑ:kvatən]
Reinigungsmilch	rengöringskräm, -en, -er [ˇre:njœriŋsˈkrɛ:m]
Reisenecessaire	necessär, -en, -er [nesəˈsæ:r]
Saugflasche	nappflaska, -n, -or [ˇnapflaska]
Schaumfestiger	hårmousse [ˇho:rmus]
Schnuller	napp, -en, -ar [nap]
Schwamm	svamp, -en, -ar [svamp]
Seife	tvål, -en, -ar [tvo:l]
Sicherheitsnadeln	säkerhetsnål, -en, -ar [ˇsɛ:kərhe:tsˈno:l]
Sonnen|creme	solkräm, -en, -er [ˇsulkrɛ:m]
~öl	sololja, -n [ˇsu:lɔlja]

Spiegel	spegel, -n, speglar [ˇspeːgəl]
Spül|bürste	diskborste, -n, -ar [ˇdiskbɔʂtə]
~mittel	diskmedel, medlet, - [ˇdiskmeːdəl]
~tuch	disktrasa, -n, -or [ˇdisktrɑːsa]
Tampons	tamponger [tamˈpɔŋər]
Toilettenpapier	toalettpapper, -et [tuaˇlɛtpapər]
Wasch|lappen	tvättlapp, -en, -ar [ˇtvɛtlap]
~mittel	tvättmedel, ~medlet, - [ˇtvɛtˈmeːdəl]
Watte	bomull [ˇbuməl]
~stäbchen	pinnar [ˇpinar]
Wimperntusche	mascara, -n [masˈkɑːra]
Windeln	blöja, -n, -or [ˇbløja]
Zahn|bürste	tandborste, -n, -ar [ˇtandbɔʂtə]
~pasta	tandkräm, -en [ˇtandkrɛːm]

Tabakwaren

Tobaksvaror

Ein Päckchen/Eine Stange ... Zigaretten mit/ohne Filter, bitte.	Ett paket/en limpa ... cigaretter med/utan filter, tack. [et paˈkeːt/en ˇlimpa ... sigaˈrɛtər meː/ˇʉːtan ˈfiltər tak]
Haben Sie deutsche/amerikanische/Menthol-Zigaretten?	Har ni tyska/amerikanska/mentol cigaretter? [hɑː niː ˇtyska/ameːriˈkɑːnska/ˈmentol sigaˈrɛtər]
Welche Marke (leichter/starker Zigaretten) können Sie mir empfehlen?	Vilket märke (svaga/starka cigaretter) kan ni rekommendera? [vilkət ˇmærkə (ˇsvɑːga/ˇstarka sigaˈrɛtər) kan ni rekɔmənˈdeːra]
Zehn Zigarren/Zigarillos, bitte.	Tio cigarrer/cigarrcigaretter, tack. [ˇtiːə siˈgarər/siˈgɑːrsgaˈrɛtər tak]
Ein Päckchen/Eine Dose Zigaretten-/Pfeifentabak, bitte.	Ett paket/en burk cigarett-/piptobak, tack. [et paˈkeːt/en bərk sigaˈrɛt/piptubak tak]
Eine Schachtel Streichhölzer/Ein Feuerzeug, bitte.	En ask tändstickor/en tändare, tack. [en ask ˇtɛndstikur/en ˇtɛndarə tak]

Kleidung/Lederwaren/Reinigung ▶ auch Kap.1 - Farben

Kläder/Skor/Tvätt-kemtvätt

Können Sie mir … zeigen?	Kan ni visa mig …? [kan ni: ˇvi:sa mɛj]
● Denken Sie an eine bestimmte Farbe?	Hade ni tänkt er en speciell färg? [ˈhadə ɳi: tɛɳkt e:r en spesiel ˈfærj]
Ich möchte etwas in …	Jag skulle vilja ha något i … [jɑ: ˇskələ vilja ˈhɑ: nɔt i:]
Ich möchte etwas Passendes hierzu.	Jag skulle vilja ha något som passar till det här. [jɑ: ˇskələ vilja ˈhɑ: nɔt sɔm ˇpasar til de: ˈhæ:r]
Kann ich es anprobieren?	Kan jag få prova den/det? [kan jɑ: fo: ˇpru:va den/de:]
● Welche (Konfektions)-Größe haben Sie?	Vilken storlek har ni? [vilkən ˇstu:ɭe:k hɑ: ɳi:]
Das ist mir zu …	Den/Det är för … [den/de: e: fœ]
eng.	trång/trångt för mig. [trɔŋ/trɔŋt fœ:r mɛj]
weit.	stor/stort för mig. [ʂtu:r/ʂtu:ʈ fœ:r mɛj]
kurz.	kort för mig. [kɔʈ fœ:r mɛj]
lang.	lång/långt för mig. [lɔŋ/lɔŋt fœ:r mɛj]
klein.	liten/litet för mig. [li:tən litət fœ:r mɛj]
groß.	stor/stort för mig. [ʂtu:r/ʂtu:ʈ fœ:r mɛj]
Das paßt gut. Ich nehme es.	Den/Det passar bra. Jag tar den/det. [ˈden/de: pasar brɑ: ˈjɑ: tɑ: ɖen/ɖe:]
Das ist nicht ganz, was ich möchte.	Det är inte precis vad jag ville ha. [de: e: ˇintə preˈsis vɑ: jɑ: vilə hɑ:]
Ich möchte ein Paar …schuhe.	Jag skulle vilja ha ett par …skor. [jɑ: ˇskələ vilja hɑ: et pɑ:r …sku:r]
Ich habe Schuhgröße …	Jag har skonummer … [jɑ: hɑ: ˇʂku:nəmər]
Sie drücken mich.	Den/de klämmer. [den/dɔm ˈklɛmər]
Sie sind zu eng/weit.	De är för små/stora. [dɔm e: før ˈsmo:/ˈstu:ra]
Bitte noch eine Tube Schuhkrem/ein Paar Schnürsenkel.	Jag skulle också vilja ha en burk skokräm/ett par skosnören. [jɑ: ˇskələ ˇɔkso: vilja hɑ: en bərk ˇsku:krɛ:m/et pɑ:r ˇsku:snœ:rən]

Ich möchte diese Schuhe neu besohlen lassen.	Kan ni sula om de här skorna? [kan ni ˇsʉ:la ˈɔm dɔm hær ˇʂku:ɳa]
Können Sie bitte die Absätze neu machen?	Kan ni klacka (om) skorna? [kan ni klaka (ˈɔm) sku:ɳa]
Ich möchte diese Sachen reinigen/waschen lassen.	Jag skulle vilja få de här sakerna kemttvättade/tvättade. [jɑ: ˇskɵlə vilja fo: de ˈhæ:r ˈsɑ:kəɳa ˇçe:mtvɛtadə/ˇtvɛtadə]
Wann sind sie fertig?	När är de färdiga? [næ:r e: dɔm ˇfæ:ɖiga]

Wortliste Kleidung/Lederwaren/Reinigung

Abendkleid	aftonklänning, -en, -ar [ˇaftɔnˈklɛniŋ]
Anzug	kostym, -en, -er [kɔsˈtym]
Ärmel	ärm, -en, -ar [æ:rm]
Bade|anzug	baddräkt, -en, -er [ˇbɑ:drɛkt]
~hose	badbyxa, -n, -or [ˇbɑ:dbyksa]
~mantel	badrock, -en, -ar [ˇbɑ:drɔk]
~mütze	badmössa, -n, -or [ˇbɑ:dmøsa]
~schuhe	badskor [ˇbɑ:dsku:r]
Baumwolle	bomull, -en [ˇbumɵl]
Bikini	bikini, -n, -s [biˈki:ni]
Bluse	blus, -en, -ar [blʉ:s]
bügelfrei	strykfri [ˇstry:kfri:]
bügeln	stryka, strök, strukit [ˇstry:ka strø:k ˇstrʉ:kit]
Büstenhalter	behå, bh, -n, -ar [ˈbe:ho:]
chemisch reinigen	kemtvätta, -ade, -at [ˇçemtvɛta]
Druckknopf	tryckknapp, -en, -ar [ˇtrykknap]
Farbe	färg, -en, -er [færj]
Fliege	fluga, -n, -or [ˇflʉ:ga]
Frottee	frotté [frɔˈte:]
Futter	foder, -et [fu:dər]
gestreift	randig [ˇrandig]
Gummistiefel	gummistövlar [ˇgɵmiˈstøvlar]
Gürtel	bälte, -t, -n [ˇbɛltə], skärp, -et, - [ʃærp]
Halstuch	halsduk, -en, -ar [ˇhalsdʉ:k]
Hand|schuhe	handskar [ˇhanskɑ:r]
~tasche	handväska, -n, -or [ˇhandvɛska]
Hausschuhe	toffla, -n, -or [ˇtɔfla]
Hemd	skjorta, -n, -or [ˇʃu:ʈa]
Holzschuhe	träsko, -n, -or [ˇtrɛ:sku:]
Hose	byxor [ˇbyksur]

kurze Hose	shorts [ʃoːʈs], kortbyxor [ˇkɔʈbyksur]
Hut	hatt, -en, -ar [hat]
Sonnen~	solhatt, -en, -ar [ˇsuːlhat]
Jacke	jacka, -n, -or [ˇjaka]
Jogginganzug	jogging overall, -en, -er [ˇjɔgiŋ oːvəˈroːl]
kariert	rutig [ˇrʉːtig]
Kinderschuhe	barnskor [ˇbɑːɳskuːr]
Kleid	klänning, -en, -ar [ˇklɛniŋ]
Kniestrümpfe	knästrumpor [ˇknɛːstrɵmpur]
Knopf	knapp, -en, -ar [knap]
Koffer	resväska, -n, -or [ˇreːsvɛska]
Kostüm	kostym, -en, -er [kɔsˈtyːm]
Kragen	krage, -n, -ar [ˇkrɑːgə]
Krawatte	slips, -en, -ar [slips]
Kunstfaser	konstfiber, -et [ˇkɔnstfiːbər]
Leder|hose	läderbyxor [lɛdərbyksur]
~jacke	läderjacka, -n, -or [ˇlɛːdərˈjaka]
~mantel	läderkappa, -n, -or [ˇlɛːdərˈkapa]
Leinen	linne [ˇlinə]
Mantel	kappa, -n, -or [ˇkapa], rock, -en, -ar [rɔk]
Minirock	minikjol, -en, -ar [ˇminiçuːl]
Morgenrock	morgonrock, -en, -ar [ˇmɔrɔnˈrɔk]
Mütze	mössa, -n, -or [ˇmøsa]
Nachthemd	nattlinne, -t, -n [ˇnatlinə]
Pelz|jacke	pälsjacka, -n, -or [ˇpɛlsjaka]
~mantel	päls, -en, -ar [pɛls]
Pullover	pullover, -n, pullovrar [pəˈloːvər]
	tröja, -n, -or [ˇtrøja]
	jumper, -n, jumprar [ˈjəmpər ˈjəmprar]
Pyjama	pyjamas, -en, -ar [pyˈjɑːmas]
Regenmantel	regnkappa, -n, -or [ˇrɛŋnkapa]
Reisetasche	resväska, -n, -or [ˇreːsvɛska]
Reißverschluß	blixtlås, -et, - [ˇblikstloːs]
Rock	kjol, -en, -ar [çuːl]
Rucksack	ryggsäck, -en, -ar [ˇrygsɛk]
Sakko	blazer, -n, blazrar [blɛsər]
Sandale	sandal, -en, -er [sanˈdɑːl]
Schal	schal, -en, -ar [ʃɑːl]
Schirm	paraply, -et, -er [paraˈplyː]
Schuhe	sko, -n, -r [skuː]
~bürste	skoborste, -n, -ar [ˇskuːbɔʂtə]
~creme	skokräm, -en, - [ˇskuːkrɛːm]
Seide	siden [ˇsiːdən]
~nstrümpfe	nylonstrumpor [nyˈlɔnˇstrɵmpur]
Shorts	shorts [ʃoːʈs]

Skihose	skidbyxor [ˇʃi:dbyksur]
Socke	socka, -n, -or [ˇsɔka]
Sohle	sula, -n, -or [ˇsʉ:la]
Sommerkleid	sommarklänning, -en, -ar [ˇsɔmarˈklɛniŋ]
Stiefel	stövlar [ˇstøvlar]
Ski~	pjäxor [ˇpjɛksur]
Strickjacke	kofta, -n, -or [ˇkɔfta]
Strumpf	strumpa, -n, -or [ˇstrɵmpa]
~hose	strumpbyxor [ˇstrɵmpbyksur]
Tasche	väska, -n, -or [ˇvɛska]
Taschentuch	näsduk, -en, -ar [ˇnɛ:sdʉ:k]
Trainingsanzug	träningsoverall, -en, -er [ˇtrɛ:niŋso:vəˈro:l]
	joggingdress, -en, -er [ˇjɔgiŋˈdrɛs]
Turnschuhe	gymnastikskor [ˇjymnaˈstiksku:r]
Umhängetasche	axelremsväska, -n, -or [ˇaksəlremsˈvɛska]
Unter|hemd	undertröja, -n, -or [ˇɵndəˈʈrøja]
~hose	*(Damen)* trosor [ˇtrusur]
	(Herren) kalsonger [kalˈsɔŋər]
~rock	underkjol, -en, -ar [ˇɵndərˈçu:l]
~wäsche	underkläder [ˇɵndərˈklɛ:dər]
waschmaschinenfest	maskintvätt(bar) [maˇʃi:ntvɛt(bɑ:r)]
Weste	väst, -en, -ar [vɛst]
Wildleder|jacke	mockajacka, -n, -or [ˇmɔkaˈjaka]
~mantel	*(Damen)* mockakappa, -n, -or [ˇmɔkaˈkapa]
	(Herren) mockarock, -en, -ar [ˇmɔkaˈrɔk]
Wolle	ylle, -et [ˇylə]

Bücher und Schreibwaren

Böcker och skrivmateriel

Ich hätte gern …	Jag skulle vilja ha … [jɑː ˇskɵlə vilja hɑː]
eine deutsche Zeitung.	en tysk tidning. [en tysk ˇtiːdniŋ]
eine Zeitschrift.	en veckotidning. [en ˇveku'tiːdniŋ]
einen Reiseführer.	en reseguide. [en ˇreːsə'gajd]
eine Briefmarke.	ett frimärke. [et ˇfrimærkə]

Wortliste Bücher und Schreibwaren

Ansichtskarte	vykort, -et, - [ˇvyːkuʈ]
Bleistift	blyertspenna, -n, -or [ˇblyːæʈʂ'pɛna]
~spitzer	pennvässare, -n, - [ˇpɛnvɛsarə]
Brief|marke	frimärke, -t, -n [ˇfriːmærkə]
~papier	brevpapper, -pappret, - [ˇbreːvpapər]
~umschlag	kuvert, -et, - [kɵ'vær]
Farbstift	färgpenna, -n, -or [ˇfærjpɛna]
Filzstift	spritpenna, -n, -or [ˇspriːtpɛna]
Füllfederhalter	reservoarpenna, -n, -or [resærˇvuɑːrpɛna]
Geschenkpapier	presentpapper, -pappret, - [pre'sɛnt]
Illustrierte	veckotidning, -en, -ar [ˇveku'tiːdniŋ]
Klebstoff	klister, klistret ['klistər]
Kugelschreiber	kulspetspenna, -n, -or [ˇkʉːlspets'pɛna]
Landkarte	karta, -n,-or [ˇkɑːʈa]
Malbuch	målarbok, -en, -böcker [ˇmoːlarbuk]
Notiz|block	anteckningsblock, -et, - [ˇantekniŋs'blɔk]
~buch	anteckningsbok, -en, -böcker [ˇantekniŋs'buːk]
Papier	papper, pappret, - [ˇpapər]
Radiergummi	radergummi, -t, -n [raˇdeːrgɵmi]
Roman	roman, -en, -er [ruː'mɑːn]
Kriminal~	deckare, -n, - [ˇdɛkarə]
Spielkarten	kort, -et, - [kuʈ]
Stadtplan	stadskarta, -n, -or [ˇstɑːskɑːʈa]
Straßenkarte	bilkarta, -n, -or [ˇbiːlkɑːʈa]
Taschenbuch	pocketbok, -en, -böcker [ˇpɔkitbuːk]
Tesafilm	tejp, -en [tɛjp]
Zeichenblock	ritblock, -et, - [ˇriːtblɔk]
Zeitschrift	tidskrift, -en, -er [ˇtiːdskrift]

Haushaltswaren

Hushållsartiklar

Wortliste Haushaltswaren

Abfallbeutel	soppåse, -n, -ar [su:ppo:sə]
Besen	sopborste, -n, -ar [ˇsu:pbɔʂtə]
Brennspiritus	rödsprit, -en, - [ˇrø:dspri:t]
Camping|stuhl	campingstol, -en, -ar [ˇkampiŋstu:l]
~tisch	campingbord, -et, -en [ˇkampiŋbu:ɖ]
Dosenöffner	konservöppnare, -n, - [kɔnˇsærvøpnarə]
Eimer	hink, -en, -ar [hiŋk]
Eßbesteck	bestick [beˈstik]
Flaschenöffner	flasköppnare, -n, - [ˇflaskøpnarə]
Frischhaltefolie	plastfolie, -n, -r [ˇplastfu:liə]
Glas	glas, -et, - [ˇglɑ:s]
Grill	grill, -en, -ar [gril]
~anzünder	grilltändare, -n, - [ˇgriltɛndarə]
~kohle	grillkol, -et, - [ˇgrilko:l]
Handfeger	sopborste, -n, -ar [ˇsu:pbɔʂtə]
Kehrblech	sopskyffel, -n, -ar [ˇsu:pʃyfəl]
Kerzen	(stearin)ljus, -et, -en [(steaˈri:n)jʉ:s]
Kochtopf	kastrull, -en, -er [kaˈstrəl]
Korkenzieher	korkskruv, -en, -ar [ˇkɔrkskrʉ:v]
Kühl|element	kylklamp, -en, -ar [ˇçy:lklamp]
~tasche	kylväska, -n, -or [ˇçy:lvɛska]
Papierservietten	pappersservetter [ˇpapəʂsɛrˈvɛtər]
Petroleum	fotogen, -et, - [fu:tu:ˈʃe:n]
Plastikbeutel	plastpåse, -n, -ar [ˇplastpɔsə]
Sonnenschirm	parasoll, -et, -er [paraˈsɔl]
Taschenmesser	fickkniv, -en, -ar [ˇfikni:v]
Tauchsieder	doppvärmare, -n, - [ˇdɔpværmarə]
Thermosflasche	termosflaska, -n, -or [ˇtærmɔsflaska]
Wäsche|klammern	klädnypa, -n, -or [ˇklɛ:dny:pa]
~leine	tvättlina, -n, -or [ˇtvɛtli:na]

Elektro- und Fotoartikel

Elektroniska- och fotoartiklar

Ich möchte …	Jag skulle vilja (ha) … [jɑ: ˇskɵlə vilja (hɑ:)]
einen Film für diesen Fotoapparat.	en film till den här kameran. [en film til den ˈhæ:r ˈkɑ:məran]
einen Farbfilm (für Dias).	en färgfilm (för diabilder). [en ˇfærjfilm (fœ:r ˇdi:aˈbildər)]
einen Film mit 36/20/12 Aufnahmen.	en film med 36/20/12 bilder. [en film me: trɛtiˈsɛks/ˇɕʉ:gə/tɔlv ˇbildər]
Könnten Sie mir bitte den Film einlegen?	Kan ni sätta in filmen åt mig? [kan ni ˇsɛta ˈin ˈfilmən o:t mɛj]
Würden Sie mir bitte diesen Film entwickeln?	Skulle ni kunna framkalla den här filmen åt mig? [ˇskɵlə ni: kɵna ˇframkala den hæ:r ˈfilmən o:t mɛj]
Bitte machen Sie mir je einen Abzug von diesen Negativen.	Jag skulle vilja ha ett kort av varje negativ. [jɑ: ˇskɵlə vilja hɑ: et kuʈ ɑ:v ˇvarjə ˈnegati:v]
● Welches Format bitte?	Vilket format? [ˇvilkət fɔr:mɑ:t]
Sieben mal zehn./Neun mal neun.	Sju gånger tio./Nio gånger nio. [ʃʉ: ˇgɔŋə ˇʈi:ə/ˇni:ə ˇgɔŋə ˇɳi:ə]
● Wünschen Sie Hochglanz oder Seidenglanz?	Vill ni ha med blank eller matt yta? [vil ni: hɑ: me: blaŋk ˈɛlər mat ˇy:ta]
Wann kann ich die Bilder abholen?	När kan jag hämta bilderna? [næ:r kan jɑ: ˇhɛmta ˇbildəɳa]
Der Sucher/Der Auslöser funktioniert nicht.	Sökaren/Slutaren fungerar inte. [ˇsø:karən/ˇslʉ:tarən fɵŋˈge:rar ˇintə]
Das ist kaputt. Können Sie es bitte reparieren?	Det här är trasigt. Skulle ni kunna laga det? [de: hær e: trɑ:sit ˇskɵlə ni: kɵna ˇlɑ:ga de:]

Wortliste Elektro- und Fotoartikel

Auslöser	utlösare, -n, - [ˇʉ:tløsarə]
Batterie	batteri, -t, -er [bateˈri:]
Belichtungsmesser	ljusmätare, -n, - [ˇjʉ:smɛ:tarə]
Blitz|gerät	blixt, -en, -ar [blikst]
~würfel	blixtkub, -en, -er [ˇblikstkkʉ:b]
Film|empfindlichkeit	filmkänslighet, -en [ˇfilmçɛnsligˈhe:t]
~kamera	filmkamera, -n, -or [ˇfilmˈkɑ:mera]
~transport	filmframmatning, -en [ˇfilmˇframmɑ:tniŋ]

Fön	fläkt/fön [flɛkt/føn]
Glühbirne	glödlampa, -n, -or [ˇglø:dlampa]
Kassetten|film	kassettfilm, -en, -er [ˇkasɛtfilm]
~rekorder	kassettbandspelare, -n, - [kaˇsɛtbandˈspe:larə]
Kopfhörer	hörlur, -en, -ar [ˇhœ:rlʉ:r]
Linse	lins, -en, -er [lins]
Objektiv	objektiv, -et, - [ɔbjekˈti:v]
Paßbild	passfoto, -t, -n [ˇpasfu:tu:]
Schallplatte	(grammofon)skiva, -n, -or [(gramuˇfo:n)ʃi:va]
Schwarzweiß-Film	svartvit film, -en, -er [svaʈvi:t fi:lm]
Selbstauslöser	självutlösare, -n, - [ˇʃɛlvʉ:tˈløsarə]
Stativ	stativ, -et, - [staˈti:v]
Stecker	stickpropp, -en, -ar [ˇstikprop]
Sucher	sökare, -n, - [ˇsø:karə]
Taschenlampe	ficklampa, -n, -or [ˇfiklampa]
Teleobjektiv	teleobjektiv, -et, - [ˇte:leɔbjekˈti:v]
Verlängerungsschnur	skarvsladd, -en, -ar [ˇskarvslad]
Verschluß	lås, -et, -[lo:s], slutare, -n, - [ˇslʉ:tarə]
Video|film	videofilm, -en, -er [ˇvideofilm]
~kamera	videokamera, -n, -or [ˇvideɔˈkɑ:mera]
~kassette	videokassett, -en, -er [ˇvideɔkaˈset]
~rekorder	videobandspelare, -n, - [ˇvideɔbandˈspelare]
Walkman	freestyle [ˈfri:stajl]

Beim Optiker

Hos optikern

Würden Sie mir bitte diese Brille/das Gestell reparieren?	Skulle ni kunna laga de här glasögonen/den här bågen åt mig? [ˇskʉlə ni: kʉna ˇlɑ:ga de ˈhæ:r ˇglɑ:sø:gɔn/den ˈhær bo:gən o:t mɛj]
Mir ist ein Glas meiner Brille zerbrochen.	Mina glasögon har gått sönder. [ˇmina ˇglɑ:søgɔn hɑ:r gɔt søndər]
Ich bin kurzsichtig/weitsichtig.	Jag är närsynt/långsynt. [jɑ: e: ˇnæʂy:nt/ˇlɔŋsy:nt]
● Wie ist Ihre Sehstärke?	Vilken styrka har ni? [vilkən ˇstyrka hɑ: ɳi:]
rechts plus/minus …, links …	höger plus/minus …, vänster … [ˈhøgər plʉs/ˈmi:nʉs … ˈvɛnstər]

Wann kann ich die Brille abholen?	När kan jag hämta glasögonen? [næ:r kan jɑ: ˇhɛmta ˇglɑ:sø:gɔnən]
Ich brauche …	Jag behöver … [jɑ: bəˈhø:vər]
Aufbewahrungslösung	förvaringsvätska, -n, -or [fœ:rˇvɑ:riŋsˈvɛtska]
Reinigungslösung	rengöringslösning, -en, -ar [ˇre:njœ:riŋsˈlø:sniŋ]
für harte/weiche Kontaktlinsen.	för hårda/mjuka kontaktlinser. [fœ:r ˇho:ɖa/ˇmjʉ:ka kɔnˇtaktlinsər]
Ich suche …	Jag vill ha … [jɑ: vil hɑ:]
eine Sonnenbrille.	ett par solglasögon. [et pɑ:r ˇsu:lglɑ:sø:gɔn]
ein Fernglas.	en kikare, -n, - [ˇçi:karə]

Beim Uhrmacher/Juwelier

Hos urmakaren/Juveleraren

Meine Uhr geht nicht mehr. Können Sie mal nachsehen?	Min klocka har stannat. Kan ni se efter vad det är för fel på den? [min ˇklɔka hɑ: ˇʂtanat. kan ni: se: ˈɛftər vɑ: de: e: fœ:r fe:l po: den]
Ich möchte ein hübsches Andenken/Geschenk.	Jag skulle vilja ha en vacker souvenir/present. [jɑ: ˇskʉlə vilja hɑ: en ˈvakər suvəˈni:r/preˈsɛnt]
● Wieviel wollen Sie ausgeben?	Hur mycket får den kosta? [hʉ:r ˇmykə fo: ɖen ˇkɔsta]
Ich möchte etwas nicht zu Teures.	Den får inte vara alltför dyr. [den fo:r ˇintə vɑ:ra ˇaltfœ ɖy:r]

Wortliste Uhrmacher/Juwelier

Anhänger	berlock, -en, -er [bærˈlɔk]
Arm|band	armband, -et, - [ˇarmband]
~banduhr	armbandsur, -et, - [ˇarmbandsˈʉ:r]
Brosche	brosch, -en, -er [bro:ʃ]
Gold	guld, -et [gəld]
Kette	halsband, -et, - [ˇhalsband]
Kristall	kristall [kriˈstal]
Ohrringe	örhänge, -et, -n [ˇœ:rhɛŋə]
Perle	pärla, -n, -or [ˇpæɭa]
Ring	ring, -en, -ar [riŋ]
Schmuck	smycke, -t, -n [ˇsmykə]
Silber	silver [ˈsilvər]

Beim Friseur

Hos frisören

Kann ich mich für morgen anmelden?	Kan jag få en tid i morgon? [kan jɑ: fo: en ti:d i ˅mɔrɔn]
• Wie hätten Sie gern Ihr Haar?	Hur vill ni ha håret? [hʉr vil ni: ˈhɑ: ˈho:rət]
Waschen und fönen,/ Waschen und legen, bitte.	Tvätta och föna håret,/ Tvättning och läggning, tack. [˅tvɛta ɔ ˅fø:na ˈho:rət tak/˅tvɛtniŋ ɔ ˅lɛgniŋ tak]
Schneiden mit/ohne Waschen, bitte.	Klippning och tvättning, tack./Klippning men det behöver inte tvättas, tack. [˅klipniŋ o: ˅tvɛtniŋ tak/˅klipniŋ mɛn de: behø:vər intə tvɛtas tak]
Ich möchte eine Dauerwelle.	Jag vill bli permanentad. [jɑ: vil bli pærmaˈnɛntad]
Ich möchte mir die Haare färben/tönen lassen.	Jag skulle vilja låta färga/tona håret. [jɑ: ˅skələ vilja lo:ta ˅færja/˅tu:na ˈho:rət]
Ich möchte mir Strähnchen färben lassen.	Jag skulle vilja ha slingor. [jɑ: ˅skələ vilja hɑ: ˅sliŋur]
Lassen Sie es bitte lang.	Låt det vara långt, tack. [lo:t de: vɑ:ra ˈlɔŋt tak]
Nur die Spitzen.	Bara topparna. [˅bɑ:ra ˅tɔpaɳa]
Nicht zu kurz/Ganz kurz/Etwas kürzer, bitte.	Inte för kort/Väldigt kort, tack./Litet kortare, tack. [˅intə fœr kɔʈ/vɛldit kɔʈ tak/li:tə ˈkɔtara tak]
Bitte hinten/vorn/oben/ an den Seiten etwas wegnehmen.	Ta bort lite i nacken/framtill/uppe/på sidorna. [tɑ: bɔʈ litə i ˅nakən/˅framtil/ ˅əpə/po: ˅si:duɳa]
Die Ohren sollen frei sein/bedeckt bleiben.	Klipp bort litet/Klipp inte bort något vid öronen. [klip bɔʈ litə/klip ˅intə bɔʈ ˅no:gɔt vi:d ˅œrɔnen]

Den Scheitel links/rechts, bitte.	Benan på vänster/höger sida, tack. [ˇbe:nan po: ˈvɛnstər/ˈhø:gər ˇsi:da tak]
Bitte kein/nur wenig Haarspray.	Inget/Bara lite hårspray, tack. [ˇiŋət/bɑ:ra ˇli:tə ˇho:rsprɛj tak]
Rasieren, bitte.	Rakning, tack. [ˇrɑ:kniŋ tak]
Stutzen Sie mir bitte den Bart.	Kan ni ansa mitt skägg. [kan ni: ˇansa mit ʃɛg]
Können Sie mir Maniküre machen?	Kan ni göra manikyr på mig? [kan ni: jœ:ra maniˈky:r po: mɛj]
Vielen Dank. So ist es gut.	Tack så mycket. Det blir bra så. [tak so: ˇmykə de: bli:r brɑ: so:]

Wortliste Friseur

Augenbrauen	ögonbryn, -et, - [ˇø:gɔnbry:n]
~ zupfen	plocka ögonbryn [ˇplɔka ˇø:gɔnbry:n]
Bart	skägg, -et, - [ʃɛg]
blond	blond [blɔnd]
Dauerwelle	permanent, -en [pærmaˈnɛnt]
färben	färga, -ade, -at [ˇfærja]
fönen	föna, -ade, -at [ˇfø:na]
frisieren	frisera, -ade, -at [friˈse:ra]
Frisur	frisyr, -en, -er [friˈsy:r]
Haar	hår, -et, - [ho:r]
fettiges ~	fett hår [fɛt ho:r]
trockenes ~	torrt hår [tɔʈ ho:r]
Haar|ausfall	tappa hår [tapa ho:r]
~kur	hårkur, -en, -er [ˇho:rkʉ:r]
~schnitt	hårklippning, -en [ˇho:rklipniŋ]
~spray	hårspray, -en [ˇho:rsprɛj]
kämmen	kamma, -ade, -at [ˇkama]
legen	lägga [ˇlɛga]
Locken	lockar [ˇlɔkar]
~wickler	papiljotter [papilˈjɔtər]
Perücke	peruk, -en, -er [peˈrʉ:k]
Pony	lugg, -en, -ar [lɵg]
sich rasieren lassen	rakas, -ades, -ats [ˇrɑ:kas]
Scheitel	bena, -n, -or [ˇbe:na]
Schnurrbart	mustasch, -en, -er [mɵsˈtɑ:ʃ]
Schuppen	mjäll, -et, -en [mjɛl]
Shampoo	schampo, -t, -n [ˈʃampu]
tönen	tona, -ade, -at [ˇtu:na]

9 Allgemeine Dienste
Allmän service

Geldangelegenheiten

Pengar och växling

Wo ist hier bitte eine Bank/eine Wechselstube?	Var finns det en bank/ett växelkontor här? [vɑ:r fins de: en baŋk/et ˅vɛksəlkɔn'tu:r hæ:r]
Wann öffnet/schließt die Bank?	När öppnar/stänger banken? [næ:r ˅øpnar/˅stɛŋar 'baŋkən]
Ich möchte DM (Schilling, Schweizer Franken) in Kronen umwechseln.	Jag skulle vilja växla D-mark (Schilling, schweiziska francs) till kronor. [jɑ: ˅skɵlə vilja ˅vɛksla ˅de:mark ('ʃiliŋ/ ˅ʃvɛjtsiska fraŋ) til ˅kru:nur]
Wie ist heute der Wechselkurs?	Vad är det för växelkurs idag? [vɑ: e: de: fœr ˅vɛksəl'kɵʂ i'dɑ:g]
Wieviel Kronen bekomme ich für 100 DM?	Hur många kronor får jag för ett hundra D-mark? [hʉ:r mɔŋa ˅kru:nur fo:r jɑ: fœ:r 'et hɵndra ˅de:mark]
Ich möchte diesen Reisescheck/diesen Euroscheck/diese Postanweisung einlösen.	Jag skulle vilja lösa in den här resechecken/Eurochecken/postanvisningen. [jɑ: ˅skɵlə vilja lø:sa 'in den hæ:r ˅re:sə'çɛkən/˅eɵru'çɛkən/˅pɔstan'vi:sniŋən]
Auf welchen Betrag kann ich ihn maximal ausstellen?	Vilket är det högsta belopp jag får skriva den på? [˅vilkət e: de: ˅høksta 'belɔp jɑ: fo:r skri:va den po:]
● Ihre Scheckkarte, bitte.	Ert/ditt checkkort, tack. [e:ʈ/dit ˅ʃɛ'kuʈ tak]
● Darf ich bitte Ihren Paß/Ausweis sehen?	Kan jag få titta på ert pass/er legitimation? [kan jɑ: fo: ˅tita po: e:ʈ pas/e:r legitima'ʃu:n]
● Würden Sie bitte hier unterschreiben?	Kan jag få er namnteckning här, tack? [kan jɑ: fo: e:r ˅namntekniŋ hæ:r tak]
Ich möchte … DM/Kronen von meinem Konto/Postsparbuch abheben.	Jag skulle vilja ta ut … D-mark/kronor från mitt konto/postsparbanksbok. [jɑ: ˅skɵlə vilja tɑ: 'ʉ:t … ˅de:mark/˅kru:nu:r fro:n mit ˅kɔntɔ/˅pɔstspɑ:rbanks'bu:k]
Ist Geld auf mein Konto/für mich überwiesen worden?	Har det kommit några pengar på mitt konto? [hɑ: ɖe: ˅kɔmit no:ra ˅pɛngar po: mit ˅kɔntɔ]

- Gehen Sie bitte zur Kasse. — Var vänlig gå till kassan. [vɑ:r ˇvɛnli go: til ˇkasan]
- Wie wollen Sie das Geld haben? — Hur vill ni ha pengarna? [hʉ:r vil ni ˈhɑ: ˇpɛŋaɳa]

Bitte nur Scheine. — Enbart sedlar, tack. [ˇe:nbɑ:ʈ ˇse:dlar tak]

Auch etwas Kleingeld. — Lite småpengar också. [ˇli:tə ˇsmo:pɛŋar ˇɔkso:]

Geben Sie mir bitte drei 100-Kronen-Scheine und den Rest in Kleingeld. — Var vänlig ge mig tre hundrakronorssedlar och resten i småpengar. [vɑ:r ˇvɛnli je: mɛj tre: ˇhəndrakro:nuʂˈse:dlar ɔ ˈrɛstan i: ˇsmo:pɛŋar]

Ich habe meine Reiseschecks verloren. Was muß ich tun? — Jag har tappat mina resecheckar. Vad skall jag göra nu? [jɑ: hɑ:r ˇtapat ˇmina ˇre:seˈʃɛkar va skɑ: jɑ: ˇjœ:ra ˈnʉ:]

Wortliste Geldangelegenheiten

abheben	ta ut (pengar) [tɑ: ˈʉ:t (ˇpɛŋar)]
auszahlen	betala, -ade, -at ut [bəˈtɑ:la ˈʉ:t]
Bank	bank, -en, -er [baŋk]
~konto	bankkonto, -t, -n [ˇbaŋkkɔntu]
~leitzahl	clearingsiffror [ˇkli:riŋˈsifrur]
bar	kontant [kɔnˈtant]
Bargeld	kontanter [kɔnˈtantər]
Betrag	summa, -n, -or [ˇsəma]
	belopp, -et, - [bəˈlɔp]
Devisen	utländsk valuta, -n [ˇʉ:tlɛndsk vaˇlʉ:ta]
D-Mark	D-mark [ˇde:mark]
einzahlen	betala in, -ade, -at [bətɑ:la in]
Euroscheck	eurocheck, -en, -er [ˇeəruˈçɛk]
Formular	blankett, -en, -er [blaŋˈkɛt]
Geheimzahl	kod, -en, -er [ko:d]
Geld	pengar [ˇpɛŋar]
~automat	bankomat, -en, -er [ˇbankɔˈmɑ:t]
~anweisung	postanvisning, -en, -ar [ˇpɔstanˈvi:sniŋ]
~schein	sedel, -n, sedlar [ˈse:dəl]
~wechsel	växling, -en (av utländsk valuta) [ˇvɛksliŋ (ɑ:v ˇʉ:tlɛndsk vaˇlʉ:ta)]
Kleingeld	småpengar [ˇsmo:pɛŋar]
Konto	konto, -t, -n [ˈkɔntu]
Kreditkarte	kreditkort, -et, - [ˇkre:ditˈkuʈ]

<table>
<tr><td>Kurs</td><td>kurs, -en, -er [kəʂ]</td></tr>
<tr><td>Münze</td><td>mynt, -et, - [mynt]</td></tr>
<tr><td>Post|anweisung</td><td>postanvisning, -en, -ar [ˇpɔstanviːsniŋ]</td></tr>
<tr><td>~sparbuch</td><td>postsparbanksbok, -en, -böcker [ˇpɔstspɑːrbaŋksˈbuːk]</td></tr>
<tr><td>~sparkasse</td><td>postsparbank, -en, -er [ˇpɔstspɑːrˈbank]</td></tr>
<tr><td>Provision</td><td>provision, -en [prɔviˈʃuːn]</td></tr>
<tr><td>Quittung</td><td>kvitto, -t, -n [ˇkvitu]</td></tr>
<tr><td>Reisescheck</td><td>resecheck, -en, -er [ˇreːsəˈçɛk]</td></tr>
<tr><td>Rückzahlungskarte (Post)</td><td>utbetalningskort, -et, - [ˇʉtbetɑːlniŋsˈkuʈ]</td></tr>
<tr><td>Schalter</td><td>lucka, -n, -or [ˇlɵka], disk [disk]</td></tr>
<tr><td>Scheck</td><td>check, -en, -er [çɛk]</td></tr>
<tr><td>einen ~ ausstellen</td><td>skriva ut en check [skriːva ˈʉːt en çɛk]</td></tr>
<tr><td>einen ~ einlösen</td><td>lösa (-te, -t) in en check [løːsa ˈin en çɛk]</td></tr>
<tr><td>~buch</td><td>checkhäfte, -t, - [ˇçɛkhɛftə]</td></tr>
<tr><td>~gebühr</td><td>checkavgift, -en, -er [ˇçɛkɑːvˈgift]</td></tr>
<tr><td>~karte</td><td>checkkort, -et, - [ˇçɛkuʈ]</td></tr>
<tr><td>Schilling</td><td>schilling [ˈʃiliŋ]</td></tr>
<tr><td>Schweizer Franken</td><td>schweiziska francs [ˇʃvɛjtsiska fraŋ]</td></tr>
<tr><td>Spar|buch</td><td>sparbanksbok, -en, -böcker [ˇspɑːrbaŋksˈbuːk]</td></tr>
<tr><td>~kasse</td><td>sparkassa, -n, -or [ˇspɑːrkasa]
sparbank, -en, -er [ˇspɑːrbaŋk]</td></tr>
<tr><td>~konto</td><td>sparkonto, -t, -n [ˇspɑːrkɔntɔ]</td></tr>
<tr><td>Überweisung</td><td>överföring, -en, -ar [ˇøːvərˈfœːriŋ]</td></tr>
<tr><td>telegrafische ~</td><td>telegrafisk [teleˈgrɑːfisk ˇøːvərˈfœːriŋ]</td></tr>
<tr><td>umtauschen</td><td>växla, -ade, -at [ˇvɛksla]</td></tr>
<tr><td>unterschreiben</td><td>signera, -ade, -at [sinˈjeːra]
underteckna, -ade, -at [ˇɵndəˈʈekna]</td></tr>
<tr><td>Unterschrift</td><td>underskrift, -en, -er [ˇɵndəˈʂkrift]
namnteckning, -en, -ar [ˇnamntekniŋ]</td></tr>
<tr><td>Währung</td><td>valuta, -n, -or [vaˇlʉːta]</td></tr>
<tr><td>Wechsel|kurs</td><td>växelkurs, -en, -er [ˇvɛksəlˈkəʃ]</td></tr>
<tr><td>~stube</td><td>växelkontor, -et, - [ˇvɛksəlkɔˈntuːr]</td></tr>
<tr><td>zahlen</td><td>betala, -ade, -at [bəˈtɑːla]</td></tr>
<tr><td>Zahlkarte</td><td>inbetalningskort, -et, - [ˇinbətɑːlniŋsˈkuʈ]</td></tr>
<tr><td>Zahlung</td><td>betalning, -en, -ar [bəˈtɑːlniŋ]</td></tr>
<tr><td>Zahlungsanweisung</td><td>betalningsanvisning [bəˈtɑːlniŋsanˈviːsniŋ]
check, -en, -ar [çɛk]</td></tr>
</table>

SVERIGES RIKSBANK
100
ETTHUNDRA KRONOR
1980 F
S 240132
SVERIGES RIKSBANK
50
FEMTIO KRONOR
1979 A
C 513344
SVERIGES RIKSBANK
10
1980 EC
A 335769
500
FEM HUNDRA KRONOR
SVERIGES RIKSBANK
5130239378
SVERIGE 50 ÖRE
SVERIGE 5 ÖRE
SVERIGE 25 ÖRE
SVERIGE 10 ÖRE
5 KRONOR

Auf der Post

På posten

Wo ist das nächste Postamt/der nächste Briefkasten?	Var ligger närmaste postkontor/närmaste brevlåda? [vɑː ˈlɪɡə ˇɳærmastə ˇpɔstkɔnˈtuːr/ˇɳærmastə ˇbreːvloːda]
Was kostet ein Brief/eine Postkarte …	Vad kostar ett brev/ett vykort … [vɑː ˇkɔstar et breːv/et ˇvyːkuʈ]
nach Deutschland?	till Tyskland? [tɪl ˈtyskland]
nach Österreich?	till Österrike? [tɪl ˈøstəriːkə]
in die Schweiz?	till Schweiz? [tɪl ʃvɛjts]
Drei Briefmarken zu … Kronen, bitte.	Tre … kronorsfrimärken, tack. [treː ˇ… kruːnuʂˈfriːmærkən tak]
Diesen Brief bitte per …	Jag vill skicka det här brevet som … [jɑː vɪl ˇʃɪka deː hæːr ˈbreːvət sɔm]
Einschreiben.	rek (rekommenderat brev). [rek (rekɔmenˈdeːrat breːv)]
Luftpost.	flygpost, -en. [ˇflyːɡpɔst]
Express.	express. [ɛksˈprɛs]
Wie lange braucht ein Brief nach Deutschland?	Hur lång tid tar det för ett brev till Tyskland? [hʉːr lɔŋ tiːd tɑː ɖe fœːr et breːv tɪl tyskland]
Kann ich bei Ihnen auch Sondermarken bekommen?	Har ni jubileumsfrimärken också? [hɑː ɳiː jəbiˇleːəmsˈfriːmærkən ˇɔksoː]
Diesen Satz/Je eine Marke, bitte.	Kan jag få den här serien/ett märke av varje, tack? [kan jɑː foː den hæːr ˇseːriən/et ˇmærkə ɑːv ˇvarjə tak]

Postlagernd — Poste restante

Ist Post für mich da? Mein Name ist …	Har jag fått någon post? Jag heter … [hɑːr jɑː fɔt nɔn pɔst jɑː ˈheːtər]
● Nein, es ist nichts da.	Nej, det finns inget. [nɛj deː fɪns ˇɪŋət]
● Ja, es ist etwas da. Ihren Ausweis, bitte.	Ja, det har du/ni. Kan jag få se på din/er legitimation. [jɑː de hɑː ɖʉ/niː kan jɑː foː ˈseː poː din/eːr lɛɡitimaˈʃun]

Telegramme/Telefax	Telegram/Telefax
Ich möchte ein Telegramm aufgeben.	Jag skulle vilja skicka ett telegram. [jɑ: ˇskɵlə vilja ˇʃika et teleˈgram]
Können Sie mir bitte beim Ausfüllen helfen?	Kan ni hjälpa mig att fylla i blanketten. [kan ni: ˇjɛlpa mɛj at fyla ˈi: blaŋˈkɛtən]
Was kostet ein Wort?	Hur mycket kostar det per ord? [hʉ:r ˇmykə ˇkɔsta ɖe: pæ:r u:ɖ]
• Bis 10 Worte kostet es …, jedes weitere Wort …	Upp till tio ord kostar det …,därefter … per ord. [ɵp til ˇti:ə u:ɖ ˇkɔsta ɖe: … dærˈɛftər … pær u:ɖ]
Kommt das Telegramm heute noch in … an?	Kommer telegrammet fram till … idag? [kɔmər teleˈgramət ˈfram til … iˈdɑ:]
Kann ich bei Ihnen ein Telefax nach … schikken?	Kan jag skicka ett telefax till … hos er? [kan jɑ: ˇʃika et ˇte:lefaks til … hus e:r]

Wer ein Telegramm aufgeben oder ins Ausland telefonieren will, geht zum Telegrafenamt (TELE).

Wortliste Post

► auch Wortliste Geldangelegenheiten

absenden	skicka, -ade, -at [ˇʃika]
Absender	avsändare, -n, - [ˇɑ:vsɛndarə]
Adresse	adress, -en, -er [aˈdrɛs]
aufgeben	posta, -ade, -at [ˇpɔsta]
ausfüllen	fylla i, -de, -t [ˇfyla ˈi]
Bestimmungsort	adressort, -en, -er [aˇdrɛsuʈ]
Brief	brev, -et, - [bre:v]
~kasten	brevlåda, -n, -or [ˇbre:vlo:da]
~marke	frimärke, -t, -n [ˇfri:mærkə]
~markenautomat	frimärksautomat, -en, -er [ˇfri:mærksaɵtɔˈmɑ:t]
~träger/in	brevbärare, -n, - [ˇbre:vbæ:rarə]
~umschlag	kuvert, -et, - [kɵˈvæʈ]
Drucksache	trycksak, -en, -er [ˇtryksɑ:k]
Eilbrief	expressbrev, -et, - [ɛksˇprɛsbre:v]
Einschreibebrief	rekommenderat brev, -et, - [rekɔmənˈde:rat bre:v]
Empfänger	adressat, -en, -er [adrɛˈsɑ:t]

Empfangsbestätigung	mottagningsbevis, -et, - [ˇmu:tɑ:gniŋsbəˇvis]
Formular	blankett, -en, -er [blaŋˈkɛt]
frankieren	frankera, -ade, -at [fraŋˈke:ra]
Gebühr	avgift, -et, -er [ˇɑ:vjift]
Gewicht	vikt, -en, -er [vikt]
Hauptpostamt	postterminal, -en, -er [ˇpɔstærminɑ:l]
Leerung	(brevlåds) tömning, -en [ˇbre:vlo:dsˈtømniŋ/ˇtømniŋ]
Luftpost, mit	med flyg(-post) [me: fly:g/ˇfly:gpɔst]
Nachnahme, per	(mot) postförskott [(mu:t) ˇpɔstfœ:ʂkɔt]
nachsenden	eftersända [ˇɛftəˈʂɛnda]
Päckchen	småpaket, -et, - [ˇsmo:paˈke:t]
Paket	paket, -et, - [paˈke:t]
~karte	adresskort, -et, - [aˇdrɛskuʈ]
Porto	porto, -t, -n [ˇpɔʈu]
Post|amt	postkontor, -et, - [ˇpɔstkɔnˈtu:r]
~karte	vykort, -et, - [ˇvy:kuʈ]
~lagernd	poste restante [pɔst resˈtaŋt]
~leitzahl	postnummer, -et, - [ˇpɔstnɵmər]
Schalter	lucka, -n, -or [ˇlɵka], disk [disk]
~stunden	öppettider [ˇøpə ˈti:dər]
Sondermarke	jubileumsfrimärke, -t, -n [jɵbiˇle:ɵmsˈfri:mærkə]
Telex	telex [ˈte:leks]
Vordruck	blankett, -en, -er [blaŋˈkɛt]
Wertangabe	värdeuppgift, -et [ˇvæ:ɖəɵpjift]
Zollerklärung	tulldeklaration, -en, -er [ˇtɵldeklaraˈʃu:n]

Telefonieren

Telefonsamtal

Dürfte ich wohl Ihr Telefon benutzen?	Skulle jag kunna få använda er telefon? [ˇskɵlə jɑ: ˇkɵna fo: ˇanvɛnda e:r teleˈfo:n]
Wo ist die nächste Telefonzelle?	Var ligger närmaste telefonkiosk? [vɑ: ˈligə ˇɳærmastə teleˇfo:nçiɔsk]
Können Sie mir bitte eine Telefonkarte geben?	Kan jag få ett telefonkort? [kan jɑ: ˈfo: et teleˇfo:nkuʈ]
Können Sie mir bitte wechseln? Ich brauche Kleingeld zum Telefonieren.	Förlåt kan ni växla åt mig? Jag behöver småpengar för att ringa. [fœˈlo:t kan ni: ˇvɛksla o:t mɛjˈ jɑ: bəˈhø:və ˇʂmo:pɛŋar fœ:r at ˇriŋa]

SOS 90 000

Ambulans

Brandkår

Polis

Läkare

Sjöräddning

SOS (Samhällets Olycksfalls- och Säkerhetsjänst): *Von jeder Telefonzelle aus kann man kostenlos den Krankenwagen, die Feuerwehr, die Polizei, den Notarzt und auch den Seerettungsdienst erreichen. Man muß dazu den roten Knopf an der Vorderseite des Apparats drücken und die Nummer 9 00 00 wählen. Die Null ist in Schweden die erste Ziffer der Wählscheibe.*

Wie ist die Vorwahl von …? — Vad är viktnumret till …? [va e: ˇviktnəmrət til]

So wird über die Internationale Direktwahl gewählt:

Auslandsvorwahl	Landeskennzahl	Ortsnetzkennzahl	Teilnehmernummer
Bundesrepublik West **0 09**	**49**	»**0**« weglassen	
Neue Bundesländer **0 09**	**37**		

Auslandsvorwahl	Landeskennzahl	Ortsnetzkennzahl	Teilnehmernummer
Österreich **0 09**	**43**	»**0**« weglassen	

Auslandsvorwahl	Landeskennzahl	Ortsnetzkennzahl	Teilnehmernummer
Schweiz **0 09**	**41**	»**0**« weglassen	

Haben Sie ein Telefonbuch von …?	Har ni en telefonkatalog över …? [hɑ: ɳi: en teleˇfonkataˈlo:g ø:vər]
Auskunft, bitte. Geben Sie mir die Nummer von …	Kan jag få nummerupplysningen. Kan jag få numeret till … [kan jɑ: fo: ˇnəməreopˈly:sniŋən. kan jɑ: ˈfo: nəmrət til]

Telefonauskunft:

Schweden	*0 79 75*
für die anderen skandinavischen Länder	*00 13*
für alle anderen Länder	*00 19*

Bitte ein Ferngespräch nach …	Jag skulle vilja ringa till … [jɑ: ˇskələ vilja ˇriŋa til]
Ich möchte ein R-Gespräch anmelden.	Jag skulle vilja ringa ett Ba-samtal. [jɑ: ˇskələ ˇvilja ˇriŋa et ˇbɑ:samtɑ:l]
Können Sie mich bitte mit … verbinden?	Kan ni koppla mig till …? [kan ni: ˇkɔpla mɛj til]
• Gehen Sie in Kabine Nr. ...	Hytt nummer … [hyt ˈnəmər]
• Die Leitung ist besetzt.	Linjen är upptagen. [ˇlinjən e: ˇəptɑ:gən]
• Es meldet sich niemand.	Jag får inget svar. [jɑ: fo:r ˇiŋət svɑ:r]
• Bleiben Sie bitte am Apparat.	Var god vänta. [vɑ:r gu:d ˇvɛnta]
Hier spricht …	Det här är … [de: hæ:r e:]
Hallo, mit wem spreche ich?	Hallå, vem talar jag med? [haˈlo: vɛm ˇtɑ:lar jɑ: me:]
Kann ich bitte Herrn/Frau/Fräulein … sprechen?	Kan jag få tala med herr/fru/fröken … [kan jɑ: fo: ˇtɑ:la me: hær/frʉ:/ˈfrø:kən]
• Am Apparat.	Det är jag. [de: e: ˈjɑ:]
• Ich verbinde.	Jag kopplar vidare. [jɑ: ˇkɔplar ˇvi:darə]
• Tut mir leid, er/sie ist nicht da/zuhause.	Jag är ledsen, han/hon är inte där/hemma. [jɑ: e: lesən han/hun e: ˇintə dæ:r/ˇhema]
Wann wird er/sie zurück sein?	När kommer han/hon tillbaka? [næ:r kɔmər han/hun tillˈbɑ:ka]

● Kann er/sie Dich/Sie zurückrufen?	Kan han/hon ringa upp dig/er senare? [kan han/hun ˇriŋa 'ɵp dɛj/e:r se:narə]
Ja, meine Nummer ist …	Ja, mitt nummer är … [jɑ: mit nɵmər e:]
● Möchten Sie eine Nachricht hinterlassen?	Vill du/ni lämna ett meddelande? [vil dʉ/ni: ˇlɛmna et ˇme:de:landə]
Würden Sie ihm/ihr bitte sagen, ich hätte angerufen?	Skulle du/ni vilja tala om att jag har ringt? [ˇskɵlə dʉ/ni: ˇvilja ˇtɑ:la 'ɔm at jɑ: hɑ:r riŋt]
Könnten Sie ihm/ihr etwas ausrichten?	Kan du/ni lämna ett meddelande till honom/henne? [kan dʉ:/ni: ˇlɛmna et ˇme:de:landə til ˇhɔnɔm/ˇhɛnə]
Ich rufe später nochmal an.	Jag ringer igen. [jɑ: riŋər i'jɛn]
● Falsch verbunden.	Du/ni har kommit fel. [dʉ:/ni: hɑ:r ˇkɔmit 'fe:l]
● Kein Anschluß unter dieser Nummer.	Abonnemanget har upphört. [abɔnemaŋət hɑ:r ˇɵphœʈ]

Wortliste Telefonieren

abnehmen	svara, -ade, -at [svɑ:rə]
Anruf	(telefon-)samtal, -et, - [teleˇfo:nsamtɑ:l/ˇsamtɑ:l]
~beantworter	telefonsvarare, -n, - ['teleˇfo:nsvɑ:rarə]
anrufen	ringa (upp), -de, -t [ˇriŋa/riŋa 'ɵp]
Auskunft	nummerupplysning, -en, -ar [ˇnɵmərɵp'ly:sniŋ]
Auslandsgespräch	samtal (-et, -) till utlandet [ˇsamtɑ:l til ˇu:tlandət]
besetzt	upptaget [ɵptɑ:gət]
Besetztzeichen	upptagetton, -en [ˇɵptɑ:getu:n]
Branchenverzeichnis	gula sidor [ˇgʉ:la ˇsi:dur]
durchwählen	ringa (-de, -t) direkt [riŋa di'rɛkt]
Fern|gespräch	rikssamtal, -et, - [ˇri:ksamtɑ:l]
~sprechamt	telefonstation, -en, -er [teleˇfo:nsta'ʃu:n]
Freizeichen	kopplingston, -en [ˇkɔpliŋs'tu:n]
Gebühr	avgift, -et, -er [ˇɑ:vjift]
Gebühreneinheit	minutavgift (markeringsintervall) [ˇminu:tɑ:vjift (marˇke:riŋsintər'val)]
Gespräch	(telefon)samtal, -et, - [teleˇfo:nsamtɑ:l]

Hörer	(telefon)lur, -en, -ar [ˇtelefo:nlʉ:r]
Münz|fernsprecher	telefonautomat, -en, -er [teleˇfo:naɵtɔˈmɑ:t]
~wechsler	myntväxlare, -n, - [ˇmyntvɛkslarə]
Ortsgespräch	lokalsamtal, -et, - [luˇkɑ:lsamtɑ:l]
R-Gespräch	Ba-samtal, -et, - [ˇbɑ:samtɑ:l]
Rufnummer	telefonnummer, -et, - [teleˇfo:nɵmər]
Störungsstelle	felanmälan [ˇfe:lanˈmɛ:lan]
Telefon	telefon, -en, -er [teleˈfo:n]
~buch	telefonkatalog, -et, - [teleˇfo:nkataˈlo:g]
~gespräch	telefonsamtal, -et, - [teleˇfo:nsamtɑ:l]
~karte	telefonkort, -et, - [teleˇfo:nkuʈ]
~nummer	telefonnummer, -numret, - [teleˇfo:nɵmər]
~zelle	telefonhytt, -en, -er [teleˇfo:nhyt]
Verbindung	förbindelse, -n, -r [fœrˈbindəlsə]
Vermittlung	växel, -n [ˈvɛksəl]
Voranmeldung	samtalsbeställning, -en, -ar [ˇsamtɑ:lsbəˈstɛlniŋ]
Vorwahlnummer	riktnummer, -numret, - [ˇriktnɵmər]
wählen	slå (ett nummer) [slo: (et ˈnɵmər)] ringa, -de, -t [ˇriŋa]

Auf der Polizei

På polisstationen

▶ **auch Kap. 3, Auto/Motorrad/Fahrrad - Verkehrsunfall**

Wo ist bitte das nächste Polizeirevier?	Var ligger närmaste polisstation? [vɑ: ˈligə ˇɳærmastə pɔˇli:staˈʃu:n]
Ich möchte einen Diebstahl/Verlust/Unfall anzeigen.	Jag skulle vilja anmäla en stöld/förlust/(trafik)olycka. [jɑ: ˇskɵlə vilja ˇanmɛ:la en støld/fœˈɭɵst/(traˇfi:k)ulyka]
Mein/e ... Handtasche Brieftasche Fotoapparat Auto/Fahrrad ist gestohlen worden.	Min ... [min] handväska [ˇhandvɛska] plånbok [ˇplo:nbu:k] kamera [ˈkɑ:məra] bil/cykel [bi:l/ˈsykəl] har blivit stulen. [hɑ:r bli:vit ˇstʉ:lən]
Mein Auto ist aufgebrochen worden.	Det har varit inbrott i min bil. [de: hɑ:r vɑ:rit ˇinbrɔt i: min bi:l]

Aus meinem Auto ist … gestohlen worden.	… har stulits ur min bil. [… hɑ: ˇʂtʉ:lits ʉ:r min bi:l]
Ich habe … verloren.	Jag har tappat … [jɑ: hɑ: ˇʈapat]
Mein Sohn/Meine Tochter ist seit … verschwunden.	Min son/dotter är försvunnen sedan … [min so:n/ˇdɔtər e: fœʂvɵnən sen]
Dieser Mann belästigt mich.	Den här mannen antastar/ofredar mig. [den ˈhæ:r manən ˇantastar/ˇu:fre:dar mɛj]
Können Sie mir bitte helfen?	Förlåt, kan ni/du hjälpa mig? [fœˈɭo:t kan ni:/dʉ: ˇjɛlpa mɛj]
● Wann genau ist das passiert?	När exakt hände det? [næ:r ekˈsakt ˇhɛndə de:]
● Wir werden der Sache nachgehen.	Vi ska undersöka saken. [vi: skɑ: ˇɵndəʂø:ka ˈsɑ:kən]
Ich habe damit nichts zu tun.	Det har jag ingenting att göra med. [de: hɑ:r jɑ: ˇiŋentiŋ at ˇjœ:ra me:]
● Ihren Namen und Ihre Anschrift, bitte.	Kan jag få ert namn och er adress. [kan jɑ: fo: e:ʈ namn ɔ e:r aˈdrɛs]
● Wenden Sie sich bitte an das deutsche/österreichische/Schweizer Konsulat.	Vänd dig/er till den tyska/österikiska/schweiziska ambassaden. [vɛn dɛj/e:r til den tyska/østeˇri:kiska/ˇʃvɛjtsiska ambaˈsɑ:dən]

Wortliste Polizei

anzeigen	anmäla, -ade, -at [ˇanmɛ:la]
aufbrechen	bryta upp [ˇbry:ta ˈɵp]
Auto|radio	bilradio, -n [ˇbi:lrɑ:diɔ]
~schlüssel	bilnyckel, -n, -nycklar [ˇbi:lnykəl]
belästigen	antasta, -ade, -at [ˇantasta]
	ofreda, -ade, -at [ˇu:fre:da]
beschlagnahmen	beslagta(ga) [bəˇslɑ:gtɑ:(ga)]
Dieb	tjuv, -en, -ar [ɕʉ:v]
~stahl	stöld, -en, -er [støld]
Gefängnis	fängelse, -t, -r [ˇfɛŋəlsə]
Geldbörse	börs, -en, -er [bœʂ]
	portmonä, -n, -er [pɔʈmɔˈnɛ:]
Gericht	domstol, -en, -ar [ˇdumstu:l]
Kfz-Schein	registreringsbevis [rejeˇstre:riŋsbeˈvi:s]

Papiere	legitimationshandlingar [lɛgiti:maˇʃu:nshandliŋar]
Personalausweis	legitimation [legi:ti:maˈʃu:n]
Polizei	polis, -en [pɔˈli:s]
~wagen	polisbil, -en, -ar [pɔˇli:sbi:l]
Polizist/in	polis, -en, -er [pɔˈli:s]
Rauschgift	droger [ˇdro:gər]
Rechtsanwalt	advokat, -en, -er [advuˈkɑ:t]
Reisepaß	pass, -et, - [pas]
Richter	domare, -n, - [ˇdumarə]
Schlüssel	nyckel, -n, nycklar [ˇnykəl]
Schmuggel	smuggling, -en [ˇsmɵgliŋ]
Schuld	skuld, -en [skɵld]
Taschendieb	ficktjuv, -en, -ar [ˇfikçʉ:v]
Überfall	överfall, -et, - [ˇø:vərˈfal]
Untersuchungshaft	ransakningshäkte, -t, -n [ˇransɑ:kniŋsˈhɛktə]
Verbrechen	brott, -et, - [brɔt]
Vergewaltigung	våldtäkt, -en, -er [ˇvɔldtɛkt]
verhaften	arrestera, -ade, -at [arɛsˈte:ra]
verlieren	förlora, -ade, -at [fœˈɭu:ra]
zusammenschlagen	slå ner [slo: ˈne:r]

Fundbüro

Hittegodsavdelningen/Tillvaratagna effekter

Wo ist das Fundbüro, bitte?	Ursäkta, var ligger hittegodsavdelningen/tillvaratagna effekter? [ˇʉ:ʂɛkta vɑ: ˈɭigər ˇhitəgu:dsˈɑ:vde:lniŋən/tilˇvɑ:raˈtɑ:gna eˈfɛktər]
Ich habe … verloren.	Jag har tappat … [jɑ: hɑ: ˇtapat]
Ich habe meine Handtasche im Zug vergessen.	Jag har glömt mina handväska på tåget. [jɑ: hɑ:r glømt mina ˇhandvɛska po: ˈto:gət]
Benachrichtigen Sie mich bitte, wenn sie abgegeben/gefunden werden sollten.	Kan du/ni vara snäll och meddela mig, om/när de blir inlämnade/hittas. [kan dʉ/ni: vara snɛl ɔ ˇme:de:la mɛj ɔm/næ:r dɔm blir ˇinlɛmnadə/ˇhitas]
Hier ist meine Hotelanschrift/Heimatadresse.	Här är adressen till mitt hotell. [hæ:r e: aˈdrɛsən til mit huˈtɛl]

10 Gesundheit
Hälsa

In der Apotheke

På apoteket

Wo ist die nächste Apotheke (mit Nachtdienst)?	Var ligger närmaste apotek (med nattjour)? [vɑː ˈɭigə ˇɳærmastə apuˈteːk (meː ˇnatʃuːr)]
Geben Sie mir bitte etwas gegen …	Kan ni ge mig någonting mot … [kan niː jeː mɛj ˇnɔntiŋ muːt]
• Dieses Mittel ist rezeptpflichtig.	Den här medicinen är receptbelagt. [den: hæːr medisiːnən eː reˇsɛptbəˈlagt]
Kann ich darauf warten?	Kan jag vänta? [kan jɑː ˇvɛnta]
Wann kann ich es abholen?	När kan jag få hämta den? [næːr kan jɑː foː ˇhɛmta den]

Wortliste Apotheke

▶ auch Wortliste Arzt/Zahnarzt/Krankenhaus

Abführmittel	laxermedel, -medlet, - [lakˇseːrmeːdəl]
Antibabypille	p-piller [ˇpeːpilər]
Antibiotikum	antibiotika, -n, -or [antibiutika]
Aspirin	aspirin, -et [aspiˈriːn]
Augentropfen	ögondroppar [ˇøːgɔnˈdrɔpar]
äußerlich	utvärtes [ˇʉːtvæʈəs]
Beruhigungsmittel	lugnande medel, medlet, - [ˇləŋnandə ˈmeːdəl]
Brandsalbe	salva (-n) mot brännsår [ˇsalva muːt ˇbrɛnsoːr]
Desinfektionsmittel	desinfektionsmedel, -medlet, - [desinfɛkˇʃuːnsmeːdəl]
einnehmen	ta(ga) [tɑː]
Elastikbinde	elastisk binda, -n, -or [eˈlastisk ˇbinda]
vor dem Essen	före maten [ˇfœːrə ˈmɑːtən]
nach dem Essen	efter maten [ˈɛftər ˈmɑːtən]
Fieberthermometer	febertermometer, -n, -metrar [ˇfeːbəʈærmuˈmeːtər]
Gegengift	motgift, -et [ˇmuːtjift]
Gurgelwasser	gurgelvatten, -et [ˇgərgəlˈvatən]
Halstabletten	halstabletter [ˇhalstaˈblɛtər]
Hustensaft	hostmedicin, -en [ˇhustmediˈsiːn]
innerlich	invärtes [ˇinvæʈəs]
Insektenmittel	insektsmedel, -medlet, - [inˇsɛktsmeːdəl]

Insulin	insulin, -et [insʉːˈliːn]
Jod(tinktur)	jodsprit, -en [ˇjɔdspriːt]
Kamillentee	kamomillte, -(e)t [kamuˇmilteː]
Kohletabletten	koltabletter [ˇkoːltabˈlɛtər]
Kopfschmerztabletten	huvudvärkstabletter [ˇhʉːvədværkstaˈblɛtər]
Kreislaufmittel	medicin (-en, -er) för blod cirkulationen [mediˈsin fœːr bluːd sirkəlaˈʃuːnən]
auf nüchternen Magen	på fastande mage [poː ˇfastandə ˇmɑːgə]
Magentropfen	magmedicin, -en, -er [ˇmɑːgmediˈsiːn]
Medikament	medikament, -et, - [medikaˈment]
Mittel	medel, -medlet, - [ˈmeːdəl]
Mullbinde	gasbinda, -n, -or [ˇgɑːsbinda]
im Mund zergehen lassen	låta smälta i munnen [ˇloːta ˇsmɛlta iː ˈmənən]
Nebenwirkungen	biverkningar [ˇbiværkniŋar]
Ohrentropfen	örondroppar [ˇœːrɔnˈdrɔpar]
Pflaster	plåster, -et, - [ˈplɔstər]
Präservativ	kondom, -en, -er [kɔnˈdoːm]
Puder	puder, pudret [ˈpʉːdər]
Rezept	recept, -et, - [reˈsɛpt]
Salbe	salva, -n [ˇsalva]
Schlaftabletten	sömntabletter [ˇsømntaˈblɛtər]
Schmerztabletten	smärtstillande tabletter [ˇsmæʈʂtilandə taˈblɛtər]
Sonnenbrand	solbränna, -n [ˇsuːlbrɛna]
Tablette	tablett, -en, -er [taˈblɛt]
Traubenzucker	druvsocker, -sockret [ˈdrʉːvsɔkər]
Tropfen	droppar [ˇdrɔpar]
Watte	bomull [ˇbuməl] vadd, -en [vad]
Zäpfchen	stolpiller [ˇstuːlpilər]

Arztbesuch

Hos läkaren

Können Sie mir einen guten … empfehlen?	Kan ni rekommendera en bra … åt mig? [kan niː rekɔmenˈdeːra en brɑː … oːt mɛj]
Arzt	läkare [ˇlɛːkarə]
Augenarzt	ögonläkare [ˇøːgɔnlɛːkarə]
Frauenarzt	gynekolog [gynekuˈloːg]
Hals-Nasen-Ohren-Arzt	öron-(näs-och hals)läkare [ˇœːrɔn (nɛːs ɔ hals) lɛːkarə]
Hautarzt	hudläkare [ˇhʉːdlɛːkarə]
Heilpraktiker	naturläkare, -n, - [ˇnatʉːɭɛːkarə]
Internisten	specialist på invärtes sjukdomar [spesiaˈlist poː ˇinvæʈəs ˇʃʉːkdumar]
Kinderarzt	barnläkare [ˇbɑːɳlɛːkarə]
Nervenarzt	nervläkare [ˇnærvlɛːkarə] neurolog [neəruˈloːg]
Praktischen Arzt	allmänpraktiserande läkare [ˇalmɛnpraktiˈseːrandə ˇlɛːkarə]
Urologen	urolog [əruˈloːg]
Zahnarzt	tandläkare [ˇtandlɛːkarə]
Wo ist seine Praxis?	Var ligger hans praktik/mottagning? [vɑː ˈligər hans prakˈtiːk/ˇmuːtɑːgniŋ]
Wann hat er Sprechstunde?	När har han mottagningstid? [næːr hɑːr han ˇmuːtɑːgniŋsˈtiːd]
• Was für Beschwerden haben Sie?	Vad har ni för besvär? [vɑː hɑː ɳiː fœːr bəˈsvæːr]
Ich fühle mich nicht wohl.	Jag mår inte bra. [jɑː moːr ˇintə brɑː]
Ich habe Fieber.	Jag har feber. [jɑː hɑːr ˈfeːbər]
Ich kann nicht schlafen.	Jag kan inte sova. [jɑː kan ˇintə ˇsoːva]
Mir ist oft schlecht/schwindelig.	Jag känner mig ofta dålig/yr. [jɑː ˈçɛnər mɛj ɔfta ˇdoːli/ˈyːr]
Ich bin ohnmächtig geworden.	Jag har svimmat. [jɑː hɑː ˇʂvimat]
Ich bin stark erkältet.	Jag är ordentligt förkyld. [jɑː eː ɔˈɖɛntli fœrˈçyːld]
Ich habe	Jag har [jɑː hɑːr]
Kopfschmerzen.	ont i huvudet. [unt i ˇhʉːvədət]
Halsschmerzen.	ont i halsen. [unt i ˈhalsən]
Husten.	hosta. [ˇhusta]

Ich bin gestochen/gebissen worden.	Jag har blivit stungen/biten. [jɑ: hɑ:r bli:vit ˇstəŋən/ˇbi:tən]
Ich habe mir den Magen verdorben.	Jag har magbesvär. [jɑ: hɑ:r ˇmɑ:gbəˈsvæ:r]
Ich habe Durchfall/Verstopfung.	Jag har diarré/förstoppning. [jɑ: hɑ:r diaˈre:/fœˈʂtɔpniŋ]
Ich vertrage das Essen/die Hitze nicht.	Jag tål inte maten/värmen. [jɑ: to:l ˇintə ˈmɑ:tən/ˇværmən]
Ich habe mich verletzt.	Jag har skadat mig. [jɑ: hɑ: ˇʂkɑ:dat mɛj]
Ich bin gestürzt.	Jag har ramlat. [jɑ: hɑ:r ˇramlat]
Ich glaube, ich habe mir … gebrochen/verstaucht.	Jag tror att jag har brutit/stukat … [jɑ: trʉ:r at jɑ: hɑ:r ˇbrʉ:tit/ˇstʉ:kat]
● Wo tut es weh?	Var gör det ont? [vɑ:r jœ: de: unt]
Ich habe hier Schmerzen.	Jag har ont här. [jɑ: hɑ:r unt ˈhæ:r]
● Tut es hier weh?	Gör det ont här? [jœ: de: ˈunt hæ:r]
Ich habe einen hohen/niedrigen Blutdruck.	Jag har högt/lågt blodtryck. [jɑ: hɑ:r ˈhøkt/ˈlo:kt ˇblu:dtryk]
Ich bin Diabetiker.	Jag är diabetiker. [jɑ: e: diaˈbe:tikər]
Ich bin schwanger.	Jag väntar barn. [jɑ: vɛntar ˈbɑ:ɳ]
Ich hatte vor kurzem …	För en kort tid sedan hade jag … [fœˈr en kɔʈ ti:d sen hadə jɑ:]
● Bitte, machen Sie sich/Ihren Arm frei.	Kan ni vara snäll och klä av er/kavla upp ärmen. [kan ni: vɑ:ra ˈsnɛl ɔ klɛ: ˈɑ:v e:r/ˇkɑ:vla ɵp ærmən]
● Bitte tief einatmen. Atem anhalten.	Andas djupt. Håll andan, tack. [ˇandas jʉ:pt hol ˇandan tak]
● Öffnen Sie den Mund.	Öppna munnen. [ˇøpna ˈmɵnən]
● Zeigen Sie die Zunge.	Räck ut tungan. [rɛk ˈʉ:t ˇtəŋan]
● Husten, bitte.	Hosta, tack. [ˇhusta tak]
● Wie lange fühlen Sie sich schon so?	Hur länge har ni känt er så här? [hʉ: ˇlɛŋə hɑ: ɳi: ˈçɛnt e: so: hæ:r]
● Haben Sie Appetit?	Har ni någon aptit? [hɑ: ɳi: nɔn apˈti:t]
Ich habe keinen Appetit.	Jag har ingen aptit. [jɑ: hɑ:r iŋən apˈti:t]

● Haben Sie einen Impfschein?	Har ni ett vaccinationsintyg? [hɑ: ɳi: et vaksinaˇʃu:nsinty:g]
Ich bin gegen … geimpft.	Jag är vaccinerad mot … [jɑ: e: vaksiˈne:rad mu:t]
● Sie müssen geröntgt werden.	Ni måste röntgas. [ni: mɔstə ˇrøntgas]
● Ich brauche eine Blut-/Urinprobe.	Jag behöver ett blodprov/urinprov. [jɑ: beˈhø:vər et ˇblu:dpru:v/ʉˇri:nˈpru:v]
● Ich muß Sie an einen Facharzt überweisen.	Jag måste remittera er till en specialist. [jɑ: mɔstə remiˈte:ra e:r til en spesjaˈlist]
● Sie müssen operiert werden.	Ni måste opereras. [ni: mɔstə ɔpəˈre:ras]
● Sie brauchen ein paar Tage Bettruhe.	Ni behöver ett par dagars vila i sängen. [ni: bəˈhø:vər et pɑ: ɖɑ:gaʂ ˇvi:la i: ˈsɛŋən]
● Es ist nichts Ernstes.	Det är inget allvarligt. [de: e: ˇiŋət ˇalvɑ:ɭit]
Können Sie mir bitte etwas gegen … geben/verschreiben?	Kan ni ge/skriva ut något mot … åt mig? [kan ni: je:/skri:va ˈʉ:t nɔt mu:t … o:t mɛj]
Normalerweise nehme ich …	Normalt tar jag … [nurˈmɑ:lt tɑ:r jɑ:]
● Nehmen Sie eine Tablette vor dem Schlafengehen.	Ta en tablett innan ni går till sängs. [tɑ: ˈe:n taˈblɛt ˇinan ni: go: ʈil sɛŋs]
Hier ist mein internationaler Krankenschein.	Här är mitt internationella sjukförsäkringsbesked. [hæ:r e: mit ˇintərneʃu:ˈnɛla ˇʃʉ:kfœʂɛ:kriŋsbeˈʃe:d]
Können Sie mir bitte ein ärztliches Attest ausstellen?	Kan ni skriva ut ett läkarintyg åt mig? [kan ni: skri:va ˈʉ:t et ˇlɛ:karˈinty:g o:t mɛj]

Beim Zahnarzt

Hos tandläkaren

Ich habe (starke) Zahnschmerzen.	Jag har (väldig) tandvärk. [jɑ: hɑ:r (ˇvɛldi) ˇtandværk]
Dieser Zahn (oben/unten/vorn/hinten) tut weh.	Tanden här (uppe/nere/framme/baktill) gör ont. [ˈtandən hæ:r (ˇɵpə/ˇne:rə/ˇframə/ˇbɑ:ktil) jœ:r unt]
Ich habe eine Füllung verloren.	Jag har tappat en plomb. [jɑ: hɑ:r ˇtapat en plɔmb]
Mir ist ein Zahn abgebrochen.	En tand har gått av. [en tand hɑ:r gɔt ˈɑ:v]
● Ich muß ihn plombieren.	Jag måste laga den. [jɑ: mɔstə ˇlɑ:ga den]
● Ich behandle ihn nur provisorisch.	Jag kan bara göra en provisorisk lagning. [jɑ: kan ˇbɑ:ra jœ:ra en pruviˈsu:risk ˇlɑ:gniŋ]
● Ich muß ihn ziehen.	Jag måste dra ut den. [jɑ: mɔstə drɑ: ˈʉ:t den]
● Dieser Zahn muß eine Krone bekommen.	Den här tanden behöver en krona. [den hæ:r ˈtandən bəˈhø:vər en ˇkru:na]
Geben Sie mir bitte eine/keine Spritze.	Kan jag få bedövning/jag vill inte ha bedövning. [kan jɑ: fo: beˈdø:vniŋ/jɑ: vil ˇintə hɑ: beˈdø:vniŋ]
● Bitte gut spülen.	Var god och skölj ordentligt. [vɑ:r gu: ɔ ˈʃølj ɔɖentlit]
Können Sie diese Prothese reparieren?	Kan ni laga den här protesen? [kan ni: ˇlɑ:ga den hæ:r pruˈte:sən]
● Kommen Sie in zwei Tagen bitte nochmal zum Nachsehen.	Kom tillbaka om två dagar för kontroll. [kɔm tilˈbɑ:ka ɔm tvo: ˇdɑ:gar fœ:r kɔnˈtrɔl]
● Suchen Sie dann zu Hause gleich Ihren Zahnarzt auf.	Tag genast kontakt med er tandläkare när ni kommit hem. [tɑ: ˇje:nast kɔnˈtakt me: e:r ˇtandlɛ:karə næ:r ni: kɔmit ˈhɛm]

Im Krankenhaus

På sjukhuset

Wie lange muß ich hier bleiben?	Hur länge måste jag stanna här? [hʉ: ˇlɛŋə mɔstə jɑ: ˇstana hæ:r]
Ich habe Schmerzen./Ich kann nicht einschlafen. Geben Sie mir bitte eine Schmerztablette/Schlaftablette.	Jag har ont/värk./Jag kan inte somna. Kan jag få en smärtstillande tablett/sömntablett. [jɑ: hɑ:r unt/værk/jɑ: kan intə ˇsɔmna kan jɑ: fo: en ˇsmæʈʂtilandə taˈblɛt/ˇsømntaˈblɛt]
Wann darf ich aufstehen?	När får jag stiga upp? [næ:r fo:r jɑ: sti:ga ˈɵp]
Geben Sie mir bitte eine Bescheinigung über die Dauer des Krankenhausaufenthalts mit Diagnose.	Kan ni ge mig ett intyg där det står hur länge jag legat på sjukhus samt diagnosen. [kan ni: je: mɛj et ˇinty:g dæ: ɖe: sto:r hʉ: ˇlɛnə jɑ: ˇle:gat po: ˇʃʉ:khʉ:s samt diaˈgno:sən]

Wortliste Arzt/Zahnarzt/Krankenhaus

Abszeß	varbildning, -en, -ar [ˇvɑ:rbildniŋ]
Ader	åder, -n, ådror [ˈo:dər]
Aids	aids [ɛjds]
Allergie	allergi, -n, -er [alærˈgi:]
allergisch sein gegen	vara allergisk mot [ˇvɑ:rə aˈlɛrgisk mu:t]
Anfall	anfall, -et, - [ˇanfal]
Angina	angina/kärlkramp, -en [anˈgi:na/çæɭkramp]
Anspruchsausweis *(Krankenkasse)*	sjukförsäkringsbesked [ˇʃʉ:kfœ:ʂɛkriŋsbeˈʃe:d]
ansteckend	smittsam [ˇsmitsam]
Appetitlosigkeit	aptitlöshet, -en [apˇtitlø:she:t]
Arm	arm, -en, -ar [arm]
Asthma	astma, -n [ˈastma]
Atembeschwerden	andningsbesvär [ˇandniŋsbəˈsvæ:r]
atmen	andas, -ades, -ats [ˇandas]
Attest	intyg, -et, - [ˇinty:g]
Augen	ögon [ˇø:gɔn]
Ausschlag	utslag, -et [ˇʉ:tslɑ:g]
Bänderriß	ledbandsbristning, -en [ˇle:dbandsˈbristniŋ]

Bauch	mage, -n, -ar [ˇmɑ:gə]
Bein	ben, -et, - [be:n]
Bescheinigung	intyg, -et, - [ˇinty:g]
Besuchszeit	besökstid, -en, -er [bəˇsø:ksti:d]
bewußtlos	medvetslös [ˇme:dve:tsˈlø:s]
Blähungen	gasbildning, -en [ˇgɑ:sbildniŋ]
Blase	blåsa, -n, -or [ˇblo:sa]
Blinddarm	blindtarm, -en, -ar [ˇblindtarm]
~entzündung	blindtarmsinflammation, -en [ˇblindtarmsinflamaˈʃu:n]
Blut	blod, -et [ˇblu:d]
~druck, hoher/niedriger	blodtryck, -et, högt/logt [ˇblu:dtryk høkt/lo:kt]
bluten	blöda, -de, blött [ˇblø:da]
Blut|erguß	blodutgjutning, -en, ar [ˇblu:dʉ:tˈjʉ:tniŋ]
~gruppe	blodgrupp, -en, -er [ˇblu:dgrɵp]
~probe	blodprov, -et, - [ˇblu:dpru:v]
~transfusion	blodtransfusion, -en, -er [ˇblu:dtransfɵˈʃu:n]
~ung	blödning, -en, -ar [ˇblø:dniŋ]
~vergiftung	blodförgiftning, -en [ˇblu:dfœrˈjiftniŋ]
Brechreiz	kväljningar, -et [ˇkvɛljniŋar]
Bronchien	luftrör, -et, - [ˇlɵftrœ:r]
Bronchitis	luftrörskatarr, -en, -er [ˇlɵftrœ:ʂkaˈtar]
Bruch	brott, -et, - fraktur, -en, -er [frakˈtʉ:r]
Brust	bröst, -et, - [brøst]
~korb	bröstkorg, -en [ˇbrøstkɔrj]
Bypass	kranskärlsoperation, -en, - [kransçæɭsɔperaˈʃu:n]
Chirurg/in	kirurg, -en, - [çiˈrɵrg]
Cholera	kolera [ˈku:ləra]
Darm	tarm, -en, -ar [tarm]
desinfizieren	desinficera, -ade, -at [desinfiˈse:ra]
Diabetes	sockersjuka, -n [ˇsɔkəˈʂʉ:ka] diabetes [diaˈbetəs]
Diagnose	diagnos, -en, -er [diaˈgnu:s]
Diät	diet, -en [diˈe:t]
Diphtherie	difteri, -n [diftəˈri:]
Drüse	körtel, -n, körtlar [ˇçœʈəl]
Durchfall	diarré, -n [diaˈre:]
Eiter	var, -et [vɑ:r]
eitern	vara sig, -ade, -at [ˇvɑ:ra sɛj]

Ellbogen	armbåge, -n, -ar [ˇarmbo:gə]
Entzündung	inflammation, -en, -er [inflamaˈʃu:n]
erbrechen, sich	kräkas, -tes, -ts [ˇkrɛ:kas]
erkälten, sich	bli förkyld [bli: fœrˈçyld]
erkältet	förkyld [fœ:rky:ld]
Erkältung	förkylning, -en, -er [fœrˈçy:lniŋ]
Facharzt	specialist, -en, -er [spesjaˈlist]
Fehlgeburt	missfall, -et, - [ˇmisfal]
Fieber	feber, -n [ˈfe:bər]
Finger	finger, fingret, fingrar [ˈfiŋər]
Fuß	fot, -en, föter [fu:t]
Gallenblase	gallblåsa, -n, -or [ˇgalblo:sa]
gebrochen	bruten [ˇbrʉ:tən]
Gehirn	hjärna, -n, -or [ˇjæ:ɳa]
~erschütterung	hjärnskakning, -en [ˇjæ:ɳskɑ:kniŋ]
~schlag	hjärnblödning, -en [ˇjæ:ɳblø:dniŋ]
Gehör	hörsel, -n [ˈhœʂəl]
Gelbsucht	gulsot, -en [ˇgʉ:lsu:t]
Gelenk	led, -en, -er [le:d]
Geschlechts|krankheit	könssjukdom, -en, -ar [ˇçø:nsʃʉ:kdum]
~organe	könsorgan, -et, - [ˇçø:nsɔrˈgɑ:n]
geschwollen	svullen [ˇsvələn]
Geschwulst	svulst, -en, -er [svəlst]
	tumör, -en, -er [təˈmœ:r]
Geschwür	sår, -et, - [so:r], böld, -en, -er [bøld]
Gesicht	ansikte, -t, -n [ˇansiktə]
Glieder	lemmar [ˇlɛmar]
Grippe	influensa, -n [infləˈɛnsa]
Hals	hals, -en, -ar [hals]
~schmerzen	ont i halsen [unt i: ˈhalsən]
Hämorrhoiden	hemorrojder [hɛmɔˈrɔjdər]
Hand	hand, -en, händer [hand]
Haut	hud, -en [hʉ:d]
~krankheit	hudsjukdom, -en, -ar [ˇhʉ:dʃʉ:kdum]
heiser sein	vara hes [vɑ:ra ˈhe:s]
Herz	hjärta, -t, -n [ˇjæʈa]
~anfall	hjärtattack, -en, -er [ˇjæʈaˈtak]
~beschwerden	hjärtbesvär [ˇjæʈbeˈsvæ:r]
~fehler	hjärtfel, -et, - [ˇjæʈfe:l]
~infarkt	hjärtinfarkt, -en, -er [ˇjæʈinˈfarkt]
~schrittmacher	pace maker, -n [pɛjsmɛjkər]
~spezialist	hjärtspecialist, -en, -er [ˇjæʈspesjaˈlist]
Heuschnupfen	hösnuva, -n [ˇhø:snʉ:va]
Hexenschuß	ryggskott, -et [ˇrygskɔt]

Höhensonne	kvartslampa, -n, -or [ˇkvaṭṣlampa]
Hüfte	höft, -en, -er [høft]
Husten	hosta, -n [ˇhusta]
impfen	vaccinera, -ade, -at [vaksiˈneːra]
Impfpaß	vaccinationsintyg, -et, - [vaksinaˇʃuːnsinˇtyːg]
Impfung	vaccination, -en, -er [vaksinaˈʃun]
Infektion	infektion, -en, -er [infɛkˈʃuːn]
Infusion	infusion, -en, -er [infəˈʃuːn]
Ischias	ischias, -en [ˇiʃias]
Keuchhusten	kikhosta, -n [ˇçiːkhusta]
Kiefer	käke, -n, -ar [ˇçɛːkə]
Kinderlähmung	polio, -n [ˈpoːliu]
Knie	knä, -t, -n [knɛː]
Knöchel	ankelled, -en, -er [ˇaŋkəˈleːd]
Knochen	ben, -et, - [beːn]
~bruch	benbrott, -et, - [ˇbeːnbrɔt]
Kolik	kolik, -en, -er [kuˈliːk]
Kopf	huvud, -et, -en [ˇhʉːvəd]
~schmerzen	huvudvärk, -en [ˇhʉːvədˈværk]
Krampf	kramp, -en, -er [kramp]
krank	sjuk [ʃʉːk]
Kranken|haus	sjukhus, -et, - [ˇʃʉːkhʉːs]
~kasse	sjukförsäkringskassa, -n, -or [ˇʃʉːkfœṣɛːkriŋsˈkasa]
~schein	sjukförsäkringsbesked, -et, - [ˇʃʉːkfœṣɛːkriŋsbeˈʃeːd]
~schwester	sjuksköterska, -n, -or [ˇʃʉːkʃøːtəṣka]
Krankheit	sjukdom, -en, -ar [ˇʃʉːkdum]
Krebs	cancer, -n [ˈkansər]
Kreislaufstörung	blodcirkulationsbesvär [ˇbluːdsirkəlaˈʃuːnsbəˈsvæːr]
Krone	(tand-)krona, -n, -or [ˇtandkruːna/ˇkruːna]
Lähmung	förlamning, -en [fœˈlamniŋ]
Lebensmittelvergiftung	matförgiftning, -en [ˇmɑːtfœrˈjiftniŋ]
Leber	lever, -n [ˈleːvər]
Leistenbruch	ljumskbråck, -et, - [ˇjəmskbrɔk]
Lippe	läpp, -et, - [ˇlɛp]
Loch *(im Zahn)*	hål (i tanden), -et, - [hoːl (i ˈtandən)]
Lunge	lunga, -n, -or [ˇləŋa]
Lungenentzündung	lunginflammation, -en [ˇləŋinflamaˈʃuːn]
Magen	mage, -n, -ar [ˇmɑːgə]
~schmerzen	magsmärtor [ˇmɑːgsmæṭur]

Mandelentzündung	halsfluss, -en [ˇhalsfløs]
Mandeln	tonsiller [tɔnˈsilər]
Masern	mässling, -en [ˇmɛsliŋ]
Menstruation	menstruation, -en [menstrʉ:aˈʃu:n]
	mens, -en [mens]
Migräne	migrän, -en [miˈgrɛ:n]
Mittelohrentzündung	öroninflammation, -en [ˇœ:rɔninflamaˈʃu:n]
Mumps	påssjuka, -n [ˇpo:sʃʉ:ka]
Mund	mun, -nen, -nar [mөn]
Muskel	muskel, -n, muskler [ˇmөskəl]
nähen	sy [sy:]
Narbe	ärr, -et, - [ær]
Narkose	narkos, -en, -er [narˈko:s]
Nase	näsa, -n, -or [ˇnɛ:sa]
Nasenbluten	näsblod, -et [ˇnɛ:sblu:d]
Nerv	nerver [ˇnærvər]
nervös	nervös [nærˈvø:s]
Niere	njure, -n, -ar [ˇnjʉ:rə]
Nieren|entzündung	njurinflammation, -en [ˇnjʉ:rinflamaˈʃu:n]
~stein	njursten, -en, -ar [ˇnjʉ:ʂte:n]
Ohnmacht	svimning, -en [ˇsvimniŋ]
Ohr	öra, -t, -on [ˇœ:ra]
Operation	operation, -en, -er [upəraˈʃu:n]
Plombe	plomb, -en, -er [plɔmb]
Pocken	smittkoppor [ˇsmitkɔpur]
Praxis	mottagning, -en, -ar [ˇmu:tɑ:gniŋ]
Prellung	blåmärke, -t, -n [ˇblo:mærkə]
Prothese	protés, -en, -er [pruˈte:s]
Puls	puls, -en, -ar [pөls]
Quetschung	kontusion, -en [kɔntөˈʃu:n]
Rheuma	reumatism, -en [reөmaˈtism]
Rippe	revben, -et, - [ˇre:vbe:n]
röntgen	röntgen [ˈrøntgən]
Röntgenaufnahme	röntgenbild [ˈrøntgənbild]
Röteln	röda hund, -en [ˇrø:da hөnd]
Rücken	rygg, -en, -ar [ryg]
~schmerzen	ont i ryggen [unt i: ˈrygən]
	ryggvärk [ˇrygværk]
Rückgrat	ryggrad, -en, -er [ˇrygrɑ:d]
Rücktransport	hemtransport [ˇhɛmtranspɔʈ]
	transport tillbaka [tranˈspɔʈ tillˇbɑ:ka]
Schädel	skalle, -n, -ar [ˇskalə]

Scharlach	scharlakansfeber, -n [ʃaˇɭɑ:kansˈfe:bər]
Schiene	skena, -n, -or [ˇʃe:na]
Schienbein	skenben, -et, - [ˇʃe:be:n]
Schlaflosigkeit	sömnlöshet, -en [ˇsømnlø:sˈhe:t]
Schlaganfall	slaganfall, -et [ˇslɑ:ganfal]
Schlüsselbein	nyckelben, -et [ˇnykəlˈbe:n]
Schmerzen	smärtor [ˇsmæʈur]
Schnittwunde	skärsår, -et, - [ˇʃæ:rso:r]
Schnupfen	snuva, -n [ˇsnʉ:va]
Schulter	skuldra, -n, -or [ˇskɵldra]
Schüttelfrost	frossbrytningar [ˇfrɔsbry:tniŋar]
Schwangerschaft	graviditet, -en, -er [graviDiˈte:t]
Schweiß	svettning, -en [ˇsvɛtniŋ]
Schwellung	svullnad, -en, -er [ˇsvɵlnad]
Schwindel	svindel, -n [ˈsvindəl]
schwitzen	svettas, -ades, -ats [ˇsvɛtas]
Seitenstechen	håll (i sidan) [hɔl (i: ˇsi:dan)]
Sodbrennen	halsbränna, -n [ˇhalsbrɛna]
Sonnenstich	solsting, -en [ˇsu:lstiŋ]
Speiseröhre	matstrupe, -n [ˇmɑ:tstrʉ:pə]
Sprechstunde	mottagningstid, -er, -ar
	[ˇmu:tɑ:gniŋsˈti:d]
Spritze	spruta, -n, -or [ˇsprʉ:ta]
Station	avdelning, -en, -ar [ˇɑ:vde:lniŋ]
Stich	stick, -et, - [stik]
Stirnhöhlenentzündung	bihåleinflammation, -en
	[ˇbi:ho:ləinflamaˈʃu:n]
Stuhlgang	stolgång, -en [ˇstu:lgɔŋ]
Tetanus	stelkramp, -en [ˇste:lkramp]
Trommelfell	trumhinna, -n, -or [ˇtrɵmhina]
Typhus	tyfus [ˈty:fɵs]
Übelkeit	illamående, -t [ˇilaˈmo:əndə]
Ultraschalluntersuchung	ultraljudsundersökning, -en, -ar
	[ˇɵltrajʉ:dsɵndə:ˈʂø:kniŋ]
Unterleib	underliv, -et [ˇɵndəˈɭi:v]
Untersuchung	undersökning, -en
	[ˇondəˈʂø:kniŋ]
Urin	urin, -et [ʉ:ˈri:n]
Verband	förband, -et, - [fœrˈband]
verbinden	lägga om [lɛga ˈɔm]
	förbinda [fœrˈbinda]
Verbrennung	brännskada, -n, -or [ˇbrɛnskɑ:da]
	brännsår, -et, - [ˇbrɛnso:r]
Verdauung	matsmältning, -en [ˇmɑ:tsmɛltniŋ]

Verdauungsstörung	matsmältningsbesvär, -et [ˇmɑ:tsmɛltniŋsbəˈsvæ:r]
Vergiftung	förgiftning, -en [fœrˈjiftniŋ]
verletzen	skada, -ade, -at [ˇskɑ:da]
Verletzung	skada, -n, -or [ˇskɑ:da]
verschreiben	ordinera, -ade, -at [o:ɖi:ˈne:ra] skriva ut [ˇskri:va ˈʉ:t]
verstaucht	stukad [ˇstʉ:kad]
Verstopfung	förstoppning, -en [fœˈʂtɔpniŋ]
Virus	virus, -et, - [ˇvirɵs]
Wartezimmer	väntrum, -met, - [ˇvɛntrɵm]
weh tun	göra ont [jœ:ra ˈunt]
Windpocken	vattkoppor [ˇvatkɔpur]
Wirbelsäule	ryggrad, -en, -er [ˇrygrɑ:d]
Wunde	sår, -et, - [so:r]
Zahn	tand, -en, tänder [tand]
Backen~	kindtand, -en, -tänder [ˇçindtand]
Schneide~	framtand, -en, -tänder [ˇframtand]
~fleisch	tandkött, -et [ˇtandçøt]
~schmerzen	tandvärk, -en [ˇtandværk]
Zehe	tå, -n, -r [to:]
Zerrung	sträckning, -en [ˇstrɛkniŋ]
ziehen *(Zahn)*	dra ut [drɑ: ˈʉ:t]
Zunge	tunga, -n, -or [ˇtɵŋa]

11 Geschäftsreise
Affärsresa

Der lange Weg zum Geschäftspartner

Den långa vägen till affärspartnern

Wie komme ich bitte zu …?	Hur skall jag gå/köra för att komma till …? [hʉ: ʂka: ja: ˈgo:/ˇçœ:ra fœ:r att ˇkɵma til]
Wo ist der Haupteingang?	Var är huvudingången? [va:r e: ˇhʉ:vʉdinˈgɔŋən]
Mein Name ist … Ich komme von der Firma …	Mitt namn är … Jag kommer från företaget … [mit ˈnamn e: … ja: ˈkɔmər fro:n ˇfœ:reˈta:gət]
Kann ich bitte … sprechen?	Kan jag få tala med …? [kan ja: fo: ˇta:la me:d]
Melden Sie mich bitte bei … an.	Var snäll och tala om för … att jag är här. [va: ʂnɛl ɔˇta:la ˈɔm fœr … at ja: e: hæ:r]
Ich habe einen Termin bei …	Jag har avtalad tid med … [ja: ha:r ˇa:vta:lad ti:d me:d]
• … erwartet Sie bereits.	… väntar redan på er/dig. […ˇvɛntar ˇre:dən po: e:r/dɛj]
• Er/Sie ist noch in einer Sitzung.	Han/hon är fortfarande på ett sammanträde. [han/hun e: ˇfuʈfarande po: et ˇsamanˈtre:də]
• Ich führe Sie zu …	Jag visarjer/dig vägen till … [ja: ˇvi:sar e:r/dɛj vɛgən til]
Entschuldigen Sie bitte, daß ich zu spät komme.	Förlåt att jag kommer för sent. [fœɭo:t at ja: ˈkɔmər fœ: ʂe:nt]
• Bitte setzen Sie sich.	Varsågod och sitt. [ˇvaʃegu:(d) ɔ sit]
• Darf ich Ihnen etwas zu trinken anbieten?	Får jag bjuda på något att dricka? [fo:r ja: ˇbjʉ:da po: ˇno:gɔt at ˇdrika]
• Hatten Sie eine angenehme Reise?	Gick resan bra? [jik ˇre:san bra:]
Wieviel Zeit haben wir?	Hur mycket tid har vi? [hʉ:r mykət ˈti:d ˈha:r vi:]
• Wann geht Ihre Maschine?	När går ert/ditt flygplan? [næ:r go:r e:ʈ/dit ˇfly:gpla:n]
Ich brauche einen Dolmetscher.	Jag behöver en tolk. [ja: beˈhø:vər en ˈtɔlk]

Wortliste Weg zum Geschäftspartner

Abteilung	avdelning, -en, -ar [ˇɑ:vde:lniŋ]
Büro	kontor, -et, - [kɔnˈtu:r]
Dolmetscher/in	tolk, -en, -ar [tɔlk]
Eingang	ingång, -en, -ar [ˇingɔŋ]
Empfang	mottagning, -en, -ar [ˇmu:tɑ:gniŋ]
Firma	firma, -n, -or [firma]
Gebäude	byggnad, -en, -er [ˇbygnad]
Konferenz|raum	konferensrum, -met, - [kɔnfeˇrensˈrəm]
~zentrum	konferens centrum, -et [kɔnfeˇrens ˈsentrəm]
Pförtner	portvakt, -en, -er [ˇpuʈvakt]
Sekretariat	sekretariat, -et, - [sɛkretariɑ:t]
Sekretär/in	sekreterare, -n, - [sɛkreˇte:rarə]
Sitzung	sammanträde, -t, -n [ˇsamanˈtrɛ:də]
Stockwerk	våning, -en, -ar [ˇvo:niŋ]
Termin	avtalad tid/möte [ɑ:vtɑ:lad ti:d/mø:tə]

Verhandlung/Konferenz/Messe

Förhandling/Konferens/Mässa

Ich suche den Messestand der Firma …	Jag söker … firmans mässtånd. [jɑ: ˈsø:kər … ˇfirmans ˇmɛstɔnd]
• Gehen Sie in Halle …, Stand Nr. …	Gå till hall …, stånd nr … [ˈgɔ til ˈhal … ˈstɔnd nəmər]
Wir sind Hersteller von …	(Det är) vi (som) tillverkar … [(de: e:) vi: (sɔm) ˇtilværkar]
Wir handeln mit …	Vi handlar med … [vi: ˇhandlar me:]
Haben Sie Informationsmaterial über …?	Har ni informationsmaterial om … [hɑ: ɳi: infɔrmaˇʃunsmateriɑ:l ɔm]
Wir können Ihnen ausführliches Material über … zusenden.	Vi kan skicka ut förligt material om … till er/dig. [vi: kan ˇʃika ˇʉt fœɭit materiˈɑl ɔm … til e:r/dɛj]
Wer ist Ansprechpartner für …?	Vem är agent/kontaktman för …? [vem e: aˈgent/kɔntaktman fœr]
Könnten Sie uns ein Angebot zukommen lassen?	Skulle ni/du kunna skicka ett erbjudande till oss? [skələ ni:/dʉ: ˇkəna ˇʃika et ˇe:rbjʉ:dandə til ɔs]

Wir sollten ein Treffen vereinbaren.	Vi borde ordna/avtala ett möte. [vi: ˇbuɖə ˇɔɖna/ˇɑ:vtɑ:la et mø:tə]
Hier ist meine Visitenkarte.	Här är mitt visitkort. [hæ:r e: mit viˇsi:tkuʈ]

Wortliste Verhandlung/Konferenz/Messe

Angebot	erbjudande, -t, -n [ˇe:rbjʉ:dandə]
Ansprechpartner	kontaktperson, -en, -er [kɔntaktpæˈʂu:n]
Auftrag	uppdrag, -et, - [ˇɵpdrɑ:g], order [ˈɔrdər]
Auftragsbestätigung	orderbekräftelse [ˇo:ɖerbeˈkrɛftelsə]
Aussteller	utställare, -n, - [ˇʉ:tstɛlarə]
~verzeichnis	utställarförteckning, -en, -ar [ˇʉ:tstɛlarfœˈʈekniŋ]
Einzelhändler/in	detaljhandlare, -n, - [deˇtaljhandlarə]
Export	export, -en, -er [ɛksˈpɔʈ]
Exporteur	exportör, -en, -er [ekspɔˈʈœ:r]
Fachmesse	fackmässa, -n, -or [ˇfakmɛsa]
Finanzierung	finansiering, -en, -ar [finansiˈe:riŋ]
Fracht	frakt, -en, -er [frakt]
Garantie	garanti, -n, -er [garanˈti:]
Generalvertretung	generalagentur, -en, -er [jeneˇrɑ:lagenˈtʉ:r]
Geschäfts|beziehungen	affärsförbindelser [aˇfæʂfœrˈbindelsər]
~partner	affärspartner, -n, - [aˇfæʂpɑ:ʈnər]
Großhändler/in	grossist, -en, -er [grɔˈsist]
Halle	hall, -en, -er [hal]
Hallenplan	skiss/ritning över hall [skis/ˇri:tniŋ øvər hal]
Handelsvertreter/in	säljare, -n, - [ˇsɛljarə] representant [represenˈtant], agent [aˈgent]
Hersteller	tillverkare, -n, - [ˇtilværkarə]
Import	import, -en, -er [imˈpɔʈ]
Importeur	importör, -en, -er [impɔˈʈœ:r]
Industriemesse	industrimässa, -n, -or [indəˇstri:mɛsa]
Informations|material	informationsmaterial, -et, - [infɔrmaˇʃu:nsmateriˈɑ:l]
~stand	informationsstånd [ˇinfɔrmaˇʃu:nˈstɔnd]
interessiert sein an	vara intresserad av [ˇvɑ:ra intreˈse:rad ˈɑ:v]
Kabine	hytt, -en, -er [hyt]
Katalog	katalog, -en, -er [kataˈlo:g]

Kaufvertrag	köpekontrakt, -et, - [ˇçø:pəkɔntrakt]
Kondition	villkor, -et, - [ˇvilko:r]
Konferenz	konferens, -en, -er [kɔnfeˈrɛns]
Konzern	koncern, -en, -er [kɔnˈsæɳ]
Kooperation	kooperation, -en, -er [kʉ:ɔperaˈʃon]
Kosten	kostnader [ˇkɔstnadər]
~voranschlag	kostnadsförslag, -et, - [ˇkɔstnadsfœʂla:g]
Kunde/Kundin	kund, -en, -er [kɵnd]
Leasing	leasing, -en, -ar [ˈli:siŋ]
Lieferant	leverantör, -en, -er [leveranˈtœ:r]
Liefer|bedingungen	leveransvillkor [ˇleveransˈvilko:r]
~ung	leverans, -en, -er [leveˈrans]
~zeit	leveranstid, -en, -er [ˇleveransˈti:d]
Lizenz(vertrag)	licens(kontrakt) [ˇlisens(kɔnˈtrakt)]
Marketing	marketing [ˈmɑ:rkətiŋ]
Mehrwertsteuer	moms, -en [mɔms] mervärdesskatt [ˇme:rvæɖeˈskat]
Messe	mässa, -n, -or [ˇmɛsa]
~ausweis	namnskylt, -en, -ar [ˇnamnʃylt] legitimation, -en, -er [legitimaʃu:n]
~hosteß	mässvärdinna, -n, -or [ˇmɛsvæˈɖina]
~leitung	mässledning, -en, -ar [ˇmɛsle:dniŋ]
~rabatt	mässrabatt, -en, -er [ˇmɛsraˈbat]
~service	mässervice [ˇmɛsœrvis]
~stand	mässtånd, -et, - [ˇmɛstɔnd]
~zentrum	mässcentrum, -et [ˇmɛsentrɵm]
Muster	mönster, -et, -er [ˈmønstər]
Öffentlichkeitsarbeit	publik relations [pablik rilɛjʃəns]
Preis	pris, -et, - [pri:s]
~liste	prislista, -n, -or [ˇpri:slista]
~nachlaß	rabatt, -en, -er [raˈbat]
Produktion	produktion, -en, -er [prɔdɵkˈʃu:n]
Proforma-Rechnung	proforma räkning [pro:ˇfɔrma rɛkniŋ]
Prospekt	prospekt, -et, - [prɔsˈpɛkt]
Protokoll	protokoll, -et, - [prɔtɔˈkɔl]
Rechnung	räkning, -en, -ar [ˇrɛ:kniŋ]
Schulung	skolning, -en, -ar [ˇsku:lniŋ]
Skonto	kassarabatt, -en, -er [ˇkasaraˈbat]
Tagesordnung	dagordning, -en, -ar [ˇdɑ:go:ɖniŋ] föredragningslista, -n, -or [ˇfœ:redrɑ:gniŋsˈlista]
Tochtergesellschaft	dotterbolag, -et, - [ˇdɔtərˈbu:lɑ:g]
Transport	transport, -en, -er [transˈpɔʈ]
Treffen	träff [trɛf], möte [ˇmøte]

Umsatzsteuer	omsättningsskatt, -en [ˇɔmsɛtniŋ'skat]
Verkäufer/in	säljare, -n, - [ˇsɛljarə]
Verkaufsförderung	sales promotion [sɛjls prɔmo:ʃən]
Verpackung	förpackning, -en, -ar [fœr'pakniŋ]
Versicherung	försäkring, -en, -ar [fœˇʂɛ:kriŋ]
Vertrag	kontrakt, -et, - [kɔn'trakt] avtal, -et, - [ˇɑ:vtɑ:l]
Vertrags|bedingungen	kontraktvillkor, -et, - [ˇkɔntrakt'vilko:r]
Vertreter/in	agent [a'gent], säljare [sɛljarə] representant [represen'tɑnt]
Vertrieb	försäljning [fœˇʂɛljniŋ] distribution [distribʉ:ʃun]
Vertriebsnetz	distributionsnät [distribʉ:ˇʃunsnɛt]
Visitenkarte	visitkort, -et, - [viˇsi:tkuʈ]
Vortrag	föredrag, -et, - [ˇfœ:rə'drɑ:g]
Ware	vara, -n, -or [ˇvɑ:ra]
Warenverzeichnis	varuförteckning, -en, -ar [ˇvɑ:rʉ:fœ'ʈɛkniŋ]
Werbe|kampagne	reklamkampagne, -n, -er [reˇklɑ:mkam'panj]
~material	reklammaterial, -et, - [reˇklɑ:materi'ɑ:l]
Werbung	reklam, -en [re'klɑ:m]
Zahlungsbedingungen	betalningvillkor, -et, - [beˇtɑ:lniŋs'vilko:r]
Zentrale	central, -en, -er [sen'trɑ:l]

Ausstattung

Utrustning

Könnten Sie mir hiervon einige Kopien machen?	Skulle ni/du kunna göra några kopior av det här? [ˇskʉlə ni:/dʉ: ˇkʉna ˇjœ:ra no:gra ku:'piur ɑ:v de hæ:r]
Für meinen Vortrag benötige ich einen Tageslichtprojektor.	Jag behöver en overhead projektor för mitt föredrag. [jɑ: be'hø:vər en əuverˇhɛd pro'jɛktɔr fœ:r mit ˇfœrə'drɑ:g]
Würden Sie mir bitte … besorgen?	Skulle ni kunna ta/skaffa (fram) … åt mig? [ˇskʉlə ni: ˇkʉna tɑ:/ˇskafa ('fram) … o:t mɛj]

Wortliste Ausstattung

Ausstellungsmaterial	utställningsmaterial, -et, - [ˇuːtstɛlniŋsmatəriˈɑːl]
Diskette	diskett, -en, -er [disˈkɛt]
Drucker	skrivare, -n, - [skriːvarə]
Farbkopierer	färgkopieringsmaskin [ˇfærjkɔpieːriŋsmaˈʃiːn] färgkopieringsapparat, -en, er [ˇfærjˈkɔpieːriŋsaparɑːt]
Faserschreiber	spritpenna, -n, -or [ˇspriːtpɛna]
Folienstift	overheadpenna, -n, -or [əuvərˇhɛdpɛna]
Fotokopierer	kopieringsmaskin [kɔpiˇeːriŋsmaˈʃiːn] kopieringsapparat, -en, -er [ˇkɔpiˇeːriŋsapaˈrɑːt]
Katalog	katalog, -en, -er [kataˈloːg]
Kopie	kopia, -n, -or [kuˇpiːa]
Mikrofon	mikrofon, -en, -er [mikrɔˈfoːn]
Modem	modem, -et, -
PC	PC [ˇpeːseː] persondator, -n, -er [peˇʂuːnˈdɑːtɔr]
Rednerpult	talarstol, -en, -ar [ˇtɑːlaʂtuːl]
Schreibblock	skrivblock, -et, - [ˇskriːvblɔk]
Stift	penna [ˇpena], stift [stift]
Tageslichtprojektor	overheadprojektor, -n, -er [əuvərˇhɛdprɔˈjɛktɔr]
Telefax	telefax, -et, - [ˇteːleˈfaks]
Telefon	telefon, -en, -er [teleˈfoːn]
Telex	telex, -et, - [ˇteːlɛks]
Textverarbeitungssystem	textbehandlingsprogram, -met, - [ˇtɛkstbehandliŋsprɔˈgram]
Verdunklung	mörkläggning, -en, -ar [ˇmœrklɛgniŋ]
Verlängerungsschnur	förlängningssladd, -en, -er [fœˇɭɛŋniŋsˈlad]
Videorekorder	video(bandspelare), -n, - [ˇvideɔ(bandˈspeːlarə)]

Kurzgrammatik

Substantiv (Hauptwort) **und Artikel** (Geschlechtswort)

Im Schwedischen werden nur zwei Geschlechter unterschieden, Utrum (männlich und weiblich) und Neutrum (sächlich).

Der unbestimmte Artikel

Der unbestimmte Artikel heißt im Utrum *en*, im Neutrum *ett*.

Utrum	**en**	stol	ein Stuhl
	en	blomma	eine Blume
	en	bok	ein Buch
Neutrum	**ett**	äpple	ein Apfel
	ett	glass	ein Glas

Der bestimmte Artikel

Der bestimmte Artikel ist eine Endung, die an das Substantiv angehängt wird. In Verbindung mit Adjektiven wird ein zusätzlicher bestimmter Artikel gebraucht (siehe Adjektiv, Seite 189 ff.).
Im Singular (Einzahl) heißt der bestimmte Artikel im Utrum *-en* oder *-n*, im Neutrum *-et* oder *-t*. Bei Utrum-Wörtern auf *-an* sind bestimmte und unbestimmte Form gleich.
Der bestimmte Artikel wird im Wörterbuch jeweils angegeben.

	unbestimmte Form		bestimmte Form	
Utrum	stol	Stuhl	stol**en**	der Stuhl
	blomma	Blume	blomma**n**	die Blume
	bok	Buch	bok**en**	das Buch
	början	Anfang	början	der Anfang
	fordran	Forderung	fordran	die Forderung
Neutrum	glas	Glas	glas**et**	das Glas
	äpple	Apfel	äpple**t**	der Apfel

Im Plural (Mehrzahl) heißt der bestimmte Artikel bei allen Utrum-Wörtern und wenigen Neutrum-Wörtern *-na*, bei Neutrum-Wörtern der 5. Deklination *-en*, bei sonstigen Neutrum-Wörtern *-a*.

Die Pluralbildung

Die schwedischen Substantive lassen sich nach ihrer Pluralbildung in fünf Deklinationsgruppen (Beugungen) einteilen. Die Pluralendung wird an den Stamm angehängt. Sie ist im Wörterbuch jeweils angegeben.

1. Deklination auf *-or* [ur]. Zu dieser Deklination gehören zwei- oder mehrsilbige Utrum-Wörter, die auf -a enden.

Singular		Plural	
en blomm**a**	eine Blume	två blomm**or**	zwei Blumen

2. Deklination auf *-ar* [ar]. Zu dieser Deklination gehören nur Utrum-Wörter, u. a. alle, die auf *-ing* und *-ning* enden.

en stol	ein Stuhl	två stol**ar**	zwei Stühle
en pojk**e**	ein Junge	två pojk**ar**	zwei Jungen
en syster	eine Schwester	två systr**ar**	zwei Schwestern
en tid**ning**	eine Zeitung	två tidning**ar**	zwei Zeitungen

3. Deklination auf *-er* oder *-r*. Zu dieser Deklination gehören Utrum-Wörter und Neutrum-Wörter.

en bok	ein Buch	två böck**er**	zwei Bücher
en sko	ein Schuh	två sko**r**	zwei Schuhe
ett bageri	eine Bäckerei	två bageri**er**	zwei Bäckereien
ett museum	ein Museum	två muse**er**	zwei Museen
en student	ein Student	två studen**ter**	zwei Studenten

4. Deklination auf *-n*. Zu dieser Deklination gehören nur Neutrum-Wörter, die auf Vokal enden.

et äpple	ein Apfel	två äpple**n**	zwei Äpfel

5. Deklination ohne Endung. Zu dieser Deklination gehören Utrum-Wörter, u. a. alle, die auf *-are* enden und viele Neutrum-Wörter, die auf Konsonant enden.

et hus	ein Haus	två hus	zwei Häuser
ett problem	ein Problem	två problem	zwei Probleme
en lärare	ein Lehrer	två lärare	zwei Lehrer

6. Unregelmäßige Pluralbildungen sind im Wörterverzeichnis eigens angegeben.

Singular		Plural	
en dotter	eine Tochter	två döttrar	zwei Töchter
en man	ein Mann	två män	zwei Männer
ett öga	ein Auge	två ögon	zwei Augen

7. Einige Substantive kommen nur im Singular vor (besonders abstrakte Substantive auf *-an, -ande* und *-ende*):

   början Anfang

   Einige Substantive kommen nur im Plural vor:

   glasögon Brille
   grönsaker Gemüse
   pengar Geld

Übersicht über Deklination und Artikel

	Singular unbestimmt	Singular bestimmt	Plural unbestimmt	Plural bestimmt
1.	blomm**a** Blume	blomman die Blume	blomm**or** Blumen	blommorna die Blumen
2.	stol Stuhl	stolen der Stuhl	stolar Stühle	stolarna die Stühle
	pojk**e** Junge	pojken der Junge	pojk**ar** Jungen	pojkarna die Jungen
	syster Schwester	systern die Schwester	systrar Schwestern	systrarna die Schwestern
	tid**ning** Zeitung	tidningen die Zeitung	tidning**ar** Zeitungen	tidningarna die Zeitungen
3.	katt Katze	katten die Katze	katter Katzen	katterna die Katzen
	sko Schuh	skon der Schuh	skor Schuhe	skorna die Schuhe
	bok Buch	boken das Buch	böcker Bücher	böckerna die Bücher
	bageri Bäckerei	bageriet die Bäckerei	bagerier Bäckereien	bagerierna die Bäckereien
	museum Museum	museet das Museum	museer Museen	museerna die Museen
	student Student	studenten der Student	studenter Studenten	studenterna die Studenten

	Singular unbestimmt	bestimmt	Plural unbestimmt	bestimmt
4.	äpple Apfel	äpplet der Apfel	äpplen Äpfel	äpplena die Äpfel
5.	hus Haus problem Problem lärare Lehrer	huset das Haus problemet das Problem läraren der Lehrer	hus Häuser problem Probleme lärare Lehrer	husen die Häuser problemen die Probleme lärarna die Lehrer

Die Kasus (Fälle)

Im Schwedischen gibt es nur zwei verschiedene Fälle, Grundform und Genitiv. Der Genitiv wird durch Anfügen von *-s* gebildet. Bei den bestimmten Formen steht das *-s* nach dem Artikel.

	Singular unbestimmt	bestimmt	Plural unbestimmt	bestimmt
wer wem wen	pojke	pojken	pojkar	pojkarna
wessen	pojkes	pojkens	pojkars	pojkarnas

- Endet ein Wort bereits auf *-s*, so wird kein weiteres *-s* angefügt:
  Lars bok — Lars Buch
- Im Schwedischen geht der Besitzer dem Besitztum voraus.
  pojkens boll — der Ball des Jungen

Das Adjektiv (Eigenschaftswort)

!

Das Schwedische unterscheidet wie das Deutsche zwischen starkem und schwachem Adjektiv. Das starke Adjektiv steht allein oder mit dem unbestimmten Artikel (ein gute**r** Apfel – unbestimmte Form), das schwache Adjektiv steht mit dem bestimmten Artikel (der gut**e** Apfel – bestimmte Form).

Das starke Adjektiv

Das starke Adjektiv richtet sich in Geschlecht und Zahl nach dem zugehörigen Substantiv, auch in prädikativer Stellung. Das starke Adjektiv hat drei Formen:

1. ohne Endung im Utrum,
2. auf -*t* im Neutrum,
3. auf -*a* im Plural.

Utrum	en stor båt Båten är stor.	ein großes Boot Das Boot ist groß.
Neutrum	**ett** stor**t** glas Glaset är stor**t**.	ein großes Glas Das Glas ist groß.
Plural	stor**a** båtar Båtarna är stor**a**.	große Boote Die Boote sind groß.

● Bei der Bildung des neutralen Adjektivs sind folgende Regeln zu beachten:

a) Adjektive, die auf betonten Langvokal enden, erhalten Kurzvokal + -*tt*.

ny	[ny:]	ny**tt**	[nyt]	neu

b) Einsilbige Adjektive, die auf Langvokal + -*t* oder -*d* enden, erhalten Kurzvokal + -*tt*.

vi**t**	[vi:t]	vi**tt**	[vit]	weiß
rö**d**	[rø:d]	rö**tt**	[røt]	rot

c) Mehrsilbige Adjektive, die auf -*t* enden, erhalten **kein** zusätzliches -*t*.

intressan**t**	intressan**t**	interessant

d) Adjektive, die auf Konsonant + -*t* oder -*d* enden, erhalten **kein** zusätzliches -*t*.

svar**t**	svar**t**	schwarz
hår**d**	hår**t**	hart

e) Adjektive, die auf unbetontes -*en* enden, erhalten -*et*.

vak**en**	vak**et**	wach

Das schwache Adjektiv

Das schwache Adjektiv hat für alle Geschlechter im Singular und Plural nur eine Form auf -*a*.
Steht ein Adjektiv vor einer bestimmten Form, so muß noch ein zweiter Artikel vor das Adjektiv gesetzt werden. Dieser Artikel heißt im Utrum *den*, im Neutrum *det* und im Plural *de* [dɔm].

Utrum	**den** stora båten	das große Boot
Neutrum	**det** stora huset	das große Haus
Plural	**de** stora husen	die großen Häuser

- Einige Adjektive bleiben immer unverändert, z. B.:

bra	gut
extra	extra
äkta	echt
gammaldags	altmodisch
gratis	gratis

- Besondere Formen bilden *liten* (klein) und *gammal* (alt).

	starke Form			schwache Form		
Utrum	en	liten	bil	den	lilla	bilen
Neutr.	ett	litet	hus	det	lilla	huset
Plural	två	små	bilar/hus	de	små	bilarna/husen
Utrum	en	gammal	bil	den	gamla	bilen
Neutr.	ett	gammalt	hus	det	gamla	huset
Plural	två	gamla	bilar/hus	de	gamla	bilarna/husen

Die Steigerung

Die meisten Adjektive bilden den Komparativ auf *-are*, den Superlativ auf *-ast:*

fin	fin**are**	fin**ast**
fein	feiner	am feinsten
billig	billig**are**	billig**ast**
billig	billiger	am billigsten

Andere Adjektive bilden den Komparativ auf *-re*, den Superlativ auf *-st*. Sie haben meist Umlaut:

ung	yng**re**	yng**st**
jung	jünger	am jüngsten
lång	läng**re**	läng**st**
lang	länger	am längsten

Mehrsilbige Adjektive auf *-ad, -isk, -sk* und die Partizipien werden mit *mer* (mehr) und *mest* (meist) gesteigert:

typisk	**mer** typisk	**mest** typisk
typisch	typischer	am typischsten
strålande	**mer** strålande	**mest** strålande
strahlend	strahlender	am strahlendsten

Adjektive mit unregelmäßiger Steigerung

dålig	sämre	sämst
schlecht	schlechter	am schlechtesten
	värre	värst
	schlimmer	am schlimmsten
god	bättre	bäst
gut	besser	am besten
gammal	äldre	äldst
alt	älter	am ältesten
liten	mindre	mindst
klein	kleiner	am kleinsten
många	flera	flest
viele	mehr	die meisten

Der **Komparativ** hat nur eine Form; bestimmte und unbestimmte Form, Singular und Plural werden nicht unterschieden.

Båten är större.	Das Boot ist größer.
Huset är större.	Das Haus ist größer.
Båtarna/Husen är större.	Die Boote/Häuser sind größer.

Der **Superlativ** unterscheidet bestimmte und unbestimmte Form. Superlative auf *-ast* bilden die bestimmte Form auf *-e*. Superlative auf *-st* bilden die bestimmte Form auf *-a*.

den vackrast**e** flickan	das schönste Mädchen
den bäst**a** vänninan	die beste Freundin
den störst**a** båtarna	die größten Boote

Das Adverb (Umstandswort)

In vielen Fällen wird die neutrale Form des Adjektivs als Adverb verwendet:

Utrum	Neutrum	Adverb	
sen	sen**t**	sen**t**	spät

Han kommer sent. Er kommt spät.

Von Adjektiven auf *-lig* wird das Adverb durch die Endung *-en* oder *-tvis* gebildet:

trolig	trolig**en**	wahrscheinlich
möjlig	möjlig**tvis**	möglich

Hon kommer troligen inte. Sie kommt wahrscheinlich nicht.
Hon kommer möjligtvis. Sie kommt möglicherweise.

Außerdem gibt es ursprüngliche Adverbien, wie z. B.

här	hier	där	dort
alldeles	ganz	aldrig	nie
genast	gleich	ibland	manchmal

Adverbien, die von Adjektiven abgeleitet sind, können wie diese gesteigert werden:

Han kommer senare. Er kommt später.
Hon kommer senast. Sie kommt am spätesten.

Auch einige der ursprünglichen Adverbien haben Steigerungsformen, z. B. *fort* (schnell):

Hon springer fort. Sie läuft schnell.
Hon springer fortare. Sie läuft schneller.
Han springer fortast. Er läuft am schnellsten.

Die Pronomen (Fürwörter)

Personalpronomen (Persönliche Fürwörter)

	Subjekt			Objekt		
Singular	jag	[jɑ:]	ich	mig	[mɛj]	mir, mich
	du	[dʉ:]	du	dig	[dɛj]	dir, dich
	han	[han]	er	honom	[ˇhɔnɔm]	ihm, ihn
	hon	[hun]	sie	henne	[ˇhɛnə]	ihr, sie
	den	[den]	er, sie, es	den	[den]	ihm, ihn, ihr, sie, ihm, es
	det	[de:]	es	det	[de:]	ihm, es
				sig	[sɛj]	sich
Plural	vi	[vi:]	wir	oss	[ɔs]	uns
	ni	[ni:]	ihr, Sie	er Er	[e:r]	euch Ihnen, Sie
	de	[dɔm]	sie	dem	[dɔm]	ihnen, sie
				sig	[sɛj]	sich

Possessivpronomen (Besitzanzeigende Fürwörter)

Die Possessivpronomen haben als Subjekt und Objekt dieselbe Form. In Geschlecht und Zahl richten sie sich nach dem zugehörigen Substantiv.

1. und 2. Person

Besitz / Besitzer	Singular Utrum		Singular Neutrum	Plural	
1. Pers. Sing.	min	mein(e)	mitt	mina	meine
2. Pers. Sing.	din	dein(e)	ditt	dina	deine
1. Pers. Pl.	vår	unser(e)	vårt	våra	unsere
2. Pers. Pl.	er	euer(e)	ert	era	euere
	Er	Ihr(e)	Ert	Era	Ihre

3. Person

In der dritten Person werden zwei Arten von Possessivpronomen unterschieden, je nachdem ob der Besitzer zugleich auch Subjekt des Satzes ist oder nicht. Ist der Besitzer zugleich Subjekt, so richtet sich das Pronomen in Geschlecht und Zahl nach dem Besitztum.

Besitz / Besitzer	Singular			Plural	
	Utrum		Neutrum		
Sg. + Pl.	sin	sein(e) ihr(e)	sitt	sina	ihre

Han tar sin bil.	Er nimmt sein (eigenes) Auto.
Hon tar sin bil.	Sie nimmt ihr (eigenes) Auto.
Han tar sitt äpple. Hon tar sitt äpple.	Er / Sie } nimmt { seinen / ihren } Apfel.
Han tar sina böcker. Hon tar sina böcker.	Er / Sie } nimmt { seine / ihre } Bücher.

Ist der Besitzer nicht Subjekt des Satzes, so richtet sich das Pronomen in Geschlecht und Zahl nach dem Besitzer.

Besitzer	Singular	männlich	hans	sein(e)
		weiblich	hennes	ihr(e)
		Utrum/Neutrum	dess	sein(e) ihr(e)
	Plural		deras	ihr(e)

Hans bil är röd.	Sein Auto ist rot.
Hennes hus är blått.	Ihr Haus ist blau.
Dess (bilens) färg är röd.	Seine (des Autos) Farbe ist rot.
Dess (husets) färg är blå.	Seine (des Hauses) Farbe ist blau.
Deras bil är gammal.	Ihr *(pl)* Auto ist alt.

! • *Sin, sitt, sina* können **nie** als Bestimmung zum Subjekt stehen.

Vergleiche:

Han använder sin bil.	Er benützt sein (eigenes) Auto.
Han använder hans bil.	Er benützt sein (z. B. Kalles) Auto.
Hon läser sin bok.	Sie liest ihr (eigenes) Buch.
Hon läser hennes bok.	Sie liest ihr (z. B. Lenas) Buch.

Demonstrativpronomen (Hinweisende Fürwörter)

Die gebräuchlichsten Demonstrativpronomen sind *den här* und *den där. Den där* verwendet man für weiter entfernte Dinge.

Utrum	Neutrum	Plural	
den här den där	det här det där	de här de där	diese, -r, -s jene, -r, -s

Steht ein Substantiv nach dem Demonstrativpronomen, so erhält es die bestimmte Form.

Den här boken är bättre än den där. — Dieses Buch ist besser als jenes.

Weiter gibt es die Formen des zusätzlichen bestimmten Artikels (vgl. Adjektiv, Seite 189 ff.) – dieser wird dann stark betont – ,

Utrum	Neutrum	Plural	
den	det	de	der, die, das

und die mehr schriftsprachlichen Formen

denna	detta	dessa	diese, -r, -s

Den boken vill jag ha. — Das Buch will ich haben (nicht das andere).

I detta hus bodde Linné. — In diesem Haus wohnte Linné.

Relativpronomen (Bezügliche Fürwörter)

Am häufigsten steht im Schwedischen das unveränderliche Pronomen *som*. Wenn *som* nicht Subjekt ist, kann es wegbleiben.

huset, som vi bor i	das Haus, in dem wir wohnen
Jag läste det i tidningen (som) du gav mig.	Ich las es in der Zeitung, die du mir gabst.

Der Genitiv Singular zu *som* heißt *vars*, der Genitiv Plural *vars* oder *vilkas*.

	Singular	Plural
Grundform	som	
Genitiv	vars	vars, vilkas

huset, vars ägare jag känner	das Haus, dessen Eigentümer ich kenne
barnen {vars / vilkas} föräldrar var bortresta	die Kinder, deren Eltern verreist waren

Weiter gibt es noch flektierende Relativpronomen, die in mehr formeller Sprache vorkommen.

	Utrum	Neutrum	Plural
Grundform	vilken	vilket	vilka
Genitiv	vilkens	vilkets	vilkas

Indefinitpronomen (Unbestimmte Fürwörter)

Die Indefinitpronomen flektieren wie Adjektive; sie haben im allgemeinen keine bestimmte Form.

!

Utrum	Neutrum	Plural	
någon	något, någonting	några	(irgend) einer
ingen	inget, ingenting	inga	keiner
inte någon	inte något	inte några	keiner (im Nebensatz)
varje	varje, vart	–	jeder
var och en	vart och ett	–	jeder einzelne

Har någon ringt mig?	Hat mich jemand angerufen?
Har något hänt?	Ist etwas passiert?
Ingenting har hänt.	Nichts ist passiert.
Jag har ingen bil.	Ich habe kein Auto.
Jag dricker mjölk varje dag.	Ich trinke jeden Tag Milch.
var och en av er	jede(r) einzelne von euch

Das Indefinitpronomen *man* hat folgende Formen:

Subjekt	man	man
Objekt	en	einem, einen
Genitiv	ens	eines

bzw. im Genitiv *sin, sitt, sina* (vgl. Possessivpronomen Seite 195 f.).

In der Bedeutung *w- auch immer* verwendet man:

vem som helst	wer auch immer
vilken/vilket/vilka som helst	welcher auch immer
vad som helst	was auch immer
hur som helst	wie auch immer

Interrogativpronomen (Fragende Fürwörter) **und Fragewörter**

vem	wer, wem, wen
vems	wessen
vilken, vilket, vilka	welcher, welche, welches, welche
vad för en, ett, ena	was für ein
var	wo
vart	wohin
varifrån	woher
när	wann
hur	wie
hur länge	wie lange
varför	warum

Wenn ein Interrogativpronomen als **Subjekt** im Nebensatz steht, muß *som* zugefügt werden.

Vem öppnar dörren?	Wer öffnet die Tür?
Vi undrar, vem som öppnar dörren.	Wir fragen uns, wer die Tür öffnet.

Das Verb (Zeitwort)

Die schwedischen Verben sind entweder stark (Bildung der Vergangenheit ohne Endung durch Ablaut, vgl. deutsch *singen – sang – gesungen)* oder schwach (Bildung der Vergangenheit durch eine Endung, vgl. deutsch *reisen – reiste – gereist).* Bei den meisten Verben endet der Infinitiv (Grundform) auf *-a.* Für die Personen (1., 2., 3. in Singular und Plural) gibt es nur eine Endung. Man unterscheidet drei schwache und eine starke Konjugation (Beugung).

Es gibt einfache und zusammengesetzte Zeiten. Einfache Zeiten sind **Präsens** (Gegenwart) und **Präteritum** (Vergangenheit). Zusammengesetzte Zeiten sind **Perfekt** (vollendete Gegenwart), **Plusquamperfekt** (vollendete Vergangenheit), **Futur** (Zukunft) und **Konditional** (Bedingungsform).
Das **Perfekt** wird mit dem Präsens von *haben (jag har, du har,* usw.) und dem Partizip Perfekt (Mittelwort der Vergangenheit) gebildet. Das **Plusquamperfekt** wird mit dem Präteritum von *haben* gebildet *(jag hade, du hade* usw.) und dem Partizip Perfekt. Das **Partizip** hat zwei Formen: die erste wird zur Bildung der zusammengesetzten Zeiten verwendet und endet immer auf *-t*, die zweite wird als Adjektiv gebraucht.
Das **Futur** wird mit dem Präsens von *werden (jag ska(ll), du ska(ll)* oder *ja kommer att, du kommer att* usw.) und dem Infinitiv gebildet. Das **Konditional** wird mit dem Präteritum von *werden (jag skulle, du skulle* usw.) und dem Infinitiv gebildet.
Das **Präteritum** wird in Sätzen mit einem **Zeitadverbial** verwendet.

I går regnade det. — Gestern hat es geregnet.

Übersicht über die Hilfsverben

Infinitiv	Präsens	Präteritum	Partizip Perfekt	
bli(va)	blir	blev	blivit	werden, bleiben
böra	bör	borde	bort	sollen
få	får	fick	fått	dürfen, bekommen
ha(va)	har	hade	haft	haben
kunna	kan	kunde	kunnat	können
–	måste	måste	måst	müssen
skola	skall	skulle	skolat	sollen, werden
vara	är	var	varit	sein
vilja	vill	ville	velat	wollen

Die Konjugation (Beugung)

1. **Konjugation:** Stamm = Infinitiv

An den Stamm hängt man im Präsens die Endung *-r*, im Präteritum die Endung *-de*, im Partizip Perfekt die Endung *-t*. Im Wörterbuch werden die Verben der 1. Konjugation mit *-ade, -at* gekennzeichnet.

måla, -ade, -at – malen, anstreichen

Präsens	jag, du, han, hon, den, det, vi, ni, de } målar	ich male du malst etc.
Präteritum	jag, du, han, hon, den, det, vi, ni, de } målade	ich malte du maltest etc.
Perfekt	jag, du, han, hon, den, det, vi, ni, de } har målat	ich habe gemalt du hast gemalt etc.

● **Aber:**

Stolen är målad.	Der Stuhl ist angestrichen
Huset är målat.	Das Haus ist angestrichen.
Stolorna är målade.	Die Stühle sind angestrichen.

2. **Konjugation:** Stamm = Infinitiv – *-a*

a) An den Stamm hängt man im Präsens die Endung *-er*, im Präteritum die Endung *-de*, im Partizip Perfekt die Endung *-t*. Im Wörterbuch werden die Verben der 2. Konjugation mit *-de, -t* gekennzeichnet.

stänga, -de, -t – schließen

Präsens	jag stänger	ich schließe
Präteritum	jag stängde	ich schloß
Perfekt	jag har stängt	ich habe geschlossen

● **Aber:**

Dörren är stängd.	Die Tür ist geschlossen.
Fönstret är stängt.	Das Fenster ist geschlossen.
Dörrarna är stängda.	Die Türen sind geschlossen.

b) An den Stamm hängt man im Präsens die Endung *-er*, im Präteritum die Endung *-te*, im Partizip Perfekt die Endung *-t*. Zu dieser Gruppe gehören Verben, deren Stamm auf *-p*, *-t*, *-k* oder *-s* endet und einige auf *-n* oder *-l*.

köpa, -te, -t – kaufen

Präsens	jag köper	ich kaufe
Präteritum	jag köpte	ich kaufte
Perfekt	jag har köpt	ich habe gekauft

● **Aber:** Bilen är köpt. — Das Auto ist gekauft.
Huset är köpt. — Das Haus ist gekauft.
Bilarna är köpta. — Die Autos sind gekauft.

3. Konjugation: Stamm = Infinitiv

An den Stamm hängt man im Präsens die Endung *-r*, im Präteritum die Endung *-dde*, im Partizip Perfekt die Endung *-tt*. Im Wörterbuch werden die Verben der 3. Konjugation durch *-dde*, *-tt* gekennzeichnet.

sy, -dde, -tt – nähen

Präsens	jag syr	ich nähe
Präteritum	jag sydde	ich nähte
Perfekt	jag har sytt	ich habe genäht

● **Aber:** Klänningen är sydd. — Das Kleid ist genäht.
Förklädet är sytt. — Die Schürze ist genäht.
Klänningarna är sydda. — Die Kleider sind genäht.

4. Konjugation: starke Verben

! Endet der Infinitiv auf *-a*, so ist der Stamm = Infinitiv – *-a*. Im Präsens wird die Endung *-er* angehängt. Endet der Infinitiv auf einen anderen Vokal, so ist der Stamm = Infinitiv. Im Präsens wird die Endung *-r* angehängt.

Präteritum und Partizip Perfekt müssen für jedes Verb extra gelernt werden.

skriva – schreiben

Präsens	jag skriver	ich schreibe
Präteritum	jag skrev	ich schrieb
Perfekt	jag har skrivit	ich habe geschrieben

missförstå – mißverstehen

Präsens	jag missförstår	ich mißverstehe
Präteritum	jag missförstod	ich mißverstand
Perfekt	jag har missförstått	ich habe mißverstanden

● **Aber:**

Boken är skriven.	Das Buch ist geschrieben.
Brevet är skrivet.	Der Brief ist geschrieben.
Böckerna är skrivna.	Die Bücher sind geschrieben.
Satsen är missförstådd.	Der Satz ist mißverstanden.
Brevet är missförstått.	Der Brief ist mißverstanden.
Breven är missförstådda.	Die Briefe sind mißverstanden.

Unregelmäßige Verben

Unregelmäßige Verben haben im allgemeinen verschiedene Vokale in Präsens und Präteritum, flektieren aber sonst wie schwache Verben.

göra – machen

Präsens	jag gör	ich mache
Präteritum	jag gjorde	ich machte
Perfekt	jag har gjort	ich habe gemacht

● **Aber:**

Läxan är gjord.	Die Aufgabe ist gemacht.
Arbetet är gjort.	Die Arbeit ist gemacht.
Läxorna är gjorda.	Die Aufgaben sind gemacht.

Übersicht über die starken Verben

Infinitiv	Präsens	Präteritum	Perfekt	
be(dja)	jag ber	jag bad	jag har bett	bitten
binda	binder	band	bundit	binden
bita	biter	bet	bitit	beißen
bjuda	bjuder	bjöd	bjudit	bieten
brinna	brinner	brann	brunnit	brennen
brista	brister	brast	brustit	bersten
bryta	bryter	bröt	brutit	brechen
bära	bär	bar	burit	tragen
draga	dra(ge)r	drog	dragit	ziehen
dricka	dricker	drack	druckit	trinken
driva	driver	drev	drivit	treiben
dö	dör	dog	dött	sterben
falla	faller	föll	fallit	fallen
finna	finner	fann	funnit	finden
flyga	flyger	flög	flugit	fliegen
flyta	flyter	flöt	flutit	fließen
frysa	fryser	frös	frusit	frieren
försvinna	försvinner	försvann	försvunnit	verschwinden
giva	giver, ger	gav	givit	geben
gjuta	gjuter	göt	gjutit	gießen
glida	glider	gled	glidit	gleiten
gnida	gnider	gned	gnidit	reiben
gripa	griper	grep	gripit	greifen
gråta	gråter	grät	gråtit	weinen
gå	går	gick	gått	gehen
hugga	hugger	högg	huggit	hauen
hålla	håller	höll	hållit	halten
kliva	kliver	klev	klivit	gehen, steigen
klyva	klyver	klöv	kluvit	spalten
knipa	kniper	knep	knipit	klemmen, kneifen
knyta	knyter	knöt	knutit	knüpfen, binden
komma	kommer	kom	kommit	kommen
le	ler	log	lett	lächeln
lida	lider	led	lidit	leiden
ligga	ligger	låg	legat	liegen
ljuda	ljuder	ljöd	ljudit	tönen, lauten
ljuga	ljuger	ljög	ljugit	lügen

Infinitiv	Präsens	Präteritum	Perfekt	
låta	låter	lät	låtit	lassen
njuta	njuter	njöt	njutit	genießen
nysa	nyser	nös, nyste	nyst	niesen
rida	rider	red	ridit	reiten
riva	river	rev	rivit	reißen, reiben
se	ser	såg	sett	sehen
sitta	sitter	satt	suttit	sitzen
sjunga	sjunger	sjöng	sjungit	singen
sjunka	sjunker	sjönk	sjunkit	sinken
skina	skiner	sken	skinit	scheinen
skjuta	skjuter	sköt	skjutit	schießen, schieben
skrika	skriker	skrek	skrikit	schreien
skriva	skriver	skrev	skrivit	schreiben
skära	skär	skar	skurit	schneiden
slita	sliter	slet	slitit	reißen
sluta	sluter	slöt	slutit	schließen
slå	slår	slog	slagit	schlagen
snyta	snyter	snöt	snutit	schneuzen
sova	sover	sov	sovit	schlafen
spinna	spinner	spann	spunnit	spinnen
spricka	spricker	sprack	spruckit	bersten, platzen
sprida	sprider	spred, spridde	spridit, spritt	verbreiten
springa	springer	sprang	sprungit	laufen
stiga	stiger	steg	stigit	steigen
stjäla	stjäl	stal	stulit	stehlen
strida	strider	stred	stridit	streiten
stryka	stryker	strök	strukit	bügeln, streichen
stå	står	stod	stått	stehen
svida	svider	sved	svidit	brennen, schmerzen
ta(ga)	ta(ge)r	tog	tagit	nehmen
tiga	tiger	teg	tigit	schweigen
tvinga	tvingar	tvang, tvingade	tvungit, tvingat	zwingen
vika	viker	vek	vikit	weichen
vinna	vinner	vann	vunnit	gewinnen
vrida	vrider	vred	vridit	winden, drehen
växa	växer	växte	vuxit, växt	wachsen
äta	äter	åt	ätit	essen

Übersicht über die unregelmäßigen Verben

Infinitiv	Präsens	Präteritum	Perfekt	
dölja	döljer	dolde	dolt	verbergen
glädja	gläd(j)er	gladde	glatt	freuen
göra	gör	gjorde	gjort	machen, tun
heta	heter	hette	hetat	heißen
lägga	lägger	lade	lagt	legen
skilja	skiljer	skilde	skilt	trennen
smörja	smörjer	smorde	smort	schmieren
spörja	spörjer	sporde	sport	fragen
stödja	stöd(j)er	stödde	stött	stützen
säga	säger	sa(de)	sagt	sagen
sälja	säljer	sålde	sålt	verkaufen
sätta	sätter	satte	satt	setzen
veta	vet	visste	vetat	wissen
välja	väljer	valde	valt	wählen
vänja	vänjer	vande	vant	gewöhnen

Der Imperativ (Befehlsform)

Der Imperativ ist immer gleich dem Stamm.

	Infinitiv	Imperativ	
1. Konjugation	baka	baka!	back!
2. Konjugation a)	stänga	stäng!	schließ!
b)	läsa	läs!	lies!
3. Konjugation	sy	sy!	näh!
4. Konjugation	springa	spring!	lauf!
	gå	gå!	geh!
Unregelmäßige	göra	gör!	mach!

Tala högre! Sprich lauter!
Gå fortare! Geh schneller!

Das Partizip Präsens (Mittelwort der Gegenwart)

Das Partizip Präsens wird gebildet

a) auf *-ende*, wenn der Verbstamm auf betonten Vokal endet (z. B. 3. Konjugation und gewisse Verben der 4. Konjugation);

Infinitiv	Stamm	Partizip	
gå	gå	gående	gehend

b) auf *-ande* für die übrigen Stämme, dabei fällt das *-a* der 1. Konjugation aus.

Infinitiv	Stamm	Partizip	
leka	lek-	lekande	spielend
tala	tala	talande	sprechend

Das Partizip Präsens kann als Adjektiv, Substantiv und Adverb gebraucht werden.

ett lekande barn	ein spielendes Kind
en studerande	ein(e) Studierende(r)
strålande vacker	strahlend schön

Das Passiv (Leideform)

Im Schwedischen gibt es ein einfaches und ein zusammengesetztes Passiv. Das zusammengesetzte Passiv wird mit den Formen von *bli* (werden) oder *vara* (sein) + adjektivisches Partizip Perfekt gebildet. Das Passiv mit *bli* hebt die Handlung hervor, das Passiv mit *vara* den Zustand.

Bilen blev stolen.	Das Auto wurde gestohlen.
Bilen var stolen.	Das Auto war gestohlen.

Das einfache Passiv oder *-s*-Passiv wird nach folgendem Schema durch Anhängen von *-s* an die Aktivform gebildet.

	Präsens	Präteritum	Perfekt
1. Dörren Die Tür Föstret Das Fenster Dörrarna Die Türen	målas wird / werden } ange- strichen	målades wurde(n) ~	har målats ist / sind } ~ worden
2 a) Dörren Die Tür Fönstret Das Fenster Dörrarna Die Türen	stäng(e)s wird / werden } geschlos- sen	stängdes wurde(n) ~	har stängts ist / sind } ~ worden
b) Mjölken Die Milch Brödet Das Brot Böckerna Die Bücher	köp(e)s wird / werden } ge- kauft	köptes wurde(n) ~	har köpts ist / sind } ~ worden
3. Klänningen Das Kleid Förkladet Die Schürze Klänningarna Die Kleider	sys wird / werden } genäht	syddes wurde(n) ~	har sytts ist / sind } ~ worden
4. Boken Das Buch Brevet Der Brief Böckerna Die Bücher	skriv(e)s wird / werden } geschrie- ben	skrevs wurde(n) ~	har skrivits ist / sind } ~ worden

- Manche Verben haben trotz Passivform aktive Bedeutung:

andas	atmen
hoppas	hoffen
lyckas	gelingen
minnas	sich erinnern
finnas	existieren, sein
det finns	es gibt

Die Wortstellung

Die regelmäßige Wortstellung im **Aussagesatz** ist:

Subjekt (Satzgegenstand)	Prädikat (Satzaussage)	Objekt (Ergänzung)
Barnet	äter	ett äpple.
Das Kind	ißt	einen Apfel.

Das flektierte Verb steht wie im Deutschen immer an zweiter Stelle des Hauptsatzes. Also auch:

Adverbiale (Umstandsbest.)	Prädikat	Subjekt	Objekt
På torsdag	äter	vi	fisk.
Am Donnerstag	essen	wir	Fisch.

Objekt	Prädikat	Subjekt	Adverbiale
Fisken	äter	vi	med tomatsås.
Den Fisch	essen	wir	mit Tomatensoße.

Im **Fragesatz mit Fragewort** steht das Fragewort an erster Stelle, das Prädikat an zweiter Stelle.

Fragewort	Prädikat	Adverbiale
Vem	är	där?
Wer	ist	dort?

Im **Fragesatz ohne Fragewort** steht das Prädikat an erster Stelle.

Prädikat	Subjekt	Adverbiale
Är	Lena	hemma?
Ist	Lena	zu Hause?

!

Im **Nebensatz** ist die Wortstellung im allgemeinen die gleiche wie in einem Hauptsatz, in dem das Subjekt an erster Stelle steht, im Gegensatz zum Deutschen.

Lena	kom,	när	jag	gick	hem.
Lena	kam,	als	ich	nach Hause	ging.

- Bei Platz- und Zeitangaben kommt immer Platz vor Zeit.

  Jag åker till Stockholm i morgon.
  Ich fahre morgen nach Stockholm.

Im Hauptsatz und im Nebensatz steht die **Verneinung** wie im Deutschen.

Hauptsatz

De	har	**inte**	ofta	lust	att	arbeta.
Sie	haben	nicht	oft	Lust	zu	arbeiten

Nebensatz

Folket,	som	jag	**inte**	känner, ...
Die Leute,	die	ich	nicht	kenne, ...

Wörterbuch Deutsch–Schwedisch

Das themenbezogene Vokabular finden Sie in den Wortlisten der Kapitel 1–11.

A

ab från (och med) [fro:n (o: me:d)]
abbestellen *(Zimmer, Fahr-, Flugkarten)* avbeställa [ᵛɑ:vbəˈstɛla] ⟨-de, -t⟩
abbrechen avbryta [ᵛɑ:vbry:ta]
Abend kväll [kvɛl] ⟨-en, -ar⟩;
am ~ på kvällen [po: ˈkvɛlən]
aber men [men]
abfahren (von) avresa (från) [ᵛɑ:vre:sa (fro:n)] ⟨-te, -t⟩
Abfall avfall [ᵛɑ:vfal] ⟨-et, -⟩, skräp [skrɛ:p] ⟨-et, -⟩
abgeben överlämna [ᵛø:vəlɛmna] ⟨-ade, -at⟩, lämna in [ᵛlɛmna ˈin]
abgelegen avlägsen [ᵛɑ:vlɛgsən]
abholen hämta [ᵛhɛmta] ⟨-ade, -at⟩; *(auf dem Bahnhof)* möta [ᵛmø:ta] ⟨-te, -t⟩; ~ **lassen** låta hämta [lo:ta ᵛhɛmta], skicka efter [ᵛʃika ˈɛftər] ⟨-ade, -at⟩
Abkürzung förkortning [fœrˈkɔʈniŋ] ⟨-en, -ar⟩; *(Weg)* genväg [ᵛje:nvɛ:g] ⟨-en, -ar⟩
abladen lasta av [lasta ˈɑ:v] ⟨-ade, -at⟩, lossa [ᵛlɔsa] ⟨-ade, -at⟩
ablaufen avlöpa [ᵛɑ:vlø:pa] ⟨-te, -t⟩, gå till ända [go:tilᵛɛnda]
ablehnen avböja [ᵛɑ:vbøja] ⟨-de, -t⟩, vägra [ᵛvɛ:gra] ⟨-ade, -at⟩
abnehmen ta av [tɑ: ˈɑ:v]; *(dünner werden)* magra [ᵛmɑ:gra] ⟨-ade, -at⟩
Abreise avresa [ᵛɑ:vre:sa] ⟨-n, -or⟩
abreisen (nach) avresa (till) [ᵛɑ:vre:sa (til)] ⟨-de, -t⟩
Absatz avsnitt [ᵛɑ:vsnit] ⟨-et, -⟩, stycke [ᵛstykə] ⟨-et, -en⟩; *(geschäftl.)* avsättning [ᵛɑ:vsɛtniŋ] ⟨-en, -ar⟩; *(Schuhe)* klack [klak] ⟨-en, -ar⟩
Abschied avsked [ᵛɑ:vʃe:d]
Abschied nehmen ta avsked [tɑ: ᵛɑ:vʃe:d]
abschließen låsa (igen) [ᵛlo:sa (iˈjɛn)] ⟨-te, -t⟩
Abschnitt *(Scheck, Kontroll~)* kupong [kʉˈpɔŋ] ⟨-en, -er⟩
Absicht avsikt [ᵛɑ:vsikt] ⟨-en, -er⟩
absichtlich *adv* avsiktligt [ᵛɑ:vsiktlit]
Abstand avstånd [ᵛɑ:vstɔnd] ⟨-et, -⟩
abstellen ställa i från sig; stänga av [ᵛstɛla i fro:n sɛj; ᵛstɛŋa ˈɑ:v] ⟨-de, -t⟩ sätta ner [ᵛsɛta ˈne:r]
abwärts nedåt [ᵛne:do:t], utför [ˈʉ:tfœ:r]
abwesend frånvarande [ᵛfro:nvɑ:randə]
achtgeben (auf) ge akt (på) [je: ˈakt (po:)]
Achtung respekt [reˈspɛkt]; ~! se upp! [se: ˈɵp]
Adresse adress [aˈdrɛs] ⟨-en, -er⟩
adressieren adressera [adrɛˈse:ra] ⟨-ade, -at⟩
Agentur agentur [agɛnˈtʉ:r] ⟨-en, -er⟩
ähnlich liknande [ᵛli:knandə]
Ahnung aning [ᵛɑ:niŋ] ⟨-en, -ar⟩;
keine ~! ingen aning! [ᵛiŋən ᵛɑ:niŋ]
akklimatisieren, s. ~ acklimatisera sig [aklimatiˈse:ra sɛj] ⟨-ade, -at⟩
Algen alger [ˈaljər]
alle alla [ᵛala]; **auf** ~ **Fälle** i varje/ alla fall [i: ᵛvarjə/ᵛala fal]; ~ **Tage** varje dag [ᵛvarjə dɑ:g]; ~ **zwei Stunden** varannan timme [vɑ:ᵛranan ᵛtimə]
allein ensam [ᵛe:nsam]
alles allt [alt]
allgemein allmän [ᵛalmɛn]; **im** ~**en** i allmänhet [i: ᵛalmɛnˈhe:t]
als *(zeitlich)* när [næ:r]; *(bei Vergleich)* än [ɛn]; **besser** ~ bättre än [ˈbɛtrə ɛn]; **nichts** ~ ingenting annat än [ᵛiŋəntiŋ ᵛanat ɛn]; ~ **ob** som om [sɔm ɔm]
also så [so:], alltså [ᵛaltso:]
alt gammal [ᵛgamal]; *(aus früheren Zeiten)* forntida [ᵛfu:ɳti:da]
Alter ålder [ˈɔldər] ⟨-n, åldrar⟩
Ampel trafikljus [traᵛfikjʉ:s] ⟨-et, -⟩
Amt *(Dienststelle)* byrå [by:ˈro:] ⟨-n, -er⟩, kontor [kɔnˈtu:r] ⟨-et, -⟩
amtlich officiell [ɔfisˈjɛl]
amüsieren, s. ~ roa sig [ᵛru:a sɛj] ⟨-ade, -at⟩, ha roligt [hɑ: ᵛru:lit]
an *(räumlich)* vid [vi:d];
am Götaälv vid Götaälv [vi: ᵛjø:taˈɛlv]; *(zeitlich)* på [po:];
am Abend på kvällen [po: ˈkvɛlən];
am Sonntag på söndag [po: ˈsønda]
anbieten erbjuda [ᵛe:rbjʉ:da], bjuda [ᵛbjʉ:da]
Andenken minne [ᵛminə] ⟨-t, -n⟩
andere andra [ᵛandra]; **ein** ~**r** en annan [en ᵛanan]

andermal, ein ~ en annan gång [en ˇanan gɔŋ]
ändern ändra [ˇɛndra] ⟨-ade, -at⟩
anders *adj* olik [ˇu:li:k]; *adv* annorlunda [ˇanuɭənda]
anderswo annorstädes [ˇanuʂte:dəs], någon annanstans [nɔn ˇananstans]
anderthalb en och en halv [e:n ɔ en halv]
Anfang början [ˇbœrjan]
anfangen börja [ˇbœrja] ⟨-ade, -at⟩
Angabe uppgift [ˇɵpjift] ⟨-en, er⟩; ~**n machen** lämna uppgifter [ˇlɛmna ˇɵpjiftər]; **nähere** ~**n** närmare uppgifter [ˇnærmarə ˇɵpjiftər]
Angelegenheit ärende [ˇæ:rəndə] ⟨-t, -n⟩, sak [sɑ:k] ⟨-en, -er⟩; **eine** ~ **erledigen** klara av ett ärende/en sak [klɑ:ra ˈɑ:v et ˇæ:rəndə/en sɑ:k]
angeln meta [ˇme:ta] ⟨-ade, -at⟩, fiska [ˇfiska] ⟨-ade, -at⟩
angenehm angenäm [ˇanjəˈnɛ:m], trevlig [ˇtre:vlig]
Angst rädsla [ˇrɛ:dsla] ⟨-n⟩
anhalten stanna [ˇstana] ⟨-ade, -at⟩
Anhänger/in anhängare [anhɛŋare] ⟨-n, -⟩
anklopfen knacka (på) [ˇknaka/knaka ˈpo:] ⟨-ade, -at⟩
Anlage anläggning [ˇanlɛgniŋ] ⟨-en, -ar⟩; *(Brief)* bilaga [ˇbi:lɑ:ga] ⟨-n, -or⟩
Anlaß *(Grund)* anledning [ˇanle:dniŋ] ⟨-en, -ar⟩, orsak [ˇuʂɑ:k] ⟨-en, -er⟩; *(Gelegenheit)* tillfälle [ˇtilfɛlə] ⟨-t, -n⟩
anmachen *(Licht)* tända [ˇtɛnda] ⟨-e, tänt⟩
anmelden anmäla [ˇanmɛ:la] ⟨-de, -t⟩
Annahme mottagande [ˇmu:tɑ:gandə] ⟨-t, -n⟩; *(Vermutung)* antagande [ˇantɑ:gandə] ⟨-t, -n⟩
annehmen motta(ga) [ˇmu:tɑ:(ga)]; *(vermuten)* anta(ga) [ˇantɑ:(ga)]
anprobieren prova [ˇpru:va] ⟨-ade, -at⟩
anrufen ringa (upp) [ˇriŋa/riŋa ˈɵp] ⟨-de, -t⟩
anschauen titta på [ˇtita po:] ⟨-ade, -at⟩
anscheinend *adv* tydligen [ˇty:dligən]
Anschrift adress [aˈdrɛs] ⟨-en, -er⟩
ansehen se på [se: po:]
Ansicht vy [vy:] ⟨-n, -er⟩; *(Meinung)* åsikt [ˇo:sikt] ⟨-en, -er⟩
anspringen starta [ˇstɑʈa] ⟨-ade, -at⟩
anstatt i stället för [i: ˇstɛlət fœ:r]
anstrengend ansträngande [ˇanstrɛŋandə]
Anstrengung ansträngning [ˇanstrɛŋniŋ] ⟨-en, -ar⟩
Antwort svar [svɑ:r] ⟨-et, -⟩
antworten svara [ˇsvɑ:ra] ⟨-ade, -at⟩
anwenden använda [ˇanvɛnda] ⟨-e, använt⟩; *(Gesetz)* tillämpa [ˇtilɛmpa] ⟨-ade, -at⟩
Anwendung användning [anvɛndniŋ] ⟨-en, -ar⟩; tillämpning [ˇtilɛmpniŋ] ⟨-en, -ar⟩
anwesend närvarande [ˇnæ:rvɑ:randə]
Anzeige *(Inserat)* annons [aˈnɔŋs] ⟨-en, -er⟩
anziehen *(Kleidungsstück)* ta på (sig) [tɑ: ˈpo: (sɛj)]; **s.** ~ klä på sig [klɛ: ˈpo: sɛj]
anzünden tända [ˇtɛnda] ⟨-e, tänt⟩
Apparat *(Foto)* kamera [ˈkɑ:məra] ⟨-n, -or⟩; apparat [apaˈrɑ:t] ⟨-en, -er⟩
Appetit aptit [apˈti:t] ⟨-en⟩, matlust [ˇmɑ:tlɵst] ⟨-en⟩
Arbeit arbete [ˇarbe:tə] ⟨-t, -n⟩; *(Anstellung)* jobb [jɔb] ⟨-et, -⟩
arbeiten arbeta [ˇarbe:ta] ⟨-ade, -at⟩
arbeitslos arbetslös [ˇarbe:tsˈlø:s]
ärgern, s. ~ **über** reta sig på (över) [ˇre:ta sɛj po: (ˈø:vər)] ⟨-ade, -at⟩
arm fattig [ˇfatig]
Art slag [slɑ:g] ⟨-et, -⟩, sort [sɔʈ] ⟨-en, -er⟩
Artikel artikel [aˈʈikəl] ⟨-n, artiklar⟩
Atem andedräkt [ˇandəˈdrɛkt]
auch också [ˇɔkso:], även [ˇɛ:vən]; ~ **nicht** inte heller [intə ˈhelər]
auf (1) *prp* på [po:]; ~ **der Reise** på resan [po: ˇre:san]; ~ **der Straße** på gatan [po: ˇgɑ:tan]; ~ **die/der Post** på posten [po: ˈpɔstən]; ~ **Gotland** på Gotland [po: ˈgɔtland]; ~ **schwedisch** på svenska [po: ˇsvɛnska]; ~ **einmal** plötsligt [pløtslit]
auf (2) *(offen)* öppen [ˇøpən]
aufbewahren förvara [fœrˈvɑ:ra]
aufbrechen bryta upp [ˇbry:ta ˈɵp]
Aufenthalt uppehåll [ˇɵpəˈhɔl] ⟨-et, -⟩
auffordern uppfordra [ˇɵpfu:ɖra] ⟨-ade, -at⟩, uppmana [ˇɵpmɑ:na] ⟨-ade, -at⟩
aufgeben *(Gepäck)* pollettera [pɔlɛˈte:ra] ⟨-ade, -at⟩; *(Post)* posta [ˇpɔsta] ⟨-ade, -at⟩
aufhalten, jdn ~ uppehålla någon [ˇɵpəˈhɔla no:n]; **s.** ~ uppehålla sig [ˇɵpəˈhɔla sɛj], vistas [ˇvistas] ⟨-ades, -ats⟩

A/Z

aufhängen hänga (upp) [ˇhɛŋa/hɛŋa ˈɵp] ⟨-de, -t⟩
aufhören upphöra [ˇɵphœ:ra] ⟨-de, -t⟩, sluta [ˇslʉ:ta] ⟨-ade, -at⟩
aufladen lasta (på) [ˇlasta/lasta ˈpo:] ⟨-ade, -at⟩
aufmachen öppna [ˇøpna] ⟨-ade, -at⟩
aufmerksam uppmärksam [ˇɵpmærksam]
Aufnahme *(Empfang)* mottagande [ˇmu:tɑ:gandə] ⟨-t⟩; *(Foto)* foto [futu] ⟨-t, -n⟩
aufnehmen *(Foto)* fotografera [futugraˈfe:ra] ⟨-ade, -at⟩
aufpassen (auf) se upp (för) [se: ˈɵp (fœ:r)], passa på [ˈpasa ˈpo] ⟨-ade, -at⟩,
aufpumpen pumpa upp [pɵmpa ˈɵp] ⟨-ade, -at⟩
aufrufen ropa upp [ru:pa ˈɵp] ⟨-ade, -at⟩
aufschieben skjuta upp [ʃʉ:ta ˈɵp]
aufschreiben skriva upp [skri:va ˈɵp]
Aufschub uppskov [ˇɵpsku:v] ⟨-et, -⟩
Aufseher *(Wächter)* väktare [ˇvɛktarə] ⟨-n, -⟩, uppsyningsman [ˇɵpsy:niŋsˈman] ⟨-nen, -män⟩
aufstehen stiga upp [sti:ga ˈɵp]
aufstellen ställa upp [stlɛa ˈɵp] ⟨-de, -t⟩
aufwachen vakna (upp) [ˇvɑ:kna/vɑ:kna ˈɵp] ⟨-ade, -at⟩
aufwärts uppåt [ˈɵpo:t], uppför [ˇɵpfœ:r]
aufwecken väcka (upp) [ˇvɛka/vɛka ˈɵp] ⟨-te, -t⟩
Aufzeichnung anteckning [ˇantekniŋ] ⟨-en, -ar⟩
Auge öga [ˇø:ga] ⟨-t, ögon⟩
Augenblick ögonblick [ˇø:gɔnˈblik] ⟨-et, -⟩
aus *(Herkunft)* från [fro:n]; ~ **Stockholm** från Stockholm [fro:n ˇstɔkhɔlm]; *(Material)* av [ɑ:v]; **ein Kleid ~ Seide** en klänning av siden [en ˇklɛniŋ ɑ:v ˇsi:dən]; *(Grund)* av [ɑ:v]; ~ **diesem Grund** av detta skäl [ɑ:v ˇdɛta ʃɛ:l]
Ausbildung utbildning [ˇʉ:tbildniŋ] ⟨-en, -ar⟩
Ausdruck uttryck [ˇʉ:tryk] ⟨-et, -⟩
ausdrücklich *adv* uttryckligen [ˇʉ:trykligən]
Ausfahrt utflykt [ˇʉ:tflykt], åktur [ˇo:ktʉ:r] ⟨-en, -er⟩; utfart(sväg) [ˇʉ:tfaʈ(sˈvɛg) ⟨-en, -ar⟩
ausführen *(Arbeit)* utföra [ˇʉ:tfœ:ra] ⟨-de, -t⟩
ausführlich utförligt [ˇʉ:tfœɭigt]
Ausgaben utgifter [ˇʉ:tjiftər] *pl*
Ausgang utgång [ˇʉ:tgɔŋ] ⟨-en, -ar⟩
ausgeben göra av med [jœ:ra ˈɑ:v me:], spendera [spɛnˈde:ra] ⟨-ade, -at⟩
ausgehen *(Haus verlassen)* gå ut [go: ˈʉ:t]; *(Licht)* slockna [ˇslɔkna] ⟨-ade, -at⟩
ausgeschlossen uteslutet [ˇʉ:təˈslʉ:tət]
ausgezeichnet utmärkt [ˇʉ:tmærkt]
Auskunft upplysning [ˇɵply:sniŋ] ⟨-en, -ar⟩; ~ **einholen** inhämta upplysningar [ˇinhɛmta ˇɵply:sniŋar] ⟨-ade, -at⟩
Ausland utlandet [ˇʉ:tlandət]; **im/ ins ~** utomlands [ˇʉ:tɔmˈlands]
Ausländer utlänning [ˇʉ:tlɛniŋ] ⟨-en, -ar⟩
ausländisch utländsk [ˇʉ:tlɛndsk]
ausmachen *(Licht)* släcka [ˇslɛka] ⟨-te, -t⟩; (ut)göra [ˇʉ:tjœ:ra]; *(Preis)* uppgå till [ˇɵpgo: til]; komma överens [kɔma ø:verˈens], avtala [ˇɑ:vtɑ:la] ⟨-ade, -at⟩
Ausnahme undantag [ˇɵndanˈtɑ:g] ⟨-et, -⟩
auspacken *(Koffer)* packa upp [paka ˈɵp] ⟨-ade, -at⟩
ausreisen resa ut [ˇre:sa ʉ:t] ⟨-te, -t⟩
ausrichten uträtta [ˇʉ:trɛta] ⟨-ade, -at⟩; meddela [ˇme:de:la] ⟨-ade, -at⟩
ausruhen, s. ~ vila ut [vi:la ˈʉ:t] ⟨-ade, -at⟩
aussehen se ut [se: ˈʉ:t]
außen utanpå [ˇʉ:tanˈpo], på utsidan [po: ˇʉ:tsi:dan]; **von ~** utifrån [ˇʉ:tiˈfro:n]
außer utom [ˇʉ:tɔm]
außerdem dessutom [dɛˇsʉ:tɔm]
außergewöhnlich ovanlig [ˇu:vɑ:nli]
außerhalb utanför [ˇʉ:tanˈfœ:r]
äußerlich yttre [ˈytrə], utvärtes [ˇʉ:tvæʈəs]
Aussicht utsikt [ˇʉ:tsikt] ⟨-en, -er⟩
Aussprache uttal [ˇʉ:tɑ:l] ⟨-et, -⟩
aussprechen uttala [ˇʉ:tɑ:la] ⟨-ade, -at⟩
Ausstattung utrustning [ˇʉ:trɵstniŋ] ⟨-en, -ar⟩
aussuchen välja ut [vɛlja ˈʉ:t]
Austausch utbyte [ˇʉ:tby:tə] ⟨-t, -n⟩, utväxling [ˇʉ:tvɛksliŋ] ⟨-en, -ar⟩
austauschen byta (ut) [ˇby:ta/by:ta ˈʉ:t] ⟨-te, -t⟩, växla [ˇvɛksla] ⟨-ade, -at⟩
ausüben *(Beruf)* utöva [ˇʉ:tø:va] ⟨-ade, -at⟩

Ausverkauf utförsäljning [ˇʉ:tfœ'ʂɛljniŋ] ⟨-en, -ar⟩, realisation [realisa'ʃu:n] ⟨-en, -er⟩
Auswahl urval [ˇʉ:rvɑ:l] ⟨-et⟩
Ausweis *(Personal~)* legitimation [legitima'ʃu:n] ⟨-en, -er⟩, identitetskort [idɛntiˇte:tskuʈ] ⟨-et, -⟩
ausziehen *(Wohnung verlassen)* flytta [ˇflyta] ⟨-ade, -at⟩; *(Kleidungsstück)* ta av (sig) [tɑ: 'ɑ:v (sɛj)]; **s. ~** klä av sig [klɛ: 'ɑ:v sɛj] ⟨-dde, -tt⟩
Auto bil [bi:l] ⟨-en, -ar⟩; **~ fahren** köra bil [ˇçœ:ra bi:l] ⟨-de, -t⟩
Automat *(Waren~)* automat [aɵtɔ'mɑ:t] ⟨-en, -er⟩
automatisch automatisk [aɵtɔ'mɑ:tisk]

B

Baby baby [bɛ:bi] ⟨-n⟩
Bad bad [bɑ:d] ⟨-et, -⟩
baden *(Wanne, schwimmen)* bada [ˇbɑ:da] ⟨-ade, -at⟩
Badeort badort [ˇbɑ:duʈ] ⟨-en, -er⟩
bald snart [snɑ:ʈ]; **so ~ wie möglich** så snart som möjligt [so: snɑ:ʈ sɔm ˇmøjlit]
Ball boll [bɔl] ⟨-en, -ar⟩
Band *n (aus Stoff)* band [band] ⟨-et, -⟩; *m (Buch)* band [band] ⟨-et, -⟩, volym [vɔ'ly:m] ⟨-en, -er⟩
Bank *(Geldinstitut)* bank [baŋk] ⟨-en, -er⟩; *(Sitz~)* bänk [bɛŋk] ⟨-en, -ar⟩
bar zahlen betala kontant [bə'tɑ:la kɔn'tant] ⟨-ade, -at⟩
Batterie batteri [bate'ri] ⟨-et, -er⟩
bauen bygga [ˇbyga] ⟨-de, -t⟩
Bauer *(Landwirt)* bonde [ˇbundə] ⟨-n, bönder⟩
Bauernhof bondgård [ˇbundgo:ɖ] ⟨-en, -ar⟩
Baum träd [trɛ:] ⟨-et, -⟩
beabsichtigen ha för avsikt att [hɑ: fœr ˇɑ:vsikt at]
beachten *(achtgeben)* ge akt på [je: 'akt po:]; *(berücksichtigen)* ta hänsyn till [tɑ: ˇhɛnsy:n til]
Beanstandung anmärkning [ˇanmærkniŋ] ⟨-en, -ar⟩, reklamation [reklama'ʃu:n] ⟨-en, -er⟩
beantworten svara [ˇsvɑ:ra] ⟨-ade, -at⟩
bearbeiten bearbeta [be:ar'be:ta] ⟨-ade, -at⟩
Becher bägare [ˇbɛ:garə] ⟨-n, -⟩
Bedauern beklagande [bə'klɑ:gandə] ⟨-t⟩
bedauern beklaga [bə'klɑ:ga] ⟨-ade, -at⟩
bedecken täcka (över) [ˇtɛka/tɛka 'ø:vər] ⟨-te, -t⟩
bedeuten betyda [bə'ty:da] ⟨-de, -tt⟩
bedeutend betydande [bə'ty:dandə], viktig [ˇviktig]
Bedeutung *(Wichtigkeit)* vikt [vikt] ⟨-en⟩, *(Sinn)* innebörd [ˇine'bœɖ] ⟨-en, -er⟩, betydelse [be'tydelsə] ⟨-n, -r⟩
bedienen betjäna [bə'çɛ:na]
Bedienung betjäning [bə'çɛ:niŋ] ⟨-en⟩
Bedingung villkor [ˇvilko:r] ⟨-et, -⟩
beeilen, s. ~ skynda sig [ˇʃynda sɛj] ⟨-ade, -at⟩
beenden (av)sluta [ˇslʉ:ta/ˇɑ:vslʉ:ta] ⟨-ade, -at⟩
befinden, s. ~ befinna sig [bə'fina sɛj]
befolgen följa [ˇfølja]
befördern transportera [transpɔ'te:ra]
befreundet sein mit vara god vän med [vɑ:ra gu: 'vɛn me:]
befriedigt nöjd [nøjd], tillfreds [til'fre:ds]
befürchten frukta [ˇfrɵkta] ⟨-ade, -at⟩, befara [bə'fɑ:ra] ⟨-ade, -at⟩
begegnen möta [ˇmø:ta] ⟨-te, -t⟩
begeistert begeistrad [bə'gajstrad], entusiastisk [aŋtɵsi'astisk], förtjust [fœr'çʉ:st]
Beginn början [ˇbœrjan]
beginnen börja [ˇbœrja] ⟨-ade, -at⟩
begleiten följa (med) [ˇfølja/følja 'me:] ⟨-de, -t⟩
Begleitung sällskap [ˇsɛlskɑ:p] ⟨-et, -⟩
begrüßen hälsa (på) [ˇhɛlsa/ˇhɛlsa po:] ⟨-ade, -at⟩
behalten behålla [bə'hɔla]
Behälter behållare [bə'hɔlarə] ⟨-n, -⟩
behandeln behandla [bə'handla] ⟨-ade, -at⟩
Behandlung behandling [bə'handliŋ] ⟨-en, -ar⟩
behaupten påstå [ˇpo:sto:]
behilflich, jdm ~ sein vara någon behjälplig [vɑ:ra nɔn bə'jɛlpli], hjälpa någon [ˇjɛlpa nɔn]
Behörde myndighet [ˇmyndihe:t] ⟨-en, -er⟩
bei *(Sache, Ort)* vid [vi:d]; *(Person)* hos [hus]; **~ Tag/Nacht** på dagen/natten [po: 'dɑ:gən/'natən]; **~ Tisch** vid bordet [vi:d bu:ɖət]; **~ diesem Wetter** i det här vädret [i: de: hæ:r 'vɛ:drət]; **~m Essen** när/medan man äter [næ:r/ˇme:dan man 'ɛ:tər]

A/Z

beide båda [ˇbo:da]
Beifall bifall [ˇbi:fal] ⟨-et⟩, applåder [a'plo:dər] *pl*
Beileid deltagande [ˇde:ltɑ:gandə] ⟨-t⟩, beklagande [bə'klɑ:gandə] ⟨-t⟩
beinahe nästan [ˇnɛstan]
Beispiel exempel [ɛk'sɛmpəl] ⟨exemplet, -⟩; **zum** ~ till exempel [til ɛk'sɛmpəl]
beißen bita [bi:ta]
bekannt bekant [bə'kant]; *(berühmt)* känd [çɛnd]; **jdn mit jdm** ~ **machen** förestella/presentera någon för någon [ˇfœ:rə'stɛla/presen'tera nɔn fœ: ŋɔn]; ~ **sein** vara känt/känd [vɑ:ra 'çɛnt/'çɛnd]
Bekannte, der, die ~ bekant [bə'kant] ⟨-, -a⟩
Bekanntschaft bekantskap [bəˇkans:kɑ:p] ⟨-et, -er⟩
beklagen, s. ~ **(über)** beklaga sig (över) [bə'klɑ:ga sɛj ('ø:vər)]
bekommen få [fo:]
belästigen besvära [bə'svæ:ra] ⟨-ade, -at⟩
belegen, einen Platz ~ reservera en plats [resær've:ra en plats]
beleidigen förolämpa [ˇfœrulɛmpa]
Beleidigung förolämpning [ˇfœrulɛmpniŋ] ⟨-en, -ar⟩
beleuchtet upplyst [ˇɵply:st]; *(festlich)* illuminerat [ilɵmi'ne:rat]
Belgien Belgien ['bɛlgiən]
Belgier belgare ['bɛlgarə] ⟨-n, -⟩
Belieben, nach ~ efter behag ['ɛftər bə'hɑ:g]
belohnen belöna [bə'lø:na] ⟨-ade, -at⟩
Belohnung belöning [bə'lø:niŋ] ⟨-en, -ar⟩
bemerken märka/lägga märke till [ˇmærka/ˇlɛga 'mærkə til] ⟨-ade, -at⟩; *(sagen)* anmärka [ˇanmærka] ⟨-te -t⟩, påpeka [ˇpo:pe:ka] ⟨-ade, -at⟩
bemühen, s. ~ bemöda sig [bə'mø:da sɛj] ⟨-ade, -at⟩
benachrichtigen underrätta [ˇɵndə'rɛta] ⟨-ade, -at⟩
Benehmen uppförande [ˇɵpfœ:randə] ⟨-t⟩
benötigen behöva [bə'hø:va] ⟨-de, -t⟩
benutzen använda [ˇanvɛnda] ⟨-e, använt⟩; *(Verkehrsmittel)* ta [tɑ:]
Benzin bensin [ben'si:n] ⟨-en⟩
beobachten iakttä [iˇakta], observera [ɔbsær've:ra] ⟨-ade, -at⟩
bequem bekväm [bə'kvɛ:m]
Bequemlichkeit bekvämlighet [bə'kvɛ:mlihe:t] ⟨-en, -er⟩
berechnen beräkna [bə'rɛ:kna] ⟨-ade, -at⟩
berechtigt berättigad [bə'rɛtigad]
bereit beredd [bə'red]
bereits redan [ˇre:dan]
Berg berg [bærj] ⟨-et, -⟩, fjäll [fjɛl] ⟨-et, -⟩
bergab nedför/utför (berget) [ˇne:dfœ:r/ 'ʉ:tfœ:r ('bærjət)]
bergauf uppför (berget) ['ɵpfœ:r ('bærjət)]
Bericht rapport [ra'pɔt] ⟨-en, -er⟩
Beruf yrke [ˇyrkə] ⟨-t, -n⟩
beruhigen, s. ~ lugna sig [ˇlɵŋna sɛj] ⟨-ade, -at⟩
berühmt berömd [bə'rømd]
berühren beröra [bə'rœ:ra] ⟨-de, -t⟩
Berührung beröring [bə'rœ:riŋ] ⟨-en, -ar⟩
beschädigen skada [ˇskɑ:da] ⟨-ade, -at⟩
Beschädigung skada [ˇskɑ:da] ⟨-n, -or⟩
beschaffen *verb* (an)skaffa [ˇskafa/ ˇanskafa] ⟨-ade, -at⟩
beschäftigt upptagen [ˇɵptɑ:gən]; *(angestellt)* sysselsatt [ˇsysəl'sat]
Bescheid besked [bə'ske:d] ⟨-et, -⟩, upplysning [ˇɵply:sniŋ] ⟨-en, -ar⟩
bescheinigen intyga [ˇinty:ga] ⟨-ade, -at⟩
beschleunigen påskynda [ˇpo:ʃynda] ⟨-ade, -at⟩
beschließen besluta [bə'slʉ:ta] ⟨-ade, -at⟩
beschreiben beskriva [bə'skri:va]
beschützen beskydda [bə'ʃyda] ⟨-ade, -at⟩
Beschwerde besvär [bə'svæ:r] ⟨-et, -⟩; *(Klage)* klagomål [ˇklɑ:gu'mo:l] ⟨-et, -⟩
beschweren, s. ~ **(über)** besvära sig (över) [bə'svæ:ra sɛj ('ø:vər)], klaga (över) [ˇklɑ:ga ('ø:vər)]
besetzt *(Platz)* upptagen [ˇɵptɑ:gən]; *(voll)* full [fɵl]
besichtigen besiktiga [bə'siktiga] ⟨-ade, -at⟩; besöka [bə'sø:ka] ⟨-te -t⟩
Besitz innehav [ˇinə'hɑ:v] ⟨-et⟩, besittning [bə'sitniŋ] ⟨-en, -ar⟩; *(Eigentum)* ägodelar [ˇɛ:gu'de:lar] *pl*
besitzen äga [ˇɛ:ga] ⟨-de, -t⟩
Besitzer ägare [ˇɛ:garə] ⟨-n, -⟩
besonders särskilt [ˇsæ:ʂilt]
besorgen skaffa [ˇskafa] ⟨-ade, -at⟩
besorgt bekymrad [bə'çymrad], orolig [ˇu:ru:lig]
Besorgung ärende [ˇæ:rəndə] ⟨-t, -n⟩
besser bättre ['bɛtrə]

A/Z

bestätigen bekräfta [bə'krɛfta] ⟨-ade, -at⟩
bestehen *(existieren)* bestå [bə'sto:], existera [ɛksis'te:ra] ⟨-ade, -at⟩; ~ **auf** insistera på [insis'te:ra po:] ⟨-ade, -at⟩; ~ **aus** bestå av [bə'sto: ɑ:v]
beste(r, -s) den/det/de bästa [den/ de:/dɔm ˇbɛsta]
bestimmt *adj* bestämd [bə'stɛmd]; *adv* säkert [ˇsɛ:kəʈ]
Besuch besök [bə'sø:k] ⟨-et, -⟩
besuchen, jdn ~ besöka någon [bə'sø:ka no:n] ⟨-te, -t⟩, hälsa på någon [hɛlsa 'po: no:n] ⟨-ade, -at⟩
beten be(dja) [be:/ˇbe:dja]
betrachten betrakta [bə'trakta] ⟨-ade, -at⟩
beträchtlich ansenlig [ˇanse:nli]
Betrag belopp [bə'lɔp] ⟨-et, -⟩
betragen uppgå till [ˇɵpgo: til]
betreffend beträffande [bə'trɛfandə]
betreten *verb* beträda [bə'trɛ:da] ⟨-de, -t⟩
betrinken, s. ~ dricka sig berusad [drika sɛj bə'rʉ:sad]
Betrug bedrägeri [bədrɛ:gə'ri:] ⟨-et, -er⟩
betrügen bedra [bə'drɑ:]
betrunken berusad [bə'rʉ:sad]; *(leicht)* onykter [ˇu:nyktər]
Bett säng [sɛŋ] ⟨-en, -ar⟩; **zu** ~ **gehen** gå och lägga sig [go: ɔ ˇlɛga sɛj]
beunruhigen, s. ~ oroa sig [ˇu:ru:a sɛj] ⟨-ade, -at⟩
beurteilen bedöma [bə'dø:ma] ⟨-de, -t⟩
Beutel pung [pɵŋ] ⟨-en, -ar⟩, börs [bœʂ] ⟨-en, -ar⟩
bevor innan [ˇinan], förrän [ˇfœrɛn]
bewachen bevaka [bə'vɑ:ka] ⟨-ade, -at⟩
bewegen röra (sig) [ˇrœ:ra (sɛj)] ⟨-de, -t⟩
bewegt *(Gefühl)* rörd [rœ:ɖ]; *(Meer)* oroligt [ˇu:ru:lit]
Bewegung rörelse [ˇrœ:rəlsə] ⟨-n, -r⟩
Beweis bevis [bə'vi:s] ⟨-et, -⟩
beweisen bevisa [bə'vi:sa] ⟨-ade, -at⟩
Bewohner invånare [ˇinvo:narə] ⟨-n, -⟩
bewundern beundra [bə'ɵndra] ⟨-ade, -at⟩
bewußt medveten [ˇme:dve:tən]
bezahlen betala [bə'tɑ:la] ⟨-ade, -at⟩
bezaubernd bedårande [bə'do:randə]
Bezeichnung beteckning [bə'tɛkniŋ] ⟨-en, -ar⟩; märke [ˇmærkə] ⟨-et, -en⟩
beziehen, s. ~ **auf** hänföra sig till [ˇhɛnfœ:ra sɛj til] ⟨-de, -t⟩, syfta på [ˇsyfta po:] ⟨-ade, -at⟩
biegen böja [ˇbøja] ⟨-de, -t⟩
Biene bi [bi] ⟨-et, -n⟩
bieten (er)bjuda [(er)ˇbjʉ:da]
Bild *(Foto, Abbildung)* bild [bild] ⟨-en, -er⟩; *(Gemälde)* tavla [ˇtɑ:vla] ⟨-n, -or⟩
bilden bilda [ˇbilda] ⟨-ade, -at⟩, forma [ˇfɔrma] ⟨-ade, -at⟩
billig billig [ˇbilig]
binden binda [ˇbinda], knyta [ˇkny:ta]
Bindfaden snöre [ˇsnœ:rə] ⟨-t, -n⟩
Birne päron [ˇpæ:rɔn] ⟨-et, -⟩; *(el)* (glöd)lampa [ˇlampa/ˇglø:dlampa] ⟨-n, -or⟩
bis till(s) [til(s)]; ~ **jetzt** hittills [ˇhi:tils]
bißchen, ein ~ litet [ˇli:tə], en smula [en ˇsmʉ:la]
bitte var så god (och) [vɑ:ʂə'gu: (ɔ)], var snäll (och) [vɑ:'ʂnɛl (ɔ)]; *(Antwort auf Dank)* för all del [fœr 'al de:l]; **wie** ~**?** hursa? [hʉ:'ʃa:]
Bitte begäran [bə'jæ:ran], bön [bø:n] ⟨-en, -er⟩
bitten, jdn um etw ~ be någon om något [be: nɔn ɔm nɔt]
bitter bitter ['bitər], besk [besk]
Blatt blad [blɑ:d] ⟨-et, -⟩
bleiben stanna (kvar) [ˇstana/stana 'kvɑ:r] ⟨-ade, -at⟩
bleich blek [ble:k]
Blick blick [blik] ⟨-en, -ar⟩; *(Ausblick)* utsikt [ˇʉ:tsikt] ⟨-en, -er⟩
blind blind [blind]
blinken blinka [ˇblinka] ⟨-ade, -at⟩
Blitz *(Wetter, Foto)* blixt [blikst] ⟨-en, -ar⟩
blöd(e) dum [dɵm]
blühen blomma [ˇbluma]
Blume blomma [ˇbluma] ⟨-n, -or⟩
Boden *(Grund)* mark [mark] ⟨-en⟩; *(Erde)* jord [ju:ɖ] ⟨-en⟩; *(Fuß~)* golv [gɔlv] ⟨-et, -⟩
Boot båt [bo:t] ⟨-en, -ar⟩
Bord, an ~ **gehen** gå ombord [go: ɔm'bu:ɖ]
böse elak [ˇe:lak]; *(verärgert)* arg [arj]
Botschaft *(dipl. Vertretung)* ambassad [amba'sɑ:d] ⟨-en, -er⟩
Bottnischer Meerbusen Bottenviken [ˇbɔtən'vi:kən]
Brand brand [brand] ⟨-en, bränder⟩
Braten stek [ste:k] ⟨-en, -ar⟩
braten steka [ˇste:ka] ⟨-te, -t⟩
brauchen behöva [bə'hø:va] ⟨-de, -t⟩; använda [ˇanvɛnda] ⟨-e, använt⟩
braun brun [brʉ:n]
brechen bryta [ˇbry:ta]

breit bred [bre:d]
brennen brinna [ˇbrina]
Brief brev [bre:v] ⟨-et, -⟩
Brieftasche plånbok [ˇplo:nbu:k] ⟨-en, -böcker⟩
Briefwechsel brevväxling [ˇbre:vɛksliŋ] ⟨-en⟩
Brille glasögon [ˇglɑ:sø:gɔn] *pl*
bringen *(her~)* ta med sig [tɑ: ˈme: sɛj], komma med [ˇkɔma me:]; *(weg~)* ta/föra bort [tɑ:/fœ:ra ˈbɔʈ]
Bruder bro(der) [ˇbru:(dər)] ⟨-n, bröder⟩
Brunnen brunn [brɵn] ⟨-en, -ar⟩
Buch bok [bu:k] ⟨-en, böcker⟩
buchen *(Platz)* boka [ˇbu:ka] ⟨-ade, -at⟩
Büchse dosa [ˇdu:sa] ⟨-n, -or⟩
buchstabieren bokstavera [bukstaˈve:ra] ⟨-ade, -at⟩, stava [ˇstɑ:va] ⟨-ade, -at⟩
Bucht bukt [bɵkt] ⟨-en, -er⟩, vik [vi:k] ⟨-en, -ar⟩
Bügeleisen strykjärn [ˇstry:kjæ:ɳ] ⟨-et, -⟩
Bummel promenad [prumeˈnɑ:d] ⟨-en, -er⟩, nattsudd [ˇnatsɵd]
Bund *(Gemüse)* knippe [ˇknipə] ⟨-t, -n⟩; förening [fœˈre:niŋ] ⟨-en, -ar⟩
bunt färggrann [ˇfærjgran]; *(abwechslungsreich)* brokig [ˇbru:ki]
Büro kontor [kɔnˈtu:r] ⟨-et, -⟩
Bürste borste [ˇbɔʂtə] ⟨-en, -ar⟩
bürsten borsta [ˇbɔʂta] ⟨-ade, -at⟩
Busch buske [ˇbɵskə] ⟨-en, -ar⟩

C

Café kafé [kaˈfe:] ⟨-(e)t, -er⟩
Chauffeur chaufför [ʃɔˈfœ:r] ⟨-en, -er⟩
Chef chef [ʃɛf] ⟨-en, -er⟩
Chor kör [kœ:r] ⟨-en, -er⟩
Cousin/e kusin [kɵˈsi:n] ⟨-en, -er⟩

D

da *(Ort)* där [dæ:r]; *(Grund)* då [do:], eftersom [ˇɛftəʂɔm]; *(Zeit)* då [do:]
dafür sein vara för (det) [vɑ:ra ˈfœ:r (de:)]
dagegen sein vara emot (det) [vɑ:ra eˈmu:t (de:)]
daheim hemma [ˇhɛma]
daher *(Grund)* därför [ˈdæ:rfœ:r]
damals då [do:], den gången [den ˈgɔŋən]
Dame dam [dɑ:m] ⟨-en, -er⟩
danach därefter [dæ:rˈɛftər]
Dänemark Danmark [ˈdanmark]
dänisch dansk [dansk]
Dank tack [tak] ⟨-et, -⟩
dankbar tacksam [ˇtaksam]
danken tacka [ˇtaka] ⟨-ade, -at⟩
dann då [do:], sedan [ˇse:dan]
das det [de:]
dasein vara närvarande [vɑ:ra ˇnæ:rvɑ:randə]
daß att [at]
dasselbe samma [ˇsama]
Datum datum [ˇdɑ:tɵm] ⟨-et, -⟩
Dauer varaktighet [vɑ:ˇraktihe:t] ⟨-en⟩
dauern *(Zeit)* vara [ˇvɑ:ra] ⟨-ade, -at⟩, räcka [ˇrɛka] ⟨-te, -t⟩; dröja [ˇdrøja] ⟨-de, -t⟩
dazu därtill [ˇdæʈ:ɭ], till [til]
Decke *(Bett~)* täcke [ˇtɛkə] ⟨-t, -n⟩; *(Zimmer~)* (inner)tak [tɑ:k/ˇinəʈɑ:k] ⟨-et, -⟩
defekt trasig [trɑ:sig], sönder [søndər], defekt [defeɛt]
dein din [din]
demnächst inom kort [inɔm ˈkɔʈ], snart [snɑ:ʈ]
denken an tänka på [ˇtɛnka po:] ⟨-te, -t⟩
denn ty [ty:], för [fœ:r]
derselbe samma [ˇsama]
deshalb därför [ˈdæ:rfœ:r]
deutlich tydlig [ˇty:dlig]
deutsch tysk [tysk]
Deutsche, der ~ tysken [tyskən] ⟨-ar⟩; **die ~** tyskan [ˇtyskan] ⟨-or⟩
Deutschland Tyskland [ˈtyskland]
Dia diabild [ˇdiabild] ⟨-en, -er⟩
Diagnose diagnos [diagˈno:s] ⟨-en, -er⟩
dich dig [dɛj]
dicht *(Nebel)* tät [tæ:t]; *adv* ~ **dabei** tätt intill [tɛt inˈtil]
dick tjock [çɔk]; *(geschwollen)* svullen [ˇsvɵlən]
dienen tjäna [ˇçɛ:na] ⟨-ade, -at⟩
Dienst tjänst [çɛnst] ⟨-en, -er⟩
diese(r, s) den här, det här, de här [den/de:/dɔm hæ:r]
Ding sak [sɑ:k] ⟨-en, -er⟩
dir dig [dɛj]
direkt *adj* direkt [diˈrɛkt]; *(sofort)* genast [ˇje:nast]
Direktion direktion [dirɛkˈʃu:n] ⟨-en, -er⟩, styrelse [ˇsty:rəlsə] ⟨-en, -r⟩
Direktor direktör [dirɛkˈtœ:r] ⟨-en, -er⟩; *(Gymnasium)* rektor [ˇrɛktɔr] ⟨-n, -er⟩
doch dock [dɔk], ändå [ˇɛndo:]
Doktor doktor [ˇdɔktɔr] ⟨-n, -er⟩

A/Z

Dokument dokument [dɔke'mɛnt] ⟨-et, -⟩
doppelt dubbel [ˇdɵbəl]
Dorf by [by:] ⟨-n, -ar⟩
dort där [dæ:r];
~ **oben** däruppe [dæ:'rɵpə];
~ **unten** därnere [dæ:'ɳe:rə]
dorthin dit bort [di:t bɔʈ]
Dose burk [bɵrk] ⟨-en, -ar⟩
Draht (metall)tråd [meˇtaltro:d/tro:d] ⟨-en, -ar⟩
draußen ute [ˇʉ:tə]
drehen vrida [ˇvri:da]
dringend brådskande [ˇbrɔdskandə]
drin(nen) inne [ˇinə]
Drittel, ein ~ en tredjedel [en ˇtre:djəde:l]
drittens för det tredje [fœ: ɖe ˇtre:djə]
dritte(r, -s) tredje [ˇtre:djə]
drüben där borta [dæ:r ˇbɔʈa]
drücken *(stoßen)* trycka [ˇtryka] ⟨-te, -t⟩
du du [dʉ:]
dumm dum [dɵm]
dunkel mörk [mørk]
dünn tunn [tɵn]; *(schlank)* smal [sma:l]
durch *(quer ~)* genom ['je:nɔm], tvärsigenom [tvæʂi'je:nɔm]; *(Mittel)* genom ['je:nɔm], medelst [ˇme:dəlst]; *(Passiv)* av [a:v]
durchaus nicht inte alls [intə 'als]
Durchfahrt genomfart [ˇje:nɔm'fa:ʈ] ⟨-en, -er⟩
Durchgang genomgång [ˇje:nɔm'gɔŋ] ⟨-en, -ar⟩
Durchreise genomresa [ˇje:nɔm're:sa] ⟨-n, -or⟩
durchschnittlich *adj* genomsnittlig [ˇje:nɔm'snitlig]; *adv* genomsnittligt [ˇje:nɔm'snitlit]
dürfen få (tillåtelse att) [fo: (ˇtilo:təlsə at)]
Durst törst [tœʂt] ⟨-en⟩;
~ **haben** vara törstig [va:ra ˇtœʂti]
durstig törstig [ˇtœʂtig]

E

eben just [jɵst], precis [prɛ'si:s]
eben *(flach)* platt [plat], jämn [jɛmn]; *(zeitlich)* just nu [jɵst nʉ:]
Ebene slätt [slɛt] ⟨-en, -er⟩
echt äkta [ˇɛkta]
Ecke hörn [hœ:ɳ] ⟨-et, -⟩
Ehe äktenskap [ˇɛktən'ska:p] ⟨-et, -⟩
Ehefrau maka [ˇma:ka] ⟨-n, -or⟩
Ehemann make [ˇma:kə] ⟨-en, -ar⟩
Ehepaar gift par [jift pa:r] ⟨-et, -⟩
eher *(lieber)* hellre ['hɛlrə]; *(früher)* förr [fœr]
Ehering vigselring [ˇvi:gsəl'riŋ] ⟨-en,-ar⟩
Ehre ära [ˇæ:ra] ⟨-n⟩
Ei ägg [ɛg] ⟨-et, -⟩
eigen egen [ˇe:gən]; *(eigenartig)* egendomlig [ˇe:gən'dumli]; *(seltsam)* underlig [ˇɵndə'li]
Eigenschaft egenskap [ˇe:gən'ska:p] ⟨-en, -er⟩
eigentlich egentligen [e'jɛntligən]
Eigentümer ägare [ˇɛ:garə] ⟨-n, -⟩
eilig brådskande [ˇbrɔdskandə];
es ~ **haben** ha bråttom [ha: ˇbrɔtɔm]
einander varandra [va:'randra]
einbiegen, nach rechts/links ~ svänga till höger/vänster [svɛŋa til 'hø:gər/'vɛnstər]
Eindruck intryck [ˇintryk] ⟨-et, -⟩
einfach enkel ['ɛŋkəl]
Einfahrt infart [ˇinfa:ʈ] ⟨-en, -er⟩; *(Schiff)* inlopp [ˇinlɔp] ⟨-et⟩
Eingang ingång [ˇingɔŋ] ⟨-en, -ar⟩
einheimisch inhemsk [ˇinhɛmsk]
einig sein vara överens [va:ra øvə're:ns]
einige några [ˇno:gra]
einigen ena [ˇe:na] ⟨-ade, -at⟩
einkaufen *(kaufen)* köpa [ˇçø:pa] ⟨-te, -t⟩; *(Besorgungen machen)* handla [ˇhandla] ⟨-ade, -at⟩
einladen (in)bjuda [ˇbjʉ:da/ˇinbjʉ:da]
Einladung inbjudan [ˇinbjʉ:dan], inbjudningar [ˇinbjʉ:dniŋar] *pl*
einmal en gång [en gɔŋ]
einpacken packa/slå in [ˇpaka 'in/slo: 'in]
einreisen resa in [re:sa'in] ⟨-te, -t⟩
eins ett [et]
einsam ensam [ˇensam]
einschalten sätta/slå på [ˇsɛta 'po:/slo: 'po:]
einschlafen somna [ˇsɔmna] ⟨-ade, -at⟩
einschließen stänga in [stɛŋa 'in] ⟨-de, -t⟩, låsa in [lo:sa 'in] ⟨-te, -t⟩
eintreffen anlända [ˇanlɛnda] ⟨-e, anlänt⟩; *(geschehen)* hända [ˇhɛnda] ⟨-de, -t⟩
eintreten gå in [go: 'in]
Eintritt inträde ['intrɛ:də] ⟨-t⟩;
~ **verboten!** tillträde förbjudet! [ˇtiltrɛ:də fœr'bjʉ:dət]
Eintrittspreis inträdespris [ˇintrɛ:dəs'pri:s] ⟨-et, -⟩
Einverständnis överenskommelse [ø:vəˇre:nskɔmələsə] ⟨-n, -r⟩

einwerfen *(Briefe)* posta [ˇpɔsta] ⟨-ade, -at⟩; kasta in [ˇkasta ˈin] ⟨-ade, -at⟩
einwickeln slå in [slo: ˈin]
einwilligen samtycka [ˇsamtyka] ⟨-te, -t⟩, gå med på [go: ˈme po:]
Einwohner invånare [ˇinvo:narə] ⟨-n, -⟩
Einzelheit detalj [deˈtalj] ⟨-en, -er⟩
einzeln enstaka [ˇe:nstɑ:ka]; separat [sepaˈrɑ:t]
einzig enda [ˇenda]; *(~artig)* enastående [ˇe:naˈsto:əndə], unik [ɵˈni:k]
ein(e) en, ett [en, ɛt]
Eis *(Glatt~)* is [i:s] ⟨-en, -ar⟩; *(Speise~)* glass [glas] ⟨-en, -ar⟩
Eisen järn [jæ:ɳ] ⟨-et⟩
elektrisch elektrisk [eˈlɛktrisk]
Eltern föräldrar [fœˈrɛldrar] *pl*
emanzipiert emanciperad [emansiˈpe:rad]
Empfang *(Erhalt)* mottagande [ˇmu:tɑ:gandə] ⟨-t⟩, mottagning [ˇmo:tɑ:gniŋ] ⟨-en, -ar⟩, reception [resɛpˈʃu:n] ⟨-en, -er⟩
empfangen motta(ga) [ˇmu:tɑ:(ga)]
empfehlen rekommendera [rekɔmənˈde:ra] ⟨-ade, -at⟩
Empfehlung rekommendation [rekɔməndaˈʃu:n] ⟨-en, -er⟩
Ende slut [slʉ:t] ⟨-et, -⟩; **am ~** till slut [til slʉ:t]
enden (av)sluta [ˇslʉ:ta/ˇɑ:vslʉ:ta] ⟨-ade, -at⟩
endgültig *adj* slutgiltig [ˇslʉ:tjiltig]; *adv* slutgiltigt [ˇslʉ:tjiltit]
endlich slutligen [ˇslʉ:tligən]
eng trång [trɔŋ]
englisch engelsk [ˇɛŋəlsk]
Enkel *(Sohn des Sohnes)* sonson [ˇso:nso:n] ⟨-en, -söner⟩; *(Sohn der Tochter)* dotterson [ˇdɔtəˈʂo:n]
entdecken upptäcka [ˇɵptɛka] ⟨-te, -t⟩
entfernt avlägsen [ˇɑ:vlɛgsən]
Entfernung avstånd [ˇɑ:vstɔnd] ⟨-et, -⟩
entgegengesetzt motsatt [ˇmu:tsat]
enthalten innehålla [ˇinəˈhɔla]
entlang längs med [lɛŋs me:d]
entscheiden avgöra [ˇɑ:vjœ:ra]
entschließen, s. ~ besluta sig [bəˈslʉ:ta sɛj] ⟨-ade, -at⟩
entschlossen sein (zu) vara besluten (att) [vɑ:ra bəˈslʉ:tən (at)]
Entschluß beslut [bəˈslʉ:t] ⟨-et, -⟩
entschuldigen ursäkta [ˇʉ:ʂɛkta] ⟨-ade, -at⟩; **~ Sie bitte** ursäkta [ˇʉ:ʂɛkta]; *(bei Behinderung etc.)* förlåt [fœˈɭo:t]; **s. ~** be om ur säkt [be: ɔm ˇʉ:ʂɛkt]
Entschuldigung ursäkt [ˇʉ:ʂɛkt] ⟨-en, -er⟩; **ich bitte um ~!** ursäkta mig! [ˇʉ:ʂɛkta mɛj]
enttäuscht besviken [bəˈsvi:kən]
entweder ... oder antingen ... eller [ˇantiŋən ... ˈɛlər]
entwickeln *(Film)* framkalla [ˇframkala] ⟨-ade, -at⟩
Entwicklung *(Film)* framkallning [ˇframkalniŋ] ⟨-en, -ar⟩
entzückend förtjusande [fœrˈçʉ:sandə]
entzückt förtjust [fœrˈçʉ:st]
er han [han]
Erde jord [ju:ɖ] ⟨-en, -ar⟩
Erdgeschoß bottenvåning [ˇbɔtənˈvo:niŋ] ⟨-en, -ar⟩
ereignen, s. ~ hända [ˇhɛnda] ⟨-e, hänt⟩
Ereignis händelse [ˇhɛndəlsə] ⟨-n, -r⟩
erfahren *verb* erfara [ˇe:rfɑ:ra], få veta [fo: ˇve:ta], få reda på [fo: ˇre:da ˈpo:]; *adj* erfaren [ˇæ:rfɑ:rən]
Erfahrung erfarenhet [ˇæ:rfɑ:rənˈhe:t] ⟨-en, -er⟩
erfinden uppfinna [ˇɵpfina]
Erfolg framgång [ˇframgɔŋ] ⟨-en, -ar⟩
erfreut (über) glad över (åt) [glɑ:d ˈø:vər (o:t)]
Erfrischung förfriskning [fœrˈfriskniŋ] ⟨-en, -ar⟩
Ergebnis resultat [resɵlˈtɑ:t] ⟨-et, -⟩
ergreifen gripa [ˇgri:pa]
erhalten få [fo:], erhålla [ˇæ:rhɔla]
erhältlich, ist ~ som kan erhållas [sɔm kan ˇæ:rhɔlas]
erhöhen *(Preise)* höja [ˇhøja] ⟨-de, -t⟩
erholen, s. ~ hämta sig [ˇhɛmta sɛj] ⟨-ade, -at⟩, vila upp sig [ˇvi:la ˈɵp sej] ⟨-ade, -at⟩
Erholung tillfrisknande [ˇtilfrisknandə] ⟨-t⟩, rekreation [rekre:aˈʃu:n]
erinnern, jdn an etw ~ påminna någon om något [ˇpo:mina nɔn ɔm nɔt] ⟨-de, -t⟩; **s. ~** komma ihåg [ˇkɔma iˈho:g]
erkennen känna igen [çɛna iˈjɛn] ⟨-de, -t⟩
erklären förklara [fœrˈklɑ:ra] ⟨-ade, -at⟩
erkundigen, s. ~ höra sig för [hœ:ra sɛj ˈfœ:r]
erlangen uppnå [ˇɵpno:] ⟨-dde, -tt⟩, erhålla [ˇæ:rhɔla]
erlauben tillåta [ˇtilo:ta]
Erlaubnis tillåtelse [ˇtilo:təlsə] ⟨-n, -r⟩
erledigen klara av [klɑ:ra ˈɑ:v]

A/Z

Ermäßigung rabatt [ra'bat] ⟨-en, -er⟩
ermöglichen möjliggöra [ˇmøjli'jœ:ra]
erneuern förnya [fœr'ny:a] ⟨-ade, -at⟩
ernst allvarlig [ˇalvɑ:ɭig]
Ernte skörd [ʃœ:ɖ] ⟨-en, -ar⟩
erreichen nå [no:] ⟨-dde, -tt⟩
Ersatz *(Schaden~)* ersättning [ˇæ:ʂɛtniŋ] ⟨-en, -ar⟩
erscheinen visa sig [ˇvi:sa sɛj] ⟨-ade, -at⟩; *(Buch)* komma ut [kɔma 'ʉ:t]
erschöpft utmattad [ˇʉ:tmatad]
erschrecken skrämma [ˇskrɛma] ⟨-de, -t⟩; *(erschrocken sein)* bli/vara rädd [bli: rɛd/vɑ:ra rɛd]
ersetzen ersätta [ˇæ:ʂɛta]
erst först [fœʂt]
erstens för det första [fœ:ɖe: fœʂta]
erste(r, -s) första [fœʂta]
erstklassig förstklassig [ˇfœʂtklasig]
ertragen tåla [ˇto:la] ⟨-de, -t⟩, stå ut med [sto: 'ʉ:t me:]
Erwachsene(r) vuxen [ˇvɵksən] ⟨vuxna, vuxna⟩
erwarten vänta (sig) [ˇvɛnta (sɛj)] ⟨-ade, -at⟩
erwidern (be)svara [ˇsvɑ:ra/bə'svɑ:ra] ⟨-ade, -at⟩
erzählen berätta [bə'rɛta] ⟨-ade, -at⟩
erzeugen framställa [ˇframstɛla] ⟨-de, -t⟩, producera [pru:dɵ'se:ra] ⟨- ade, -at⟩
Erzeugnis produkt [pru:'dɵkt] ⟨-en, -er⟩
Erziehung uppfostran [ˇɵpfustran]
es gibt det finns [de: fins]
Esel åsna [ˇo:sna] ⟨-n, -or⟩
eßbar ätbar [ˇɛ:tbɑ:r]
Essen *(Speise)* mat [mɑ:t] ⟨-en⟩; *(Mahlzeit)* måltid [ˇmo:lti:d] ⟨-en, -er⟩; **beim** ~ när/medan man äter [næ:r/ˇme:dan man 'ɛ:tər]
essen äta [ˇɛ:ta]
etwa omkring [ɔm'kriŋ]
etwas något [nɔt, ˇno:gɔt]; *(ein wenig)* (något) litet [(nɔt) ˇli:tə]
euch er [e:r]
euer er [e:r]
Europa Europa [eɵ'ru:pa]
Europäer europé [eɵru'pe:] ⟨-(e)n, -er⟩
europäisch europeisk [eɵru'peisk]
eventuell *adv* eventuellt [evɛntɵ'ɛlt]
extra extra [ˇɛkstra]

F

Fabrik fabrik [fa'bri:k] ⟨-en, -er⟩
Faden tråd [tro:d] ⟨-en, -ar⟩
fähig duglig [ˇdʉ:glig]; **ist** ~ är i stånd [e: i: stɔnd]
fahren åka [ˇo:ka] ⟨-te, -t⟩; *(lenken)* köra [ˇçœ:ra] ⟨-de, -t⟩
Fahrer förare [ˇfœ:rarə] ⟨-n, -⟩
Fahrgast passagerare [pasaˇʃe:rarə] ⟨-n, -⟩
Fahrstuhl hiss [his] ⟨-en, -ar⟩
Fahrt resa [ˇre:sa] ⟨-n, -or⟩
fair just [ʃyst], hederlig [he:dərlig]
Fall *(Vorfall)* fall [fal] ⟨-et, -⟩; **auf alle Fälle** i varje/alla fall [i: ˇvarjə/ˇala fal]
fallen falla [ˇfala]
falls ifall [i'fal], om [ɔm]
falsch fel [fe:l]; *(betrügerisch)* falsk [falsk]
Familie familj [fa'milj] ⟨-en, -er⟩
fangen fånga [ˇfɔŋa] ⟨-ade, -at⟩
Farbe färg [færj] ⟨-en, -er⟩
farbig färgad [ˇfærjad], kulört [kɵ'lœ:t]
fast nästan [ˇnɛstan]
faul lat [lɑ:t]; *(Obst)* skämd [ʃɛmd], rutten [ˇrɵtən]
Feder fjäder [ˇfjɛ:dər] ⟨-n, fjädrar⟩
fehlen fattas [ˇfatas] ⟨-ades, -ats⟩
Fehler fel [fe:l] ⟨-et, -⟩; *(Mangel)* brist [brist] ⟨-en, -er⟩
feierlich högtidlig [ˇhø:gti:dlig]
Feiertag helgdag [ˇhɛljdɑ:g] ⟨-en, -ar⟩
feilschen köpslå [ˇçø:pslo:], pruta [ˇprʉ:ta] ⟨-ade, -at⟩
fein fin [fi:n], vacker ['vakər]
Feld fält [fɛlt] ⟨-et, -⟩
Fell skinn [ʃin] ⟨-et, -⟩
Fels klippa [klipa] ⟨-n, -or⟩
Ferien semester [se'mɛstər] ⟨-n, semestrar⟩, lov [lo:v] ⟨-et⟩; **in den** ~ på semester(n) [po: se'mɛstər(n)]
Fernglas kikare [ˇçi:karə] ⟨-n, -⟩
fertig färdig [ˇfæ:ɖig]
fest fast [fast]
Fest fest [fest] ⟨-en, -er⟩, kalas [ka'lɑ:s] ⟨-et, -⟩, bjudning [bjʉ:dniŋ] ⟨-en, -ar⟩
festsetzen sätta fast [ˇsɛta 'fast]
fett fet [fe:t]
feucht fuktig [ˇfɵktig]
Feuer eld [eld] ⟨-en, -ar⟩
feuergefährlich eldfarlig [ˇeldfɑ:ɭig]
Feuerlöscher eldsläckare [ˇeldslɛkarə] ⟨-n, -⟩, brandsläckare [ˇbrandslɛkarə] ⟨-n, -⟩
Feuermelder brandskåp [ˇbrandsko:p] ⟨-et, -⟩

Feuerwehr brandkår [ˇbrandko:r] ⟨-en, -er⟩
Feuerwerk fyrverkeri [fy:rvɛrkeˈri:] ⟨-t, -er⟩
Feuerzeug cigarrettändare [sigaˇrɛtɛndarə] ⟨-n, -⟩
Filiale filial [filiˈɑ:l] ⟨-en, -er⟩
Film *(Foto, Kino)* film [film] ⟨-en, -er⟩
Filter filter [ˈfiltər] ⟨-filtret, -⟩
finden finna [ˇfina], hitta [ˇhita] ⟨-ade, -at⟩
Finnland Finland [ˈfinland]
finster mörk [mørk], mulen [ˇmʉlən], dyster [ˈdystər]
Firma firma [ˇfirma] ⟨-n, -or⟩
Fisch fisk [fisk] ⟨-en, -ar⟩
fischen fiska [ˇfiska] ⟨-ade, -at⟩
fit i form [i: fɔrm], i trim [i:trim]
flach flack [flak], platt [plat]
Flamme flamma [ˇflama] ⟨-n, -or⟩
Flasche flaska [ˇflaska] ⟨-n, -or⟩
Fleck(en) fläck [flɛk] ⟨-en, -ar⟩
Fleisch kött [çøt] ⟨-et⟩
fleißig flitig [ˇfli:tig]
flicken lappa [ˇlapa] ⟨-ade, -at⟩, laga [ˇlɑ:ga] ⟨-ade, -at⟩
Fliege fluga [ˇflʉ:ga] ⟨-n, -or⟩
fliegen flyga [ˇfly:ga]
fließen flyta [ˇfly:ta]
Flirt flirt [flit], flört [flœt]
Fluß flod [flu:d] ⟨-en, -er⟩, älv [ɛlv] ⟨-en, -ar⟩
flüssig flytande [ˇfly:tandə]
folgen följa [ˇfølja] ⟨-de, -t⟩
fordern fordra [ˇfu:dra] ⟨-ade, -at⟩
Forderung fordran [ˇfu:dran]; *(Anspruch)* krav [krɑ:v] ⟨-et, -⟩
Form form [fɔrm] ⟨-en, -ar⟩
Format format [fɔrmɑ:t ⟨-et, -⟩
Formular formulär [fɔrmʉˈlæ:r] ⟨-et, -⟩; **ein ~ ausfüllen** fylla i ett formulär/en blankett [fyla ˈi: et fɔrmʉˈlæ:r/en blaŋˈkɛt]
fort bort [bɔt]
Fortschritt framsteg [ˇframste:g] ⟨-et, -⟩
fortsetzen fortsätta [ˇfutʂɛta]
forttragen bära bort [bæ:ra ˈbɔt]
Foto foto(grafi) [fu:tu:(graˈfi:)] ⟨-t, -er⟩
Fotoapparat kamera [ˈkɑ:məra] ⟨-n, -or⟩
fotografieren fotografera [futugraˈfe:ra] ⟨-ade, -at⟩
Fracht frakt [frakt] ⟨-en, -er⟩
Frage fråga [ˇfro:ga] ⟨-n, -or⟩
fragen fråga [ˇfro:ga] ⟨-ade, -at⟩
französisch fransk [fransk]
Frau kvinna [ˇkvina] ⟨-n, -or⟩; *(Anrede, vor Namen)* fru [frʉ:]; *(Ehe~)* hustru [ˇhɵstrɵ] ⟨-n, -r⟩
Fräulein fröken [ˈfrø:kən] ⟨-, fröknar⟩
frei fri [fri:]; *(unbesetzt)* ledig [ˇle:di]; **im Freien** ute (i det fria) [ˇʉ:tə (i: de ˇfri:a)]
fremd främmande [ˇfrɛmandə]
Fremde, der, die ~ främling [ˇfrɛmliŋ] ⟨-en, -ar⟩
Freude glädje [ˇglɛ:djə] ⟨-n⟩
freuen, s. ~ auf/über glädja sig åt/över [ˇglɛ:dja sɛj o:t/ˈø:vər]
Freund vän [vɛn] ⟨-nen, -ner⟩
freundlich vänlig [ˇvɛnlig]
Freundlichkeit vänlighet [ˇvɛnligˈhe:t] ⟨-en⟩
Freundschaft vänskap [ˇvɛnskɑ:p] ⟨-en, -⟩
Friede fred [fre:d] ⟨-en⟩; *(Ruhe)* frid [fri:d] ⟨-en⟩
frieren frysa [ˇfry:sa]
frisch frisk [frisk]; *(neu)* färsk [fæʂk], ny [ny:]; *(Wäsche)* fräsch [frɛ:ʃ], ren [re:n]
froh glad [glɑ:d]
früh tidig [ˇti:dig]
früher *(eher; damals)* förr [fœr]
frühstücken äta frukost [ˇɛtaˈfrɵkɔst]
fühlen känna [ˇçɛna] ⟨-de, -t⟩
führen föra [ˇfœ:ra] ⟨-de, -t⟩, leda [ˇle:da] ⟨-de, lett⟩
Führer *(für Fremde)* guide [gajd] ⟨-n, -er⟩
füllen fylla [ˇfyla] ⟨-de, -t⟩
Fundbüro hittegodsavdelning [ˇhitəgu:dsˈɑ:vde:lniŋ] ⟨-en, -ar⟩
Funke gnista [ˇgnista] ⟨-n, -or⟩
funktionieren fungera [fɵŋˈge:ra] ⟨-ade, -at⟩
für för [fœ:r]
Furcht fruktan [ˇfrɵktan]
fürchten frukta [ˇfrɵkta] ⟨-ade, -at⟩; **s. ~ vor** vara rädd för [vɑ:ra ˈrɛd fœ:r]
fürchterlich fruktansvärd [ˇfrɵktansˈvæ:d], förskräcklig [fœʂˈkrɛklig]
Fußgänger fotgängare [ˇfu:tjɛŋarə] ⟨-n, -⟩
Futter foder [ˈfu:dər] ⟨fodret, -⟩

G

gähnen gäspa [ˇjɛspa] ⟨-ade, -at⟩
Gang *(Auto)* växel [ˈvɛksəl] ⟨-n, växlar⟩; *(Durchgang)* genomgång [ˇje:nɔmˈgɔŋ] ⟨-en, -ar⟩, passage [paˈsɑ:ʃ] ⟨-n, -r⟩; *(Essen)* rätt [rɛt] ⟨-en, -er⟩; *(Flur)* gång [gɔŋ] ⟨-en, -ar⟩, korridor [kɔriˈdo:r] ⟨-en, -er⟩

ganz *adj* hel [he:l]; *pl* alla [ˇala]; *adv* helt [he:lt]
Ganze, das ~ det hela [de ˇhe:la], alltsamman(s) [ˇaltsaman(s)]
gar nicht inte alls [intə ˈals]
Garage garage [gaˈrɑ:ʃ] ⟨-t, -⟩
Garantie garanti [garanˈti:] ⟨-(e)n, -er⟩
Garten trädgård [ˈtrɛ:go:ɖ] ⟨-en, -ar⟩
Gast gäst [jɛst] ⟨-en, -er⟩
Gastfreundschaft gästfrihet [ˇjɛstfri:ˈhe:t] ⟨-en⟩
Gastgeber(in) värd(inna) [væˈɖ(ina)] ⟨-n, -or⟩
Gasthaus, ~hof värdshus [ˇvæ:ɖʂhʉ:s] ⟨-et, -⟩
Gebäude byggnad [ˇbygnad] ⟨-en, -er⟩
geben ge [je:]
Gebet bön [bø:n] ⟨-en, -er⟩
geboren född [fød]
Gebrauch bruk [brʉ:k] ⟨-et⟩, användning [ˇanvɛndniŋ] ⟨-en⟩
gebrauchen använda [ˇanvɛnda] ⟨-e, använt⟩
gebräuchlich bruklig [ˇbrʉ:kli], vanlig [vɑ:nlig]
Gebühren avgifter [ˇɑ:vjiftər] *pl*
Geburt födelse [ˇfø:dəlsə] ⟨-n, -⟩
gebürtig aus bördig från [ˇbœ:ɖi fro:n], född i [fød i:]
Geburtstag födelsedag [ˇfø:dəlsəˈdɑ:g] ⟨-en, -ar⟩
Gedanke tanke [ˇtaŋkə] ⟨-n, -ar⟩
Geduld tålamod [ˇto:laˈmu:d] ⟨-et⟩
geduldig tålmodig [ˇto:lmu:dig]
Gefahr fara [ˇfɑ:ra] ⟨-n, -or⟩
gefährlich farlig [ˇfɑ:ɭig]
Gefallen tjänst [çɛnst] ⟨-en, -er⟩
gefallen behaga [bəˈhɑ:ga] ⟨-ade, -at⟩; *(ansprechen)* tilltala [ˇtiltɑ:la] ⟨-ade, -at⟩
Gefälligkeit tjänstvillighet [ˇçɛnstviliˈhe:t] ⟨-en⟩
Gefäß kärl [çæ:ɭ] ⟨-et, -⟩
Gefühl känsla [ˇçɛnsla] ⟨-n, -or⟩
gegen *(wider; in Richtung auf)* mot [mu:t]; *(zeitlich)* omkring [ɔmˈkriŋ]
Gegend trakt [trakt] ⟨-en, -er⟩
Gegenstand *(Gesprächs~)* ämne [ˇɛmnə] ⟨-t, -n⟩; *(Ding)* föremål [ˇfœ:rəmo:l] ⟨-et, -⟩
Gegenteil motsats [ˇmu:tsats] ⟨-en, -er⟩; **im** ~ tvärtom [ˇtvæʈɔm]
gegenüber *adv* mittemot [ˇmiteˈmu:t]
Gegenwert motsvarande värde [ˇmu:tsvɑ:randə ˇvæ:ɖə] ⟨-t, -n⟩
geheim hemlig [ˇhemlig]
gehen gå [go:]; **geradeaus** ~ gå rakt fram [go: rɑ:kt fram]; **vorwärts** ~ gå framåt [go: ˇframo:t]; **zurück** ~ gå tillbaka [go: tilˈbɑ:ka]
gehören tillhöra [ˇtilhœ:ra] ⟨-de, -t⟩
Gelände terräng [tɛˈrɛŋ] ⟨-en⟩, område [ˇɔmro:də] ⟨-t⟩
Geld pengar [ˇpɛŋar] *pl*
Geldstrafe böter [ˈbø:tər] *pl*
Geldstück mynt [mynt] ⟨-et, -⟩
Gelegenheit tillfälle [ˇtilfɛlə] ⟨-t, -n⟩
gelegentlich *adv* vid tillfälle [vi:d ˇtilfɛlə]; ibland [i:ˈbland]
gelten gälla [ˇjɛla] ⟨-de, -t⟩
gemein gemen [jəˈme:n], elak [ˇe:lak]
gemeinsam *adj* gemensam [jəˇme:nsam]; *adv* gemensamt [jəˇme:nsamt], tillsammans [tilˈsamans]
gemischt blandat [ˇblandat]
gemütlich (hem)trevligt [(hɛm)tre:vligt]
genau noga [ˇnu:ga], exakt [ɛkˈsakt]; ~ **so … wie** precis som [preˈsi:s sɔm]
Genauigkeit noggrannhet [ˇnu:granˈhe:t] ⟨-en⟩
genehmigen godkänna [ˇgu:dçɛna] ⟨-de, -t⟩, bevilja [bəˈvilja] ⟨-ade, -at⟩
genießen njuta (av) [ˇnjʉ:ta/njʉ:ta ˈɑ:v]
genug nog [nu:g], tillräckligt med [ˇtilrɛklit me:]
Genuß njutning [ˇnjʉ:tniŋ] ⟨-en, -ar⟩
geöffnet öppet [ˇøpət]
gerade *adj* rak [rɑ:k]; *(zeitlich)* just [jɵst]
geradeaus rakt fram [rɑ:kt fram]
Geräusch buller [ˈbɵlər] ⟨bullret, -⟩
gerecht rättvis [ˇrɛtvi:s]
Gericht *(Essen)* rätt [rɛt] ⟨-en, -er⟩; *(Justiz)* domstol [ˇdumstu:l] ⟨-en, -ar⟩
gering ringa [ˇriŋa]; ~**er** mindre [ˈmindrə]
gern gärna [ˇjæ:ɳa]; **nicht** ~ inte gärna [ˇintə ˇjæ:ɳa]
Geruch lukt [lɵkt] ⟨-en, -er⟩
Gesang sång [sɔŋ] ⟨-en, -er⟩
Geschäft *(Laden)* affär [aˈfæ:r] ⟨-en, -er⟩; *(Handel)* affärer [aˈfæ:rər] *pl*
geschehen hända [ˇhɛnda] ⟨-e, hänt⟩; **was ist** ~? vad har hänt? [vɑ: hɑ:r hɛnt]
Geschenk present [preˈsɛnt] ⟨-en, -er⟩, gåva [ˇgo:va] ⟨-n, -or⟩
Geschichte historia [hisˇtu:ria] ⟨-en, -er⟩
geschickt skicklig [ˇʃiklig]
geschlossen stängd [stɛŋd]
Geschmack smak [smɑ:k] ⟨-en, -er⟩

Geschwindigkeit hastighet [ˇhastigˈhe:t] ⟨-en, -er⟩
Gesellschaft sällskap [ˇsɛlskɑ:p] ⟨-et, -⟩
Gespräch samtal [ˇsamtɑ:l] ⟨-et, -⟩
gesund frisk [frisk]
Gesundheit hälsa [ˇhɛlsa] ⟨-n⟩
getrennt skild [ʃiɭd]; isär [isæ:r]
gewähren bevilja [bəˈvilja] ⟨-ade, -at⟩
gewaltig väldig [ˇvɛldi], stor [stu:r]
Gewebe väv [vɛ:v] ⟨-en, -ar⟩, tyg [ty:g] ⟨-et, -er⟩
Gewicht vikt [vikt] ⟨-en, -er⟩
Gewinn vinst [vinst] ⟨-en, -er⟩
gewinnen vinna [ˇvina]
gewiß *adj* viss [vis]; *adv* säkert [ˈsɛ:kəʈ]
gewissenhaft samvetsgrann [ˇsamve:tsˈgran]
Gewitter åska [ˇo:ska] ⟨-n, -⟩
gewöhnen, s. ~ an vänja sig vid [ˇvɛnja sɛj vi:d]
Gewohnheit vana [ˇvɑ:na] ⟨-n, -or⟩
gewöhnlich vanlig [ˇvɑ:nlig]
gewohnt sein vara van [vɑ:ra ˈvɑ:n]
gibt, es ~ det finns [de: fins]
Gift gift [jift] ⟨-et, -er⟩
giftig giftig [ˇjiftig]
Gipfel topp [tɔp] ⟨-en, -ar⟩
Gips gips [jips] ⟨-et⟩
Gitarre gitarr [jiˈtar] ⟨-en, -er⟩
Gitter galler [ˈgalər] ⟨gallret, -⟩
glänzen glänsa [ˇglɛnsa] ⟨-te, -t⟩
glänzend glänsande [ˇglɛnsandə]
Glas *(Scheibe, Trink~)* glas [glɑ:s] ⟨-et, -⟩
glatt *adv* halt [hɑ:lt], *adj* hal [hɑ:l]
Glaube tro [tru:] ⟨-n⟩
glauben tro [tru:] ⟨-dde, -tt⟩
gleich *adj* lik(a) [li:k/ˇli:ka]; *(sofort)* genast [ˇje:nast]
gleichen likna [ˇli:kna] ⟨-ade, -at⟩
gleichfalls också [ˇɔkso:]; *(danke ~)* tack detsamma [tak deˇsama]
gleichwertig likvärdig [ˇli:kvæ:ɖi]
gleichzeitig *adv* samtidigt [ˇsamti:dit]
Glück lycka [ˇlyka] ⟨-n⟩;
viel ~! lycka till [lyka ˈtil]
glücklich lycklig [ˇlyklig]
Glückwunsch lyckönskning [ˇlykønskniŋ] ⟨-en, -ar⟩
Glut glöd [glø:d] ⟨-en, -⟩; hetta [ˇhɛta] ⟨-n⟩
Gott Gud [gʉ:d], gud [gʉ:d] ⟨-en, -ar⟩; **~ sei Dank!** gudskelov! [ˇgʉ:ʃe:ˈlo:v], som väl är! [sɔm vɛ:l e:]
Grad grad [grɑ:d] ⟨-en, -er⟩
gratis gratis [ˇgrɑ:tis]
gratulieren gratulera [gratɵˈle:ra] ⟨-ade, -at⟩
Grenze gräns [grɛns] ⟨-en, -er⟩
Griff *(Hand~)* handtag [ˇhandtɑ:g] ⟨-et, -⟩; grepp [grɛp] ⟨-et, -⟩
groß stor [stu:r]
großartig storartad [ˇstu:rɑ:ʈad], storslagen [ˇstu:ʂlɑ:gən]
Größe *(Ausdehnung)* storlek [ˇstu:ɭe:k] ⟨-en⟩, utsträckning [ˇʉ:tstrɛkniŋ] ⟨-en⟩; *(geistige)* storhet [ˇstu:rhe:t] ⟨-en, -er⟩; *(Kleidung, Schuhe)* storlek [ˇstu:ɭe:k] ⟨-en, -ar⟩
Großmutter *(väterlicherseits)* farmor [ˇfɑ:rmu:r]; *(mütterlicherseits)* mormor [ˇmu:rmu:r]
Großvater *(väterlicherseits)* farfar [ˇfɑ:rfɑ:r]; *(mütterlicherseits)* morfar [ˇmu:rfɑ:r]
Grund orsak [ˇu:ʂɑ:k] ⟨-en, -er⟩, skäl [ʃɛ:l] ⟨-et, -⟩; *(Beweg~)* motiv [muˈti:v] ⟨-et, -⟩
Gruppe grupp [grɵp] ⟨-en, -er⟩
grüßen hälsa [ˇhɛlsa] ⟨-ade, -at⟩
gültig giltig [ˇjiltig], gällande [ˇjɛlandə]
Gültigkeit giltighet [ˇjiltigˈhe:t] ⟨-en⟩
günstig *(Preis)* fördelaktig [ˇfœ:ɖe:l-ˈaktig], förmånlig [ˇfœ:rmo:nlig]
gut *adj* bra [brɑ:], god [gu:d]; *adv* bra [brɑ:]
Gutschein kupong [kɵˈpɔŋ] ⟨-en, -er⟩, tillgodokort [ˇtilgu:duiˈkuʈ]

H

haben ha [hɑ:] ⟨-hade, haft⟩
Hahn tupp [tɵp] ⟨-en, -ar⟩; *(Wasser~)* vattenkran [ˇvatənˈkrɑ:n] ⟨-en, -ar⟩
Haken krok [kru:k] ⟨-en, -ar⟩, hake [ˇhɑ:kə] ⟨-n, -ar⟩; *(Kleider~)* klädhängare [ˇklɛ:dhɛŋarə] ⟨-n, -⟩
halb halv [halv]
Hälfte halva [ˇhalva] ⟨-n, -or⟩, hälft [hɛlft] ⟨-en, -er⟩
Halle hall [hal] ⟨-en, -ar⟩
hallo hallå [haˈlo:]
haltbar hållbar [ˇhɔlbɑ:r]
halten *(fest~)* hålla [ˇhɔla]; *(dauern)* räcka [ˇrɛka] ⟨-te, -t⟩; *(stehenbleiben)* stanna [ˇstana] ⟨-ade, -at⟩
halt! stopp! [stɔp], halt! [halt]
Hammer hammare [ˇhamarə] ⟨-n, -⟩
Hand hand [hand] ⟨-en, händer⟩
handgemacht handgjord [ˇhandju:ɖ]
Hang *(Ab~)* sluttning [ˇslɵtniŋ] ⟨-en, -ar⟩, backe [ˇbakə] ⟨-n, -ar⟩

hängen *(auf~)* hänga (upp) [ˈhɛŋa/hɛŋa ˈɵp] ⟨-de, -t⟩
hart hård [ho:ɖ]
Härte hårdhet [ˈho:ɖhe:t] ⟨-en⟩
häßlich ful [fʉ:l]
häufig *adv* ofta [ˈɔfta]
Haupteingang huvudingång [ˈhʉ:vʉ:dˈingɔŋ] ⟨-en, -ar⟩
hauptsächlich *adv* huvudsakligen [ˈhʉ:vɵdˈsɑ:kligən]
Hauptstadt huvudstad [ˈhʉ:vɵdˈstɑ:d] ⟨-en, -städer⟩
Haus hus [hʉ:s] ⟨-et, -⟩
Haustür ytterdörr [ˈytəˈɖœr] ⟨-en, -ar⟩
heben lyfta upp [lyfta ˈɵp] ⟨-ade, -at⟩
Heft skrivbok [ˈskri:vbu:k] ⟨-en, -böcker⟩, häfte [ˈhɛftə] ⟨-t, -n⟩
heilig helig [ˈhe:lig]
Heimat hembygd [ˈhembygd] ⟨-en, -er⟩, hemland [ˈhemland] ⟨-et⟩
heimlich hemlig [ˈhɛmlig]
Heimreise hemresa [ˈhemre:sa] ⟨-n, -or⟩, återresa [ˈo:təˈre:sa] ⟨-n, -or⟩
Heirat äktenskap [ˈɛktənˈskɑ:p] ⟨-et, -⟩, giftermål [jiftərˈmo:l] ⟨-et, -⟩
heiraten gifta sig [ˈjifta sɛj] ⟨-ade, -at⟩
heiß het [he:t]
heißen heta [ˈhe:ta] ⟨-hette, hetat⟩
heiter glad [glɑ:d]; *(Wetter)* klar [klɑ:r], solig [su:lig]
heizen värma upp [værma ˈɵp], elda [ˈelda]
Heizöl eldningsolja [ˈeldniŋsˈɔlja] ⟨-n, -or⟩
hektisch hektisk [ˈhɛktisk]
helfen, jdm ~ hjälpa någon [ˈhjɛlpa nɔn]
hell ljus [jʉ:s]
herabsetzen *(Preise)* sänka [ˈsɛnka] ⟨-te, -t⟩
heraufsetzen *(Preise)* höja [ˈhøja] ⟨-de, -t⟩
herausgeben *(Geld)* ge tillbaka [ge: tilˈbɑ:ka]
herb *(Wein)* torr [tɔr]
hereinkommen komma in [ˈkɔma ˈin]
herein! stig in! [sti:g ˈin]
Hering sill [sil] ⟨-en, -ar⟩; strömming [strømiŋ] ⟨-en, -ar⟩; *(Zelt)* tältpinne [ˈtɛltpina] ⟨-n, -ar⟩
Herr herre [ˈhærə] ⟨-n, -ar⟩; *(Anrede vor Namen)* herr [hær]
herrlich härlig [ˈhæ:ḷig]
Herz hjärta [ˈjæʈa] ⟨-t, -n⟩
herzlich hjärtlig [ˈhjæʈlig]
Herzlichkeit hjärtlighet [ˈjæʈligˈhe:t] ⟨-en⟩
heute idag [iˈdɑ:g]; ~ **abend** i kväll [i ˈkvɛl]; ~ **nacht** i natt [i ˈnat]
hier här [hæ:r]
hierher hit [hi:t]
Hilfe hjälp [jɛlp] ⟨-en, -⟩; **Erste** ~ första hjälpen [ˈfœʂta ˈhjɛlpən]
Himmel himmel [ˈhiməl] ⟨himlen, himlar⟩
hinaufgehen stiga uppför [sti:ga ˈɵpfœ:r], gå upp [go: ˈɵp]
hinausgehen gå ut [go: ˈʉ:t]
hindern hindra [ˈhindra] ⟨-ade, -at⟩
hineingehen gå in [go: ˈin]
hinlegen lägga (ned) [ˈlɛga/lɛga ˈne:d]; **s.** ~ lägga sig ner [lɛga sɛj ˈne:r]
hinsetzen, s. ~ sätta/slå sig ner [sɛta/slo: sɛj ˈne:r]
hinten bak [bɑ:k]
hinter bakom [ˈbɑ:kɔm]
hinterlassen lämna [ˈlɛmna] ⟨-ade, -at⟩
hinterlegen deponera [depuˈne:ra] ⟨-ade, -at⟩
hinuntergehen gå ner [go: ˈne:r]
hinzufügen tillägga [ˈtilɛga]
Hobby hobby [ˈhɔbi] ⟨-n, -s⟩
hoch hög [hø:g]
höchstens högst [høgst]
Hochzeit *(Feier)* bröllop [ˈbrølɔp] ⟨-et, -⟩
Hof gård [go:ɖ] ⟨-en, -ar⟩, gårdsplan [ˈgo:ɖʂplɑ:n] ⟨-en, -er⟩
hoffen hoppas [ˈhɔpas] ⟨-ades, -ats⟩
höflich artig [ˈɑ:ʈig], hövlig [ˈhø:vlig]
Höflichkeit artighet [ˈɑ:ʈihe:t] ⟨-en⟩, hövlighet [ˈhø:vlihe:t] ⟨-en⟩
Höhe höjd [højd] ⟨-en, -er⟩
Höhepunkt höjdpunkt [ˈhøjdpɵŋkt] ⟨-en, -er⟩, kulmen [ˈkɵlmən]
holen hämta [ˈhɛmta] ⟨-ade, -at⟩
Holz trä [trɛ:] ⟨-et⟩; *(Bauholz)* virke [ˈvirkə] ⟨-t⟩; *(Brennholz)* ved [ve:d] ⟨-en⟩
Honorar honorar [hɔnɔˈrɑ:r] ⟨-et, -⟩, arvode [ˈarvu:də] ⟨-t, -n⟩
hören höra [ˈhœ:ra] ⟨-de, -t⟩; *(zu~)* lyssna [ˈlysna] ⟨-ade, -at⟩
Hotel hotell [hɔˈtɛl] ⟨-et, -⟩
hübsch vacker [ˈvakər], söt [sø:t]
Hügel kulle [ˈkɵlə] ⟨-en, -ar⟩, backe [ˈbakə] ⟨-en, -ar⟩
Hund hund [hɵnd] ⟨-en, -ar⟩
hundert hundra [ˈhɵndra]; ~ **mal** hundra gånger [ˈhɵndra ˈgɔŋər]
Hunger hunger [ˈhɵŋər] ⟨-n⟩, svält [svɛlt] ⟨-en⟩; ~ **haben** vara hungrig [vɑ:ra ˈhɵŋri]
hungrig hungrig [ˈhɵŋrig]
husten hosta [ˈhusta] ⟨-ade, -at⟩
Hütte hydda [ˈhyda] ⟨-n, -or⟩, stuga [ˈstʉ:ga] ⟨-n, -or⟩; *(Berg~)* fjällstuga [ˈfjɛlstʉ:ga]

A/Z

I

ich jag [jɑ:(g)]
Idee idé [i'de:] ⟨-(e)n, -er⟩
ihr (1) *pers prn nom pl* ni [ni:]; *dat sing* henne ['hɛnə]
ihr (2) *poss prn* hennes [hɛnəs]; *pl* deras [ˇde:ras]; *(subjektbezogen)* sin [sin]
Imbiß mellanmål [ˇmɛlanmo:l] ⟨-et, -⟩, matbit [ˇmɑ:tbi:t] ⟨-en, -ar⟩
immer alltid [ˇalti:d]
imstande sein vara i stånd [ˇvɑ:ra i: stɔnd]
in i [i:]
inbegriffen inbegripen [ˇinbə'gri:pən], inkluderad [iŋklɵ'de:rad]
informieren informera [infɔr'me:ra] ⟨-ade, -at⟩, upplysa [ˇɵply:sa] ⟨-te, -t⟩
Inhalt innehåll [ˇinə'hɔl] ⟨-et, -⟩
Inland inland [ˇinland] ⟨-et⟩
innen inuti [ˇinʉ:ti], på insidan [po: ˇinsi:dan]
Innere, das ~ det inre [de: 'inrə]
innerhalb *(zeitlich)* inom [ˇinɔm]
Insekt insekt [ˇinsɛkt] ⟨-en, -er⟩
Insel ö [ø:] ⟨-n, -ar⟩
Inserat annons [a'nɔns] ⟨-en, -er⟩
interessant intressant [intrɛ'sant]
Interesse intresse [in'trɛsə] ⟨-t, -n⟩
interessieren, s. ~ **(für)** intressera sig (för) [intrɛ'se:ra sɛj (fœ:r)] ⟨-ade, -at⟩
international internationell [internaʃu:'nɛl]
inzwischen under tiden ['ɵndər 'ti:dən]
irgend etwas något [nɔt/ˇno:gɔt]; *(etwas Beliebiges)* vad som helst [vɑ: sɔm hɛlst]
irgendwie på något sätt [po: ˇno:gɔt sɛt]
irgendwo någonstans [ˇno:gɔn'stans]
irgendwohin vart som helst [vɑ:ʈ sɔm hɛlst]
irren, s. ~ missta sig [ˇmistɑ: sɛj]
Irrtum misstag [ˇmistɑ:g] ⟨-et, -⟩

J

Jahr år [o:r] ⟨-et, -⟩
Jahreszeit årstid [ˇo:ʂti:d] ⟨-en, -er⟩
jährlich *adv* årligen [ˇo:ɭiən]
je ju [jʉ:]
jeder *adj* varje [ˇvarjə]; *prn* varenda (en) [vɑ:'renda (e:n)], var (och en) [vɑ:r (ɔ e:n)]; ~ **beliebige** vem/vilken som helst [vɛm/ˇvilkən sɔm hɛlst]
jedesmal varje gång [ˇvarjə gɔŋ]
jedoch dock [dɔk], likväl [ˇli:kvɛ:l]
jemals någonsin [ˇno:gɔn'sin]
jemand någon [no:n/ˇno:gɔn]
jene(r, -s) den (*n* det) där [dɛn (dɛ) 'dæ:r]
jenseits på andra sidan [po: ˇandra ˇsi:dan]
jetzt nu [nʉ:]
jucken klia [kli:a] ⟨-ade, -at⟩
Jugend ungdom [ˇɵŋdum] ⟨-en, -ar⟩
jung ung [ɵŋ]
Junge pojke ['pɔjkə] ⟨-n, -ar⟩
Junggeselle ungkarl [ˇɵŋkɑ:ɭ] ⟨-en, -ar⟩

K

Kabine hytt [hyt] ⟨-en, -er⟩
Kaffee kaffe [ˇkafə] ⟨-t⟩
Kahn eka [ˇe:ka] ⟨-n, -or⟩
Kakerlake kackerlacka [ˇkakərlaka] ⟨-n, -or⟩
kalt kall [kal]
Kanal kanal [ka'nɑ:l] ⟨-en, -er⟩
Kapelle *(Gebäude, Musik~)* kapell [ka'pɛl] ⟨-et, -⟩
kaputt trasig [ˇtrɑ:si], sönder ['søndər]
Karte *(Fahr~)* biljett [bil'jɛt] ⟨-en, -er⟩; *(Eintritts ~)* inträdesbiljett [ˇintrɛ:dəs-bil'jɛt], entrébiljett [aŋˇtre:bil'jɛt]; *(Land~)* karta [ˇkɑ:ʈa] ⟨-n, -or⟩; *(Post~)* brevkort [ˇbre:vkuʈ] ⟨-et, -⟩; *(Ansichts ~)* vykort [ˇvy:kuʈ] ⟨-et⟩
Kasse kassa [ˇkasa] ⟨-n, -or⟩
Kattegat Kattegat [ˇkatə'gat]
Katze katt [kat⟩ ⟨-en, -er⟩
Kauf köp [çø:p] ⟨-et, -⟩
kaufen köpa [ˇçø:pa] ⟨-te, -t⟩
Käufer köpare [ˇçø:parə] ⟨-n, -⟩, kund [kɵnd] ⟨-en, -er⟩
Kaufhaus varuhus [ˇvɑ:rɵ'hʉ:s] ⟨-et, -⟩
Kaugummi tuggummi [ˇtɵgɵmi] ⟨-t, -n⟩
kaum knappt [knapt]
Kaution borgen [ˇbɔrjən]
kein ingen (*n* intet) [ˇiŋən (ˇintət)], inte någon (*n* något) [ˇintə nɔn (nɔt)]
keinesfalls under inga omständigheter ['ɵndər ˇiŋa ˇɔmstɛndi'he:tər]
keine(r, -s) ingen [ˇiŋən]
kennen känna [çɛna] ⟨-de, -t⟩
kennenlernen lära känna [læ:ra ˇçɛna], bli bekant med [bli: bə'kant me:]
Kenntnis kännedom [ˇçɛnə'dum] ⟨-en, -⟩, kunskap [ˇkɵnskɑ:p] ⟨-en, -er⟩

Kennzeichen kännetecken [ˇçɛnə-tekən] ⟨~tecknet, -⟩, märke [ˇmærkə] ⟨-et, -n⟩, *(Fahrzeug)* registreringsnummer [rejisˇtre:riŋsˈnɵmər] ⟨-et, -⟩
Keramik keramik [çeraˈmi:k] ⟨-en⟩
Kerze (stearin)ljus [jʉ:s/steaˇri:njʉ:s] ⟨-et, -⟩
Kette kedja [ˇçe:dja] ⟨-n, -or⟩; *(Hals~)* halskedja [ˇhalsçe:dja] ⟨-n, -or⟩, halsband [ˇhalsband] ⟨-et, -⟩
Kind barn [bɑ:ɳ] ⟨-et, -⟩
Kissen kudde [ˇkɵdə] ⟨-n, -ar⟩
Kiste låda [ˇlo:da] ⟨-n, -or⟩
Klang klang [klaŋ] ⟨-en, -er⟩, ljud [jʉ:d] ⟨-et, -⟩
klar klar [klɑ:r]
Klasse klass [klas] ⟨-en, -er⟩
Kleidung klädsel [ˇklɛ:dsəl] ⟨-n⟩, kläder [ˇklɛ:dər] *pl*
klein liten [ˇli:tən]
Klima klimat [kli:ˈma:t] ⟨-et, -⟩
Klingel ringklocka [ˇriŋklɔka] ⟨-n, -or⟩
klingeln ringa [ˇriŋa] ⟨-de, -t⟩
klug klok [klu:k]
knipsen knäppa [ˇknɛpa] ⟨-te, -t⟩, fotografera [fu:tu:graˈfe:ra] ⟨-ade, -at⟩
Knopf knapp [knap] ⟨-en, -ar⟩; **(auf) einen ~ drücken** trycka på en knapp [ˇtryka po: en knap]
Knoten knut [knʉ:t] ⟨-en, -ar⟩
kochen *(Essen zubereiten)* laga mat [lɑ:ga ˈmɑ:t] ⟨-ade, -at⟩; *(Wasser)* koka [ˇku:ka] ⟨-ade, -at⟩
Koffer resväska [ˇre:svɛska] ⟨-n, -or⟩
Kohle kol [ko:l] ⟨-et⟩
Kollege kollega [kɔˈle:ga] ⟨-n, -or⟩
kommen komma [ˇkɔma]
Kompaß kompass [kɔmˈpas] ⟨-en, -er⟩
Kondom kondom [kɔnˈdo:m] ⟨-en, -er⟩
können kunna [ˇkɵna]
Konsulat konsulat [kɔnsɵˈlɑ:t] ⟨-et, -⟩
konsultieren konsultera [kɔnsəlˈte:ra] ⟨-ade, -at⟩
Kontakt kontakt [kɔnˈtakt] ⟨-en, -er⟩
kontrollieren kontrollera [kɔntrɔˈle:ra] ⟨-ade, -at⟩
Kopie kopia [ku:ˈpija ⟨-n, -or⟩
Korb korg [kɔrj] ⟨-en, -ar⟩
Körper kropp [krɔp] ⟨-en, -ar⟩
korrekt korrekt [kɔˈrɛkt]
kosten kosta [ˇkɔsta] ⟨-ade, -at⟩
Kosten kostnader [ˇkɔstnadər] *pl*
kostenlos kostnadsfri [ˇkɔstnadsˈfri:], gratis [ˈgrɑ:tis]
kostspielig dyr [dy:r]
Kraft kraft [kraft] ⟨-en, -er⟩
kräftig kraftig [ˇkrafti]
krank sjuk [ʃʉ:k]; **~ werden** bli sjuk [bli: ˈʃʉ:k]
Krankenwagen ambulans [ambʉ:lans] ⟨-en, -er⟩
kreativ kreativ [ˈkre:ativ]
Kredit kredit [ˈkre:dit] ⟨-en, -er⟩
Kreuzung *(Straße)* korsning [ˇkɔʂniŋ] ⟨-en, -ar⟩
Krieg krig [kri:g] ⟨-et, -⟩
kritisieren kritisera [kriti:ˈse:ra] ⟨-ade, -at⟩
Küche kök [çø:k] ⟨-et, -⟩
Kuh ko [ku:] ⟨-n, -r⟩
kühl sval [svɑ:l]
Kultur kultur [kɵltʉ:r] ⟨-en, -er⟩
Kummer bekymmer [ˈbeçymər] ⟨-bekymret, -⟩
kümmern, s. ~ um ta hand om något [ta: ˈhand ɔm nɔt]; bry sig om något [bry: sɛj ˈɔm nɔt], angå [ˇango:], bekymra [ˈbeçymra] ⟨-ade, -at⟩
Kunde kund [kɵnd] ⟨-en, -er⟩
Kur kur [kʉ:r] ⟨-en, -er⟩
Kurs *(Unterricht, Wechsel~)* kurs [kɵʂ] ⟨-en, -er⟩
Kurve kurva [ˇkɵrva] ⟨-n, -or⟩, sväng [svɛŋ] ⟨-en, -ar⟩
kurz *(räumlich)* kort [kɔʈ]; *(kurzgefaßt)* kortfattad [ˇkɔʈfatad]
kurzfristig kortfristig [ˇkɔʈfristig]
Kuß kyss [çys] ⟨-en, -ar⟩
küssen kyssa [ˇçysa] ⟨-te, -t⟩
Küste kust [kɵst] ⟨-en, -er⟩

L

lachen skratta [ˇskrata] ⟨-ade, -at⟩
lächerlich skrattretande [ˇskratre:tandə], larvigt [ˇlarvit]
Laden affär [aˈfæ:r] ⟨-en, -er⟩, butik [bɵˈti:k] ⟨-en, -er⟩
Lage läge [ˇlɛ:gə] ⟨-t, -n⟩
Lampe lampa [ˇlampa] ⟨-n, -or⟩
Land land [land] ⟨-et, länder⟩; *(Gegensatz zu Wasser)* land [land] ⟨-et⟩, mark [mark] ⟨-en, -er⟩
Landgut lantegendom [ˇlante:gəndum] ⟨-en, -ar⟩, gods [gu:ds] ⟨-et, -⟩
Landhaus lantställe [ˇlantstɛlə] ⟨-t, -n⟩
Landsmann landsman [ˇlandsman] ⟨-nen, -män⟩
lang lång [lɔŋ]
Länge längd [lɛŋd] ⟨-en, -er⟩
langsam långsam [ˇlɔŋsam]
langweilig långtråkig [ˇlɔŋtro:kig]
Lappland Lappland [ˈlapland]

Lärm buller [ˈbɵlər] ⟨bullret⟩, oväsen [ˇu:vɛ:sən] ⟨-det⟩
lassen *(zulassen)* tillåta [ˈtilo:ta]; låta [ˇlo:ta]; *(sein lassen)* låta bli [ˇlo:ta bli:]
lästig besvärlig [bəˈsvæ:lig]
laufen springa [ˇspriŋa]
Laune humör [hɵˈmœ:r] ⟨-et⟩
laut hög(ljudd) [hø:g/ˇhø:gjɵd], ljudlig [ˇjʉ:dli]; ~ **sprechen** tala högt [ˇtɑ:la hø:gt]
läuten *(Klingel, Telefon)* ringa [ˇriŋa] ⟨-de, -t⟩; *(Glocken)* klämta [ˇklɛmta] ⟨-ade, -at⟩
Lautsprecher högtalare [ˇhø:gtɑ:larə] ⟨-n, -⟩
Leben liv [li:v] ⟨-et, -⟩
leben leva [ˇle:va] ⟨-de, -t⟩
lebend levande [ˇle:vandə]
Lebensmittel livsmedel [ˇli:vsme:dəl] *pl*
lebhaft livlig [ˇli:vli]
Leder läder [ˈlɛ:dər] ⟨lädret⟩
ledig ogift [ˇu:jift]
leer tom [tum]
legen lägga [ˇlɛga]
lehren lära [ˇlæ:ra] ⟨-de, -t⟩
leicht *(einfach; Gewicht)* lätt [lɛt]
leider tyvärr [tyˈvær]
leihen *(verleihen)* låna (ut) till [ˇlo:na (ˈʉ:t) til]; *(entleihen)* låna (av) [ˇlo:na (ɑ:v)]
leise tyst [tyst]; ~ **sprechen** tala tyst [ˇtɑ:la tyst]
Leiter *f* stege [ˇste:gə] ⟨-n, -ar⟩
Leiter/in ledare [ˇle:darə] ⟨-n, -⟩, chef [ʃe:f] ⟨-n, -er⟩, föreståndare [ˇfœrəstɔndarə] ⟨-en, -⟩
Leitung *(el, tele, Gas, Wasser)* ledning [ˇle:dniŋ] ⟨-en, -ar⟩
lernen lära sig [ˇlæ:ra sɛj] ⟨-de, -t⟩
lesen läsa [ˇlɛ:sa] ⟨-te, -t⟩
letzte(r, -s) sista [ˇsista], senaste [ˇse:nastə]
leuchtend lysande [ˇly:sandə]
Leuchtturm fyr [fy:r] ⟨-en, -ar⟩
leugnen förneka [fœˈɳe:ka] ⟨-ade, -at⟩
Leute folk [fɔlk] ⟨-et⟩, människor [ˇmɛniˈʃur] *pl*
Licht ljus [jʉ:s] ⟨-et, -⟩; ~ **anmachen/ ausmachen** tända/släcka ljus [ˇtɛnda/ˇslɛ:ka jʉ:s]
lieb rar [rɑ:r]; **jdn ~ haben** tycka om någon [tyka ˈɔm ˇno:gɔn]
Liebe kärlek [ˇçæ:ɭe:k] ⟨-en⟩
lieben älska [ˇɛlska] ⟨-ade, -at⟩
liebenswürdig älskvärd [ˇɛlskvæ:ɖ]
Liebenswürdigkeit älskvärdhet [ˇɛlskvæ:ɖˈhe:t] ⟨-en, -er⟩
lieber hellre [ˈhɛlrə]; ~ **haben** föredra [ˇfœ:rəˈdrɑ:], tycka bättre om [tyka ˈbɛtrə ɔm]
Liebling älskling [ˇɛlskliŋ] ⟨-en, -ar⟩
Lied sång [sɔŋ] ⟨-en, -er⟩
liefern leverera [leveˈre:ra] ⟨-ade, -at⟩
liegen ligga [ˇliga]
liegenlassen *(vergessen)* glömma (kvar) [ˇgløma (ˈkvɑ:r)] ⟨-de, -t⟩
Linie linje [ˇlinjə] ⟨-n, -r⟩
linke(r, -s) den/det/de vänstra [den/ de:/dɔm ˇvɛnstra]
links till vänster [til ˈvɛnstər]
Liste lista [ˇlista] ⟨-n, -or⟩
loben berömma [bəˈrøma] ⟨-de, -t⟩
Loch hål [ho:l] ⟨-et, -⟩
logisch logisk [ˈlo:gisk]
Lohn lön [lø:n] ⟨-en, -er⟩
Lokal *(Gaststätte)* restaurang [restɔˈraŋ] ⟨-en, -er⟩
löschen släcka [ˇslɛka] ⟨-te, -t⟩
lösen lösa [ˇlø:sa] ⟨-te, -t⟩, lossa (på) [ˇlɔsa (po:)] ⟨-ade, -at⟩
Luft luft [lɵft] ⟨-en⟩
lüften vädra [ˇvɛ:dra] ⟨-ade, -at⟩
Luftzug luftdrag [ˇlɵftdrɑ:g] ⟨-et⟩
Lüge lögn [løŋn] ⟨-en, -er⟩
Lust lust [lɵst] ⟨-en⟩
lustig *(froh)* glad [glɑ:d]; *(erheitернd)* rolig [ˇru:li]
luxuriös lyxig [ˇlyksi], luxuös [lɵksɵˈø:s]
Luxus lyx [lyks] ⟨-en⟩

M

machen *(herstellen)* göra [ˇjœ:ra]; ~ **lassen** låta göra [lo:ta ˇjœ:ra]
Mädchen flicka [ˇflika] ⟨-n, -or⟩
mager mager [ˈmɑ:gər]
Mahlzeit måltid [ˇmo:lti:d] ⟨-en, -er⟩
Mal gång [gɔŋ] ⟨-en, -er⟩; **einmal** en gång [en gɔŋ]; **jedesmal** varje gång [ˇvarjə gɔŋ]; **zweimal** två gånger [tvo: ˇgɔŋər]
malen måla [ˇmo:la] ⟨-ade, -at⟩
man man [man]
Mangel *(Fehlen)* brist [brist] ⟨-en, -er⟩; *(Fehler)* fel [fe:l] ⟨-et, -⟩
Mann man [man] ⟨-nen, män⟩; *(Ehe~)* make [ˇmɑ:kə] ⟨-en, -ar⟩
männlich manlig [ˇmanlig]
Mannschaft *(Sport)* lag [lɑ:g] ⟨-et, -⟩; *(Schiff)* besättning [bəˈsɛtniŋ] ⟨-en, -ar⟩
Mappe *(Akten~)* portfölj [pɔʈˈfølj] ⟨-en, -er⟩

Marke *(Brief~, Handels~)* märke [ˇmærkə] ⟨-t, -n⟩
Maschine maskin [maˈʃi:n] ⟨-en, -er⟩
Maß mått [mɔt] ⟨-et, -⟩
mäßig måttlig [ˇmɔtlig]
Material material [materia:l] ⟨-et, -⟩
Meer hav [hɑ:v] ⟨-et, -⟩
mehr mer [me:r]; ~ **als** mer än [me:r ɛn]; ~ **oder weniger** mer eller mindre [me:r ˈɛlər ˈmindrə]
mein(s), meine(r) min [min]
meinen mena [ˇme:na] ⟨-ade, -at⟩, tycka [ˇtyka] ⟨-te, -t⟩
meinetwegen gärna för mig [ˇjæ:ɳa fœ:r mɛj]
Meinung mening [ˇmeniŋ] ⟨-en, -ar⟩, åsikt [ˇo:sikt] ⟨-en, -er⟩; **meiner** ~ **nach** enligt min mening [e:nlit ˈmin ˇme:niŋ]
melden anmäla [ˇanmɛ:la] ⟨-de, -t⟩; *(berichten)* meddela [ˇme:de:la] ⟨-ade, -at⟩
Menge mängd [mɛŋd] ⟨-en, -er⟩; *(Menschen~)* massa [ˇmasa] ⟨-n, -or⟩; **eine** ~ en mängd [en mɛŋd]
Mensch människa [ˇmɛniˈʃa] ⟨-n, -or⟩
menschlich mänsklig [ˇmɛnsklig]
merken märka [ˇmærka] ⟨-te, -t⟩; **s. etw** ~ komma ihåg något [kɔma iˈho:g ˇno:gɔt], lägga på minnet [ˇlɛga po:ˇminət]
Messe *(rel; Ausstellung)* mässa [ˇmɛsa] ⟨-n, -or⟩
messen mäta [ˇmɛ:ta] ⟨-te, -t⟩
mich mig [mɛj]
Miete hyra [ˇhy:ra] ⟨-n, -or⟩
mieten hyra [ˇhy:ra] ⟨-de, -t⟩
mild mild [mild]
mindestens åtminstone [o:tˇminstɔnə]
minus minus [ˈmi:nes]
Minute minut [miˈnʉ:t] ⟨-en, -er⟩
mir mig [mɛj]
Mißbrauch missbruk [ˇmisbrʉ:k] ⟨-et, -⟩
mißbrauchen missbruka [ˇmisbrʉ:ka] ⟨-ade, -at⟩
mißtrauen misstro [ˇmistru:]
Mißverständnis missförstånd [ˇmisfœˈʂtɔnd] ⟨-et, -⟩
mißverstehen missförstå [ˇmisfœˈʂto:]
mit med [me:(d)]
mitbringen ta med [tɑ: ˈme:]
Mitleid medlidande [ˇme:dli:dandə] ⟨-t⟩
mitnehmen ta med sig [tɑ: ˈme: sɛj]
Mittag middag [ˈmida] ⟨-en, ar⟩
Mitte mitt [mit] ⟨-en⟩
mitteilen meddela [ˇme:de:la] ⟨-ade, -at⟩
Mitteilung meddelande [ˇme:de:landə] ⟨-t, -n⟩
Mittel medel [ˈme:dəl] ⟨medlet, -⟩; *(Heil~)* botemedel [ˇbu:təˈme:dəl]
Mitternacht midnatt [ˇmidnat]; **um** ~ vid midnatt [vi:d ˇmidnat]
Möbel möbel [ˈmø:bəl] ⟨-n, möbler⟩
möblieren möblera [møˈble:ra] ⟨-ade, -at⟩
Mode mode [ˇmu:də] ⟨-t, -n⟩
modern modern [muˈdæ:ɳ]
mögen *(gern haben)* tycka om [tyka ˈɔm] ⟨-te, -t⟩; *(wünschen)* vilja [ˇvilja]
möglich möjlig [ˇmøjlig]; **so bald wie** ~ så snart som möjligt [so: snɑ:ʈ sɔm ˇmøjlit]
Möglichkeit möjlighet [ˇmøjlihe:t] ⟨-en, -er⟩
Mole pir [pi:r] ⟨-en, -ar⟩
Moment ögonblick [ˇø:gɔnˈblik] ⟨-et, -⟩
Monat månad [ˇmo:nad] ⟨-en, -er⟩
monatlich *adv* per månad [pær ˇmo:nad]
Mond måne [ˇmo:nə] ⟨-n, ar⟩
Morgen morgon [ˇmɔrɔn] ⟨-en, morgnar⟩; **am** ~ på morgonen [po: ˇmɔrɔnən]
Möwe mås [mo:s] ⟨-en, -ar⟩
Mücke mygga [ˇmyga] ⟨-n, -or⟩
müde trött [trøt]
Mühe möda [ˇmø:da] ⟨-n, -or⟩, besvär [bəˈsvæ:r] ⟨-et, -⟩; **s.** ~ **geben** göra sig besvär att [jœ:ra sɛj bəˈsvæ:r at]
Müll *pl* sopor [ˇsu:pur]
Mülltonne soptunna [ˇsu:ptɵna] ⟨-n, -or⟩
münden *(Fluß)* mynna [ˇmyna] ⟨-ade, -at⟩; *(Straße)* leda till [ˇle:da til]
Mündung mynning [ˇmyniŋ] ⟨-en, -ar⟩
Münze mynt [mynt] ⟨-et, -⟩
Musik musik [mɵˈsi:k] ⟨-en⟩
müssen vara tvungen att [vɑ:ra ˇtvɵŋən at]
Muster mönster [ˈmønstər] ⟨mönstret, -⟩; *(Probe)* varuprov [ˇvɑ:rɵˈpru:v] ⟨-et, -⟩
Mutter mor [mu:r] ⟨modern, mödrar⟩

N

nach *(zeitlich)* efter [ˈɛftər]; ~ **Schweden** till Sverige [til ˈsværjə]; ~ **Göteborg** till Göteborg [til jøtəˈbɔrj]
Nachbar(in) granne [ˇgranə] ⟨-en, -ar⟩
nachgehen *(Uhr)* gå efter [go: ˈɛftər]

nachher efteråt [ˇɛftəˈroːt], sedan [ˇseːdan]
nachlässig slarvig [ˇslarvig]
Nachmittag eftermiddag [ˇɛftərˈmida] ⟨-en, -ar⟩
nachprüfen kolla [ˇkɔla] ⟨-ade, -at⟩, kontrollera [kɔntrɔˈleːra] ⟨-ade, -at⟩
Nachricht nyhet [ˇnyːheːt] ⟨-en, -er⟩
nachsehen se/titta efter [seː/ˇtita ˈɛftər]
nächste(r, -s) nästa [ˇnɛːsta]
Nacht natt [nat] ⟨-en, nätter⟩; **bei** ~ på natten [poː ˈnatən]; **heute nacht** i natt [iˈnat]
Nachteil nackdel [ˇnakdeːl] ⟨-en, -ar⟩
nackt naken [ˇnɑːkən]
Nadel nål [noːl] ⟨-en, -ar⟩
Nagel nagel [ˇnɑːgəl] ⟨-nageln, naglar⟩; *(Werkzeug)* spik [spiːk] ⟨-en, -ar⟩
nahe nära [ˇnæːra]; ~ **bei** helt nära [heːlt ˇnæːra], intill [inˈtil]
Nähe närhet [ˇnæːrheːt] ⟨-en⟩
nähern, s. ~ närma sig [ˇnærma sɛj] ⟨-ade, -at⟩
nahrhaft näringsrik [ˇnæːriŋsˈriːk]
Nahrung näring [ˇnæːriŋ] ⟨-en⟩, föda [ˇføːda] ⟨-n⟩
Nahrungsmittel livsmedel [ˇliːvsmeːdəl] *pl*
Name namn [namn] ⟨-et, -⟩
Namenstag namnsdag [ˇnamnsdɑːg] ⟨-en, -ar⟩
naß våt [voːt]; *(durchnäßt)* genomblöt [ˇjeːnɔmˈbløːt]
Nation nation [naˈʃuːn] ⟨-en, -er⟩
Natur natur [naˈtʉːr] ⟨-en⟩
natürlich *adj* naturlig [naˇtʉːlig]; *adv* naturligtvis [naˇtʉːlitˈviːs]
neben bredvid [breːˈviːd]
neblig dimmig [ˇdimiːg]
Neffe *(brüderlicherseits)* brorson [ˇbruːʂɔn] ⟨-en, -söner⟩; *(schwesterlicherseits)* systerson [ˇsystəʂɔn]
negativ negativ [negaˈtiːv]
nehmen ta [tɑː]
nennen kalla [ˇkala] ⟨-ade, -at⟩, nämna [ˇnɛmna] ⟨-de, -t⟩
nervös nervös [nɛrˈvøs]
nett *(hübsch)* snygg [snyg]; *(freundlich)* snäll [snɛl], trevlig [treːvlig]
Netz nät [nɛːt] ⟨-et, -⟩
neu ny [nyː]
neugierig nyfiken [ˇnyːfiːkən]
Neuheit nyhet [ˇnyːheːt] ⟨-en, -er⟩
Neuigkeit nyhet [ˇnyːheːt] ⟨-en, -er⟩, underrättelse [ˇɵndəˈrɛtəlsə] ⟨-n, -r⟩
neulich nyligen [ˇnyːligən]
nicht inte [ˇintə]; ~ **einmal** inte ens [ˇintə eːns]; ~ **wahr?** inte sant? [ˇintə sant]; **gar** ~ inte alls [ˇintə als]; **noch** ~ inte ännu [ˇintə ˇɛnʉː]
Nichte *(brüderlicherseits)* brorsdotter [ˇbruːʂdɔtər] ⟨-n, -döttrar⟩; *(schwesterlicherseits)* systerdotter [ˇsystəˈɖɔtər]
nichts ingenting [ˇiŋənˈtiŋ]; **sonst** ~ ingenting mer [ˇiŋənˈtiŋ meːr]
nie aldrig [ˇaldrig]
nieder, niedrig låg [loːg]
niemand ingen [ˇiŋən]
niesen nysa [ˇnyːsa] ⟨-te, t⟩
nirgends ingenstans [ˇiŋənˈstans]
noch än(nu) [ɛn/ˇɛnʉː]; ~ **nicht** inte än(nu) [ˇintə ɛn/ˇɛnʉː]
Nonne nunna [ˇnɵna] ⟨-n, -or⟩
Norden norr [nɔr]; Norden [ˇnuːɖən]
nordisch nordisk [ˈnuːɖisk]
nördlich norra [ˇnɔra], nordlig [ˇnuːɖli]; ~ **von** norr om [nɔr ɔm]
normal normal [nɔrˈmaːl]
normalerweise normalt [nɔrˈmaːlt], i vanliga fall [iː ˇvaːnliga ˈfal], vanligtvis [ˇvaːnli(g)ˈviːs]
Norwegen Norge [ˈnɔrjə]
Notfall, im ~ i nödfall [iː ˇnøːdfal]
notieren notera [nuˈteːra] ⟨-ade, -at⟩, anteckna [ˇantekna] ⟨-ade, -at⟩
nötig nödvändig [ˇnøːdvɛndi]
notwendig nödvändig [ˇnøːdvɛndig]
Notwendigkeit nödvändighet [ˇnøːdvɛndiˈheːt] ⟨-en⟩
nüchtern nykter [ˈnyktər]; *(Magen)* fastande [ˇfastandə]
numerieren numrera [nɵmˈreːra] ⟨-ade, -at⟩
Nummer nummer [ˈnɵmər] ⟨numret, -⟩
nun nu [nʉː]
nur bara [ˇbɑːra]
nützlich nyttig [ˇnytig]
nutzlos onyttig [ˇuːnyti]

O

ob om [ɔm] huruvida [hʉːruviːda]
oben uppe [ˇɵpə]; **dort** ~ där uppe [dæːr ˇɵpə]; **nach** ~ uppåt [ˇɵpoːt]
obwohl fastän [ˇfastɛn]
oder eller [ˈɛlər]
Ofen ugn [ɵŋn] ⟨-en, -ar⟩
offen öppen [ˇøpən]
öffentlich offentlig [ɔˈfɛntli], allmän [ˇalmɛn]
offiziell officiell [ɔfisˈjɛl]

öffnen öppna [ˇøpna] ⟨-ade, -at⟩
Öffnungszeit öppningstid [ˇøpniŋsˈti:d] ⟨-en, -er⟩
oft ofta [ˇɔfta]
ohne utan [ˇʉ:tan]
ohnmächtig avsvimmad [ˇa:vsvimad]; vanmäktig [vɑ:nmɛktig]
Öl olja [ˇɔlja] ⟨-n, -or⟩
Onkel *(väterlicherseits)* farbror [ˇfɑ:rbru:r] ⟨-brodern, -bröder⟩; *(mütterlicherseits)* morbror [ˈmo:rbru:r]
operieren operera [ɔpeˈre:ra] ⟨-ade, -at⟩
Orden *(rel; Auszeichnung)* orden [ˈo:ɖən] ⟨-, ordnar⟩
ordentlich ordentlig [ɔˈɖɛntlig]
Ordnung ordning [ˇo:ɖniŋ] ⟨-en⟩
Ort ort [uʈ] ⟨-en, -er⟩, plats [plats] ⟨-en, -er⟩
Ortschaft by [by:] ⟨-n, -ar⟩, samhälle [ˇsamhɛlə] ⟨-t, -n⟩, ort [uʈ] ⟨-en, - er⟩
Osten öster [ˈøstər]
Österreich Österrike [ˈøstəri:kə]
Österreicher österrikare [ˈøstəri:karə] ⟨-n, -⟩
Ostsee Östersjön [ˇøstəˈʂøn]
Ozean ocean [use:ˈɑ:n] ⟨-en, -er⟩

P

Paar par [pɑ:r] ⟨-et, -⟩; *(Ehe~)* gift par [jift pɑ:r] ⟨-et, -⟩
paar, ein ~ ett par [et pɑ:r], några [ˇno:gra]
Päckchen (litet) paket [(ˇli:tət) paˈke:t] ⟨-et, -⟩
packen *(Koffer)* packa [ˇpaka] ⟨-ade, -at⟩
Packung packning [ˇpakniŋ] ⟨-en, -ar⟩
Paket paket [paˈke:t] ⟨-et, -⟩
Panorama panorama [panɔˈrɑ:ma] ⟨-t, -or⟩
Park park [park] ⟨-en, -er⟩
parken parkera [parˈke:ra] ⟨-ade, -at⟩
Party party [pɑ:ʈi] -t, -n⟩, kalas [kaˈlɑ:s] ⟨-et, -⟩, fest [fɛst] ⟨-en, -er⟩
Paß *(Ausweis, Gebirge)* pass [pas] ⟨-et, -⟩
Passage passage [paˈsɑ:ʃ] ⟨-en, -er⟩
passen passa [ˇpasa] ⟨-ade, -at⟩
passieren hända [ˇhɛnda] ⟨-e, hänt⟩
Pauschale schablon belopp [ʃaˇblu:n beˈlɔp] ⟨-et, -⟩, allt-i-ett-pris [alt i: ɛt pri:s]
Pelz päls [pɛls] ⟨-en, -ar⟩
Peripherie periferi [perifəˈri:] ⟨-(e)n, -er⟩
Person person [pæˈʂu:n] ⟨-en, -er⟩
Personal personal [pæʂuˈnɑ:l] ⟨-en⟩
Personalien personalier [pæʂuˈnɑ:liər] *pl*
persönlich personlig [pæˈʂu:nli]
Pfad stig [sti:g] ⟨-en, -ar⟩
Pfand pant [pant] ⟨-en, -er⟩
Pfeife pipa [ˇpi:pa] ⟨-n, -or⟩
Pflanze planta [ˇplanta] ⟨-n, -or⟩, växt [vɛkst] ⟨-en, -er⟩
Pflicht plikt [plikt] ⟨-en, -er⟩
pflücken plocka [ˇplɔka] ⟨-ade, -at⟩
Plakat plakat [plaˈkɑ:t] ⟨-et, -⟩, affisch [aˈfiʃ] ⟨-en, -er⟩
Plan plan [plɑ:n] ⟨-en, -er⟩; *(Absicht)* avsikt [ˇɑvsikt] ⟨-en, -er⟩; *(Entwurf)* skiss [skis] ⟨-en, -er⟩
Plastik skulptur [skɵlpˈtʉ:r] ⟨-en, -er⟩
Platte *(zum Anrichten)* fat [fɑ:t] ⟨-et, -⟩; *(Schall~)* grammofonskiva [gramuˇfo:nʃi:va] ⟨-n, -or⟩, skiva [ʃi:va] ⟨-n, -or⟩
Plattenspieler skivspelare [ˇʃi:vspe:lare] ⟨-n, -⟩
Platz plats [plats] ⟨-en, -er⟩
platzen spricka [ˇsprika]
plötzlich *adv* plötsligt [ˇpløtslit]
plus plus [plɵs]
Politik politik [pɔliˈti:k] ⟨-en⟩
positiv positiv [pu:siˈti:v]
Post post [pɔst] ⟨-en⟩; **auf die/der** ~ på posten [po: ˈpɔstən]
praktisch praktisk [ˈpraktisk]
Praxis praktik [prakˈti:k] ⟨-en, -er⟩; erfarenhet [ˇe:rfɑ:rənˈhe:t] ⟨-en, -er⟩; metod [meˈtu:d] ⟨-en, -er⟩
Predigt predikan [preˈdi:kan]
Preis pris [pri:s] ⟨-et, -er⟩
Priester präst [prɛst] ⟨-en, -er⟩
prima utmärkt [ˇʉ:tmærkt]
privat privat [priˈvɑ:t]
pro per [pɛr]
Probe prov [pru:v] ⟨-et, -⟩
Produkt produkt [pruˈdɵkt] ⟨-en, -er⟩
Programm program [pruˈgram] ⟨-met, -⟩
Prospekt prospekt [pruˈspɛkt] ⟨-et, -⟩, broschyr [brɔˈʃy:r] ⟨-en, -er⟩
protestieren protestera [prutɛsˈte:ra] ⟨-ade, -at⟩
provisorisch provisorisk [pruvisu:risk]
Prozent procent [pruˈsɛnt]
Prozentsatz procentsats [pruˇsɛntsats] ⟨-en, -er⟩
Prozession procession [prusɛˈʃu:n] ⟨-en, -er⟩
prüfen granska [ˇgranska] ⟨-ade, -at⟩
Prüfung granskning [ˇgranskniŋ] ⟨-en, -ar⟩; *(Examen)* tentamen [tɛnˈtɑ:mən] ⟨-, tentamina⟩

A/Z

Publikum publik [pɵbˈliːk] ⟨-en⟩
Pulver pulver [ˈpɵlvər] ⟨pulvret, -⟩
Punkt punkt [pɵŋkt] ⟨-en, -er⟩
Puppe docka [ˇdɔka] ⟨-an, -or⟩
putzen putsa [ˇpɵtsa] ⟨-ade, -at⟩; göra rent [ˇjœːraˈreːnt]; städa [ˇstɛːda] ⟨-ade, -at⟩
pünktlich punktlig [ˇpɵŋktlig]

Q

Qualität kvalitet [kvaliˈteːt] ⟨-en, -er⟩
Qualle manet [maˈneːt] ⟨-en, -er⟩
Quelle källa [ˇçɛla] ⟨-n, -or⟩
quer durch tvärsigenom [tvæʂiˈjeːnɔm]
quittieren kvittera [kviˈteːra] ⟨-ade, -at⟩
Quittung kvitto [ˇkvitu] ⟨-t, -n⟩

R

Rabatt rabatt [raˈbat] ⟨-en, -er⟩
Radio radio [ˈrɑːdiu] ⟨-n⟩
Rand rand [rand] ⟨-en, ränder⟩, kant [kant] ⟨-en, -er⟩
rasch *adv* snabbt [snabt], raskt [raskt]
Rasen grasmätta [ˇgrɛːsmata] ⟨-n, -or⟩
rasieren raka [ˇrɑːka] ⟨-ade, -at⟩
Rat råd [roːd] ⟨-et⟩; **jdn um ~ fragen** fråga någon om råd [froːga nɔn ɔm ˈroːd]
raten *(Rat erteilen)* råda [ˇroːda] ⟨-de, rått⟩; *(er~)* gissa [ˇjisa] ⟨-ade, - at⟩
Rauch rök [røːk] ⟨-en⟩
rauchen röka [ˇrøːka] ⟨-te, -t⟩
Raum rymd [rymd] ⟨-en, -er⟩; *(Räumlichkeit)* utrymme [ˇʉːtrymə] ⟨-t, -⟩
rechnen räkna [ˇrɛːkna] ⟨-ade, -at⟩
Rechnung räkning [ˇrɛːkniŋ] ⟨-en, -ar⟩; *(im Restaurant, Café)* nota [ˇnuːta] ⟨-n, -or⟩
Recht rätt [rɛt] ⟨-en, -er⟩
recht haben ha rätt [hɑː rɛt]
rechte(r, -s) högra/rätta [ˇhɵgra/rɛta]
rechts till höger [til ˈhøːgər]
rechtzeitig *adv* i tid [iː tiːd]
reden prata [ˇprɑːta] ⟨-ade, -at⟩
regelmäßig *adv* regelbundet [ˇreːgəlˈbɵndət]
regeln reglera [reˈgleːra] ⟨-ade, -at⟩; ordna [oːɖna] ⟨-ade, -at⟩; göra upp [ˇjøra ˈɵp]
Regierung regering [reˈjeːriŋ] ⟨-en, -ar⟩
regnen regna [ˇrɛŋna] ⟨-ade, -at⟩
reich rik [riːk]
reichen *(aus~)* räcka [ˇrɛka] ⟨-te, -t⟩; *(geben)* (över)räcka [ˇrɛka/ˇøːvəˈrɛka]; *(s. erstrecken)* sträcka sig [ˇstrɛka sɛj] ⟨-te, -t⟩
reichlich riklig [ˇriːklig]
Reichtum rikedom [ˇriːkəˈdum] ⟨-en, -ar⟩
reif mogen [ˇmuːgən]
Reihe rad [rɑːd] ⟨-en, -er⟩
reinigen rengöra [ˇreːnjœːra]
Reinigung *(Geschäft)* (kem)tvätt [ˇçemtvɛt/tvɛt] ⟨-en, -ar⟩
Reise resa [ˇreːsa] ⟨-n, -or⟩; **auf der ~** på resan [poː ˇreːsan]
Reiseführer guide [gajd] ⟨-n, -er⟩; resehandbok [reːsehandˈbuːk] ⟨-en, böcker⟩
Reisegesellschaft resesällskap [ˇreːsesɛlˈskɑːp] ⟨-et, -⟩
reisen (nach) resa (till) [ˇreːsa (til)] ⟨-te, -t⟩
Reisende, der, die ~ resenär [reːsəˈnæːr] ⟨-en, -er⟩
Reiseroute resrutt [ˇreːsrɵt] ⟨-en, -er⟩
reißen *(ziehen)* rycka [ˇryka] ⟨-te, -t⟩, riva [ˇriːva]; *(kaputtgehen)* gå sönder [goː ˈsøndər]
Reklame reklam [reˈklɑːm] ⟨-en, -er⟩
reklamieren reklamera [reklaˈmeːra] ⟨-ade, -at⟩; klaga (på) [ˇklɑːga ˈpoː], återfordra [ˇoːtərfuːɖra]
rennen springa [ˇspriŋa]
Reparatur reparation [reparaˈʃuːn] ⟨-en, -er⟩
reparieren reparera [repaˈreːra] ⟨-ade, -at⟩ laga [ˇlɑːga] ⟨-ade, -at⟩
reservieren reservera [resærˈveːra] ⟨-ade, -at⟩
Rest rest [rɛst] ⟨-en, -er⟩
Restaurant restaurang [restøˈraŋ] ⟨-en, -er⟩
retten rädda [ˇrɛda] ⟨-ade, -at⟩
Revue revy [reˈvyː] ⟨-n, -er⟩
richtig *(Gegensatz zu falsch)* riktig [ˇriktig]; *(geeignet)* lämplig [ˇlɛmplig]
richtigstellen rätta till [rɛta ˈtil]
Richtung riktning [ˇriktniŋ] ⟨-en, -ar⟩
riechen lukta [ˇlɵkta] ⟨-ade, -at⟩
Riegel regel [ˇreːgəl] ⟨-n, reglar⟩
Riemen rem [rɛm] ⟨-men, -mar⟩
Ring ring [riŋ] ⟨-en, -ar⟩
Risiko risk [risk] ⟨-en, -er⟩
Rohr rör [rœːr] ⟨-et, -⟩
Route rutt [rɵt] ⟨-en, -er⟩
Rückfahrt återresa [ˇoːtəˈreːsa] ⟨-n, -or⟩
Rückkehr återkomst [ˇoːtərˈkɔmst] ⟨-en, -er⟩
Rucksack ryggsäck [ˇrygsɛk] ⟨-en, -ar⟩
Rücksicht hänsyn [ˇhɛnsyːn] ⟨-en⟩

rücksichtslos hänsynslös [ˇhɛnsy:ns'lø:s]
rückwärts bakåt [ˇbɑ:ko:t]
rufen ropa [ˇru:pa] ⟨-ade, -at⟩
Ruhe lugn [lɵŋn] ⟨-et⟩; *(seelisch)* vila [ˇvi:la] ⟨-n⟩; *(Stille)* tystnad [ˇtystnad] ⟨-en⟩, stillhet [ˇstilhe:t] ⟨-en⟩
ruhen *(aus~)* vila (ut) [ˇvi:la/vi:la 'ʉ:t] ⟨-ade, -at⟩
ruhig lugn [lɵŋn], tyst [tyst]
rund rund [rɵnd]
Runde runda [ˇrɵnda] ⟨-n, -or⟩; lag [lɑ:g] ⟨-et, -⟩; omgång [ˇɔmgɔŋ] ⟨-en, -ar⟩

S

Saal sal [sɑ:l] ⟨-en, -ar⟩
Sache sak [sɑ:k] ⟨-en, -er⟩
Sack säck [sɛk] ⟨-en, -ar⟩
sagen säga [ˇsɛja]
Saison säsong [sɛ'sɔŋ] ⟨-en, -er⟩; **außerhalb der** ~ lågsäsong [ˇlo:gsɛ'sɔŋ] ⟨-en, -er⟩
sammeln *(Briefmarken etc.)* samla [ˇsamla] ⟨-ade, -at⟩; *(auf~)* plocka [ˇplɔka] ⟨-ade, -at⟩
Sammlung samling [ˇsamliŋ] ⟨-en, -ar⟩
satt mätt [mɛt]
Satz mening [ˇme:niŋ] ⟨-en, -ar⟩
sauber ren [re:n]
sauer sur [sʉ:r]
Schachtel ask [ask] ⟨-en, -ar⟩
schade, es ist ~ det var synd [de vɑ: ṣynd]; **wie ~!** så synd! [so: synd]
schaden skada [ˇskɑ:da] ⟨-ade, -at⟩
Schaden skada [ˇskɑ:da] ⟨-n, -or⟩
Schadenersatz skadestånd [ˇskɑ:də'stɔnd] ⟨-et⟩
schädlich skadlig [ˇskɑ:dlig]
Schaf får [fo:r] ⟨-et, -⟩
schaffen *(arbeiten)* arbeta [ˇarbe:ta]; ⟨-ade, -at⟩; *(erledigen)* klara av [klɑ:ra 'ɑ:v]; *(können; bewältigen)* orka [ɔrka] ⟨-ade, -at⟩
Schalter lucka [ˇlɵka] ⟨-n, -or⟩; *(el)* strömbrytare [ˇstrø:mbry:tarə] ⟨-n, -⟩
Schären skärgård [ˇʃæ:rgo:ḍ] ⟨-en, -ar⟩
scharf *(Messer)* skarp [skarp], vass [vas]; *(Essen)* stark [stark]
Schatten skugga [ˇskɵga] ⟨-n, -or⟩
schätzen uppskatta [ˇɵpskata] ⟨-ade, -at⟩
schauen se [se:], titta [ˇtita] ⟨-ade, -at⟩
Schaufenster skyltfönster [ˇʃyltfønstər] ⟨-fönstret, -⟩
Scheibe skiva [ˇʃi:va] ⟨-n, -or⟩, *(Fenster)* ruta [ˇrʉ:ta] ⟨-n, -or⟩
Schein *(Geld)* sedel ['se:dəl] ⟨-n, sedlar⟩; *(Anschein)* sken [ʃe:n] ⟨-et⟩
scheinen förefalla [ˇfœ:rə'fala]; *(glänzen)* skina [ˇʃi:na]
schenken skänka [ˇʃɛnka], ge (bort) [ge: ('bɔt)]
Schere sax [saks] ⟨-en, -ar⟩
Scherz skämt [ʃɛmt] ⟨-et, -⟩
schicken skicka [ˇʃika] ⟨-ade, -at⟩
schieben skjuta (på) [ˇʃʉ:ta (po:)]
schießen skjuta [ˇʃʉ:ta]
Schild skylt [ʃylt] ⟨-en, -ar⟩
Schilf vass [vas] ⟨-en, -ar⟩
schimpfen gräla [ˇgrɛla] ⟨-ade, -at⟩
Schirm paraply [para'ply:] ⟨-et, -er⟩
Schlaf sömn [sømn] ⟨-en⟩
schlafen sova [ˇso:va]
Schlag slag [slɑ:g] ⟨-et, -⟩
schlagen slå [slo:]
Schlamm slamm [slam] ⟨-et⟩, dy [dy:] ⟨-n⟩
Schlange *(Tier)* orm [urm] ⟨-en, -ar⟩; *(Menschen~)* kö [kø:] ⟨-n, -er⟩; ~ **stehen** stå i kö [sto: i: kø:], köa [ˇkø:a] ⟨-ade, -at⟩
schlank smal [smɑ:l]
schlau slug [slʉ:g]
Schlauch slang [slaŋ] ⟨-en, -ar⟩
schlecht *adj* dålig [ˇdo:li]; *adv* dåligt [ˇdo:lit]
schließen stänga [ˇstɛŋa] ⟨-de, -t⟩
schlimm dålig [ˇdo:li]; ~**er** sämre ['sɛmrə], värre ['værə]; ~**st** sämst [sɛmst], värst [væṣt]
Schloß slott [slɔt] ⟨-et, -⟩
Schluck klunk [klɵŋk] ⟨-en, -ar⟩
Schluß *(Ende)* slut [slʉ:t] ⟨-et⟩
schmal smal [smɑ:l]
schmecken smaka [ˇsmɑ:ka] ⟨-ade, -at⟩
schmerzen smärta [ˇsmæṭa] ⟨-ade, -at⟩, göra ont [ˇjœ:ra unt]
schmerzhaft smärtsam [ˇsmæṭṣam], plågsam [ˇplo:gsam]
schminken, s. ~ sminka sig [ˇsmiŋka sɛj], göra make up [ˇjœ:ra mɛjkap]
schmuggeln smuggla [smɵglɑ] ⟨-ade, -at⟩
Schmutz smuts [smɵts] ⟨-en⟩; *(Schlamm)* gyttja [ˇjytja] ⟨-n⟩
schmutzig smutsig [ˇsmɵtsi]
schnarchen snarka [ˇsnarka] ⟨-ade, -at⟩
schneiden skära [ˇʃæ:ra]
schneien snöa [ˇsnø:a] ⟨-ade, -at⟩
schnell *adj* snabb [snab]; *adv* snabbt [snabt]
Schnelligkeit hastighet [ˇhasti'he:t] ⟨-en, -er⟩

Schnellimbiß snackbar [ˈsnakbɑ:r] ⟨-en, -er⟩, cafeteria [kafeteˈri:a]; mellanmål [ˈmɛlanˈmo:l] ⟨-et, -e⟩
Schnur snöre [ˈsnœ:rə] ⟨-t, -n⟩
Schnürsenkel skosnöre [ˈsku:snœ:rə] ⟨-et, -n⟩
schon redan [ˈre:dan]
schön vacker [ˈvakər]
Schönheit skönhet [ˈʃø:nhe:t] ⟨-en, -er⟩
schrecklich förskräcklig [fœˈʂkrɛklig]
schreiben skriva [ˈskri:va]
schreien skrika [ˈskri:ka]
Schrift skrift [skrift] ⟨-en, -er⟩, *(Hand~)* stil [sti:l] ⟨-en, -ar⟩
schriftlich skriftlig [ˈskriftli]
Schritt steg [ste:g] ⟨-et, -⟩
schüchtern blyg [bly:g]
Schuh sko [ˈsku:] ⟨-n, -r⟩
Schuld skuld [skɵld] ⟨-en⟩, fel [fe:l] ⟨-et⟩; *(Geld)* skuld [skɵld] ⟨-en, -er⟩
schulden vara skyldig [ˈvɑ:ra ˈʃyldi]
Schule skola [ˈsku:la] ⟨-n, -or⟩
Schuß skott [skɔt] ⟨-et, -⟩
Schutz skydd [ʃyd] ⟨-et⟩
schwach svag [svɑ:g]
Schwäche svaghet [ˈsvɑ:ghe:t] ⟨-en, -er⟩
Schwager svåger [ˈsvo:gər] ⟨-n, svågrar⟩
Schwägerin svägerska [ˈsvɛ:gəʂka] ⟨-n, -or⟩
schwanger gravid [graˈvi:d]
Schwede svensk [svɛnsk] ⟨-en, -ar⟩
Schweden Sverige [ˈsværjə]
Schwedin svenska [ˈsvɛnska] ⟨-n, -or⟩
schwedisch svensk [svɛnsk]
Schweigen tystnad [ˈtystnad] ⟨-en⟩
schweigen tiga [ˈti:ga], vara tyst [vɑ:ra ˈtyst]
Schweiz Schweiz [ʃvɛjts]
Schweizer/in schweizare [ˈʃvɛjtsarə] ⟨-en, -e⟩/schweiziska [ˈʃvɛjtsiska] ⟨-n, -ar⟩
schwer *(Gewicht)* tung [tɵŋ]; *(Krankheit; schwierig)* svår [svo:r]
Schwester syster [ˈsystər] ⟨-n, systrar⟩; *(Kranken~)* sjuksköterska [ˈʃʉ:kʃø:təʂka] ⟨-n, -or⟩; *(Ordens~)* syster [ˈsystər]
schwierig svår [svo:r]
Schwierigkeit svårighet [ˈsvo:riˈhe:t] ⟨-en, -er⟩
schwimmen simma [ˈsima] ⟨-ade, -at⟩
schwindeln yrsel [ˈyʂɛl] ⟨-n, ⟩
Schwindler bedragare [bəˈdrɑ:garə] ⟨-n, -⟩
schwindlig yr [y:r]
schwitzen svettas [ˈsvetas] ⟨-ades, -ats⟩
See *f (Meer)* hav [hɑ:v] ⟨-et, -⟩; *m (Binnengewässer)* sjö [ʃø:] ⟨-n, -ar⟩
Seeigel sjöigel [ˈʃø:iigəl] ⟨-n, -iglar⟩
sehen se [se:]
sehr mycket [ˈmykə]
Seil rep [re:p] ⟨-et, -⟩
sein (1) *verb* vara [ˈvɑ:ra], finnas [ˈfinas]
sein (2) *poss prn* hans [hans], dess [dɛs]; *(subjektbezogen)* sin [sin]
seit *prp* sedan [ˈse:dan]; ~ **wann?** hur länge? [hʉ: ˈlæŋə]; *conj* sedan [ˈse:dən]
seitdem sedan dess [ˈse:dan dɛs]
Seite sida [ˈsi:da] ⟨-n, -or⟩
Sekunde sekund [seˈkɵnd] ⟨-en, -er⟩
selbst själv [ʃɛlv]
Selbstbedienung självbetjäning [ˈʃɛlvbeˈçɛ:niŋ] ⟨-en⟩
selten *adj* sällsynt [ˈsɛlsy:nt]; *adv* sällan [ˈsɛlan]
senden sända [ˈsɛnda]
Sendung *(Radio, Fernsehen)* utsändning [ˈʉ:tsɛndniŋ] ⟨-en, -ar⟩
servieren servera [særˈvera] ⟨-ade, -at⟩
setzen sätta [ˈsɛta], ställa [ˈstɛla] ⟨-de, -t⟩; **s.** ~ sätta sig [ˈsɛta sɛj]
Sex sex [sɛks]
sicher *adj* säker [ˈsɛ:kər]; *adv* säkert [ˈsɛ:kət]
Sicherheit säkerhet [ˈsɛ:kərˈhe:t] ⟨-en⟩; *(Garantie)* säkerhet [ˈsɛ:kərˈhe:t] ⟨-en, -er⟩, garanti [garanˈti:] ⟨-n, -er⟩
Sicherung *(el)* säkring [ˈsɛ:kriŋ] ⟨-en, -ar⟩
Sicht sikt [sikt] ⟨-en⟩, synhåll [ˈsy:nhɔl] ⟨-et⟩
sichtbar synlig [ˈsy:nli]
sie *(sing)* hon [hun], *pl* de [dɔm], *obj* henne [ˈhɛnə], *pl* dem [dɔm]
Sie ni [ni:], *obj* er [e:r]
Signal signal [siŋˈnɑ:l] ⟨-en, -er⟩
singen sjunga [ˈʃɵŋa]
Sinn sinne [ˈsinə] ⟨-t, -n⟩
Sitz (sitt)plats [plats/ˈsitplats] ⟨-en, -er⟩, sits [sits] ⟨-en, -⟩
sitzen sitta [ˈsita]
Skagerrak Skagerrak [ˈskɑ:gərak]
Skorpion skorpion [skɔrpiu:n] ⟨-en, -er⟩
so så [so:], på så sätt [po: ˈso: sɛt]
sofort genast [ˈje:nast], med detsamma [me: deˈsama]
sogar till och med [til ɔ me:]
Sohn son [so:n] ⟨-en, söner⟩
solch sådan [ˈso:dan]

sollen bör [bœ:r], ska [skɑ:]
Sonder ... special ... [spesᵛjɑ:l ...]; extra ... [ᵛɛkstra]
sondern utan [ᵛʉ:tan]
Sonne sol [su:l] ⟨-en, -ar⟩
Sonnenaufgang, bei ~ vid soluppgången [vi:d ᵛsu:lɵpgɔŋən]
Sonnenbrille solglasögon [ᵛsu:lglɑ:sø:gɔn] *pl*
Sonnenuntergang, bei ~ vid solnedgången [vi:d ᵛsu:lne:dgɔŋən]
sonnig solig [ᵛsu:lig]
sonst annars [ᵛanaʂ]; ~ **noch** ytterligare [ᵛytəliarə], mer [me:r]
Sorge bekymmer [bəˈçymər] ⟨bekymret⟩
sorgen, ~ **für** ta hand om [tɑ: ˈhand ɔm]; **s.** ~ **um** oroa sig för [ᵛu:ru:a sɛj fœ:r]
Sorgfalt omsorg [ᵛɔmsɔrj] ⟨-en, -er⟩
sorgfältig omsorgsfull [ᵛɔmsɔrjsˈfɵl], noggrann [ᵛnu:gran]
Sorte sort [sɔt] ⟨-en, -er⟩; *(Zigaretten)* märke [ᵛmærkə] ⟨-t, -n⟩
sparen spara [ᵛspɑ:ra] ⟨ade, -at⟩
Spaß *(Scherz)* skämt [ʃɛmt] ⟨-et, -⟩; *(Vergnügen)* nöje [ᵛnøjə] ⟨-t, -n⟩
spät sent [se:nt]
später senare [ᵛse:narə]
spazierengehen gå på promenad [go: po: prumə'nɑ:d], gå ut och gå [go: ʉ:t ɔ go:]
Spaziergang promenad [prumə'nɑ:d] ⟨-en, -er⟩; **einen** ~ **machen** ta en promenad [tɑ: en prumə'nɑ:d]
Sperre *(Bahnhof)* spärr [spær] ⟨-en, -ar⟩
Spesen kostnader [ᵛkɔstnadər] *pl*
speziell speciell [spesˈiɛl]
spielen spela [ᵛspe:la] ⟨-ade, -at⟩, leka [ᵛle:ka] ⟨-te, -t⟩
Spielzeug leksak [ᵛle:ksɑ:k] ⟨-en, -er⟩
Spiritus *(Brenn~)* sprit [spri:t] ⟨-en⟩
spitz spetsig [spetsig]
Spitze spets [spets] ⟨-en, -ar⟩; *(Gebirge)* topp [tɔp] ⟨-en, -ar⟩; *(Gewebe)* spets [spets] ⟨-en, -ar⟩
Sport sport [spɔt] ⟨-en, -er⟩
Sprache språk [spro:k] ⟨-et, -⟩
sprechen tala [ᵛtɑ:la] ⟨-ade, -at⟩, prata [ᵛprɑ:ta] ⟨-ade, -at⟩
springen hoppa [ᵛhɔpa] ⟨-ade, -at⟩
Spur spår [spo:r] ⟨-et, -⟩
Staat stat [stɑ:t] ⟨-en, -er⟩
Stadt stad [stɑ:d] ⟨-en, städer⟩
Stadtplan stadsplan [ᵛstɑ:splɑ:n] ⟨-en, -er⟩
stammen (här)stamma [ˈstama/ᵛhæ:ʂtama] ⟨-ade, -at⟩
Stange stång [stɔŋ] ⟨-en, stänger⟩
stark stark [stark]; *(beleibt)* fetlagd [ᵛfe:tlagd]; *(dick)* tjock [çɔk]
Stärke styrka [ᵛstyrka] ⟨-n⟩
starten starta [ᵛstɑ:ʈa] ⟨-ade, -at⟩
statt i stället för [i: ᵛstɛlət fœ:r]
stattfinden äga rum [ɛ:ga ˈrɵm]
Staub damm [dam] ⟨-et⟩
stechen sticka [ᵛstika]
Stecknadel knappnål [ᵛknapno:l] ⟨-en, -ar⟩
Steg (gång)bro [(gɔŋ)bru:] ⟨-n, -ar⟩; spång [spɔŋ] ⟨-en, -ar⟩
stehen stå [sto:]
stehenbleiben *(anhalten)* stanna [ᵛstana] ⟨-ade, -at⟩
stehlen stjäla [ᵛʃɛ:la]
steigen stiga [ᵛsti:ga], kliva [ᵛkli:va]
steil brant [brant], **sehr** ~ tvärbrant [ᵛtvæ:rbrant]
Stein sten [ste:n] ⟨-en, -ar⟩
steinig stenig [ᵛste:nig]
Stelle *(Ort; Arbeit)* plats [plats] ⟨-en, -er⟩
stellen ställa [ᵛstɛla] ⟨-de, -t⟩, sätta [ᵛsɛta]
Stellung ställning [ᵛstɛlniŋ] ⟨-en, -ar⟩; *(An~)* anställning [ᵛanstɛlniŋ] ⟨-en, -ar⟩
Stempel stämpel [ᵛstɛmpəl] ⟨-n, stämplar⟩
sterben dö [dø:]
Stern stjärna [ᵛʃæ:ɳa] ⟨-n, -or⟩
stets alltid [ᵛaltid]
still stilla [ᵛstila]
Stimme röst [røst] ⟨-en, -er⟩
stimmen stämma [ᵛstɛma] ⟨-de, t⟩; *(Wahl)* rösta [ᵛrøsta] ⟨-ade, -at⟩
stinken stinka [ᵛstiŋka]
Stock(werk) våning [ᵛvo:niŋ] ⟨-en, -ar⟩
Stoff tyg [ty:g] ⟨-et, -er⟩
stören störa [ᵛstœ:ra] ⟨-de, -t⟩
Störung störning [ᵛstœ:ɳiŋ] ⟨-en, -ar⟩; *(Unterbrechung)* avbrott [ᵛtilfɛlit ᵛɑ:vbrɔt] ⟨-et, -⟩
Stoß (1) *(Schubs)* stöt [stø:t] ⟨-en, -ar⟩, knuff [knɵf] ⟨-en, -ar⟩
Stoß (2) *(Stapel)* hög [hø:g] ⟨-en, -ar⟩, bunt [bɵnt] ⟨-en, -ar⟩
stoßen stöta [ᵛstø:ta] ⟨-te, -t⟩, knuffa [ᵛknɵfa] ⟨-ade, -at⟩
Strafe straff [straf] ⟨-et, -⟩; *(Geld~)* böter [ˈbø:tər] *pl*
Strahl stråle [ᵛstro:lə] ⟨-n, -ar⟩
Strand strand [strand] ⟨-en, stränder⟩
Straße gata [ᵛgɑ:ta] ⟨-n, -or⟩; **auf der** ~ på gatan [po: ᵛgɑ:tan]; *(Land~)* landsväg [ᵛlandsvɛ:g] ⟨-en, -ar⟩

Strauß *(Blumen)* bukett [bə'kɛt] ⟨-en, -er⟩
Strecke sträcka [ˇstrɛka] ⟨-n, -or⟩; *(Bahn~)* linje ['linjə] ⟨-n, -r⟩
Streichholz tändsticka [ˇtɛndstika] ⟨-n, -or⟩
Streichholzschachtel tändsticksask [ˇtɛndstiks'ask] ⟨-en, -ar⟩
Streit gräl [grɛ:l] ⟨-et⟩, tvist [tvist] ⟨-en, -er⟩
streiten gräla [ˇgrɛla] ⟨-ade, -at⟩
streng sträng [strɛŋ]
Strom *(auch el)* ström [strøm] ⟨-men, -mar⟩
Strömung strömning [ˇstrømniŋ] ⟨-en, -ar⟩
Stück stycke [ˇstykə] ⟨-t, -n⟩, bit [bi:t] ⟨-en, -ar⟩; **ein ~ Brot** en brödskiva [en ˇbrø:dʃi:va]
studieren studera [stʉ'de:ra] ⟨-ade, -at⟩
Stuhl stol [stu:l] ⟨-en, -ar⟩
Stunde timme [ˇtimə] ⟨-n, -ar⟩; *(Unterrichts~)* lektion [lɛk'ʃu:n] ⟨-en, -er⟩; **eine halbe ~** en halvtimme [en ˇhalvtimə]; **eine Viertel~** en kvart [en kvaʈ]; **alle zwei ~n** varannan timme [vaˇranan ˇtimə];
Sturm storm [stɔrm] ⟨-en, -ar⟩
Sturz fall [fal] ⟨-et, -⟩
stürzen *(fallen)* störta [ˇstœʈa] ⟨-ade, -at⟩
suchen söka (efter) [ˇsø:ka ('ɛftər)] ⟨-te, -t⟩
Süden söder ['sø:dər]
südlich sydlig [ˇsy:dlig], södra [ˇsø:dra]; **~ von** söder om ['sø:dər ɔm]
Summe summa [ˇsɵma] ⟨-n, -or⟩
Sumpf sump [sɵmp], sumpmark [ˇsɵmpmark] ⟨-en, -er⟩, träsk [trɛsk], ⟨-et, -⟩, kärr [çær] ⟨-et, -⟩
süß söt [sø:t]
Swimmingpool swimmingpool [ˇsvimiŋ'pu:l] ⟨-en, -er⟩
sympathisch sympatisk [sympɑ:tisk]

T

Tabak tobak ['tu:bak] ⟨-en⟩
Tag dag [dɑ:g] ⟨-en, -ar⟩; **alle ~e** varje dag [ˇvarjə dɑ:g]; **bei ~** på dagen [po: 'dɑ:gən]
tanken tanka [ˇtaŋka] ⟨-ade, -at⟩
Tante *(väterlicherseits)* faster [ˇfastər] ⟨-n, fastrar⟩; *(mütterlicherseits)* moster [ˇmɔstər] ⟨-n, mostrar⟩; *(Nenntante)* tant [tant] ⟨-en, -er⟩
Tanz dans [dans] ⟨-en, -er⟩
Tasche ficka [ˇfika] ⟨-n, -or⟩; *(Hand~)* handväska [ˇhandvɛska] ⟨-n, -or⟩
Tat handling [ˇhandliŋ] ⟨-en, -ar⟩; **in der ~** i själva verket [i: ˇʃɛlva 'værkət]
Tätigkeit verksamhet [ˇværksam'he:t] ⟨-en⟩, aktivitet [aktivi'te:t] ⟨- en, -er⟩
Tatsache faktum ['faktɵm] ⟨-, fakta⟩
tauschen byta [ˇby:ta] ⟨-te, -t⟩
täuschen, s. ~ missta sig [ˇmistɑ: sɛj]
Taxi taxi ['taksi] ⟨-n, -⟩
Teil del [de:l] ⟨-en, -ar⟩
teilen dela [ˇde:la] ⟨-ade, -at⟩; **mit jdm ~** dela med någon [ˇde:la me: ˇno:gɔn]
teilnehmen (an) deltaga (i) [ˇde:ltɑ:ga (i:)]
telefonieren telefonera [telefɔ'ne:ra] ⟨-ade, -at⟩, ringa [ˇriŋa] ⟨-de, -t⟩
Teller tallrik [ˇtalrik] ⟨-en, -ar⟩
Termin tid [ti:d] ⟨-en, -er⟩, tidpunkt [ˇti:dpɵŋkt] ⟨-en, -er⟩; *(Frist)* frist [frist] ⟨-en, -er⟩, anstånd [ˇanstɔnd] ⟨-et, -⟩
teuer dyr [dy:r]
tief djup [jʉ:p]; *(niedrig)* låg [lo:g]
Tier djur [jʉ:r] ⟨-et, -⟩
Tip tips [tips] ⟨-et, -e⟩
Tisch bord [bu:ɖ] ⟨-et, -⟩; **bei ~** vid bordet [vi:d 'bu:ɖət]
Tochter dotter [ˇdɔtər] ⟨-n, döttrar⟩
Tod död [dø:d] ⟨-en⟩
Toilette toalett [tua'lɛt] ⟨-en, -er⟩
Toilettenpapier toalettpapper [tuaˇlɛtpapər] ⟨-et⟩
Ton ton [tu:n] ⟨-en, -er⟩; *(Betonung)* betoning [bə'tu:niŋ] ⟨-en, -ar⟩; *(Farbe)* (färg)ton [tu:n/ˇfærjtu:n]
Tonwaren lergods [ˇle:rguds] ⟨-et⟩
Topf kastrull [ka'strɵl], *(Koch~)* gryta [ˇgry:ta] ⟨-n, -or⟩
Tor *(Einfahrt)* port [pɔʈ] ⟨-en, -ar⟩; *(Fußball)* mål [mo:l] ⟨-et, -⟩
Torf torv(mosse) [tɔrv/ˇtɔrvmɔssə] ⟨-n, -ar⟩
tot död [dø:d]
Tour resa [ˇre:sa] ⟨-n, -or⟩, tur [tʉ:r] ⟨-en, -er⟩
Tourist/in turist [tʉ:'rist] ⟨-en, -er⟩
Tracht (folk)dräkt [drɛkt/ˇfɔlkdrekt] ⟨-en, -er⟩
tragen bära [ˇbæ:ra]; *(er~)* uthärda [ˇʉ:thæ:ɖa] ⟨-ade, -at⟩, tåla [ˇto:la] ⟨-de, -t⟩
Träger *(Gepäck~)* stadsbud [ˇstɑ:sbʉ:d] ⟨-et, -⟩
transportieren transportera [transpɔ'ʈe:ra] ⟨-ade, -at⟩

Traum dröm [drøm] ⟨-men, -mar⟩
träumen drömma [ˇdrøma] ⟨-de, -t⟩
traurig ledsen [ˇlesən], sorgsen [ˇsɔrjsən]
treffen träffa [ˇtrɛfa] ⟨-ade, -at⟩
trennen skilja [ˇʃilja] ⟨-de, -t⟩
Treppe trappa [ˇtrapa] ⟨-n, -or⟩
treu trogen [ˇtru:gən]
trinkbar drickbar [ˇdrikbɑ:r]
trinken dricka [ˇdrika]
trocken torr [tɔr]
trocknen torka [ˇtɔrka] ⟨-ade, -at⟩
Tropfen droppe [ˇdrɔpə] ⟨-n, -ar⟩
tropfen droppa [ˇdrɔpa] ⟨-ade, -at⟩
trotz trots [trɔts]
trotzdem trots det [trɔts de:], ändå [ˇɛndo:]
trüb *(Flüssigkeit)* grumlig [ˇgrəmlig]; *(Wetter)* mulen [ˇmʉ:lən]
tschüß hej då [hɛj do:]
Tube tub [tʉ:b] ⟨-en, -er⟩
Tuch duk [dʉ:k] ⟨-en, -ar⟩; *(Lappen)* trasa [ˇtrɑ:sa] ⟨-n, -or⟩; *(Kopf~)* sjalett [ʃaˈlɛt] ⟨-en, -er⟩
tüchtig duktig [ˇdəkti], duglig [ˇdʉ:gli]
tun göra [ˇjœ:ra]
Tunnel tunnel [ˇtənəl] ⟨-n, tunnlar⟩
Tür dörr [dœr] ⟨-en, -ar⟩
Tüte påse [ˇpo:sə] ⟨-n, -ar⟩
typisch typisk [ˈty:pisk]

U

übel dålig [ˇdo:lig], illa [ˇila]; **mir ist~** jag mår illa [jɑ: mo:r ˇila]
üben öva [ˇø:va] ⟨-ade, -at⟩, träna [ˇtrɛ:na] ⟨-ade, -at⟩
über över [ˇø:vər]
überall överallt [ø:vəˈralt]
überbringen överbringa [ˇø:vərˈbriŋa] ⟨-ade, -at⟩, överlämna [ˇø:vəˈlɛmna] ⟨-ade, -at⟩
überfallen överfalla [ˇøvərˈfala]
überflüssig överflödig [ˇø:vərˈflø:dig]
überfüllt överfull [ˇø:vərˈfəl]
Übergang övergång [ˇø:vərˈgɔŋ] ⟨-en, -ar⟩
übergeben överlämna [ˇø:vəˈlɛmna] ⟨-ade, -at⟩
überholen köra om [çœ:ra ˈɔm] ⟨-de, -t⟩
übernachten övernatta [ˇø:vəˈɳata] ⟨-ade, -at⟩
übernehmen överta(ga) [ˇøvərtɑ:(ga)]
überqueren gå över [go: ˇøvər], korsa [ˇkɔʃa] ⟨-ade, at⟩
überrascht överraskad [ˇø:vəˈraskad]
überreden övertala [ˇø:vəˈʈɑ:la] ⟨-ade,-at⟩
überschreiten passera [paˈse:ra] ⟨-ade, -at⟩
Übersee transocean(sk) [transuseˈɑ:n(sk)]
übersetzen översätta [ˇø:vəˈʂɛta]
übertragbar kan överlåtas [kan ˇø:vəˈɭo:tas]
übertrieben överdriven [ˇø:vəˈɖri:vən]
überweisen överföra [ˇø:vərˈfœ:ra] ⟨-de, -t⟩, remittera [remiˈte:ra] ⟨-ade, -at⟩
überzeugen övertyga [ˇø:vəˈʈy:ga] ⟨-ade, -at⟩
üblich bruklig [ˇbrʉ:kli], vanlig [ˇvɑ:nli]
übrig övrig [ˇø:vrig], återstående [ˇo:təˈʂto:əndə]
übrigbleiben bli över [bli: ˈø:vər]
übrigens för övrigt [fœr ˈø:vrit]
Übung övning [ˇø:vniŋ] ⟨-en, -ar⟩
Ufer *(Fluß)* strand [strand] ⟨-en, stränder⟩; *(Meer)* kust [kəst] ⟨-en, -er⟩
Uhr *(Armband~)* ur [ˈʉ:r] ⟨-et, -⟩; *(Wand~)* klocka [ˈklɔka] ⟨-n, -or⟩
um *prp (herum)* omkring [ɔmˈkriŋ]; *(gegen)* vid [vi:d]; ~ **5 Uhr** klockan fem [klɔkan ˈfɛm]
umarmen omfamna [ˇɔmfamna] ⟨-ade, -at⟩, krama [krɑ:ma]
umgekehrt omvänd [ˇɔmvɛnd], motsatt [ˇmu:tsat]; **in ~er Richtung** i motsatt riktning [i: ˇmu:tsat ˇriktniŋ]
umkehren vända om (tillbaka) [vɛnda ˈɔm (tilˈbɑ:ka)] ⟨-e, vänt⟩
Umrechnung omräkning [ˇɔmrɛ:kniŋ] ⟨-en, -ar⟩
umsehen, s. ~ se sig om [se: sej ɔm]
umsonst *(gratis)* gratis [ˈgrɑ:tis]; *(vergebens)* förgäves [fœrˈjɛ:vəs]
Umstände omständigheter [ˇɔmstɛndiˈhe:tər] *pl*
umsteigen byta (tåg) [ˇby:ta (to:g)] ⟨-te, -t⟩, ta övergång [tɑ: ˇø:vərˈgɔŋ]
umtauschen byta om [by:ta ˈɔm] ⟨-te, -t⟩
Umweg omväg [ˇɔmvɛ:g] ⟨-en, -ar⟩
Umwelt miljö [milˈjø:] ⟨-n, -er⟩, omvärld [ˇɔmvæ:ɖ] ⟨-en⟩
umziehen *(Wohnung wechseln)* flytta [ˇflyta] ⟨-ade, -at⟩; **s.** ~ klä om sig [klɛ: ˈɔm sɛj]
unangenehm oangenäm [ˇu:anjənɛ:m], obehaglig [ˇu:bəˈhɑ:glig]
unanständig oanständig [ˇu:anstɛndig]
unbedingt *adv* obetingat [ˇu:bəˈtiŋat], absolut [absɔˈlʉ:t]

unbekannt obekant [ˇu:bəˈkant], okänd [ˇu:çɛnd]
unbequem obekväm [ˇu:bəˈkvɛ:m]
unbeständig *(Wetter)* ostadig [ˇu:stɑ:dig], *(Person)* ombytlig [ˇɔmby:tlig]
unbestimmt obestämd [ˇu:bəˈstɛmd]
und och [ɔ(k)]; ~ **so weiter** och så vidare [ɔ so: ˇvi:darə]
undankbar otacksam [ˇu:taksam]
unecht oäkta [ˇu:ɛkta]
unentbehrlich oumbärlig [ˇu:ɵmˈbæ:ɭi]
unentschlossen obeslutsam [ˇu:bəslu:tsam]
unerfahren oerfaren [ˇu:ærfɑ:rən]
unerfreulich ledsam [ˇlesam], tråkig [ˇtro:ki]
unerträglich odräglig [ˇu:drɛ:gli], outhärdlig [ˇu:ʉ:thæ:ɖli]
unerwartet oväntad [ˇu:vɛntad]
unerwünscht ovälkommen [ˇu:vɛ:lkɔmən]
unfähig oduglig [ˇu:dʉ:glig], oförmögen [ˇu:fœrˈmø:gən]
Unfall olycka [ˇu:lyka] ⟨-n, -or⟩, olycksfall [ˇu:lyksˈfal] ⟨-et, -⟩
unfreundlich ovänlig [ˇu:vɛnlig]
ungeeignet olämplig [ˇu:lɛmplig]
ungefähr ungefär [ɵnjəˈfæ:r]
ungemütlich otrevlig [ˇu:tre:vli], otrivsam [ˇu:tri:vsam]
ungenau inexakt [inɛkˈsakt]
ungenügend otillräcklig [ˇu:tilrɛklig]
ungerecht orättvis [ˇu:rɛtˈvi:s]
Ungerechtigkeit orättvisa [ˇu:rɛtˈvi:sa] ⟨-n, -or⟩
ungern ogärna [ˇu:jæ:ɳa]
ungesund osund [ˇu:sɵnd], ohälsosam [ˇu:hɛlsusam]
ungewiß oviss [ˇu:vis]
ungewöhnlich ovanlig [ˇu:vɑ:nlig]
unglaublich otrolig [ˇu:tru:lig]
Unglück otur [ˇu:tʉ:r] ⟨-en⟩
unglücklich olycklig [ˇu:lyklig]
unglücklicherweise olyckligtvis [ˇu:lyklitˈvi:s]
ungültig ogiltig [ˇu:jiltig]
ungünstig ogynnsam [ˇu:jynsam]
unhöflich ohövlig [ˇu:hø:vlig], oartig [ˇu:ɑ:ʈig]
Unkosten omkostnader [ˇɔmkɔstnadər] *pl*
unmittelbar omedelbar [ˇu:me:dəlbɑ:r]
unmodern omodern [ˇu:muˈdæ:ɳ]
unmöglich omöjlig [ˇu:møjlig]
unnötig onödig [ˇu:nø:dig]
unnütz onyttig [ˇu:nytig], onödig [ˇu:nø:dig]
Unordnung oordning [ˇu:o:ɖniŋ] ⟨-en⟩, oreda [ˇu:re:da] ⟨-n⟩
unpraktisch opraktisk [ˇu:praktisk]
Unrecht *(Ungerechtigkeit)* orättvisa [ˇu:rɛtˈvi:sa] ⟨-n, -or⟩
unrecht haben ha fel [hɑ: fe:l]
unregelmäßig oregelbunden [ˇu:re:gəlbɵndən]
unruhig orolig [ˇu:ru:li]
uns oss [ɔs]
unschuldig oskyldig [ˇu:ʃyldi]
unser vår [vo:r]
unsicher osäker [ˇu:sɛ:kər]; *(ungewiß)* oviss [ˇu:vis]
unten nere [ˇne:rə], nedan(för) [ˇne:dan(ˈfœ:r)]; **dort** ~ där nere [dæ:ˇɳe:rə]
unter under [ˈɵndər]; *(zwischen)* bland [bland]; ~ **anderem** bland annat [bland ˇanat]
unterbrechen avbryta [ˇɑ:vbry:ta]
Unterführung viadukt [viaˈdɵkt] ⟨-en, -er⟩, tunnel [ˇtɵnəl] ⟨-n, tunnlar⟩
unterhalb nedanför [ˇne:danˈfœ:r]
unterhalten, s. ~ samtala [ˇsamtɑ:la] ⟨-ade, -at⟩; *(s. vergnügen)* ha roligt [hɑ ˇru:lit]
unterhaltend underhållande [ˇɵndərˈhɔlandə], rolig [ˇru:li]
Unterhaltung *(Gespräch)* samtal [ˇsamtɑ:l] ⟨-et, -⟩; *(Vergnügen)* underhållning [ˇɵndərˈhɔlniŋ] ⟨-en⟩
Unterkunft bostad logi [ˇbu:stɑ:d lu:ˈʃi:] ⟨-en, bostäder -t, -er od -n⟩
Unternehmen företag [ˇfœ:rəˈtɑ:g] ⟨-et, -⟩
unterrichten *(informieren)* underrätta [ˇɵndəˈrɛta] ⟨-ade, -at⟩, informera [infɔrˈme:ra] ⟨-ade, -at⟩; *(Schule)* undervisa [ˇɵndərˈvi:sa] ⟨-ade, -at⟩
unterscheiden skilja [ˇʃilja]; **s.** ~ **von** skilja sig från [ˇʃilja sɛj fro:n]
Unterschied skillnad [ˇʃilnad] ⟨-en, -er⟩
unterschreiben skriva under [skri:va ˈɵndər]
Unterschrift underskrift [ˇɵndəˈʂkrift] ⟨-en, -er⟩, namnteckning [ˇnamnteknıŋ] ⟨-en, -ar⟩
Unterstützung understöd [ˇɵndəˈʂtø:d] ⟨-et⟩
untersuchen undersöka [ˇøndərsø:ka] ⟨-te, t⟩
unterwegs på väg(en) [po: vɛ:g/ ˈvɛ:gən]
unverbindlich ej bindande [ɛj ˇbindandə]

A/Z

unvermeidlich oundviklig [ˇu:ənd'vi:klig], ofrånkomlig [ˇu:fro:n'kɔmlig]
unverschämt sein vara oförskämd [vɑ:ra ˇu:fœ'ʂɛmd]
unvollständig ofullständig [ˇu:fɵl'stɛndig]
unvorsichtig oförsiktig [ˇu:fœ'ʂiktig]
unwahrscheinlich osannolik [ˇu:sanuli:k]
unwichtig oviktig [ˇu:viktig]
unwohl illamående [ˇila'mo:əndə], dålig [ˇdo:lig]
unzufrieden missnöjd [ˇmisnøjd], otillfredsställd [ˇu:tilfre:'stɛld]
Urlaub semester [se'mɛstər] ⟨-n, semestrar⟩
Ursache orsak [ˇu:ʂɑ:k] ⟨-en, -er⟩
Urteil *(Gericht)* dom [dum] ⟨-en, -ar⟩, omdöme [ˇɔmdømə] ⟨-t, -n⟩
urteilen döma [ˇdøma] ⟨-de, -t⟩

V

Vater far [fɑ:r] ⟨fadern, fäder⟩, pappa [ˇpapa] ⟨-n, -or⟩
Vaterland fosterland [ˇfustə'ḷand] ⟨-et⟩
verabreden, s. ~ stämma möte [stɛma ˇmø:tə] ⟨-de, -t⟩
Verabredung möte [ˇmø:tə] ⟨-t, -n⟩
verabschieden, s. ~ ta avsked [tɑ: ˇɑ:vʃe:d]
verändern förändra [fœ'rɛndra] ⟨-ade, -at⟩
Veränderung förändring [fœ'rɛndriŋ] ⟨-en, -ar⟩
veranstalten anordna [ˇanɔḍna] ⟨-ade,-at⟩, ställa till med [ˇstɛla til me:d]
Veranstaltung tillställning [ˇtilstɛlniŋ] ⟨-en, -ar⟩
verantwortlich ansvarig [ˇansvɑ:rig]
Verband *(Verein)* förband [fœr'band] ⟨-et, -⟩, *(auch med)* förening [fœ:r'e:niŋ]
Verbandszeug pl förbandsartiklar [fœrˇbandsar'tiklar]
verbessern förbättra [fœr'bɛtra] ⟨-ade, -at⟩; *(Fehler)* rätta [ˇrɛta] ⟨-ade, -at⟩
verbieten förbjuda [fœr'bjʉ:da]
verbinden *(auch med)* förbinda [fœr'binda]; *(tele)* sammankoppla [ˇsaman'kɔpla] ⟨-ade, -at⟩
Verbindung *(Zug, tele)* förbindelse [fœr'bindəlsə] ⟨-n, -r⟩
Verbot förbud [fœr'bʉ:d] ⟨-et, -⟩
verboten! förbjudet! [fœr'bjʉ:dət]
Verbrauch förbrukning [fœr'brʉ:kniŋ] ⟨-en⟩
verbrauchen förbruka [fœr'brʉ:ka] ⟨-ade, -at⟩
verbrennen bränna upp [brɛna 'ɵp]
verbringen *(Zeit)* tillbringa [ˇtilbriŋa]
Verdacht misstanke [ˇmistaŋkə] ⟨-n, -ar⟩
verderben fördärva [fœ'ḍærva] ⟨-ade, -at⟩; *(schlecht werden)* ruttna [ˇrɵtna] ⟨-ade, -at⟩
verdienen förtjäna [fœr'çɛ:na/ˇçɛ:na] ⟨-te, -t⟩; *(wert sein)* förtjäna [fœr'çɛ:na] ⟨-te, -t⟩
Verdienst (1) *m (Geld)* förtjänst [fœr'çɛnst] ⟨-en, -er⟩, inkomst [ˇinkomst] ⟨-en, -er⟩
Verdienst (2) *n* merit [me'ri:t] ⟨-en, -er⟩
verdorben fördärvad [fœ'ḍærvad]; *(faul)* skämd [ʃɛmd]
Verein förening [fœ're:niŋ] ⟨-en, -ar⟩
vereinbaren överenskomma (om något) [ø:vəˇre:nskɔma (ɔm ˇno:gɔt)]
Verfassung författning [fœr'fatniŋ] ⟨-en, -ar⟩; *(Zustand)* tillstånd [ˇtilstɔnd] ⟨-et⟩, skick [ʃik] ⟨-et⟩
verfehlen missa [ˇmisa] ⟨-ade, -at⟩, försumma [fœr'sɵma] ⟨-ade, -at⟩
Vergangenheit förfluten tid [fœr'flʉ:tən ti:d] ⟨-en⟩
vergehen *(Zeit)* förflyta [fœr'fly:ta]
vergessen glömma [ˇgløma] ⟨-de, -t⟩
vergewaltigen våldta [ˇvɔldtɑ:]
Vergleich jämförelse [ˇjɛmfœ:rəlsə] ⟨-n, -r⟩
vergleichen jämföra [ˇjɛmfœ:ra] ⟨-de,-t⟩
Vergnügen nöje [ˇnøjə] ⟨-t, -n⟩
Verhandlung förhandling [fœr'handliŋ] ⟨-en, -ar⟩
verheimlichen dölja [ˇdølja]
verheiratet (mit) gift (med) [jift (me:)]
verhindern förhindra [fœr'hindra]
Verhütungsmittel preventivmedel [prevenˇti:vme:dəl]
verirren, s. ~ gå (köra) vilse [go: (ˇçœ:ra) ˇvilsə]
Verkauf försäljning [fœ'ʂɛljniŋ] ⟨-en, -ar⟩
verkaufen sälja [ˇsɛlja]
Verkehr trafik [tra'fi:k] ⟨-en⟩
verkehren *(Verkehrsmittel)* gå i trafik [go: i: tra'fi:k]
Verkehrsbüro turistbyrå [tʉ:ˇristby:ro] ⟨-n, -er⟩
verlangen begära [bə'jæ:ra] ⟨-te, -t⟩, önska [ˇønska] ⟨-ade, -at⟩; *(fordern)* kräva [ˇkrɛ:va] ⟨-de, -t⟩, fordra [ˇfu:ḍra] ⟨-ade, -at⟩

verlängern förlänga [fœ'lɛŋa] ⟨-de, -t⟩
verlassen lämna [ˇlɛmna] ⟨-ade, -at⟩
Verletzte, der, die ~ den/det/de sårade [den/de/dɔm ˇso:radə]
verlieren tappa [ˇtapa] ⟨-ade, -at⟩, förlora [fœ'lu:ra] ⟨-ade, -at⟩
verloben, s. mit jdm ~ förlova sig med någon [fœ'lo:va sɛj me nɔn] ⟨-ade, -at⟩
Verlobte, der ~ fästman [ˇfɛstman] ⟨-nen, -män⟩; **die** ~ fästmö [ˇfɛstmø:] ⟨-n, -r⟩
Verlust förlust [fœ'lɵst] ⟨-en, -er⟩
vermeiden undvika [ˇɵndvi:ka]
vermieten hyra ut [hy:ra 'ʉ:t] ⟨-de, -t⟩
Vermittler förmedlare [fœr'me:dlarə] ⟨-n, -⟩
vermuten förmoda [fœr'mu:da] ⟨-ade, -at⟩, anta(ga) [ˇantɑ:(ga)]
Vermutung förmodan [fœr'mu:dan]
vernachlässigen försumma [fœ'ʂɵma] ⟨-ade, -at⟩
vernünftig förnuftig [fœ'ɳɵfti]
verpacken förpacka [fœr'paka] ⟨-ade, -at⟩
Verpackung förpackning [fœr'pakniŋ] ⟨-en, -ar⟩
Verpflegung förplägnad [fœr'plɛ:gnad] ⟨-en⟩, mat [mɑ:t] ⟨-en⟩
verpflichtet sein ha förpliktelse (till något) [hɑ: fœr'pliktəlsə (til ˇno:gɔt)]
Verpflichtung förpliktelse [fœr'pliktəlsə] ⟨-n, -r⟩, skyldighet [ˇʃyldi'he:t] ⟨-en, -er⟩
verrechnen, s. ~ räkna fel [rɛ:kna 'fe:l] ⟨-ade, -at⟩
verreisen resa bort [re:sa 'bɔt] ⟨-te, -t⟩
verrückt galen [ˇgɑ:lən], tokig [ˇtu:ki]
versäumen *(verpassen)* försumma [fœ'ʂɵma] ⟨-ade, -at⟩
verschaffen skaffa [ˇskafa] ⟨-ade, -at⟩
verschieben *(zeitlich)* skjuta upp [ʃʉ:ta 'ɵp]
verschieden olika [ˇu:li:ka], olikartad [ˇu:li:k'ɑ:ʈad]
verschließen låsa [ˇlo:sa] ⟨-te, -t⟩, stänga [ˇstɛŋa] ⟨-de, -t⟩
Verschluß lås [lo:s] ⟨et, -⟩
verschwinden försvinna [fœ'ʂvina]
Versehen, aus ~ av misstag [ɑ:v ˇmistɑ:g]
versenden avsända [ˇɑ:vsɛnda] ⟨-e, -sänt⟩
versichern försäkra [fœ'ʂɛ:kra] ⟨-ade, -at⟩
Versicherung försäkring [fœ'ʂɛ:kriŋ] ⟨-en, -ar⟩
versorgen mit förse med [fœ'ʂe: me:]
verspäten, s. ~ komma för sent [kɔma fœ' ʂe:nt], bli försenad [bli: fœ'ʂe:nad]
Versprechen löfte [ˇløftə] ⟨-t, -n⟩
versprechen lova [ˇlo:va] ⟨-ade, -at⟩
Verstand intelligens [inteli'gɛns] ⟨-en⟩; *(Vernunft)* förstånd [fœ'ʂtɔnd] ⟨-et⟩
verständigen, jdn ~ upplysa någon [ˇɵply:sa nɔn] ⟨-te, -t⟩; **s.** ~ komma överens om något [kɔma ø:və're:ns ɔm nɔt]
verstecken gömma [ˇjøma] ⟨-de, -t⟩, dölja [ˇdølja]
verstehen förstå [fœ'ʂto:]
verstopft förstoppad [fœ'ʂtɔpad], tilltäppt [ˇtiltɛpt]
Versuch försök [fœ'ʂø:k] ⟨-et, -⟩
versuchen försöka [fœ'ʂø:ka] ⟨-te, -t⟩; *(Speisen)* prova [ˇpru:va] ⟨-ade, -at⟩, smaka på [ˇsmɑ:ka po:] ⟨-ade, -at⟩
vertauschen förväxla [fœr'vɛksla] ⟨-ade, -at⟩
verteidigen försvara [fœ'ʂvɑ:ra] ⟨-ade, -at⟩
verteilen fördela [fœ'ɖe:la] ⟨-ade, -at⟩
Verteilung fördelning [fœ'ɖe:lniŋ] ⟨-en, -ar⟩, utdelning [ˇʉ:tde:lniŋ] ⟨-en, -ar⟩
Vertrag kontrakt [kɔn'trakt] ⟨-et, -⟩, avtal [ˇɑ:vtɑ:l] ⟨-et, -⟩
vertragen *(Essen)* tåla [ˇto:la]; stå ut med [sto: ʉ:t me:d]
Vertrauen förtroende [fœ'ʈru:əndə] ⟨-t⟩
vertrauen auf ha förtroende för [hɑ: fœ'ʈru:əndə fœ:r]
vertrauensvoll förtroendefull [fœˇʈru:əndə'fɵl]
verunglücken förolyckas [fœrˇu:lykas] ⟨-ades, -ats⟩
verursachen förorsaka [fœrˇu:ʂɑ:ka] ⟨-ade, -at⟩, vålla [ˇvola] ⟨-ade, -at⟩
Verwaltung förvaltning [fœr'valtniŋ] ⟨-en, -ar⟩, administration [administra'ʃu:n] ⟨-en⟩
verwandt besläktad [bə'slɛktad], släkt [slɛkt]
verwechseln förväxla [fœr'vɛksla] ⟨-ade, -at⟩, ta fel på [tɑ: 'fe:l po:]
verwenden använda [ˇanvɛnda], bruka [ˇbrʉ:ka]
Verwendung användning [ˇanvɛndniŋ] ⟨-en⟩
verwirklichen förverkliga [fœr'værklia] ⟨-ade, -at⟩
Verzeichnis förteckning [fœ'ʈekniŋ] ⟨-en, -ar⟩, katalog [kata'lo:g] ⟨-en, -er⟩
verzeihen förlåta [fœ'lo:ta], ursäkta [ˇʉ:ʂɛkta] ⟨-ade, -at⟩

verzögern fördröja [fœ'ɖrøja] ⟨-de, -t⟩
verzollen förtulla [fœ'ʈɵla] ⟨-ade, -at⟩
verzweifelt förtvivlad [fœ'ʈvi:vlad]
viel mycket [ˇmykə]
vielleicht kanske [ˇkanʃə]
vielmehr hellre ['hɛlrə]
viereckig fyrkantig [ˇfy:rkanti]
Viertel, ein ~ en fjärdedel [en ˇfjæ:ɖə'de:l]
Villa villa [ˇvila] ⟨-n, -or⟩
Vogel fågel ['fo:gəl] ⟨-n, fåglar⟩
Volk folk [fɔlk] ⟨-et, -⟩
voll full [fɵl]; *(~ besetzt)* fullsatt [ˇfɵlsat]; *(ganz)* hel [he:l]
vollenden fullborda [ˇfɵlbu:ɖa] ⟨-ade, -at⟩, avsluta [ˇɑ:vslʉ:ta] ⟨-ade, -at⟩
vollkommen fullkomlig [ˇfɵlkɔmli], perfekt [pær'fɛkt]
Vollmacht fullmakt [ˇfɵlmakt] ⟨-en, -er⟩
vollständig *adj* fullständig [ˇfɵlstɛndi], komplett [kɔm'plɛt]; *adv* fullständigt [ˇfɵlstɛndit]
Volt volt [vɔlt] ⟨-en, -er⟩
von *(Herkunft)* från [fro:n]; *(Passiv)* av [ɑ:v]
vor *(räumlich)* framför [ˇframfœ:r]; *(zeitlich)* före [ˇfœ:rə]; ~ **allem** framför allt [framfœ:r 'alt]
voraus, im ~ i förväg [i: ˇfœ:rvɛ:g]
vorbei förbi [fœrbi:]
vorbeigehen gå förbi [go: fœr'bi:]
vorbeikommen komma förbi [ˇkɔma fœr'bi], titta in [tita 'in], hälsa på [ˇhɛlsa 'po:]
vorbereiten förbereda [ˇfœ:rbə're:da] ⟨-de, -berett⟩
vorbestellen beställa (i förväg) [bə'stɛla (i: ˇfœ:rvɛ:g)] ⟨-de, -t⟩, boka [ˇbu:ka] ⟨-ade, -at⟩
Vorfahrt förkörsrätt [ˇfœ:rçœʂ'rɛt] ⟨-en⟩
Vorfall händelse [ˇhɛndəlsə] ⟨-n, -r⟩
vorgehen *(Uhr)* gå före [go: ˇfœ:rə]
Vorhang förhänge [ˇfœ:rhɛŋə] ⟨-t, -n⟩, gardin [ga'ɖi:n] ⟨-en, -er⟩
vorher förut ['fœ:rʉ:t]
vorläufig *adv* för närvarande [fœ ˇɳæ:rvɑ:randə]
vorletzte(r, -s) näst sist [nɛst sist]; förrförra [ˇfœrfœra]
Vormittag förmiddag ['fœ:rmida] ⟨-en, -ar⟩
vorn fram(till) [fram/ˇframtil]
vornehm förnäm [fœ'ɳɛ:m]
Vorort förort [ˇfœ:rut] ⟨-en, -er⟩
Vorrat förråd [fœ'ro:d] ⟨-et, -⟩, lager ['lɑ:gər] ⟨lagret, -⟩
Vorschlag förslag [fœ'ʂlɑ:g] ⟨-et, -⟩
vorschlagen föreslå [ˇfœ:rə'slo:]
Vorschrift föreskrift [ˇfœ:rə'skrift] ⟨-en, -er⟩, förordning [fœr'u:ɖniŋ] ⟨-en, -ar⟩
Vorsicht försiktighet [fœ'ʂiktihe:t] ⟨-en⟩; ~! se upp! [se: 'ɵp]
vorsichtig försiktig [fœ'ʂikti]
vorstellen presentera [presɛn'te:ra] ⟨-ade, -at⟩
Vorstellung presentation [presɛnta'ʃu:n] ⟨-en, -er⟩; *(Begriff; Theater)* föreställning [ˇfœ:rə'stɛlniŋ] ⟨-en, -ar⟩
Vorteil fördel [ˇfœ:ɖe:l] ⟨-en, -ar⟩
vorteilhaft fördelaktig [ˇfœ:ɖe:l'akti]
vorüber sein vara över/slut [vɑ:ra ˇœ:vər/slʉt], förbi [fœr'bi:]
vorübergehen passera [pa'se:ra] ⟨-ade, -at⟩; *(Zeit)* förflyta [fœr'fly:ta]
vorübergehend *adv* tillfälligt [ˇtilfɛlit], övergående [ˇø:vər'go:əndə]
Vorwand förevändning [ˇfœ:rə'vɛndniŋ] ⟨-en, -ar⟩
vorwärts framåt [ˇframo:t]
vorzeigen förevisa [ˇfœ:rə'vi:sa] ⟨-ade, -at⟩
vorziehen föredra(ga) [ˇfœ:rə'drɑ:(ga)]
Vorzug företräde [ˇfœ:rə'trɛ:də] ⟨-t, -n⟩; *(Vorteil)* fördel [ˇfœ:ɖe:l] ⟨- en, -ar⟩

W

Waage våg [vo:g] ⟨-en, -ar⟩
wach vaken [ˇvɑ:kən]
wachsen växa [ˇvɛksa]
wagen våga [ˇvo:ga] ⟨-ade, -at⟩
Wagen vagn [vaŋn] ⟨-en, -ar⟩, bil [bi:l] ⟨-en, -ar⟩
Wahl val [vɑ:l] ⟨-et, -⟩
wählen *(auch Politik)* välja [ˇvɛlja]; *(tele)* slå [slo:]
wahr sann [san]
während *prp* under ['ɵndər]; *conj* medan [ˇme:dan], under det att ['ɵndər de: at]
Wahrheit sanning [ˇsaniŋ] ⟨-en, -ar⟩
wahrscheinlich *adv* sannolikt [ˇsanu'li:kt]
Wahrscheinlichkeit sannolikhet [ˇsanuli:k'he:t] ⟨-en, -er⟩
Wand vägg [vɛg] ⟨-en, -ar⟩
wandern vandra [ˇvandra] ⟨-ade, -at⟩
Ware vara [ˇvɑ:ra] ⟨-n, -or⟩

warm varm [varm]
Wärme värme [ˇværmə] ⟨-n⟩
wärmen värma [ˇværma] ⟨-de, -t⟩
warnen (vor) varna (för) [ˇvɑ:ɳa (fœ:r)] ⟨-ade, -at⟩
warten vänta [ˇvɛnta] ⟨-ade, -at⟩
was vad [vɑ:d]; ~ **für ein/eine ...** ? vad för en/ett ... ? [ˈvɑ:d fœ:r e:n/et]
Wäsche *(Bett~)* sängkläder [ˇsɛŋ-klɛ:dər] *pl; (Unter~)* underkläder [ˇɵndərˈklɛ:dər] *pl; (zum Waschen)* tvätt [tvɛt] ⟨-en⟩
waschen tvätta [ˇtvɛta] ⟨-ade, -at⟩
Wasser vatten [ˈvatən] ⟨vattnet⟩
Watt watt [vat] ⟨-en⟩
Wechsel *(Veränderung)* växel [ˈvɛksəl] ⟨-n⟩; *(Austausch)* utbyte [ˇʉ:tby:tə] ⟨-t, -n⟩
Wechselgeld pl växelpengar [ˇvɛksəlˈpeŋar]
wechseln *(Geld)* växla [ˇvɛksla] ⟨-ade, -at⟩
wecken väcka [ˇvɛka] ⟨-te, -t⟩
Wecker väckarklocka [ˇvɛkarˈklɔka] ⟨-n, -or⟩
weder ... noch varken ... eller [ˇvarkən ... ˈɛlər]
Weg väg [vɛ:g] ⟨-en, -ar⟩
weg bort [bɔʈ]
wegen på grund av [po: ˈgrɵnd ɑ:v]
weggehen gå bort [go: bɔʈ], gå sin väg [go: sin vɛ:g]
wegnehmen ta(ga) bort [tɑ: ˈbɔʈ]
wegschicken skicka bort [ˇʃika ˈbɔʈ] ⟨-ade, -at⟩
weiblich kvinnlig [ˇkvinlig]
weich mjuk [mjʉ:k]; *(Ton, Farbe)* mjuk [mjʉ:k], dämpad [ˇdɛmpad]
weigern, s. ~ vägra [ˇvɛ:gra] ⟨-ade, -at⟩
weil eftersom [ˇɛftəˈʂɔm]
Weinberg vinberg [ˇvi:nberj] ⟨-et, -⟩
weinen gråta [ˇgro:ta]
Weise *(Art)* vis [vi:s] ⟨-et, -⟩, sätt [sɛt] ⟨-et, -⟩
weit *(Gegenteil von eng)* vid [vi:d]; *(Weg)* lång [lɔŋ]; *(entfernt)* avlägsen [ˇɑ:vlɛgsən]
Welt värld [væ:ɭd] ⟨-en, -ar⟩
wenden vända [ˇvɛnda] ⟨-e, vänt⟩; **s. an jdn** ~ vända sig till någon [ˇvɛnda sɛj til nɔn]
wenig litet [ˇli:tət], föga [ˇfø:ga]; **ein** ~ litet (grand) [ˇli:tə (gran)]; **ein** ~ **(von)** lite (av) [ˇli:tə (ɑ:v)]; ~**er** *(meßbar)* mindre [ˈmindrə]; *(zählbar)* färre [ˈfærə]; **das** ~**ste** det (allra) minsta [de: (ˇalra) ˇminsta]
wenigstens åtminstone [o:tˇminstɔnə]
wenn *(Bedingung)* om [ɔm]; *(zeitlich)* när [næ:r]
werden bli [bli:]
werfen kasta [ˇkasta] ⟨-ade, -at⟩
werktags på vardagarna [po: ˇvɑ:ɖɑ:gaɳa]
Wert värde [ˇvæ:ɖə] ⟨-t, -n⟩
wert, viel ~ **sein** vara mycket värd [vɑ:ra ˇmykə væ:ɖ]
wertlos värdelös [ˇvæ:ɖəˈlø:s]
Wertsachen värdeföremål [ˇvæɖəfœ:re-ˈme:l], värdesaker [ˇvæɖəˈsɑ:kər]
Wespe geting [ˇje:tiŋ] ⟨-en, -ar⟩
Westen väster [ˈvɛstər]
westlich västlig [ˇvɛstli], västra [ˇvɛstra]
Wettbewerb tävling [ˇtɛ:vliŋ] ⟨-en, -ar⟩
Wette vad [vɑ:d] ⟨-et, -⟩
wetten slå vad [slo: ˈvɑ:d]
Wetter väder [ˈvɛ:dər] ⟨vädret⟩; **bei diesem** ~ i det här vädret [i: de: hæ:r ˈvɛ:drət]
wichtig viktig [ˇviktig]
wie *(Frage)* hur [hʉ:r], vad [vɑ:d]; ~ **viele** hur många [hʉ:r ˇmɔŋa]; *(Vergleich)* som [sɔm], såsom [ˇso:sɔm]
wieder åter [ˈo:tər], igen [iˈjɛn]; *(noch einmal)* en gång till [en gɔŋ til], än en gång [ɛn en gɔŋ]
wiederbekommen återfå [ˇo:tərˈfo:]
wiedergeben återlämna [ˇo:təˈlɛmna] ⟨-ade, -at⟩, lämna tillbaka [lɛmnɑ tilbɑ:ka]
wiederholen upprepa [ˇɵpre:pa] ⟨-ade, -at⟩
wiederkommen återkomma [ˇo:tər-ˈkɔma], komma tillbaka [kɔma tilˈbɑ:ka]
wiedersehen återse [ˇo:təˈʂe:], träffas igen [ˇtrɛfas iˈjɛn] ⟨-ades, -ats⟩
wiegen väga [ˇvɛ:ga] ⟨-de, -t⟩
Wiese äng [ɛŋ] ⟨-en, -ar⟩
Wild vilt [vilt] ⟨-et⟩, villebråd [ˇviləˈbro:d] ⟨-et⟩
wild vild [vild]
willkommen välkommen [ˇvɛlkɔmən]
windig blåsig [ˇblo:sig]
Winkel *(Ecke)* hörn [hœ:ɳ] ⟨-et, -⟩, vrå [vro:] ⟨-n, -r⟩
winken vinka [ˇviŋka] ⟨-ade, -at⟩
wir vi [vi:]
wirklich *adj* verklig [ˇværkli]; *(echt)* äkta [ˇɛkta]; *adv* verkligen [ˇværkliən]
Wirklichkeit verklighet [ˇværkliˈhe:t] ⟨-en⟩

wirksam verksam [ˈværksam]
Wirkung verkan [ˈværkan], effekt [eˈfɛkt] ⟨-en, -er⟩
Wirt värd [væ:ɖ] ⟨-en, -ar⟩
Wissen vetskap [ˈve:tskɑ:p] ⟨-en⟩, kunskap [ˈkɵnskɑ:p] ⟨-en, -er⟩
wissen veta [ˈve:ta], känna till [ɕɛna ˈtil]
Witz vits [vits] ⟨-en, -ar⟩, kvickhet [ˈkvikhe:t] ⟨-en, -er⟩
Woche vecka [ˈvɛka] ⟨-n, -or⟩; **in einer** ~ om en vecka [ɔm en ˈvɛka]
wochentags på vardagarna [po: ˈvɑ:ɖɑ:gaɳa]
wöchentlich *adv (jede Woche)* varje vecka [ˈvarjə ˈvɛka]; *(pro Woche)* en gång i veckan [en gɔŋ i: ˈvɛkan]
Wohl väl [vɛ:l]
wohl *(vermutlich)* nog [nu:g], visst [vist]
Wohlbefinden välbefinnande [ˈvɛlbəˈfinandə] ⟨-t⟩
wohlhabend välbärgad [ˈvɛ:lbærjad], förmögen [fœrˈmø:gən]
wohlwollend välvillig [ˈvɛ:lvilig]
wohnen bo [bu:] ⟨-dde, -tt⟩
Wohnort, ~**sitz** hemvist [ˈhɛmvist] ⟨-et, -⟩, vistelseort [ˈvistəlsəˈuʈ] ⟨-en, -er⟩
Wohnung lägenhet [ˈlɛ:gənˈhe:t] ⟨-en, -er⟩, våning [ˈvo:niŋ] ⟨-en, -ar⟩, bostad [ˈbu:stɑ:d] ⟨-en, -städer⟩; **möblierte** ~ möblerad våning/lägenhet [møˈble:rad ˈvo:niŋ/ˈlɛ:gənˈhe:t]
Wolkenkratzer skyskrapa [ˈʃy:skrɑ:pa] ⟨-n, -or⟩
wollen vilja [ˈvilja]; *(wünschen)* önska [ˈønska] ⟨-ade, -at⟩
Wort ord [u:ɖ] ⟨-et, -⟩
wunderbar underbar [ˈɵndərˈbɑ:r]
wundern, s. ~ **(über)** undra (över) [ˈɵndra (ˈø:vər)], vara förvånad [ˈvɑ:ra fœrˈvo:nad]
Wunsch önskan [ˈønskan], önskemål [ˈønskəˈmo:l] ⟨-et, -⟩
wünschen önska [ˈønska] ⟨-ade, -at⟩
Wurf kast [kast] ⟨-et, -⟩
Würfel tärning [ˈtæɳiŋ] ⟨-en, -ar⟩
Wurm mask [mask] ⟨-en, -ar⟩
Wut raseri [rɑ:səˈri:] ⟨-et⟩, vrede [ˈvre:də] ⟨-n⟩
wütend rasande [ˈrɑ:sandə], ursinnig [ˈʉ:ʂini]; ~ **werden** bli rasande [bli: ˈrɑ:sandə]

Z

Zahl tal [tɑ:l] ⟨-et, -⟩
zahlen betala [bəˈtɑ:la]
zählen räkna [ˈrɛ:kna] ⟨-ade, -at⟩
zahlreich talrik [ˈtɑ:lri:k]
Zahlung betalning [bəˈtɑ:lniŋ] ⟨-en, -ar⟩
Zange tång [tɔŋ] ⟨-en, tänger⟩
zanken, s. ~ gräla [ˈgrɛ:la] ⟨-ade, -at⟩
zart *(weich)* mjuk [mjʉ:k]; *(~fühlend)* finkänslig [ˈfi:nçɛnslig]
zärtlich öm [øm]
Zeichen tecken [ˈtekən] ⟨tecknet, -⟩; *(An~)* symtom [symˈto:m] ⟨-et, -⟩; *(Beweis)* bevis [bəˈvi:s] ⟨-et, -⟩
zeichnen teckna [ˈtekna] ⟨-ade, -at⟩, rita [ˈri:ta] ⟨-ade, -at⟩
zeigen visa [ˈvi:sa] ⟨-ade, -at⟩; *(hinweisen)* hänvisa [ˈhɛnvi:sa] ⟨-ade, -at⟩
Zeit tid [ti:d] ⟨-en, -er⟩; **zur** ~ för närvarande [fœ:r ˈnæ:rvɑ:randə]; **von** ~ **zu** ~ då och då [do: ɔ do:]
Zeitlang, eine ~ en tid [en ti:d]
Zeitung tidning [ˈti:dniŋ] ⟨-en, -ar⟩
zentral central [sɛnˈtrɑ:l]
Zentrum centrum [ˈsɛntrɵm] ⟨centret, centra⟩
zerbrechen slå sönder [slo: ˈsøndər]
zerbrechlich bräcklig [ˈbrɛklig]
zerreißen riva sönder [ri:va ˈsøndər]
zerstören förstöra [fœˈʂtœ:ra] ⟨-de, -t⟩
Zeuge vittne [ˈvitnə] ⟨-t, -n⟩
Zeugnis vittnesmål [ˈvitnəsˈmo:l] ⟨-et⟩; *(Schule)* betyg [beˈty:g] ⟨-et, -⟩; *(Bescheinigung)* intyg [ˈinty:g] ⟨-et, -⟩
ziehen dra(ga) [drɑ:/drɑ:ga]
Ziel mål [mo:l] ⟨-et, -⟩
ziemlich tämligen [ˈtɛmliən], ganska [ˈganska]
Zigarette cigarett [sigaˈrɛt] ⟨-en, -er⟩
Zigarillo cigarill [sigaˈril] ⟨-en, -⟩, cigarrcigarett [ˈsigarsigaˈrɛt] ⟨-en, -er⟩
Zigarre cigarr [siˈgar] ⟨-en, -er⟩
zögern tveka [ˈtve:ka] ⟨-ade, -at⟩
Zoll tull [tɵl] ⟨-en, -ar⟩
zornig arg [arj]
zu (1) *(Richtung)* till [til]; *(mit adj)* alltför [ˈaltfœ:r]; ~ **sehr,** ~ **viel** för mycket [fœr ˈmykə]
zu (2) *(geschlossen)* stängd [stɛŋd]
zubereiten tillaga [ˈtilɑ:ga] ⟨-ade, -at⟩
zudecken täcka över [ˈtɛka ˈø:vər] ⟨-te, -t⟩
zuerst först [fœʂt]
Zufall tillfällighet [ˈtilfɛliˈhe:t] ⟨-en, -er⟩, slump [slɵmp] ⟨-en, -ar⟩
zufällig *adv* tillfälligtvis [ˈtilfɛlitˈvi:s], av en händelse [ɑ:v en ˈhɛndəlsə]

zufrieden nöjd [nøjd]
Zugang tillträde [ˇtiltrɛ:də] ⟨-t⟩
zugunsten till förmån för [tilˇfœ:rmo:n fœ:r]
zuhören, jdm ~ lyssna på någon [ˇlysna po:nɔn] ⟨-ade, -at⟩, höra på [ˇhœ:ra po:] ⟨-de, -t⟩
Zukunft framtid [ˇframti:d] ⟨-en⟩
zukünftig framtida [ˇframti:da], blivande [ˇbli:vandə]
zulassen *(erlauben)* tillåta [ˇtilo:ta]
zulässig tillåten [ˇtilo:tən]
zuletzt slutligen [ˇslʉ:tliən], till sist [til sist]
zumachen stänga [ˇstɛŋa] ⟨-de, -t⟩
zunächst först och främst [fœʂt ɔ frɛmst]
zunehmen *(dicker werden)* öka i vikt [ˇø:ka i: vikt] ⟨-ade, -at⟩, lägga ut [ˇlɛga ʉ:t]; *(anwachsen)* tillta [ˇtiltɑ:], öka [ˇø:ka] ⟨-ade, -at⟩
zurück tillbaka [tilˈbɑ:ka]
zurückbringen återföra [ˇo:tərˈfœ:ra] ⟨-de, -t⟩, lämna tillbaka [ˇlɛmna tilˈbɑ:ka]
zurückfahren åka tillbaka [ˇo:ka tilˈbɑ:ka]
zurückgeben ge tillbaka [ge: tilˈbɑ:ka]
zurückkehren återvända [ˇo:tərˈvɛnda] ⟨-e, -vänt⟩
zurücklassen lämna kvar [lɛmna ˈkvɑ:r] ⟨-ade, -at⟩
zurückweisen tillbakavisa [tilˇbɑ:ka-ˈvi:sa] ⟨-ade, -at⟩
zurückzahlen betala tillbaka [bəˈtɑ:la tilˈbɑ:ka] ⟨-ade, -at⟩
zurückziehen, s. ~ dra(ga) sig tillbaka [drɑ: sɛj tilˈbɑ:ka]
zusagen *(Einladung)* tacka ja [taka ˈjɑ:] ⟨-ade, -at⟩
zusammen tillsammans [tilˈsamans]
zusammenrechnen räkna ihop [rɛ:kna iˈhup] ⟨-ade, -at⟩
zuschlagen slå till [slo: ˈtill]
Zusammenstoß sammanstötning [ˇsamanstø:tniŋ] ⟨-en, -ar⟩, kollision [kɔliˈʃu:n] ⟨-en, -er⟩
zusätzlich ytterligare [ˇytərˈligarə], extra(-) [ˇɛkstra]
zuschauen titta [ˇtita] ⟨-ade, -at⟩
Zuschauer åskådare [ˇo:sko:darə] ⟨-n,-⟩; *(Fernsehen)* tittare [ˇtitarə] ⟨-n,-⟩
zuschließen stänga [ˇstɛŋa] ⟨-de, -t⟩, låsa [lo:sa]
Zustand tillstånd [ˇtilstɔnd] ⟨-et, -⟩
zuständig ansvarig [ˇansvɑ:rig]
zusteigen stiga på [stiga po:]
zustimmen instämma (med) [ˇinstɛma (me:)] ⟨-de, -t⟩
zuverlässig tillförlitlig [ˇtilfœˈɭi:tlig]
zuviel för mycket [fœr ˈmykə]
Zwang tvång [tvɔŋ] ⟨-et, -⟩
Zweck ändamål [ˇɛndaˈmo:l] ⟨-et, -⟩, syfte [ˇsyftə] ⟨-t, -n⟩
zwecklos ändamålslös [ˇɛndamo:ls-ˈlø:s], meningslös [ˇme:niŋslø:s]
zweckmäßig ändamålsenlig [ˇɛndamo:lsˈe:nli], lämplig [ˇlɛmpli]; *(nützlich)* användbar [ˇanvɛndˈbɑ:r]
Zweifel tvivel [ˈtvi:vəl] ⟨tvivlet, -⟩; **ohne ~** utan tvivel [ˇʉ:tan ˈtvi:vəl]
zweifelhaft tvivelaktig [ˇtvi:vəlˈakti]; *(ungewiß)* oviss [ˇu:vis], osäker [ˇu:sɛ:kər]
zweifellos otvivelaktig [ˇu:tvi:vəlˈaktig]
zweifeln, an etw ~ tvivla på något [ˇtvi:vla po: nɔt] ⟨-ade, -at⟩
zweitens för det andra [fœ: ɖe: ˇandra]
zweite(r, -s) andra [ˇandra]
zwingen tvinga [ˇtviŋa] ⟨–de, -at⟩
zwischen mellan [ˇmɛlan]; *(~ mehreren)* bland [bland]
Zwischenfall oväntad händelse [ˇu:vɛntad ˇhɛndəlsə] ⟨-n, -r⟩, intermezzo [intərˈmɛtsɔ] ⟨-t, -n⟩

Wörterbuch Schwedisch–Deutsch

A

absolut [absɔ'lʉ:t] unbedingt
acklimatisera sig [aklimati'se:ra sɛj] ⟨-ade, -at⟩ s. akklimatisieren
administration [administra'ʃu:n] ⟨-en⟩ Verwaltung
adress [a'drɛs] ⟨-en, -er⟩ Adresse, Anschrift
adressera [adrɛ'se:ra] ⟨-ade, -at⟩ adressieren
affisch [a'fiʃ] ⟨-en, -er⟩ Plakat
affär [a'fæ:r] ⟨-en, -er⟩ Geschäft, Laden
affärer [a'fæ:rər] *pl (Handel)* Geschäft
agentur [agɛn'tʉ:r] ⟨-en, -er⟩ Agentur
aktivitet [aktivi'te:t] ⟨-en, -er⟩ Tätigkeit
aldrig [ˇaldrig] nie
alger ['aljər] Algen
alla [ˇala] alle; *pl* ganz; **i varje/alla fall** [i: ˇvarjə/ˇala fal] auf alle Fälle
allmän [ˇalmɛn] allgemein, öffentlich; **i allmänhet** [i: ˇalmɛn'he:t] im allgemeinen
allt [alt] alles
alltför [ˇaltfœ:r] *(mit adj)* zu
alltid [ˇaltid] stets, immer
allt-i-ett-pris [alt i: ɛt pri:s] Pauschale
alltsamman(s) [ˇaltsamans] das Ganze
alltså [ˇaltso:] also
allvarlig [ˇalvɑ:ɭig] ernst
ambassad [amba'sɑ:d] ⟨-en, -er⟩ *(dipl. Vertretung)* Botschaft
ambulans [ambʉ:lans] ⟨-en, -er⟩ Krankenwagen
andedräkt [ˇandə'drɛkt] Atem
andra [ˇandra] andere, zweite(r, -s); **för det andra** [fœ: ɖe: ˇandra] zweitens
angenäm [ˇanjə'nɛ:m] angenehm
angå [ˇango:] s. kümmern um
anhängare [anhɛŋare] ⟨-n, -⟩ Anhänger/in
aning [ˇɑ:niŋ] ⟨-en, -ar⟩ Ahnung; **ingen aning!** [ˇiŋən ˇɑ:niŋ] keine Ahnung!
anledning [ˇanle:dniŋ] ⟨-en, -ar⟩ *(Grund)* Anlaß
anläggning [ˇanlɛgniŋ] ⟨-en, -ar⟩ Anlage
anlända [ˇanlɛnda] ⟨-e, anlänt⟩ eintreffen
anmäla [ˇanmɛ:la] ⟨-de, -t⟩ anmelden, melden
anmärka [ˇanmærka] ⟨-te, -t⟩ *(sagen)* bemerken
anmärkning [ˇanmærkniŋ] ⟨-en, -ar⟩ Beanstandung
annan, en ~ [en ˇanan] ein anderer; **en annan gång** [en ˇanan gɔŋ] ein andermal
annars [ˇanaʂ] sonst
annons [a'nɔns] ⟨-en, -er⟩ Inserat; Anzeige
annorlunda [ˇanuɭənda] *adv* anders
annorstädes [ˇanuʂte:dəs] anderswo
anordna [ˇanɔɖna] ⟨-ade, -at⟩ veranstalten
ansenlig [ˇanse:nli] beträchtlich
anskaffa [ˇanskafa] ⟨-ade, -at⟩ *verb* beschaffen
ansträngande [ˇanstrɛŋandə] anstrengend
ansträngning [ˇanstrɛŋniŋ] ⟨-en, -ar⟩ Anstrengung
anstånd [ˇanstɔnd] ⟨-et, -⟩ Termin
anställning [ˇanstɛlniŋ] ⟨-en, -ar⟩ (An-)Stellung
ansvarig [ˇansvɑ:rig] verantwortlich, zuständig
anta(ga) [ˇantɑ:(ga)] annehmen, vermuten
antagande [ˇantɑ:gandə] ⟨-t, -n⟩ *(Vermutung)* Annahme
anteckna [ˇantekna] ⟨-ade, -at⟩ notieren
anteckning [ˇantekniŋ] ⟨-en, -ar⟩ Aufzeichnung, Notiz
antingen ... eller [ˇantiŋən ... 'ɛlər] entweder ... oder
använda [ˇanvɛnda] ⟨-e, använt⟩ anwenden, benutzen, gebrauchen, verwenden
användbar [ˇanvɛnd'bɑ:r] *(nützlich)* zweckmäßig
användning [ˇanvɛndniŋ] ⟨-en⟩ Anwendung, Gebrauch, Verwendung
apparat [apa'rɑ:t] ⟨-en, - er⟩ Apparat, Gerät
applåder [a'plo:d] ⟨-er⟩ *pl* Beifall
aptit [ap'ti:t] ⟨-en⟩ Appetit
arbeta [ˇarbe:ta] ⟨-ade, -at⟩ arbeiten, schaffen
arbete [ˇarbe:tə] ⟨-t, -n⟩ Arbeit
arbetslös [ˇarbe:ts'lø:s] arbeitslos
arg [arj] *(verärgert)* böse, zornig
artig [ˇɑ:ʈig] höflich

artighet [ˇɑ:ʈihe:t] ⟨-en⟩ Höflichkeit
artikel [aˈʈikəl] ⟨-n, artiklar⟩ Artikel
arvode [ˇarvu:də] ⟨-t, -n⟩ Honorar
ask [ask] ⟨-en, -ar⟩ Schachtel; Esche
att [at] zu; daß
automat [aɵtɔˈmɑ:t] ⟨-en, -er⟩ (Waren-)Automat
automatisk [aɵtɔˈmɑ:tisk] automatisch
av [ɑ:v] aus; *(Grund)* aus; *(Passiv)* durch, von; **av detta skäl** [ɑ:v ˇdɛta ʃɛ:l] aus diesem Grund
avbeställa [ˇɑ:vbəˈstɛla] ⟨-de, -t⟩ *(Zimmer, Fahr-, Flugkarten)* abbestellen
avbrott [ˇɑ:vbrɔt] ⟨-et, -⟩ *(Unterbrechung)* Störung
avbryta [ˇɑ:vbry:ta] abbrechen, unterbrechen
avböja [ˇɑ:vbøja] ⟨-de, -t⟩ ablehnen
avfall [ˇɑ:vfal] ⟨-et⟩ Abfall
avgift [ˇɑ:vjift] ⟨-er⟩ Gebühr
avgöra [ˇɑ:vjœ:ra] entscheiden
avlägsen [ˇɑ:vlɛgsən] entfernt, abgelegen, weit
avlöpa [ˇɑ:vlø:pa] ⟨-te, -t⟩ ablaufen
avresa [ˇɑ:vre:sa] ⟨-n, -or⟩ Abreise; **avresa (från)** [ˇɑ:vre:sa (fro:n)] ⟨-te, -t⟩ abfahren (von); **avresa (till)** [ˇɑ:vre:sa (til)] ⟨-de, -t⟩ abreisen (nach)
avsikt [ˇɑ:vsikt] ⟨-en, -er⟩ Absicht; Plan; **ha för avsikt att** [hɑ: fœr ˇɑ:vsikt at] beabsichtigen
avsiktligt [ˇɑ:vsiktlit] *adv* absichtlich
avsked [ˇɑ:vʃe:d] Abschied; **ta avsked** [tɑ: ˇɑ:vʃe:d] Abschied nehmen
avsluta [ˇɑ:vslʉ:ta] ⟨-ade, -at⟩ beenden, enden, vollenden
avsnitt [ˇɑ:vsnit] ⟨-et, -⟩ Absatz
avstånd [ˇɑ:vstɔnd] ⟨-et, -⟩ Abstand, Entfernung
(av)svimmad [ˇ(a:v)svimad] ohnmächtig
avsända [ˇɑ:vsɛnda] ⟨-e, -sänt⟩ absenden; versenden
avtal [ˇɑ:vtɑ:l] ⟨-et, -⟩ Vertrag; Verabredung
avtala [ˇɑ:vtɑ:la] ⟨-ade, -at⟩ ausmachen; vereinbaren

B

baby [bɛ:bi] ⟨-n⟩ Baby
backe [ˇbakə] ⟨-n, -ar⟩ Hang, Hügel
bad [bɑ:d] ⟨-et, -⟩ Bad
bada [ˇbɑ:da] ⟨-ade, -at⟩ *(Wanne, schwimmen)* baden
badort [ˇbɑ:duʈ] ⟨-en, -er⟩ Badeort
bak [bɑ:k] hinten
bakom [ˇbɑ:kɔm] hinter
bakåt [ˇbɑ:ko:t] rückwärts
band [band] ⟨-et, -⟩ *n (aus Stoff)* Band; *m (Buch)* Band
bank [baŋk] ⟨-en, -er⟩ *(Geldinstitut)* Bank
bara [ˇbɑ:ra] nur
barn [bɑ:ɳ] ⟨-et, -⟩ Kind
batteri [bateˈri] ⟨-et, -er⟩ Batterie
be någon om något [be: nɔn ɔm nɔt] jdn um etw bitten
bearbeta [be:arˈbe:ta] ⟨-ade, -at⟩ bearbeiten
be(dja) [be:/ˇbe:dja] beten
bedra [bəˈdrɑ:] betrügen
bedragare [bəˈdrɑ:garə] ⟨-n, -⟩ Betrüger, Schwindler
bedrägeri [bədrɛ:gəˈri:] ⟨-et, -er⟩ Betrug
bedårande [bəˈdo:randə] bezaubernd
bedöma [bəˈdø:ma] ⟨-de, -t⟩ beurteilen
befara [bəˈfɑ:ra] ⟨-ade, -at⟩ befürchten
befinna sig [bəˈfina sɛj] s. befinden
begeistrad [bəˈgajstrad] begeistert
begäran [bəˈjæ:ran] Bitte
behag, efter ~ [ˈɛftər bəˈhɑ:g] nach Belieben
behaga [bəˈhɑ:ga] ⟨-ade, -at⟩ gefallen
behandla [bəˈhandla] ⟨-ade, -at⟩ behandeln
behandling [bəˈhandliŋ] ⟨-en, -ar⟩ Behandlung
behjälplig, vara någon ~ [vɑ:ra nɔn bəˈjɛlpli] jdm behilflich sein
behålla [bəˈhɔla] behalten
behållare [bəˈhɔlarə] ⟨-n, -⟩ Behälter
behöva [bəˈhø:va] ⟨-de, -t⟩ benötigen, brauchen
bekant [bəˈkant] ⟨-, -a⟩ der, die Bekannte; bekannt; **bli bekant med** [bli: bəˈkant me:] kennenlernen
bekantskap [bəˇkans:kɑ:p] ⟨-et, -er⟩ Bekanntschaft
beklaga [bəˈklɑ:ga] ⟨-ade, -at⟩ bedauern; **beklaga sig (över)** [bəˈklɑ:ga sɛj (ˈø:vər)] s. beklagen über
beklagande [bəˈklɑ:gandə] ⟨-t⟩ Bedauern
bekräfta [bəˈkrɛfta] ⟨-ade, -at⟩ bestätigen
bekväm [bəˈkvɛ:m] bequem
bekvämlighet [bəˈkvɛ:mlihe:t] ⟨-en, -er⟩ Bequemlichkeit
bekymmer [bəˈçymər] ⟨bekymret⟩ Sorge, Kummer

A/Z

bekymra [ˈbeçymra] ⟨-ade, -at⟩ s. kümmern um
bekymrad [bəˈçymrad] besorgt
belgare [ˈbɛlgarə] ⟨-n, -⟩ Belgier
Belgien [ˈbɛlgiən] Belgien
belopp [bəˈlɔp] ⟨-et, -⟩ Betrag
belöna [bəˈlø:na] ⟨-ade, -at⟩ belohnen
belöning [bəˈlø:niŋ] ⟨-en, -ar⟩ Belohnung
bemöda sig [bəˈmø:da sɛj] ⟨-ade, -at⟩ s. bemühen
bensin [benˈsi:n] ⟨-en⟩ Benzin
beredd [bəˈred] bereit
berg [bærj] ⟨-et, -⟩ Berg
berusad [bəˈrʉ:sad] betrunken
beräkna [bəˈrɛ:kna] ⟨-ade, -at⟩ berechnen
berätta [bəˈrɛta] ⟨-ade, -at⟩ erzählen
berättigad [bəˈrɛtigad] berechtigt
berömd [bəˈrømd] berühmt
berömma [bəˈrøma] ⟨-de, -t⟩ loben
beröra [bəˈrœ:ra] ⟨-de, -t⟩ berühren
beröring [bəˈrœ:riŋ] ⟨-en, -ar⟩ Berührung
besiktiga [bəˈsiktiga] ⟨-ade, -at⟩ besichtigen
besittning [bəˈsitniŋ] ⟨-en, -ar⟩ Besitz
besk [besk] bitter
besked [bəˈske:d] ⟨-et, -⟩ Bescheid
beskriva [bəˈskri:va] beschreiben
beskydda [bəˈʃyda] ⟨-ade, -at⟩ beschützen
beslut [bəˈslʉ:t] ⟨-et, -⟩ Beschluß; Entschluß
besluta [bəˈslʉ:ta] ⟨-ade, -at⟩ beschließen; **besluta sig** [bəˈslʉ:ta sɛj] ⟨-ade, -at⟩ s. entschließen; **vara besluten (att)** [vɑ:ra bəˈslʉ:tən (at)] entschlossen sein (zu)
besläktad [bəˈslɛktad] verwandt
bestå [bəˈsto:] *(existieren)* bestehen; **bestå av** [bəˈsto: ɑ:v] bestehen aus
beställa (i förväg) [bəˈstɛla (i: ˇfœ:rvɛ:g)] ⟨-de, -t⟩ vorbestellen
bestämd [bəˈstɛmd] *adj* bestimmt
besvara [bəˈsvɑ:ra] ⟨-ade, -at⟩ erwidern, antworten
besviken [bəˈsvi:kən] enttäuscht
besvär [bəˈsvæ:r] ⟨-et, -⟩ Beschwerde, Mühe; **göra sig besvär att** [jœ:ra sɛj bəˈsvæ:r at] s. Mühe geben
besvära [bəˈsvæ:ra] ⟨-ade, -at⟩ belästigen; **besvära sig (över)** [bəˈsvæ:ra sɛj (ˈø:vər)] s. beschweren (über)
besvärlig [bəˈsvæ:lig] lästig
besättning [bəˈsɛtniŋ] ⟨-en, -ar⟩ *(Schiff)* Besatzung, Mannschaft
besök [bəˈsø:k] ⟨-et, -⟩ Besuch
besöka [bəˈsø:ka] ⟨-te, -t⟩ besichtigen; **besöka någon** [bəˈsø:ka no:n] ⟨-te, -t⟩ jdn besuchen
betala [bəˈtɑ:la] ⟨-ade, -at⟩ bezahlen, zahlen; **betala kontant** [bəˈtɑ:la kɔnˈtant] ⟨-ade, -at⟩ bar zahlen; **betala tillbaka** [bəˈtɑ:la tilˈbɑ:ka] ⟨-ade, -at⟩ zurückzahlen
betalning [bəˈtɑ:lniŋ] ⟨-en, -ar⟩ Zahlung
beteckning [bəˈtɛkniŋ] ⟨-en, -ar⟩ Bezeichnung
betjäna [bəˈçɛ:na] bedienen
betjäning [bəˈçɛ:niŋ] ⟨-en⟩ Bedienung
betoning [bəˈtu:niŋ] ⟨-en, -ar⟩ *(Betonung)* Ton
betrakta [bəˈtrakta] ⟨-ade, -at⟩ betrachten
beträda [bəˈtrɛ:da] ⟨-de, -t⟩ *verb* betreten
beträffande [bəˈtrɛfandə] betreffend
betyda [bəˈty:da] ⟨-de, -tt⟩ bedeuten
betydande [bəˈty:dandə] bedeutend
betydelse [beˈtydelsə] ⟨-n, -r⟩ Bedeutung
betyg [beˈty:g] ⟨-et, -⟩ *(Schule)* Zeugnis
beundra [bəˈɵndra] ⟨-ade, -at⟩ bewundern
bevaka [bəˈvɑ:ka] ⟨-ade, -at⟩ bewachen
bevilja [bəˈvilja] ⟨-ade, -at⟩ gewähren, genehmigen
bevis [bəˈvi:s] ⟨-et, -⟩ Beweis; Zeichen
bevisa [bəˈvi:sa] ⟨-ade, -at⟩ beweisen
bi [bi] ⟨-et, -n⟩ Biene
bifall [ˇbi:fal] ⟨-et⟩ Beifall
bil [bi:l] ⟨-en, -ar⟩ Wagen, Auto
bilaga [ˇbi:lɑ:ga] ⟨-n, -or⟩ *(Brief)* Anlage
bild [bild] ⟨-en, -er⟩ *(Foto, Abbildung)* Bild
bilda [ˇbilda] ⟨-ade, -at⟩ bilden
biljett [bilˈjɛt] ⟨-en, -er⟩ (Fahr-)Karte
billig [ˇbilig] billig
binda [ˇbinda] binden; **ej bindande** [ɛj ˇbindandə] unverbindlich
bit [bi:t] ⟨-en, -ar⟩ Stück
bita [bi:ta] beißen
bitter [ˈbitər] bitter
bjuda [ˇbjʉ:da] anbieten; einladen
bjudning [bjʉ:dniŋ] ⟨-en, -ar⟩ Fest
blad [blɑ:d] ⟨-et, -⟩ Blatt
bland [bland] unter, zwischen; **bland annat** [bland ˇanat] unter anderem
blandat [ˇblandat] gemischt
blek [ble:k] bleich
bli [bli:] werden; **bli över** [bli: ˈø:vər] übrigbleiben
blick [blik] ⟨-en, -ar⟩ Blick

blind [blind] blind
blinka [ˇblinka] ⟨-ade, -at⟩ blinken
blivande [ˇbli:vandə] zukünftig
blixt [blikst] ⟨-en, -ar⟩ *(Wetter, Foto)* Blitz
blomma [ˇbluma] ⟨-n, -or⟩ Blume; blühen
blyg [bly:g] schüchtern
blåsig [ˇblo:sig] windig
bo [bu:] ⟨-dde, -tt⟩ wohnen
bok [bu:k] ⟨-en, böcker⟩ Buch
boka [ˇbu:ka] ⟨-ade, -at⟩ *(Platz)* buchen, vorbestellen
bokstavera [buksta've:ra] ⟨-ade, -at⟩ buchstabieren
boll [bɔl] ⟨-en, -ar⟩ Ball
bonde [ˇbundə] ⟨-n, bönder⟩ *(Landwirt)* Bauer
bondgård [ˇbundgo:ɖ] ⟨-en, -ar⟩ Bauernhof
bord [bu:ɖ] ⟨-et, -⟩ Tisch; **vid bordet** [vi:d 'bu:ɖət] bei Tisch
borgen [ˇbɔrjən] Kaution
borste [ˇbɔʂtə] ⟨-en, -ar⟩ Bürste
borsta [ˇbɔʂta] ⟨-ade, -at⟩ bürsten
bort [bɔʈ] fort, weg
bostad [ˇbu:stɑ:d] ⟨bostaden, bostäder⟩ Unterkunft, Wohnung
botemedel [ˇbu:tə'me:dəl] (Heil-)Mittel
Bottenviken [ˇbɔtən'vi:kən] Bottnischer Meerbusen
bottenvåning [ˇbɔtən'vo:niŋ] ⟨-en, -ar⟩ Erdgeschoß
bra [brɑ:] gut
brand [brand] ⟨-en, bränder⟩ Brand
brandkår [ˇbrandko:r] ⟨-en, -er⟩ Feuerwehr
brandskåp [ˇbrandsko:p] ⟨-et, -⟩ Feuermelder
brandsläckare [ˇbrandslɛkarə] ⟨-n, -⟩ Feuerlöscher
brant [brant] steil
bred [bre:d] breit
bredvid [bre:'vi:d] neben
brev [bre:v] ⟨-et, -⟩ Brief
brevkort [ˇbre:vkuʈ] ⟨-et, -⟩ Postkarte
brevväxling [ˇbre:vɛksliŋ] ⟨-en⟩ Briefwechsel
brinna [ˇbrina] brennen
brist [brist] ⟨-en, -er⟩ Mangel; Fehler
bro [bru:] ⟨-n, -ar⟩ Brücke
bro(der) [ˇbru:(dər)] ⟨-n, bröder⟩ Bruder
brokig [ˇbru:ki] *(abwechslungsreich)* bunt
brorsdotter [ˇbru:ʂdɔtər] ⟨-n, -döttrar⟩ Nichte *(brüderlicherseits)*
brorson [ˇbru:ʂɔn] ⟨-en, -söner⟩ Neffe *(brüderlicherseits)*
broschyr [brɔ'ʃy:r] ⟨-en, -er⟩ Prospekt
bruk [brʉ:k] ⟨-et⟩ Gebrauch
bruka [ˇbrʉ:ka] verwenden
bruklig [ˇbrʉ:kli] gebräuchlich, üblich
brun [brʉ:n] braun
brunn [brɵn] ⟨-en, -ar⟩ Brunnen
bry sig om något [bry: sɛj 'ɔm nɔt] s. kümmern um
bryta [ˇbry:ta] brechen; **bryta upp** [ˇbry:ta 'ɵp] aufbrechen
brådskande [ˇbrɔdskandə] dringend, eilig
bråttom [ˇbrɔtɔm] eilig; **ha bråttom** [hɑ: ˇbrɔtɔm] es eilig haben
bräcklig [ˇbrɛklig] zerbrechlich
bränna upp [brɛna 'ɵp] verbrennen
bröllop [ˇbrølɔp] ⟨-et, -⟩ *(Feier)* Hochzeit
bukett [bɵ'kɛt] ⟨-en, -er⟩ (Blumen-)Strauß
bukt [bɵkt] ⟨-en, -er⟩ Bucht
buller ['bɵlər] ⟨bullret⟩ Lärm, Geräusch
bunt [bɵnt] ⟨-en, -ar⟩ Bund; Bündel
burk [bɵrk] ⟨-en, -ar⟩ Dose
buske [ˇbɵskə] ⟨-en, -ar⟩ Busch
butik [bɵ'ti:k] ⟨-en, -er⟩ Laden
by [by:] ⟨-n, -ar⟩ Ortschaft, Dorf
bygga [ˇbyga] ⟨-de, -t⟩ bauen
byggnad [ˇbygnad] ⟨-en, -er⟩ Gebäude
byrå [by:'ro:] ⟨-n, -er⟩ *(Dienststelle)* Amt; Büro; Kommode
byta [ˇby:ta] ⟨-te, -t⟩ tauschen; **byta (tåg)** [ˇby:ta (to:g)] ⟨-te, -t⟩ umsteigen; **byta (ut)** [ˇby:ta/by:ta 'ʉ:t] ⟨-te, -t⟩ austauschen; **byta om** [by:ta 'ɔm] ⟨-te, -t⟩ umtauschen
båda [ˇbo:da] beide
båt [bo:t] ⟨-en, -ar⟩ Boot
bägare [ˇbɛ:garə] ⟨-n, -⟩ Becher
bänk [bɛŋk] ⟨-en, -ar⟩ (Sitz-)Bank
bära [ˇbæ:ra] tragen; **bära bort** [bæ:ra 'bɔʈ] forttragen
bästa, den/det/de ~ [den/de:/dɔm ˇbɛsta] beste(r, -s)
bättre ['bɛtrə] besser; **bättre än** ['bɛtrə ɛn] besser als
böja [ˇbøja] ⟨-de, -t⟩ biegen
bön [bø:n] ⟨-en, -er⟩ Bitte; Gebet
bör [bœ:r] sollen
bördig från [ˇbœ:ɖi fro:n] gebürtig aus
börja [ˇbœrja] ⟨-ade, -at⟩ anfangen, beginnen
början [ˇbœrjan] Anfang, Beginn
börs [bœʂ] ⟨-en, -ar⟩ Beutel
böter ['bø:tər] *pl* Geldstrafe; Bußgeld

C

cafeteria [kafeteˈri:a] Schnellimbiß
central [sɛnˈtrɑ:l] zentral
centrum [ˈsɛntrɵm] ⟨centret, centra⟩ Zentrum
chaufför [ʃɔˈfœ:r] ⟨-en, -er⟩ Chauffeur
chef [ʃɛf] ⟨-en, -er⟩ Chef
cigarett [sigaˈrɛt] ⟨-en, -er⟩ Zigarette
cigarill [sigaˈril] ⟨-en, -⟩ Zigarillo
cigarr [siˈgar] ⟨-en, -er⟩ Zigarre
cigarrcigarett [ˇsigarsigaˈrɛt] ⟨-en, -er⟩ Zigarillo
cigarrettändare [sigaˇrɛtɛndarə] ⟨-n, -⟩ Feuerzeug

D

dag [dɑ:g] ⟨-en, -ar⟩ Tag; **varje dag** [ˇvarjə dɑ:g] alle Tage; **på dagen** [po: ˈdɑ:gən] bei Tag
dam [dɑ:m] ⟨-en, -er⟩ Dame
damm [dam] ⟨-et⟩ Staub
Danmark [ˈdanmark] Dänemark
dans [dans] ⟨-en, -er⟩ Tanz
dansk [dansk] dänisch
datum [ˇdɑ:tɵm] ⟨-et, -⟩ Datum
de [dɔm] *sing* sie; **de där** [dɔm ˈdæ:r] jene
defekt [defeɛt] defekt
del [de:l] ⟨-en, -ar⟩ Teil
dela [ˇde:la] ⟨-ade, -at⟩ teilen; **dela med någon** [ˇde:la me: ˇno:gɔn] mit jdm teilen
deltaga (i) [ˇde:ltɑ:ga (i:)] teilnehmen (an)
deltagande [ˇde:ltɑ:gandə] ⟨-t⟩ Beileid; Teilnahme
dem [dɔm] *pl* sie
den här, det här, de här [den/de:/dɔm hæ:r] diese(r, -s)
deponera [depuˈne:ra] ⟨-ade, -at⟩ hinterlegen
deras [ˇde:ras] *poss prn pl* ihr
dess [dɛs] *poss prn* sein
dessutom [dɛˇsʉ:tɔm] außerdem
det [de:] das; **det finns** [de: fins] es gibt
detalj [deˈtalj] ⟨-en, -er⟩ Einzelheit
diabild [ˇdiabild] ⟨-en, -er⟩ Dia
diagnos [diagˈno:s] ⟨-en, -er⟩ Diagnose
dig [dɛj] dir, dich
dimmig [ˇdimi:g] neblig
din [din] dein
direkt [diˈrɛkt] *adj* direkt
direktion [dirɛkˈʃu:n] ⟨-en, -er⟩ Direktion
direktör [dirɛkˈtœ:r] ⟨-en, -er⟩ Direktor
dit bort [di:t bɔʈ] dorthin
djup [jʉ:p] tief
djur [jʉ:r] ⟨-et, -⟩ Tier
dock [dɔk] jedoch, doch
docka [ˇdɔka] ⟨-an, -or⟩ Puppe
doktor [ˇdɔktɔr] ⟨-n, -er⟩ Doktor
dokument [dɔkɵˈmɛnt] ⟨-et, - ⟩ Dokument
dom [dum] ⟨-en, -ar⟩ *(Gericht)* Urteil
domstol [ˇdumstu:l] ⟨-en, -ar⟩ *(Justiz)* Gericht
dosa [ˇdu:sa] ⟨-n, -or⟩ Büchse
dotter [ˇdɔtər] ⟨-n, döttrar⟩ Tochter
dotterson [ˇdɔtəˈʂo:n] ⟨-n, dottersöner⟩ *(Sohn der Tochter)* Enkel
dra(ga) [drɑ:/drɑ:ga] ziehen; **dra(ga) sig tillbaka** [drɑ: sɛj tilˈbɑ:ka] s. zurückziehen
dricka [ˇdrika] trinken; **dricka sig berusad** [drika sɛj bəˈrʉ:sad] s. betrinken
drickbar [ˇdrikbɑ:r] trinkbar
droppa [ˇdrɔpa] ⟨-ade, -at⟩ tropfen
droppe [ˇdrɔpə] ⟨-n, -ar⟩ Tropfen
dräkt [drɛkt] ⟨-en, -er⟩ Tracht
dröja [ˇdrøja] ⟨-de, -t⟩ dauern
dröm [drøm] ⟨-men, -mar⟩ Traum
drömma [ˇdrøma] ⟨-de, -t⟩ träumen
du [dʉ:] du
dubbel [ˇdɵbəl] doppelt
duglig [ˇdʉ:glig] fähig, tüchtig
duk [dʉ:k] ⟨-en, -ar⟩ Tuch
duktig [ˇdɵkti] tüchtig
dum [dɵm] dumm, blöd(e)
dy [dy:] ⟨-n⟩ Schlamm
dyr [dy:r] kostspielig, teuer
dyster [ˈdystər] finster
då [do:] da; damals, dann; *(Grund)* da; **då och då** [do: ɔ do:] von Zeit zu Zeit
dålig [ˇdo:li] schlimm; *adj* schlecht, übel, unwohl
dåligt [ˇdo:lit] *adv* schlecht
dämpad [ˇdɛmpad] mäßig
där [dæ:r] dort; *(Ort)* da; **där borta** [dæ:r ˇbɔʈa] drüben
därefter [dæ:rˈɛftər] danach
därför [ˈdæ:rfœ:r] daher, deshalb
därnere [dæ:ˈɳe:rə] dort unten
därtill [ˇdæʈ:ɭ] dazu
däruppe [dæ:ˈrɵpə] dort oben
dö [dø:] sterben
död [dø:d] tot; ⟨-en⟩ Tod
dölja [ˇdølja] verheimlichen; verstecken
döma [ˇdøma] ⟨-de, -t⟩ urteilen
dörr [dœr] ⟨-en, -ar⟩ Tür

E

effekt [e'fɛkt] ⟨-en, -er⟩ Wirkung
efter ['ɛftər] *(zeitlich)* nach; **gå efter** [go: 'ɛftər] *(Uhr)* nachgehen
eftermiddag [ˇɛftər'mida] ⟨-en, -ar⟩ Nachmittag
eftersom [ˇɛftəʂɔm] da, weil
efteråt [ˇɛftə'ro:t] nachher
egen [ˇe:gən] eigen
egendomlig [ˇe:gən'dumli] eigenartig
egenskap [ˇe:gən'skɑ:p] ⟨-en, -er⟩ Eigenschaft
egentligen [e'jɛntligən] eigentlich
eka [ˇe:ka] ⟨-n, -or⟩ Kahn
elak [ˇe:lak] böse, gemein
eld [eld] ⟨-en, -ar⟩ Feuer
elda [ˇelda] heizen
eldfarlig [ˇeldfɑ:ɭig] feuergefährlich
eldningsolja [ˇeldniŋs'ɔlja] ⟨-n, -or⟩ Heizöl
eldsläckare [ˇeldslɛkarə] ⟨-n, -⟩ Feuerlöscher
elektrisk [e'lɛktrisk] elektrisch
eller ['ɛlər] oder
emanciperad [emansi'pe:rad] emanzipiert
en, ett [en, ɛt] ein(e), ein(e)
ena [ˇe:na] ⟨-ade, -at⟩ einigen
enastående [ˇe:na'sto:əndə] einzig(artig)
enda [ˇenda] einzig
engelsk [ˇɛŋəlsk] englisch
enkel ['ɛŋkəl] einfach
ensam [ˇensam] einsam, allein
enstaka [ˇe:nstɑ:ka] einzeln
entrébiljett [aŋˇtre:bil'jɛt] Eintrittskarte
entusiastisk [aŋtɵsi'astisk] begeistert
er [e:r] euch, euer; *obj* Sie
erbjuda [erˇbjʉ:da] bieten, anbieten
erfara [ˇe:rfɑ:ra⟩ *verb* erfahren
erfaren [ˇæ:rfɑ:rən] *adj* erfahren
erfarenhet [ˇæ:rfɑ:rən'he:t] ⟨-en, -er⟩ Erfahrung, Praxis
erhålla [ˇæ:rhɔla] erlangen, erhalten; **kan erhållas** [kan ˇæ:rhɔlas] ist erhältlich
ersätta [ˇæ:ʂɛta] ersetzen
ersättning [ˇæ:ʂɛtniŋ] ⟨-en, -ar⟩ (Schaden-)Ersatz
etter ['etər] ⟨-et⟩ Gift
Europa [eɵ'ru:pa] Europa
europeisk [eɵru'peisk] europäisch
europé [eɵru'pe:] ⟨-(e)n, -er⟩ Europäer
eventuellt [evɛntɵ'ɛlt] *adv* eventuell
exakt [ɛk'sakt] genau
exempel [ɛk'sɛmpəl] ⟨exemplet, -⟩ Beispiel; **till exempel** [til ɛk'sɛmpəl] zum Beispiel
existera [ɛksis'te:ra] ⟨-ade, -at⟩ bestehen
extra [ˇɛkstra] extra; **extra(-)** zusätzlich

F

fabrik [fa'bri:k] ⟨-en, -er⟩ Fabrik
faktum ['faktɵm] ⟨-, fakta⟩ Tatsache
fall [fal] ⟨-et, -⟩ Fall, Sturz; Vorfall; **i alla fall** [i: ˇala fal] auf alle Fälle; **i vanliga fall** [i: ˇva:nliga 'fal] normalerweise; **i varje fall** [i: ˇvarjə fal] auf alle Fälle
falla [ˇfala] fallen
falsk [falsk] *(betrügerisch)* falsch
familj [fa'milj] ⟨-en, -er⟩ Familie
far [fɑ:r] ⟨fadern, fäder⟩ Vater
fara [ˇfɑ:ra] ⟨-n, -or⟩ Gefahr
farbror [ˇfɑ:rbru:r] ⟨-brodern, -bröder⟩ Onkel *(väterlicherseits)*
farfar [ˇfɑ:rfɑ:r] Großvater *(väterlicherseits)*
farlig [ˇfɑ:ɭig] gefährlich
farmor [ˇfɑ:rmu:r] Großmutter *(väterlicherseits)*
fast [fast] fest
fastande [ˇfastandə] *(Magen)* nüchtern
faster [ˇfastər] ⟨-n, fastrar⟩ Tante *(väterlicherseits)*
fastän [ˇfastɛn] obwohl
fat [fɑ:t] ⟨-et, -⟩ *(zum Anrichten)* Platte
fattas [ˇfatas] ⟨-ades, -ats⟩ fehlen
fattig [ˇfatig] arm
fel [fe:l] ⟨-et⟩ Fehler, Mangel; Schuld; falsch; **ha fel** [hɑ: fe:l] unrecht haben; **ta fel på** [tɑ: 'fe:l po:] verwechseln
fest [fest] ⟨-en, -er⟩ Fest, Party
fet [fe:t] fett
fetlagd [ˇfe:tlagd] *(beleibt)* stark
ficka [ˇfika] ⟨-n, -or⟩ Tasche
filial [fili'ɑ:l] ⟨-en, -er⟩ Filiale
film [film] ⟨-en, -er⟩ *(Foto, Kino)* Film
filter ['filtər] ⟨-filtret, -⟩ Filter
fin [fi:n] fein
finkänslig [ˇfi:nçɛnslig] zartfühlend
Finland ['finland] Finnland
finna [ˇfina] finden
finnas [ˇfinas] sein
det finns [de: fins] es gibt
firma [ˇfirma] ⟨-n, -or⟩ Firma
fisk [fisk] ⟨-en, -ar⟩ Fisch
fiska [ˇfiska] ⟨-ade, -at⟩ fischen, angeln
fjäder [ˇfjɛ:dər] ⟨-n, fjädrar⟩ Feder
fjäll (1) [fjɛl] ⟨-et, -⟩ Berg

fjäll (2) [fjɛl] ⟨-et,-⟩ Schuppe
fjällstuga [ˇfjɛlstʉ:ga] (Berg-)Hütte
fjärdedel [ˇfjæ:ɖəˈde:l] Viertel
flack [flak] flach
flamma [ˇflama] ⟨-n,-or⟩ Flamme
flaska [ˇflaska] ⟨-n,-or⟩ Flasche
flicka [ˇflika] ⟨-n,-or⟩ Mädchen
flirt [fliʈ] Flirt
flitig [ˇfli:tig] fleißig
flod [flu:d] ⟨-en,-er⟩ Fluß
fluga [ˇflʉ:ga] ⟨-n,-or⟩ Fliege
flyga [ˇfly:ga] fliegen
flyta [ˇfly:ta] fließen
flytande [ˇfly:tandə] flüssig
flytta [ˇflyta] ⟨-ade,-at⟩ *(Wohnung)* ausziehen; *(Wohnung)* umziehen
fläck [flɛk] ⟨-en,-ar⟩ Fleck(en)
flört [flœʈ] Flirt
foder [ˈfu:dər] ⟨fodret,-⟩ Futter
folk [fɔlk] ⟨-et⟩ Leute; Volk
folkdräkt [ˇfɔlkdrekt] ⟨-en,-er⟩ Tracht
fordra [ˇfu:ɖra] ⟨-ade,-at⟩ fordern
fordran [ˇfu:ɖran] Forderung
form [fɔrm] ⟨-en,-ar⟩ Form; **i form** [i: fɔrm] fit
forma [ˇfɔrma] ⟨-ade,-at⟩ bilden
format [fɔrmɑ:t ⟨-et,-⟩ Format
formulär [fɔrmʉˈlæ:r] ⟨-et,-⟩ Formular
forntida [ˇfu:ɳti:da] *(aus früheren Zeiten)* alt
fortsätta [ˇfuʈʂɛta] fortsetzen
fosterland [ˇfustəˈland] ⟨-et⟩ Vaterland
fotgängare [ˇfu:tjɛŋarə] ⟨-n,-⟩ Fußgänger
fotografera [futugraˈfe:ra] ⟨-ade,-at⟩ *(Foto)* aufnehmen, fotografieren, knipsen
foto(grafi) [fu:tu:(graˈfi:)] ⟨-t,-er⟩ Foto, Aufnahme
frakt [frakt] ⟨-en,-er⟩ Fracht
framför [ˇframfœ:r] *(räumlich)* vor; **framför allt** [framfœ:r ˈalt] vor allem
framgång [ˇframgɔŋ] ⟨-en,-ar⟩ Erfolg
framkalla [ˇframkala] ⟨-ade,-at⟩ *(Film)* entwickeln
framkallning [ˇframkalniŋ] ⟨-en,-ar⟩ *(Film)* Entwicklung
framsteg [ˇframste:g] ⟨-et,-⟩ Fortschritt
framställa [ˇframstɛla] ⟨-de,-t⟩ erzeugen
framtid [ˇframti:d] ⟨-en⟩ Zukunft
framtida [ˇframti:da] zukünftig
fram(till) [fram/ˇframtil] vorn
framåt [ˇframo:t] vorwärts
fransk [fransk] französisch
fred [fre:d] ⟨-en⟩ Friede
fri [fri:] frei
frid [fri:d] ⟨-en⟩ *(Ruhe)* Friede
frisk [frisk] frisch; gesund
frist [frist] ⟨-en,-er⟩ Frist, Termin
fru [frʉ:] *(Anrede, vor Namen)* Frau
frukost [frɵkɔst] ⟨-en,-at⟩ Frühstück; **äta frukost** [ˇɛtaˈfrɵkɔst] frühstücken
frukta [ˇfrɵkta] ⟨-ade,-at⟩ fürchten, befürchten
fruktan [ˇfrɵktan] Furcht
fruktansvärd [ˇfrɵktansˈvæ:ɖ] fürchterlich
frysa [ˇfry:sa] frieren
fråga [ˇfro:ga] ⟨-ade,-at⟩ Frage; fragen
från [fro:n] *(Herkunft)* aus, von; **från (och med)** [fro:n (o: me:d)] ab
frånvarande [ˇfro:nvɑ:randə] abwesend
främling [ˇfrɛmliŋ] ⟨-en,-ar⟩ der, die Fremde
främmande [ˇfrɛmandə] fremd
fräsch [frɛ:ʃ] *(Wäsche)* frisch
fröken [ˈfrø:kən] ⟨-, fröknar⟩ Fräulein
fuktig [ˇfɵktig] feucht
ful [fʉ:l] häßlich
full [fɵl] voll; besetzt
fullborda [ˇfɵlbu:ɖa] ⟨-ade,-at⟩ vollenden
fullkomlig [ˇfɵlkɔmli] vollkommen
fullmakt [ˇfɵlmakt] ⟨-en,-er⟩ Vollmacht
fullsatt [ˇfɵlsat] *(besetzt)* voll
fullständig [ˇfɵlstɛndi] *adj* vollständig
fullständigt [ˇfɵlstɛndit] *adv* vollständig
fungera [fɵŋˈge:ra] ⟨-ade,-at⟩ funktionieren
fylla [ˇfyla] ⟨-de,-t⟩ füllen; **fylla i en blankett/ett formulär** [fyla ˈi: en blaŋˈkɛt/et fɔrmʉˈlæ:r] ein Formular ausfüllen
fyr [fy:r] ⟨-en,-ar⟩ Leuchtturm
fyrkantig [ˇfy:rkanti] viereckig
fyrverkeri [fy:rvɛrkeˈri:] ⟨-t,-er⟩ Feuerwerk
få [fo:] erhalten; **få veta** [fo: ˇve:ta] *verb* erfahren; **få reda på** [fo: ˇre:da ˈpo:] erfahren
färggrann [ˇfærjgran] bunt
färgton [ˇfærjtu:n] *(Farbe)* Ton
färre [ˈfærə] *(zählbar)* weniger
färsk [fæʂk] *(neu)* frisch
fästman [ˇfɛstman] ⟨-nen,-män⟩ der Verlobte
fästmö [ˇfɛstmø:] ⟨-n,-r⟩ die Verlobte
föda [ˇfø:da] ⟨-n⟩ Nahrung
född [fød] ⟨-en,-ar⟩ geboren
födelsedag [fødəlseˈda:g] ⟨-en,-ar⟩ Geburtstag

A/Z

föga [ˈfø:ga] wenig
följa [ˈfølja] ⟨-de,-t⟩ folgen, befolgen;
följa (med) [ˈfølja/følja ˈme:] ⟨-de,-t⟩ begleiten
för [fœ:r] denn; für; *(mit adj)* zu; **för all del** [fœr ˈal de:l] *(Antwort auf Dank)* bitte; **för närvarande** [fœr ˈɳæ:rvɑ:randə] *adv* vorläufig; zur Zeit; **för övrigt** [fœr ˈø:vrit] übrigens; **vara för (det)** [vɑ:ra ˈfœ:r (de:)] dafür sein
föra [ˈfœ:ra] ⟨-de,-t⟩ führen; **föra bort** [fœ:ra ˈbɔʈ] wegbringen
förare [ˈfœ:rarə] ⟨-n,-⟩ Fahrer
förband [fœrˈband] ⟨-et,-⟩ *(Verein)* Verband
förbandsartiklar [fœrˈbandsarˈtiklar] Verbandszeug
förbereda [ˈfœ:rbəˈre:da] ⟨förberedde, förberett⟩ vorbereiten
förbi [fœrˈbi:] vorüber; vorbei
förbinda [fœrˈbinda] *(auch med)* verbinden
förbindelse [fœrˈbindəlsə] ⟨-n,-r⟩ *(Zug, tele)* Verbindung
förbjuda [fœrˈbjʉ:da] verbieten
förbjudet! [fœrˈbjʉ:dət] verboten!
förbruka [fœrˈbrʉ:ka] ⟨-ade,-at⟩ verbrauchen
förbrukning [fœrˈbrʉ:kniŋ] ⟨-en⟩ Verbrauch
förbud [fœrˈbʉ:d] ⟨-et,-⟩ Verbot
förbättra [fœrˈbɛtra] ⟨-ade,-at⟩ verbessern
fördel [ˈfœ:ɖe:l] ⟨-en,-ar⟩ Vorteil; Vorzug
fördela [fœˈɖe:la] ⟨-ade,-at⟩ verteilen
fördelaktig [ˈfœ:ɖe:lˈaktig] *(Preis)* günstig, vorteilhaft
fördelning [fœˈɖe:lniŋ] ⟨-en,-ar⟩ Verteilung
fördröja [fœˈɖrøja] ⟨-de,-t⟩ verzögern
fördärva [fœˈɖærva] ⟨-ade,-at⟩ verderben
fördärvad [fœˈɖærvad] verdorben
före [ˈfœ:rə] *(zeitlich)* vor
föredra [ˈfœ:rəˈdrɑ:] lieber haben
föredra(ga) [ˈfœ:rəˈdrɑ:(ga)] vorziehen
förefalla [ˈfœ:rəˈfala] scheinen
föremål [ˈfœ:rəmo:l] ⟨-et,-⟩ Ding, Gegenstand
förening [fœˈre:niŋ] ⟨-en,- ar⟩ Bund, Verein, Verband
föreskrift [ˈfœ:rəˈskrift] ⟨-en,-er⟩ Vorschrift
föreslå [ˈfœ:rəˈslo:] vorschlagen
förestella någon för någon [ˈfœ:rəˈstɛla nɔn fœ: ɳɔn] jdn mit jdm bekannt machen
föreståndare [ˈfœrəstɔndarə] ⟨-en,-⟩ Leiter/in
föreställning [ˈfœ:rəˈstɛlniŋ] ⟨-en,-ar⟩ Vorstellung
företag [ˈfœ:rəˈtɑ:g] ⟨-et,-⟩ Unternehmen
företräde [ˈfœ:rəˈtrɛ:də] ⟨-t,-n⟩ Vorzug
förevisa [ˈfœ:rəˈvi:sa] ⟨-ade,-at⟩ vorzeigen
förevändning [ˈfœ:rəˈvɛndniŋ] ⟨-en,-ar⟩ Vorwand
författning [fœrˈfatniŋ] ⟨-en,-ar⟩ Verfassung
förfluten tid [fœrˈflʉ:tən ti:d] ⟨-en⟩ Vergangenheit
förflyta [fœrˈfly:ta] *(Zeit)* vergehen, vorübergehen
förfriskning [fœrˈfriskniŋ] ⟨-en,-ar⟩ Erfrischung
förgäves [fœrˈjɛ:vəs] vergebens, umsonst
förhandling [fœrˈhandliŋ] ⟨-en,-ar⟩ Verhandlung
förhindra [fœrˈhindra] verhindern
förhänge [ˈfœ:rhɛŋə] ⟨-t,-n⟩ Vorhang
förklara [fœrˈklɑ:ra] ⟨-ade,-at⟩ erklären
förkortning [fœrˈkɔʈniŋ] ⟨-en,-ar⟩ Abkürzung
förkörsrätt [ˈfœ:rçœʂˈrɛt] ⟨-en⟩ Vorfahrt
förlora [fœˈɭu:ra] ⟨-ade,-at⟩ verlieren
förlova sig med någon [fœˈɭo:va sɛj me nɔn] ⟨-ade,-at⟩ s. mit jdm verloben
förlust [fœˈɭɵst] ⟨-en,-er⟩ Verlust
förlåta [fœˈɭo:ta] verzeihen; **förlåt** [fœˈɭo:t] *(bei Behinderung etc.)* entschuldigen Sie bitte
förlänga [fœˈɭɛŋa] ⟨-de,-t⟩ verlängern
förmedlare [fœrˈme:dlarə] ⟨-n,-⟩ Vermittler
förmiddag [ˈfœ:rmida] ⟨-en,-ar⟩ Vormittag
förmoda [fœrˈmu:da] ⟨-ade,-at⟩ vermuten
förmodan [fœrˈmu:dan] Vermutung
förmån, till ~ för [til ˈfœ:rmo:n fœ:r] zugunsten
förmånlig [ˈfœ:rmo:nlig] günstig
förmögen [fœrˈmø:gən] wohlhabend
förneka [fœˈɳe:ka] ⟨-ade,-at⟩ leugnen, bestreiten
förnuftig [fœˈɳɵfti] vernünftig
förnya [fœrˈny:a] ⟨-ade,-at⟩ erneuern
förnäm [fœˈɳɛ:m] vornehm

förolyckas [fœrˇu:lykas] ⟨-ades, -ats⟩ verunglücken
förolämpa [ˇfœrulɛmpa] beleidigen
förolämpning [ˇfœrulɛmpniŋ] ⟨-en, -ar⟩ Beleidigung
förordning [fœrˈu:ɖniŋ] ⟨-en, -ar⟩ Vorschrift
förorsaka [fœrˇu:ʂɑ:ka] ⟨-ade, -at⟩ verursachen
förort [ˇfœ:rut] ⟨-en, -er⟩ Vorort
förpacka [fœrˈpaka] ⟨-ade, -at⟩ verpacken
förpackning [fœrˈpakniŋ] ⟨-en, -ar⟩ Verpackung
förpliktelse [fœrˈpliktəlsə] ⟨-n, -r⟩ Verpflichtung; **ha förpliktelse (till något)** [hɑ: fœrˈpliktəlsə (til ˇno:gɔt)] verpflichtet sein
förplägnad [fœrˈplɛ:gnad] ⟨-en⟩ Verpflegung
förr [fœr] ehet; früher
förrförra [ˇfœrfœra] vorletzte(r, -s)
förråd [fœˈro:d] ⟨-et, -⟩ Vorrat
förrän [ˇfœrɛn] bevor
förse med [fœˈʂe: me:] versorgen mit
försenad, bli ~ [bli: fœˈʂe:nad] s. verspäten
försiktig [fœˈʂikti] vorsichtig
försiktighet [fœˈʂiktihe:t] ⟨-en⟩ Vorsicht
förskräcklig [fœˈʂkrɛklig] schrecklich, fürchterlich
förslag [fœˈʂlɑ:g] ⟨-et, -⟩ Vorschlag
först [fœʂt] erst, zuerst; **först och främst** [fœʂt ɔ frɛmst] zunächst
första [fœʂta] erste(r, -s); **för det första** [fœ:ɖe: fœʂta] erstens
förstklassig [ˇfœʂtklasig] erstklassig
förstoppad [fœˈʂtɔpad] verstopft
förstå [fœˈʂto:] verstehen
förstånd [fœˈʂtɔnd] ⟨-et⟩ Vernunft, Verstand
förstöra [fœˈʂtœ:ra] ⟨-de, -t⟩ zerstören
försumma [fœˈʂɵma] ⟨-ade, -at⟩ vernachlässigen, verpassen, verfehlen, versäumen
försvara [fœˈʂvɑ:ra] ⟨-ade, -at⟩ verteidigen
försvinna [fœˈʂvina] verschwinden
försäkra [fœˈʂɛ:kra] ⟨-ade, -at⟩ versichern
försäkring [fœˈʂɛ:kriŋ] ⟨-en, -ar⟩ Versicherung
försäljning [fœˈʂɛljniŋ] ⟨-en, -ar⟩ Verkauf
försök [fœˈʂø:k] ⟨-et, -⟩ Versuch
försöka [fœˈʂø:ka] ⟨-te, -t⟩ versuchen
förteckning [fœˈʈekniŋ] ⟨-en, -ar⟩ Verzeichnis
förtjusande [fœrˈçʉ:sandə] entzückend
förtjust [fœrˈçʉ:st] entzückt, begeistert
förtjäna [fœrˈçɛ:na] ⟨-te, -t⟩ *(wert sein)* verdienen
förtjänst [fœrˈçɛnst] ⟨-en, -er⟩ *m (Geld)* Verdienst
förtroende [fœˈʈru:əndə] ⟨-t⟩ Vertrauen; **ha förtroende för** [hɑ: fœˈʈru:əndə fœ:r] vertrauen auf
förtroendefull [fœˇʈru:əndəˈfɵl] vertrauensvoll
förtulla [fœˈʈɵla] ⟨-ade, -at⟩ verzollen
förtvivlad [fœˈʈvi:vlad] verzweifelt
förut [ˈfœ:rʉ:t] vorher
förvaltning [fœrˈvaltniŋ] ⟨-en, -ar⟩ Verwaltung
förvara [fœrˈvɑ:ra] aufbewahren
förverkliga [fœrˈværklia] ⟨-ade, -at⟩ verwirklichen
förvånad, vara ~ [ˇvɑ:ra fœrˈvo:nad] s. wundern über
förväg, i ~ [i: ˇfœ:rvɛ:g] im voraus
förväxla [fœrˈvɛksla] ⟨-ade, -at⟩ verwechseln, vertauschen
föräldrar [fœˈrɛldrar] *pl* Eltern
förändra [fœˈrɛndra] ⟨-ade, -at⟩ verändern
förändring [fœˈrɛndriŋ] ⟨-en, -ar⟩ Veränderung

G

galen [ˇgɑ:lən] verrückt
galler [ˈgalər] ⟨gallret, -⟩ Gitter
gammal [ˇgamal] alt
ganska [ˇganska] ziemlich
garage [gaˈrɑ:ʃ] ⟨-t, -⟩ Garage
garanti [garanˈti:] ⟨-(e)n, -er⟩ Garantie, Sicherheit
gardin [gaˈɖi:n] ⟨-en, -er⟩ Vorhang
gata [ˇgɑ:ta] ⟨-n, -or⟩ Straße; **på gatan** [po: ˇgɑ:tan] auf der Straße
ge [je:] geben, schenken; **ge akt på** [je: ˈakt po:] achtgeben (auf), beachten; **ge tillbaka** [ge: tilˈbɑ:ka] *(Geld)* herausgeben, zurückgeben; **ge bort** [ge:ˈbɔʈ] schenken
gemen [jəˈme:n] gemein
gemensam [jəˇme:nsam] *adj* gemeinsam
gemensamt [jəˇme:nsamt] *adv* gemeinsam
genast [ˇje:nast] direkt, gleich, sofort
genom [ˈje:nɔm] *(Mittel; quer)* durch

A/Z

genomblöt [ˇje:nɔmˈblø:t] *(durchnäßt)* naß
genomfart [ˇje:nɔmˈfɑ:ʈ] ⟨-en,-er⟩ Durchfahrt
genomgång [ˇje:nɔmˈgɔŋ] ⟨-en,-ar⟩ Durchgang, Gang
genomresa [ˇje:nɔmˈre:sa] ⟨-n,-or⟩ Durchreise
genomsnittlig [ˇje:nɔmˈsnitlig] *adj* durchschnittlich
genväg [ˇje:nvɛ:g] ⟨-en,-ar⟩ *(Weg)* Abkürzung
geting [ˇje:tiŋ] ⟨-en,-ar⟩ Wespe
gift [jift] ⟨-et,-er⟩ Gift; **gift (med)** [jift (me:)] verheiratet (mit); **gift par** [jift pa:r] ⟨-et,-⟩ Ehepaar
gifta sig [ˇjifta sɛj] ⟨-ade,-at⟩ heiraten
giftermål [jiftərˈmo:l] ⟨-et,-⟩ Heirat
giftig [ˇjiftig] giftig
giltig [ˇjiltig] gültig
giltighet [ˇjiltigˈhe:t] ⟨-en⟩ Gültigkeit
gips [jips] ⟨-et⟩ Gips
gissa [ˇjisa] ⟨-ade,- at⟩ (er)raten
gitarr [jiˈtar] ⟨-en,-er⟩ Gitarre
glad [glɑ:d] froh; lustig, heiter; **glad över (åt)** [glɑ:d ˈø:vər (o:t)] erfreut (über)
glas [glɑ:s] ⟨-et,-⟩ *(Scheibe, Trink-)* Glas
glass [glas] ⟨-en,-ar⟩ (Speise-)Eis
glasögon [ˇglɑ:sø:gɔn] *pl* Brille
glädja sig åt/över [ˇglɛ:dja sɛj o:t/ˈø:vər] s. freuen auf/über
glädje [ˇglɛ:djə] ⟨-n⟩ Freude
glänsa [ˇglɛnsa] ⟨-te,-t⟩ glänzen
glänsande [ˇglɛnsandə] glänzend
glöd [glø:d] ⟨-en,-⟩ Glut
(glöd)lampa [ˇlampa/ˇglø:dlampa] ⟨-n,-or⟩ Glühbirne
glömma [ˇgløma] ⟨-de,-t⟩ vergessen; **glömma (kvar)** [ˇgløma/gløma ˈkvɑ:r] ⟨-de,-t⟩ *(vergessen)* liegenlassen
gnista [ˇgnista] ⟨-n,-or⟩ Funke
god [gu:d] gut
godkänna [ˇgu:dçɛna] ⟨-de,-t⟩ genehmigen
gods [gu:ds] ⟨-et,-⟩ Landgut
golv [gɔlv] ⟨-et,-⟩ (Fuß-)Boden
grad [grɑ:d] ⟨-en,-er⟩ Grad
grammofonskiva [gramuˇfo:nʃi:va] ⟨-n,-or⟩ Schallplatte
granne [ˇgranə] ⟨-en,-ar⟩ Nachbar(in)
granska [ˇgranska] ⟨-ade,-at⟩ prüfen
granskning [ˇgranskniŋ] ⟨-en,-ar⟩ Prüfung
gratis [ˇgrɑ:tis] gratis, kostenlos; umsonst
gratulera [gratəˈle:ra] ⟨-ade,-at⟩ gratulieren
gravid [graˈvi:d] schwanger
grepp [grɛp] ⟨-et,-⟩ Griff
gripa [ˇgri:pa] ergreifen
grumlig [ˇgrəmlig] *(Flüssigkeit)* trüb
grund [ˈgrənd] ⟨-en,-er⟩ Grund; **på grund av** [po: ˈgrənd ɑ:v] wegen
grupp [grəp] ⟨-en,-er⟩ Gruppe
gryta [ˇgry:ta] ⟨-n,-or⟩ (Koch-)Topf
gråta [ˇgro:ta] weinen
gräl [grɛ:l] ⟨-et⟩ Streit
gräla [ˇgrɛla] ⟨-ade,-at⟩ streiten, s. zanken; schimpfen
gräns [grɛns] ⟨-en,-er⟩ Grenze
gräsmätta [ˇgrɛ:smata] ⟨-n,-or⟩ Rasen
Gud [gʉ:d] Gott
gudskelov! [ˇgʉ:ʃe:ˈlo:v] Gott sei Dank!
guide [gajd] ⟨-n,-er⟩ Reiseführer; Fremdenführer
gyttja [ˇjytja] ⟨-n⟩ Schlamm, Schlick; Moor
gå [go:] gehen; **gå bort** [go: bɔʈ] weggehen; sterben; **gå efter** [go: ˈɛftər] *(Uhr)* nachgehen; **gå framåt** [go: ˇframo:t] vorwärts gehen; **gå förbi** [go: fœrˈbi:] vorbeigehen; **gå före** [go: ˇfœ:rə] *(Uhr)* vorgehen; **gå in** [go: ˈin] hineingehen, eintreten; **gå (köra) vilse** [go: (ˇçœ:ra) ˇvilsə] s. verirren; **gå med på** [go: ˈme po:] einwilligen; **gå ner** [go: ˈne:r] hinuntergehen; **gå och lägga sig** [go: ɔ ˇlɛga sɛj] zu Bett gehen; **gå ombord** [go: ɔmˈbu:ɖ] an Bord gehen; **gå rakt fram** [go: rɑ:kt fram] geradeaus gehen; **gå till ända** [go:tilˇɛnda] ablaufen; **gå tillbaka** [go: tilˈbɑ:ka] zurück gehen; **gå upp** [go: ˈəp] hinaufgehen; **gå ut** [go: ˈʉ:t] hinausgehen; *(Haus verlassen)* ausgehen; **gå ut och gå** [go: ʉ:t ɔ go:] spazierengehen; **gå över** [go: ˇøvər] überqueren
gång [gɔŋ] ⟨-en,-er⟩ Flur, Gang; Mal; **en gång** [en gɔŋ] einmal; **en gång till** [en gɔŋ til] wieder, noch einmal; **en annan gång** [en ˇanan gɔŋ] ein andermal; **varje gång** [ˇvarjə gɔŋ] jedesmal; **än en gång** [ɛn en gɔŋ] wieder; **två gånger** [tvo: ˇgɔŋər] zweimal; **den gången** [den ˈgɔŋən] damals
gångbro [gŋɔbru:] ⟨-n,-ar⟩ Steg
gård [go:ɖ] ⟨-en,-ar⟩ Hof
gårdsplan [ˇgo:ɖsplɑ:n] ⟨-en,-er⟩ Hof
gåva [ˇgo:va] ⟨-n,-or⟩ Geschenk
gälla [ˇjɛla] ⟨-de,-t⟩ gelten
gällande [ˇjɛlandə] gültig

A/Z

gärna [ˇjæ:ɳa] gern; **gärna för mig** [ˇjæ:ɳa fœ:r mɛj] meinetwegen; **inte gärna** [ˇintə ˇjæ:ɳa] nicht gern
gäspa [ˇjɛspa] ⟨-ade, -at⟩ gähnen
gäst [jɛst] ⟨-en, -er⟩ Gast
gästfrihet [ˇjɛstfri:ˈhe:t] ⟨-en⟩ Gastfreundschaft
gömma [ˇjøma] ⟨-de, -t⟩ verstecken
göra [ˇjœ:ra] machen, tun; **göra av med** [jœ:ra ˈɑ:v me:] ausgeben; **göra make up** [ˇjœ:ra mɛjkap] s. schminken; **göra ont** [ˇjœ:ra unt] schmerzen; **göra rent** [ˇjœ:raˈre:nt] putzen; **göra upp** [ˇjøra ˈɵp] regeln; **låta göra** [lo:ta ˇjœ:ra] machen lassen

H

ha [hɑ:] ⟨-hade, haft⟩ haben
hake [ˇhɑ:kə] ⟨-n, -ar⟩ Haken
hal [hɑ:l] *adj* glatt
hall [hal] ⟨-en, -ar⟩ Halle
hallå [haˈlo:] hallo
halsband [ˇhalsband] ⟨-et, -⟩ Kette
halskedja [ˇhalsçe:dja] ⟨-n, -or⟩ (Hals-)Kette
halt [hɑ:lt] *adv* glatt
halt! [halt] halt!
halv [halv] halb
halva [ˇhalva] ⟨-n, -or⟩ Hälfte
hammare [ˇhamarə] ⟨-n, -⟩ Hammer
han [han] er
hand [hand] ⟨-en, händer⟩ Hand; **ta hand om** [tɑ: ˈhand ɔm] sorgen für; **ta hand om något** [ta: ˈhand ɔm nɔt] s. kümmern um
handgjord [ˇhandju:ɖ] handgemacht
handla [ˇhandla] ⟨-ade, -at⟩ einkaufen
handling [ˇhandliŋ] ⟨-en, -ar⟩ Tat
handtag [ˇhandtɑ:g] ⟨-et, -⟩ (Hand-)Griff
handväska [ˇhandvɛska] ⟨-n, -or⟩ Handtasche
hans [hans] *poss prn* sein
hastighet [ˇhastiˈhe:t] ⟨-en, -er⟩ Schnelligkeit, Geschwindigkeit
hav [hɑ:v] ⟨-et, -⟩ Meer
hederlig [he:dərlig] ehrlich
hej då [hɛj do:] tschüß
hektisk [ˈhɛktisk] hektisch
hel [he:l] *adj* ganz; voll; **det hela** [de ˇhe:la] das Ganze
helgdag [ˇhɛljdɑ:g] ⟨-en, -ar⟩ Feiertag
helig [ˇhe:lig] heilig
hellre [ˈhɛlrə] eher, lieber; vielmehr
helt [he:lt] *adv* ganz
hembygd [ˇhembygd] ⟨-en, -er⟩ Heimat
hemland [ˇhemland] ⟨-et⟩ Heimat
hemlig [ˇhɛmlig] heimlich, geheim
hemma [ˇhɛma] daheim
hemresa [ˇhemre:sa] ⟨-n, -or⟩ Heimreise
hemtrevligt [hɛmtre:vligt] gemütlich
hemvist [ˇhɛmvist] ⟨-et, -⟩ Wohnort, Wohnsitz
henne [ˇhɛnə] *obj* sie; *dat sing* ihr
hennes [hɛnəs] *poss prn* ihr
herr [hær] *(Anrede vor Namen)* Herr
herre [ˇhærə] ⟨-n, -ar⟩ Herr
het [he:t] heiß
heta [ˇhe:ta] ⟨-hette, hetat⟩ heißen
hetta [ˇhɛta] ⟨-n⟩ Glut
himmel [ˇhiməl] ⟨himlen, himlar⟩ Himmel
hindra [ˇhindra] ⟨-ade, -at⟩ hindern
hiss [his] ⟨-en, -ar⟩ Fahrstuhl
historia [hisˇtu:ria] ⟨-en, -er⟩ Geschichte
hit [hi:t] hierher
hitta [ˇhita] ⟨-ade, -at⟩ finden
hittegodsavdelning [ˇhitəgu:ds-ˈɑ:vde:lniŋ] ⟨-en, -ar⟩ Fundbüro
hittills [ˇhi:tils] bis jetzt
hjälp [jɛlp] ⟨-en, -⟩ Hilfe; **första hjälpen** [ˇfœʂta ˈhjɛlpən] Erste Hilfe
hjälp någon [ˇhjɛlpa nɔn] jdm helfen; **hjälpa till** [jelpa ˈtil] mithelfen
hjärta [ˇjæʈa] ⟨-t, -n⟩ Herz
hjärtlig [ˇhjæʈlig] herzlich
hjärtlighet [ˇjæʈligˈhe:t] ⟨-en⟩ Herzlichkeit
hobby [ˈhɔbi] ⟨-n, -s⟩ Hobby
hon [hun] *pers prn* sie
de [dɔm] *(sing)* sie
honorar [hɔnɔˈrɑ:r] ⟨-et, -⟩ Honorar
hoppa [ˇhɔpa] ⟨-ade, -at⟩ springen
hoppas [ˇhɔpas] ⟨-ades, -ats⟩ hoffen
hos [hus] *(Person)* bei
hosta [ˇhusta] ⟨-ade, -at⟩ husten
hotell [hɔˈtɛl] ⟨-et, -⟩ Hotel
humör [hɵˈmœ:r] ⟨-et⟩ Laune
hund [hɵnd] ⟨-en, -ar⟩ Hund
hundra [ˇhɵndra] hundert; **hundra gånger** [ˇhɵndra ˇgɔŋər] hundertmal
hunger [ˈhɵŋər] ⟨-n⟩ Hunger
hungrig [ˇhɵŋrig] hungrig; **vara hungrig** [vɑ:ra ˇhɵŋri] Hunger haben
hur [hʉ:r] *(Frage)* wie; **hur länge?** [hʉ: ˇlæŋə] seit wann?; **hur många** [hʉ:r ˇmɔŋa] wie viele
hursa? [hʉ:ˈʃa:] wie bitte?
hus [hʉ:s] ⟨-et, -⟩ Haus
hustru [ˇhɵstrɵ] ⟨-n, -r⟩ (Ehe-)Frau

huvudingång [ˇhʉ:vʉ:d'ingɔŋ] ⟨-en,-ar⟩ Haupteingang
huvudsakligen [ˇhʉ:vɵd'sɑ:kligən] *adv* hauptsächlich
huvudstad [ˇhʉ:vɵd'stɑ:d] ⟨-en,-städer⟩ Hauptstadt
hydda [ˇhyda] ⟨-n,-or⟩ Hütte
hyra [ˇhy:ra] ⟨-n,-or⟩ Miete; mieten; **hyra ut** [hy:ra 'ʉ:t] ⟨-de,-t⟩ vermieten
hytt [hyt] ⟨-en,-er⟩ Kabine
hål [ho:l] ⟨-et,-⟩ Loch
hålla [ˇhɔla] (fest)halten
hållbar [ˇhɔlbɑ:r] haltbar
hård [ho:ɖ] hart
hårdhet [ˇho:ɖhe:t] ⟨-en⟩ Härte
häfte [ˇhɛftə] ⟨-t,-n⟩ Heft
hälft [hɛlft] ⟨-en,-er⟩ Hälfte
hälsa [ˇhɛlsa] ⟨-ade,-at⟩ Gesundheit; **hälsa någon** [hɛlsa no:n] ⟨-ade,-at⟩ jdn grüßen; **hälsa (på)** [ˇhɛlsa/ˇhɛlsa ('po:)] ⟨-ade,-at⟩ begrüßen; **hälsa på någon** [hɛlsa 'po: no:n] ⟨-ade,-at⟩ jdn besuchen
hämta [ˇhɛmta] ⟨-ade,-at⟩ abholen, holen; **hämta sig** [ˇhɛmta sɛj] ⟨-ade,-at⟩ s. erholen; **låta hämta** [lo:ta ˇhɛmta] abholen lassen
hända [ˇhɛnda] ⟨-e, hänt⟩ s. ereignen, geschehen, passieren; eintreffen; **vad har hänt?** [vɑ: hɑ:r hɛnt] was ist geschehen?
händelse [ˇhɛndəlsə] ⟨-n,-r⟩ Ereignis, Vorfall; **oväntad händelse** [ˇu:vɛntad ˇhɛndəlsə] ⟨-n,-r⟩ Zwischenfall; **av en händelse** [ɑ:v en ˇhɛndəlsə] zufällig
hänföra sig till [ˇhɛnfœ:ra sɛj til] ⟨-de,-t⟩ s. beziehen auf
hänga (upp) [ˇhɛŋa/hɛŋa 'ɵp] ⟨-de,-t⟩ aufhängen
hänsyn [ˇhɛnsy:n] ⟨-en⟩ Rücksicht
hänsynslös [ˇhɛnsy:ns'lø:s] rücksichtslos
hänvisa [ˇhɛnvi:sa] ⟨-ade,-at⟩ *(hinweisen)* zeigen
här [hæ:r] hier
härlig [ˇhæ:ɭig] herrlich
härstamma [ˇhæ:ʂtamaa] ⟨-ade,-at⟩ stammen
hög [hø:g] ⟨-en,-ar⟩ Haufen, Stapel, Stoß; hoch; **hög(ljudd)** [hø:g/ˇhø:gjɵd] laut
höger, till ~ [til 'hø:gər] rechts; **högra** [ˇhɵgra] rechte(r, -s)
högst [høgst] höchstens
högtalare [ˇhø:gtɑ:larə] ⟨-n,-⟩ Lautsprecher
högtidlig [ˇhø:gti:dlig] feierlich
höja [ˇhøja] ⟨-de,-t⟩ *(Preise)* erhöhen, heraufsetzen
höjd [højd] ⟨-en,-er⟩ Höhe
höjdpunkt [ˇhøjdpɵŋkt] ⟨-en,-er⟩ Höhepunkt
höra [ˇhœ:ra] ⟨-de,-t⟩ hören; **höra på** [ˇhœ:ra po:] ⟨-de,-t⟩ zuhören; **höra sig för** [hœ:ra sɛj 'fœ:r] s. erkundigen
hörn [hœ:ɳ] ⟨-et,-⟩ Ecke; Winkel
hövlig [ˇhø:vlig] höflich
hövlighet [ˇhø:vlihe:t] ⟨-en⟩ Höflichkeit

I

i [i:] in; **i själva verket** [i: ˇʃɛlva 'værkət] in der Tat
iaktta [iˇakta] beobachten
ibland [i:'bland] gelegentlich
idag [i'dɑ:g] heute
idé [i'de:] ⟨-(e)n,-er⟩ Idee
identitetskort [idɛntiˇte:tskuʈ] ⟨-et,-⟩ Ausweis
ifall [i'fal] falls
igen [i'jɛn] wieder
illa [ˇila] übel; **jag mår illa** [jɑ: mo:r ˇila] mir ist übel
illamående [ˇila'mo:əndə] unwohl
illuminerat [ilɵmi'ne:rat] *(festlich)* beleuchtet
inbegripen [ˇinbə'gri:pən] inbegriffen
inbjuda [ˇinbjʉ:da] einladen
inbjudan [ˇinbjʉ:dan] Einladung
inbjudningar [ˇinbjʉ:dniŋar] *pl* Einladung
inexakt [inɛk'sakt] ungenau
infart [ˇinfɑ:ʈ] ⟨-en,-er⟩ Einfahrt
informera [infɔr'me:ra] ⟨-ade,-at⟩ unterrichten, informieren
ingen, ingent, inga [ˇingɵn, ˇiŋət, ˇiŋa] keine(r, -s); niemand
ingenstans [ˇiŋən'stans] nirgends
ingenting [ˇiŋən'tiŋ] nichts; **ingenting annat än** [ˇiŋəntiŋ ˇanat ɛn] nichts als; **ingenting mer** [ˇiŋən'tiŋ me:r] sonst nichts
ingång [ˇingɔŋ] ⟨-en,-ar⟩ Eingang
inhemsk [ˇinhɛmsk] einheimisch
inkluderad [iŋklɵ'de:rad] inbegriffen
inkomst [ˇinkomst] ⟨-en,-er⟩ Verdienst
inland [ˇinland] ⟨-et⟩ Inland
inlopp [ˇinlɔp] ⟨-et⟩ *(Schiff)* Einfahrt; Einmündung
innan [ˇinan] bevor
inne [ˇinə] drin(nen)

innebörd [ˇine'bœɖ] ⟨-en,-er⟩ Bedeutung
innehav [ˇinə'hɑ:v] ⟨-et⟩ Besitz
innehåll [ˇinə'hɔl] ⟨-et,-⟩ Inhalt
innehålla [ˇinə'hɔla] enthalten
innertak [ˇinəʈɑ:k] ⟨-et,-⟩ (Zimmer-) Decke
inom [ˇinɔm] *(zeitlich)* innerhalb; **inom kort** [inɔm 'kɔʈ] demnächst
det inre [de: 'inrə] das Innere
insekt [ˇinsɛkt] ⟨-en,-er⟩ Insekt
insida [ˇinsi:da] Innenseite; **på insidan** [po: ˇinsi:dan] innen
insistera på [insis'te:ra po:] ⟨-ade,-at⟩ bestehen auf
instämma (med) [ˇinstɛma (me:)] ⟨-de,-t⟩ zustimmen
inte [ˇintə] nicht; **inte alls** [ˇintə als] gar nicht, durchaus nicht; **inte än(nu)** [ˇintə ɛn/ˇɛnʉ:] noch nicht; **inte ens** [ˇintə e:ns] nicht einmal; **inte gärna** [ˇintə ˇjæ:ɳa] nicht gern; **inte heller** [intə 'helər] auch nicht; **inte någon** [ˇintə ˇno:gɔn] kein, keiner; **inte sant?** [ˇintə sant] nicht wahr?
intelligens [inteli'gɛns] ⟨-en⟩ Intelligenz
intermezzo [intər'mɛtsɔ] ⟨-t,-n⟩ Zwischenfall
internationell [internaʃu:'nɛl] international
intill [in'til] nahe bei
intressant [intrɛ'sant] interessant
intresse [in'trɛsə] ⟨-t,-n⟩ Interesse
intressera sig (för) [intrɛ'se:ra sɛj (fœ:r)] ⟨-ade,-at⟩ s. interessieren (für)
intryck [ˇintryk] ⟨-et,-⟩ Eindruck
inträde ['intrɛ:də] ⟨-t⟩ Eintritt
inträdesbiljett [ˇintrɛ:dəsbil'jɛt] Eintrittskarte
inträdespris [ˇintrɛ:dəs'pri:s] ⟨-et,-⟩ Eintrittspreis
intyg [ˇinty:g] ⟨-et,-⟩ Attest, Bescheinigung, Zeugnis
intyga [ˇinty:ga] ⟨-ade,-at⟩ bescheinigen
inuti [ˇinʉ:ti] innen
invånare [ˇinvo:narə] ⟨-n,-⟩ Einwohner, Bewohner
is [i:s] ⟨-en,-ar⟩ (Glatt-)Eis
isär [isæ:r] getrennt

J

jag [jɑ:(g)] ich
jobb [jɔb] ⟨-et,-⟩ *(Anstellung)* Arbeit
jord [ju:ɖ] ⟨-en⟩ Boden, Erde
ju [jʉ:] je
just [ʃyst] fair
jämföra [ˇjɛmfœ:ra] ⟨-de,-t⟩ vergleichen
jämförelse [ˇjɛmfœ:rəlsə] ⟨-n,-r⟩ Vergleich
jämn [jɛmn] eben
järn [jæ:ɳ] ⟨-et⟩ Eisen

K

kackerlacka [ˇkakərlaka] ⟨-n,-or⟩ Kakerlake
kaffe [ˇkafə] ⟨-t⟩ Kaffee
kafé [ka'fe:] ⟨-(e)t, -er⟩ Café
kalas [ka'lɑ:s] ⟨-et,-⟩ Fest, Party
kall [kal] kalt
kalla [ˇkala] ⟨-ade,-at⟩ nennen
kamera ['kɑ:məra] ⟨-n,-or⟩ Fotoapparat, Kamera
kanal [ka'nɑ:l] ⟨-en,-er⟩ Kanal
kanske [ˇkanʃə] vielleicht
kant [kant] ⟨-en,-er⟩ Rand
kapell [ka'pɛl] ⟨-et,-⟩ *(Gebäude, Musik)* Kapelle
karta [ˇkɑ:ʈa] ⟨-n,-or⟩ (Land-)Karte
kassa [ˇkasa] ⟨-n,-or⟩ Kasse
kast [kast] ⟨-et,-⟩ Wurf
kasta [ˇkasta] ⟨-ade,-at⟩ werfen; **kasta in** [ˇkasta 'in] ⟨- ade, -at⟩ einwerfen
kastrull [ka'strɵl] Topf
katalog [kata'lo:g] ⟨-en,-er⟩ Verzeichnis
katt [kat⟩ ⟨-en,-er⟩ Katze
Kattegat [ˇkatə'gat] Kattegat
kedja [ˇçe:dja] ⟨-n,-or⟩ Kette
(kem)tvätt [ˇçemtvɛt/tvɛt] ⟨-en,-ar⟩ *(Chemische)* Reinigung
keramik [çera'mi:k] ⟨-en⟩ Keramik
kikare [ˇçi:karə] ⟨-n,-⟩ Fernglas
klack [klak] ⟨-en,-ar⟩ *(Schuhe)* Absatz
klaga (på) [ˇklɑ:ga 'po:] reklamieren; **klaga (över)** [ˇklɑ:ga ('ø:vər)] s. beschweren (über)
klagomål [ˇklɑ:gu'mo:l] ⟨-et,-⟩ Klage, Beschwerde
klang [klaŋ] ⟨-en,-er⟩ Klang
klar [klɑ:r] klar; *(Wetter)* heiter
klara av [klɑ:ra 'ɑ:v] erledigen, schaffen
klass [klas] ⟨-en,-er⟩ Klasse
klia [kli:a] ⟨-ade,-at⟩ jucken
klimat [kli:'ma:t] ⟨-et,-⟩ Klima
klippa [klipa] ⟨-n,-or⟩ Fels
kliva [ˇkli:va] steigen
klocka ['klɔka] ⟨-n,-or⟩ (Wand-)Uhr; **klockan fem** [klɔkan 'fɛm] um 5 Uhr

klok [klu:k] klug
klunk [kləŋk] ⟨-en,-ar⟩ Schluck
klä av sig [klɛ: 'ɑ:v sɛj] ⟨-dde,-tt⟩ s. ausziehen; **klä om sig** [klɛ: 'ɔm sɛj] s. umziehen; **klä på sig** [klɛ: 'po: sɛj] s. anziehen
kläder [ˇklɛ:dər] *pl* Kleidung
klädhängare [ˇklɛ:dhɛŋarə] ⟨-n,-⟩ (Kleider-)Haken
klädsel [ˇklɛ:dsəl] ⟨-n⟩ Kleidung
klämta [ˇklɛmta] ⟨-ade,-at⟩ *(Glocken)* läuten
knacka (på) [ˇknaka ('po:)] ⟨-ade,-at⟩ anklopfen
knapp [knap] ⟨-en,-ar⟩ Knopf; **trycka på en knapp** [ˇtryka po: en knap] (auf) einen Knopf drücken
knappnål [ˇknapno:l] ⟨-en,-ar⟩ Stecknadel
knappt [knapt] kaum
knippe [ˇknipə] ⟨-t,-n⟩ *(Gemüse)* Bund
knuff [knəf] ⟨-en,-ar⟩ Stoß
knuffa [ˇknəfa] ⟨-ade,-at⟩ stoßen
knut [knʉ:t] ⟨-en,-ar⟩ Knoten
knyta [ˇkny:ta] binden
knäppa [ˇknɛpa] ⟨-te,-t⟩ knipsen
ko [ku:] ⟨-n,-r⟩ Kuh
koka [ˇku:ka] ⟨-ade,-at⟩ *(Wasser)* kochen
kol [ko:l] ⟨-et⟩ Kohle
kolla [ˇkɔla] ⟨-ade,-at⟩ nachprüfen
kollega [kɔ'le:ga] ⟨-n,-or⟩ Kollege
kollision [kɔli'ʃu:n] ⟨-en,-er⟩ Zusammenstoß
komma [ˇkɔma] kommen; **komma förbi** [ˇkɔma fœr'bi] vorbeikommen; **komma för sent** [kɔma fœ' ʂe:nt] s. verspäten; **komma ihåg** [ˇkɔma i'ho:g] s. erinnern; **komma ihåg något** [kɔma i'ho:g ˇno:gɔt] s. etw merken; **komma in** [ˇkɔma 'in] hereinkommen; **komma med** [ˇkɔma me:] mitkommen; **komma tillbaka** [kɔma til'bɑ:ka] wiederkommen; **komma ut** [kɔma 'ʉ:t] *(Buch)* erscheinen; **komma överens** [kɔma ø:ver'ens] ausmachen
kompass [kɔm'pas] ⟨-en,-er⟩ Kompaß
komplett [kɔm'plɛt] vollständig
kondom [kɔn'do:m] ⟨-en,-er⟩ Kondom
konsulat [kɔnsə'lɑ:t] ⟨-et,-⟩ Konsulat
konsultera [kɔnsəl'te:ra] ⟨-ade,-at⟩ konsultieren
kontakt [kɔn'takt] ⟨-en,-er⟩ Kontakt
kontant, betala ~ [bə'tɑ:la kɔn'tant] ⟨-ade,-at⟩ bar zahlen
kontor [kɔn'tu:r] ⟨-et,-⟩ Amt, Büro
kontrakt [kɔn'trakt] ⟨-et,-⟩ Vertrag
kontrollera [kɔntrɔ'le:ra] ⟨-ade,- at⟩ nachprüfen, kontrollieren
kopia [ku:'pija ⟨-n,-or⟩ Kopie
korg [kɔrj] ⟨-en,-ar⟩ Korb
korrekt [kɔ'rɛkt] korrekt
korridor [kɔri'do:r] ⟨-en,-er⟩ Korridor, Gang
korsa [ˇkɔʃa] ⟨-ade, at⟩ kreuzen, überqueren
korsning [ˇkɔʂniŋ] ⟨-en,-ar⟩ *(Straße)* Kreuzung
kort [kɔʈ] *(räumlich)* kurz
kortfattad [ˇkɔʈfatad] *(kurzgefaßt)* kurz
kortfristig [ˇkɔʈfristig] kurzfristig
kosta [ˇkɔsta] ⟨-ade,-at⟩ kosten
kostnader [ˇkɔstnadər] *pl* Kosten, Spesen
kostnadsfri [ˇkɔstnads'fri:] kostenlos
kraft [kraft] ⟨-en,-er⟩ Kraft
kraftig [ˇkrafti] kräftig
krama [krɑ:ma] umarmen, drücken
krav [krɑ:v] ⟨-et,-⟩ *(Anspruch)* Forderung
kreativ ['kre:ativ] kreativ
kredit ['kre:dit] ⟨-en,-er⟩ Kredit
krig [kri:g] ⟨-et,-⟩ Krieg
kritisera [kriti:'se:ra] ⟨-ade,-at⟩ kritisieren
krok [kru:k] ⟨-en,-ar⟩ Haken
kropp [krɔp] ⟨-en,-ar⟩ Körper
kräva [ˇkrɛ:va] ⟨-de,-t⟩ fordern
kudde [ˇkədə] ⟨-n,-ar⟩ Kissen
kulle [ˇkələ] ⟨-en,-ar⟩ Hügel
kulmen [ˇkəlmən] Höhepunkt
kultur [kəltʉ:r] ⟨-en,-er⟩ Kultur
kulört [kə'lœ:ʈ] farbig
kund [kənd] ⟨-en,-er⟩ Kunde
kunna [ˇkəna] können
kunskap [ˇkənskɑ:p] ⟨-en,-er⟩ Kenntnis, Wissen
kupong [kə'pɔŋ] ⟨-en,-er⟩ Gutschein; *(Scheck, Kontroll-)* Abschnitt
kur [kʉ:r] ⟨-en,-er⟩ Kur
kurs [kəʂ] ⟨-en,-er⟩ *(Unterricht, Wechsel-) Kurs*
kurva [ˇkərva] ⟨-n,-or⟩ Kurve
kusin [kə'si:n] ⟨-en,-er⟩ Cousin/e
kust [kəst] ⟨-en,-er⟩ Küste, Ufer
kvalitet [kvali'te:t] ⟨-en,-er⟩ Qualität
kvart [kvaʈ] Viertelstunde
kvickhet [ˇkvikhe:t] ⟨-en,-er⟩ Witz
kvinna [ˇkvina] ⟨-n,-or⟩ Frau
kvinnlig [ˇkvinlig] weiblich
kvittera [kvi'te:ra] ⟨-ade,-at⟩ quittieren
kvitto [ˇkvitu] ⟨-t,-n⟩ Quittung

kväll [kvɛl] ⟨-en,-ar⟩ Abend; **på kvällen** [po:ˈkvɛlən] am Abend; **i kväll** [iˈkvɛl] heute abend
kyss [çys] ⟨-en,-ar⟩ Kuß
kyssa [ˇçysa] ⟨-te,-t⟩ küssen
källa [ˇçɛla] ⟨-n,-or⟩ Quelle
känd [çɛnd] *(berühmt)* bekannt
känna [ˇçɛna] ⟨-de,-t⟩ fühlen; kennen; **känna igen** [çɛna iˈjɛn] ⟨-de,-t⟩ erkennen; **känna till** [çɛna ˈtil] wissen; **lära känna** [læ:ra ˇçɛna] kennenlernen
kännedom [ˇçɛnəˈdum] ⟨-en,-⟩ Kenntnis
kännetecken [ˇçɛnətekən] ⟨~tecknet,-⟩ Kennzeichen
känsla [ˇçɛnsla] ⟨-n,-or⟩ Gefühl
kärl [çæ:ɭ] ⟨-et,-⟩ Gefäß
kärlek [ˇçæ:ɭe:k] ⟨-en⟩ Liebe
kärr [çær] ⟨-et,-⟩ Sumpf
kö [kø:] ⟨-n,-er⟩ (Menschen-)Schlange; **stå i kö** [sto: i: kø:] Schlange stehen
köa [ˇkø:a] ⟨-ade,-at⟩ Schlange stehen
köbildning [ˇkø:bildniŋ] Stau
kök [çø:k] ⟨-et,-⟩ Küche
köp [çø:p] ⟨-et,-⟩ Kauf
köpa [ˇçø:pa] ⟨-te,-t⟩ kaufen, einkaufen
köpare [ˇçø:parə] ⟨-n,-⟩ Käufer
köpslå [ˇçø:pslo:] feilschen
kör [kœ:r] ⟨-en,-er⟩ Chor
köra [ˇçœ:ra] ⟨-de,-t⟩ *(lenken)* fahren; **köra bil** [ˇçœ:ra bi:l] ⟨-de,-t⟩ Auto fahren; **köra om** [çœ:ra ˈɔm] ⟨-de,-t⟩ überholen
kött [çøt] ⟨-et⟩ Fleisch

L

lag [lɑ:g] ⟨-et,-⟩ *(Sport)* Mannschaft; Runde
laga [ˇlɑ:ga] ⟨-ade,-at⟩ flicken; **laga mat** [lɑ:ga ˈmɑ:t] ⟨-ade,-at⟩ *(Essen zubereiten)* kochen
lager [ˈlɑ:gər] ⟨lagret,-⟩ Vorrat
lampa [ˇlampa] ⟨-n,-or⟩ Lampe
land [land] ⟨-et⟩ *(Gegensatz zu Wasser)* Land
landsman [ˇlandsman] ⟨-nen,-män⟩ Landsmann
landsväg [ˇlandsvɛ:g] ⟨-en,-ar⟩ Landstraße
lantegendom [ˇlante:gəndum] ⟨-en,-ar⟩ Landgut
lantställe [ˇlantstɛlə] ⟨-t,-n⟩ Landhaus
lappa [ˇlapa] ⟨-ade,-at⟩ flicken
Lappland [ˈlapland] Lappland
larvigt [ˇlarvit] lächerlich
lasta (på) [ˇlasta (ˈpo:)] ⟨-ade,-at⟩ aufladen; **lasta av** [lasta ˈɑ:v] ⟨-ade,-at⟩ abladen
lat [lɑ:t] faul
leda [ˇle:da] ⟨-de, lett⟩ führen; **leda till** [ˇle:da til] *(Straße)* münden
ledare [ˇle:darə] ⟨-n,-⟩ Leiter/in
ledig [ˇle:di] *(unbesetzt)* frei
ledning [ˇle:dniŋ] ⟨-en,-ar⟩ *(el, tele, Gas, Wasser)* Leitung
ledsam [ˇlesam] unerfreulich
ledsen [ˇlesən] traurig
legitimation [legitimaˈʃu:n] ⟨-en,-er⟩ (Personal-) Ausweis
leka [ˇle:ka] ⟨-te,-t⟩ spielen
leksak [ˇle:ksɑ:k] ⟨-en,-er⟩ Spielzeug
lektion [lɛkˈʃu:n] ⟨-en,-er⟩ Lektion, Unterrichtsstunde
lergods [ˇle:rguds] ⟨-et⟩ Tonwaren
leva [ˇle:va] ⟨-de,-t⟩ leben
levande [ˇle:vandə] lebend
leverera [leveˈre:ra] ⟨-ade,-at⟩ liefern
ligga [ˇliga] liegen
lik(a) [li:k/ˇli:ka] *adj* gleich
likna [ˇli:kna] ⟨-ade,-at⟩ gleichen
liknande [ˇli:knandə] ähnlich
likväl [ˇli:kvɛ:l] jedoch
likvärdig [ˇli:kvæ:ɖi] gleichwertig
linje [ˇlinjə] ⟨-n,-r⟩ Linie; (Bahn-) Strecke
lista [ˇlista] ⟨-n,-or⟩ Liste
lite [ˇli:tə] wenig
liten [ˇli:tən] klein
litet [ˇli:tə] ein bißchen, wenig; **litet (grand)** [ˇli:tə (gran)] ein wenig
liv [li:v] ⟨-et,-⟩ Leben
livlig [ˇli:vli] lebhaft
livsmedel [ˇli:vsme:dəl] *pl* Lebensmittel, Nahrungsmittel
ljud [jʉ:d] ⟨-et,-⟩ Klang, Laut, Schall
ljudlig [ˇjʉ:dli] laut
ljus [jʉ:s] ⟨-et,-⟩ Licht; Kerze; hell; **släcka ljus** [ˇtɛnda/ˇslɛ:ka jʉ:s] Licht ausmachen; **tända ljus** [ˇtɛnda/ˇslɛ:ka jʉ:s] Licht anmachen
logi [lu:ˈʃi:] ⟨-(e)t, -er/-n⟩ Unterkunft
logisk [ˈlo:gisk] logisch
lossa [ˇlɔsa] ⟨-ade,-at⟩ abladen; **lossa (på)** [ˇlɔsa (po:)] ⟨-ade,-at⟩ lösen
lov [lo:v] ⟨-et⟩ Ferien
lova [ˇlo:va] ⟨-ade,-at⟩ versprechen
lucka [ˇlɵka] ⟨-n,-or⟩ Lücke; Schalter, Klappe
luft [lɵft] ⟨-en⟩ Luft
luftdrag [ˇlɵftdrɑ:g] ⟨-et⟩ Luftzug
lugn [lɵŋn] ⟨-et⟩ Ruhe; ruhig

lugna sig [ˇlɵŋna sɛj] ⟨-ade,-at⟩ s. beruhigen
lukt [lɵkt] ⟨-en,-er⟩ Geruch
lukta [ˇlɵkta] ⟨-ade,-at⟩ riechen
lust [lɵst] ⟨-en⟩ Lust
luxuös [lɵksɵ'ø:s] luxuriös
lycka [ˇlyka] ⟨-n⟩ Glück; **lycka till** [lyka 'til] viel Glück!
lycklig [ˇlyklig] glücklich
lyckönskning [ˇlykønskniŋ] ⟨-en,-ar⟩ Glückwunsch
lyfta upp [lyfta 'ɵp] ⟨-ade,-at⟩ heben
lysande [ˇly:sandə] leuchtend
lyssna [ˇlysna] ⟨-ade,-at⟩ (zu)hören
lyx [lyks] ⟨-en⟩ Luxus
lyxig [ˇlyksi] luxuriös
låda [ˇlo:da] ⟨-n,-or⟩ Kiste
låg [lo:g] nieder, niedrig; tief
lågsäsong [ˇlo:gsɛ'sɔŋ] ⟨-en,-er⟩ außerhalb der Saison
låna (av) [ˇlo:na (ɑ:v)] *(entleihen)* leihen; **låna (ut) till** [ˇlo:na ('ʉ:t) til] *(verleihen)* leihen
lång [lɔŋ] lang; *(Weg)* weit
långsam [ˇlɔŋsam] langsam
långtråkig [ˇlɔŋtro:kig] langweilig
lås [lo:s] ⟨-et,-⟩ Verschluß
låsa [ˇlo:sa] ⟨-te,-t⟩ verschließen, zuschließen; **låsa (igen)** [ˇlo:sa (i'jɛn)] ⟨-te,-t⟩ abschließen; **låsa in** [lo:sa 'in] ⟨-te,-t⟩ einschließen
låta [ˇlo:ta] lassen; **låta bli** [ˇlo:ta bli:] *(sein lassen)* lassen
läder ['lɛ:dər] ⟨lädret⟩ Leder
läge [ˇlɛ:gə] ⟨-t,-n⟩ Lage
lägenhet [ˇlɛ:gən'he:t] ⟨-en,-er⟩ Wohnung
lägga [ˇlɛga] legen; **lägga (ned)** [ˇlɛga/lɛga 'ne:d] hinlegen; **lägga märke till** [ˇlɛga 'mærkə til] ⟨-ade,-at⟩ bemerken; **lägga på minnet** [ˇlɛga po:ˇminət] s. etw merken; **lägga sig ner** [lɛga sɛj 'ne:r] s. hinlegen; **lägga ut** [ˇlɛga ʉ:t] zunehmen
lämna [ˇlɛmna] ⟨-ade,-at⟩ hinterlassen, verlassen; **lämna in** [ˇlɛmna 'in] abgeben; **lämna kvar** [lɛmna 'kvɑ:r] ⟨-ade,-at⟩ zurücklassen; **lämna tillbaka** [ˇlɛmna til'bɑ:ka] wiedergeben, zurückbringen
lämplig [ˇlɛmpli] richtig; geeignet; zweckmäßig
längd [lɛŋd] ⟨-en,-er⟩ Länge
längs med [lɛŋs me:d] entlang
lära [ˇlæ:ra] ⟨-de,-t⟩ lehren; **lära sig** [ˇlæ:ra sɛj] ⟨-de,-t⟩ lernen
läsa [ˇlɛ:sa] ⟨-te,-t⟩ lesen
lätt [lɛt] *(einfach, Gewicht)* leicht
löfte [ˇløftə] ⟨-t,-n⟩ Versprechen
lögn [løŋn] ⟨-en,-er⟩ Lüge
lön [lø:n] ⟨-en,-er⟩ Lohn
lösa [ˇlø:sa] ⟨-te,-t⟩ lösen

M

mager ['mɑ:gər] mager
magra [ˇmɑ:gra] ⟨-ade,-at⟩ *(dünner werden)* abnehmen
maka [ˇmɑ:ka] ⟨-n,-or⟩ Ehefrau
make [ˇmɑ:kə] ⟨-en,-ar⟩ Ehemann
man [man] ⟨-nen, män⟩ Mann; man
manet [ma'ne:t] ⟨-en,-er⟩ Qualle
manlig [ˇmanlig] männlich
mark [mark] ⟨-en⟩ Boden, Land
mask [mask] ⟨-en,-ar⟩ Wurm
maskin [ma'ʃi:n] ⟨-en,-er⟩ Maschine
massa [ˇmasa] ⟨-n,- or⟩ (Menschen-) Menge
mat [mɑ:t] ⟨-en⟩ Verpflegung; Essen; **laga mat** [lɑ:ga 'mɑ:t] ⟨-ade,-at⟩ *(Essen zubereiten)* kochen
matbit [ˇmɑ:tbi:t] ⟨-en,-ar⟩ Imbiß, Happen
material [materia:l] ⟨-et,-⟩ Material
matlust [ˇmɑ:tlɵst] ⟨-en⟩ Appetit
med [me:(d)] mit; **med detsamma** [me: de'sama] sofort
medan [ˇme:dan] *conj* während; **när/medan man äter** [næ:r/ˇme:dan man 'ɛ:tər] beim Essen
meddela [ˇme:de:la] ⟨-ade,-at⟩ melden, mitteilen, berichten; ausrichten
meddelande [ˇme:de:landə] ⟨-t,-n⟩ Mitteilung
medel ['me:dəl] ⟨medlet, -⟩ Mittel
medelst [ˇme:dəlst] durch
medlidande [ˇme:dli:dandə] ⟨-t⟩ Mitleid
medveten [ˇme:dve:tən] bewußt
mellan [ˇmɛlan] zwischen
mellanmål [ˇmɛlanmo:l] ⟨-et,-⟩ Zwischenmahlzeit, Imbiß
men [men] aber
mena [ˇme:na] ⟨-ade,-at⟩ meinen
mening [ˇmeniŋ] ⟨-en,-ar⟩ Meinung; Satz; **enligt min mening** [e:nlit 'min ˇme:niŋ] meiner Meinung nach
meningslös [ˇme:niŋslø:s] zwecklos
mer [me:r] mehr; sonst noch; **mer eller mindre** [me:r 'ɛlər 'mindrə] mehr oder weniger; **mer än** [me:r ɛn] mehr als
merit [me'ri:t] ⟨-en,-er⟩ *n* Verdienst

meta [ᵛme:ta] ⟨-ade, -at⟩ angeln

(metall)tråd [meᵛtaltro:d] ⟨-en, -ar⟩ Draht

metod [me'tu:d] ⟨-en, -er⟩ Praxis

middag ['mida] ⟨-en, ar⟩ Mittag

midnatt [ᵛmidnat] Mitternacht; **vid midnatt** [vi:d ᵛmidnat] um Mitternacht

mig [mɛj] mir, mich

mild [mild] mild

miljö [mil'jø:] ⟨-n, -er⟩ Umwelt

min [min] mein

mindre ['mindrə] geringer; *(meßbar)* wenig

minne [ᵛminə] ⟨-t, -n⟩ Andenken; *(Computer)* Speicher

minsta, det (allra) ~ [de: (ᵛalra) ᵛminsta] das wenigste

minus ['mi:nes] minus

minut [mi'nʉ:t] ⟨-en, -er⟩ Minute

missa [ᵛmisa] ⟨-ade, -at⟩ verfehlen

missbruk [ᵛmisbrʉ:k] ⟨-et, -⟩ Mißbrauch

missbruka [ᵛmisbrʉ:ka] ⟨-ade, -at⟩ mißbrauchen

missförstå [ᵛmisfœ'ʂto:] mißverstehen

missförstånd [ᵛmisfœ'ʂtɔnd] ⟨-et, -⟩ Mißverständnis

missnöjd [ᵛmisnøjd] unzufrieden

missta sig [ᵛmistɑ: sɛj] s. täuschen, s. irren

misstag [ᵛmistɑ:g] ⟨-et, -⟩ Irrtum; **av misstag** [ɑ:v ᵛmistɑ:g] aus Versehen

misstanke [ᵛmistaŋkə] ⟨-n, -ar⟩ Verdacht

misstro [ᵛmistru:] mißtrauen

missöde [ᵛmisødə] ⟨-et, -n⟩ Mißgeschick

mitt [mit] ⟨-en⟩ Mitte

mittemot [ᵛmite'mu:t] *adv* gegenüber

mjuk [mjʉ:k] weich, zart

mode [ᵛmu:də] ⟨-t, -n⟩ Mode

modern [mu'dæ:ɳ] modern

mogen [ᵛmu:gən] reif

mor [mu:r] ⟨modern, mödrar⟩ Mutter

morbror ['mo:rbru:r] Onkel *(mütterlicherseits)*

morfar [ᵛmu:rfɑ:r] Großvater *(mütterlicherseits)*

morgon [ᵛmɔrɔn] ⟨-en, morgnar⟩ Morgen; **på morgonen** [po: ᵛmɔrɔnən] am Morgen

mormor [ᵛmu:rmu:r] Großmutter *(mütterlicherseits)*

moster [ᵛmɔstər] ⟨-n, mostrar⟩ Tante *(mütterlicherseits)*

mot [mu:t] *(wider, in Richtung auf)* gegen

motiv [mu'ti:v] ⟨-et, -⟩ (Beweg-)Grund

motsats [ᵛmu:tsats] ⟨-en, -er⟩ Gegenteil

motsatt [ᵛmu:tsat] umgekehrt, entgegengesetzt; **i motsatt riktning** [i: ᵛmu:tsat ᵛriktniŋ] in umgekehrter Richtung

motsvarande värde [ᵛmu:tsvɑ:randə ᵛvæ:ɖə] ⟨-t, -n⟩ Gegenwert

motta(ga) [ᵛmu:tɑ:(ga)] empfangen, annehmen

mottagande [ᵛmu:tɑ:gandə] ⟨-t, -n⟩ Annahme, Empfang, Aufnahme

mottagning [ᵛmo:tɑ:gniŋ] ⟨-en, -ar⟩ Empfang

mulen [ᵛmʉ:lən] *(Wetter)* trüb, finster

musik [mɵ'si:k] ⟨-en⟩ Musik

mycket [ᵛmykə] viel, sehr; **för mycket** [fœr 'mykə] zuviel, zu sehr

mygga [ᵛmyga] ⟨-n, -or⟩ Mücke

myndighet [ᵛmyndihe:t] ⟨-en, -er⟩ Behörde

mynna [ᵛmyna] ⟨-ade, -at⟩ *(Fluß)* münden

mynning [ᵛmyniŋ] ⟨-en, -ar⟩ Mündung

mynt [mynt] ⟨-et, -⟩ Münze, Geldstück

mål [mo:l] ⟨-et, -⟩ *(Fußball)* Tor, Ziel

måla [ᵛmo:la] ⟨-ade, -at⟩ malen

måltid [ᵛmo:lti:d] ⟨-en, -er⟩ Mahlzeit, Essen

månad [ᵛmo:nad] ⟨-en, -er⟩ Monat; **per månad** [pær ᵛmo:nad] *adv* monatlich

måne [ᵛmo:nə] ⟨-n, ar⟩ Mond

mås [mo:s] ⟨-en, -ar⟩ Möwe

mått [mɔt] ⟨-et, -⟩ Maß

måttlig [ᵛmɔtlig] mäßig

mängd [mɛŋd] ⟨-en, -er⟩ Menge

människa [ᵛmɛni'ʃa] ⟨-n, -or⟩ Mensch

människor [ᵛmɛni'ʃur] *pl* Leute

mänsklig [ᵛmɛnsklig] menschlich

märka [ᵛmærka] ⟨-te, -t⟩ merken, bemerken

märke [ᵛmærkə] ⟨-t, -n⟩ (Brief-, Handels-) Marke; *(Zigaretten)* Sorte; Bezeichnung

mässa [ᵛmɛsa] ⟨-n, -or⟩ *(rel, Ausstellung)* Messe

mäta [ᵛmɛ:ta] ⟨-te, -t⟩ messen

mätt [mɛt] satt

möbel ['mø:bəl] ⟨-n, möbler⟩ Möbel

möblera [mø'ble:ra] ⟨-ade, -at⟩ möblieren

möblerad våning/lägenhet [mø'ble:rad ᵛvo:niŋ/ᵛlɛ:gən'he:t] möblierte Wohnung

möda [ˇmø:da] ⟨-n, -or⟩ Mühe
möjlig [ˇmøjlig] möglich; **så snart som möjligt** [so: snɑ:ʈ sɔm ˇmøjlit] so bald wie möglich
möjliggöra [ˇmøjliˈjœ:ra] ermöglichen
möjlighet [ˇmøjlihe:t] ⟨-en, -er⟩ Möglichkeit
mönster [ˈmønstər] ⟨mönstret, -⟩ Muster
mörk [mørk] dunkel, finster
möta [ˇmø:ta] ⟨-te, -t⟩ begegnen
möte [(ˇɑ:vtɑ:lat) ˇmø:tə] ⟨-t, -n⟩ Verabredung; **stämma möte** [stɛma ˇmø:tə] ⟨-de, -t⟩ s. verabreden

N

nackdel [ˇnakde:l] ⟨-en, -ar⟩ Nachteil
nagel [ˇnɑ:gəl] ⟨-nageln, naglar⟩ Nagel
naken [ˇnɑ:kən] nackt
namn [namn] ⟨-et, -⟩ Name
namnsdag [ˇnamsdɑ:g] ⟨-en, -ar⟩ Namenstag
namnteckning [ˇnamnteknıŋ] ⟨-en, -ar⟩ Unterschrift
nation [naˈʃu:n] ⟨-en, -er⟩ Nation
natt [nat] ⟨-en, nätter⟩ Nacht; **i natt** [iˈnat] heute nacht; **på natten** [po: ˈnatən] bei Nacht
nattsudd [ˇnatsɵd] Bummel
natur [naˈtʉ:r] ⟨-en⟩ Natur
naturlig [naˇtʉ:ɭig] *adj* natürlich
naturligtvis [naˇtʉ:ɭitˈvi:s] *adv* natürlich
nedan [ˇne:dan] unten; **nedanför** [ˇne:danˈfœ:r] unterhalb
nedför (berget) [ˇne:dfœ:r (ˈbærjət)] bergab
nedåt [ˇne:do:t] abwärts
negativ [negaˈti:v] negativ
nere [ˇne:rə] unten; **där nere** [dæ:ˇɳe:rə] dort unten
nervös [nɛrˈvøs] nervös
ni [ni:] Sie; *pers prn pl* ihr
njuta (av) [ˇnjʉ:ta/njʉ:ta ˈɑ:v] genießen
njutning [ˇnjʉ:tnıŋ] ⟨-en, -ar⟩ Genuß
nota [ˇnu:ta] ⟨-n, -or⟩ *(im Restaurant, Café)* Rechnung
nog [nu:g] genug; *(vermutlich)* wohl
noga [ˇnu:ga] genau
noggrann [ˇnu:gran] sorgfältig
noggrannhet [ˇnu:granˈhe:t] ⟨-en⟩ Genauigkeit
Norden [ˇnu:ɖən] Norden
nordisk [ˈnu:ɖisk] nordisch
nordlig [ˇnu:ɖli] nördlich
Norge [ˈnɔrjə] Norwegen
normal [nɔrˈma:l] normal
normalt [nɔrˈma:lt] normalerweise
norr [nɔr] Norden; **norr om** [nɔr ɔm] nördlich von
norra [ˇnɔra] nördlich
notera [nuˈte:ra] ⟨-ade, -at⟩ notieren
nu [nʉ:] nun, jetzt; **just nu** [jɵst nʉ:] *(zeitlich)* eben
nummer [ˈnɵmər] ⟨numret, -⟩ Nummer
numrera [nɵmˈre:ra] ⟨-ade, -at⟩ numerieren
nunna [ˇnɵna] ⟨-n, -or⟩ Nonne
ny [ny:] neu, frisch
nyfiken [ˇny:fi:kən] neugierig
nyhet [ˇny:he:t] ⟨-en, -er⟩ Neuigkeit, Neuheit, Nachricht
nykter [ˈnyktər] nüchtern
nyligen [ˇny:ligən] neulich
nysa [ˇny:sa] ⟨-te, t⟩ niesen
nyttig [ˇnytig] nützlich
nå [no:] ⟨-dde, -tt⟩ erreichen
någon [no:n/ˇno:gɔn] jemand; **inte någon** [ˇintə ˇno:gɔn] kein, keiner; **någon annanstans** [ˇno:gɔn ˇanan-stans] anderswo
någonsin [ˇno:gɔnˈsin] jemals
någonstans [ˇno:gɔnˈstans] irgendwo
något [nɔt/ˇno:gɔt] (irgend) etwas; **något litet** [(nɔt) ˇli:tə] *(ein wenig)* etwas; **på något sätt** [po: ˇno:gɔt sɛt] irgendwie
några [ˇno:gra] einige, ein paar
nål [no:l] ⟨-en, -ar⟩ Nadel
nämna [ˇnɛmna] ⟨-de, -t⟩ nennen
när [næ:r] *(zeitlich)* als, wenn
nära [ˇnæ:ra] nahe; **helt nära** [he:lt ˇnæ:ra] nahe bei
närhet [ˇnæ:rhe:t] ⟨-en⟩ Nähe
näring [ˇnæ:rıŋ] ⟨-en⟩ Nahrung
näringsrik [ˇnæ:rıŋsˈri:k] nahrhaft
närma sig [ˇnærma sɛj] ⟨-ade, -at⟩ s. nähern
närvarande [ˇnæ:rvɑ:randə] anwesend; **för närvarande** [fœ ˇɳæ:rvɑ:randə] *adv* vorläufig
näst sist [nɛst sist] vorletzte(r, -s)
nästa [ˇnɛ:sta] nächste
nästan [ˇnɛstan] fast, beinahe
nät [nɛ:t] ⟨-et, -⟩ Netz
nödfall [ˇnø:dfal] ⟨-et, -⟩ Notfall
nödvändig [ˇnø:dvɛndig] notwendig, nötig
nödvändighet [ˇnø:dvɛndiˈhe:t] ⟨-en⟩ Notwendigkeit
nöjd [nøjd] befriedigt, zufrieden
nöje [ˇnøjə] ⟨-t, -n⟩ Vergnügen, Spaß

O

oangenäm [ˇu:anjənɛ:m] unangenehm
oanständig [ˇu:anstɛndig] unanständig
oartig [ˇu:ɑ:ʈig] unhöflich
obehaglig [ˇu:bəˈhɑ:glig] unangenehm
obekant [ˇu:bəˈkant] unbekannt
obekväm [ˇu:bəˈkvɛ:m] unbequem
obeslutsam [ˇu:bəslu:tsam] unentschlossen
obestämd [ˇu:bəˈstɛmd] unbestimmt
obetingat [ˇu:bəˈtiŋat] *adv* unbedingt
observera [ɔbsærˈve:ra] ⟨-ade, -at⟩ beobachten
ocean [use:ˈɑ:n] ⟨-en, -er⟩ Ozean
och [ɔ(k)] und; **en och en halv** [e:n ɔ en halv] anderthalb; **och så vidare** [ɔ so: ˇvi:darə] und so weiter
också [ˇɔkso:] gleichfalls, auch
odräglig [ˇu:drɛ:gli] unerträglich
oduglig [ˇu:dʉ:glig] unfähig
oerfaren [ˇu:ærfɑ:rən] unerfahren
offentlig [ɔˈfɛntli] öffentlich
officiell [ɔfisˈjɛl] offiziell, amtlich
ofrånkomlig [ˇu:fro:nˈkɔmlig] unvermeidlich
ofta [ˇɔfta] *adv* häufig, oft
ofullständig [ˇu:fɵlˈstɛndig] unvollständig
oförmögen [ˇu:fœrˈmø:gən] unfähig
oförsiktig [ˇu:fœˈʂiktig] unvorsichtig
oförskämd [ˇu:fœˈʂɛmd] unverschämt
ogift [ˇu:jift] ledig
ogiltig [ˇu:jiltig] ungültig
ogynnsam [ˇu:jynsam] ungünstig
ogärna [ˇu:jæ:ɳa] ungern
ohälsosam [ˇu:hɛlsusam] ungesund
ohövlig [ˇu:hø:vlig] unhöflich
okänd [ˇu:çɛnd] unbekannt
olik [ˇu:li:k] *adj* anders
olika [ˇu:li:ka] verschieden
olikartad [ˇu:li:kˈɑ:ʈad] verschieden
olja [ˇɔlja] ⟨-n, -or⟩ Öl
olycka [ˇu:lyka] ⟨-n, -or⟩ Unfall
olycklig [ˇu:lyklig] unglücklich
olyckligtvis [ˇu:lyklitˈvi:s] unglücklicherweise
olycksfall [ˇu:lyksˈfal] ⟨-et, -⟩ Unfall
olämplig [ˇu:lɛmplig] ungeeignet
om [ɔm] falls, ob; *(Bedingung)* wenn; **som om** [sɔm ɔm] als ob
ombytlig [ˇɔmby:tlig] *(Person)* unbeständig
omdöme [ˇɔmdømə] ⟨-t, -n⟩ Urteil
omedelbar [ˇu:me:dəlbɑ:r] unmittelbar
omfamna [ˇɔmfamna] ⟨-ade, -at⟩ umarmen
omgång [ˇɔmgɔŋ] ⟨-en, -ar⟩ Runde
omkostnader [ˇɔmkɔstnadər] *pl* Unkosten
omkring [ɔmˈkriŋ] etwa; *(zeitlich)* gegen; um (herum)
omodern [ˇu:muˈdæ:ɳ] unmodern
område [ˇɔmro:də] ⟨-t⟩ Gelände
omräkning [ˇɔmrɛ:kniŋ] ⟨-en, -ar⟩ Umrechnung
omsorg [ˇɔmsɔrj] ⟨-en, -er⟩ Sorgfalt
omsorgsfull [ˇɔmsɔrjsˈfɵl] sorgfältig
omständigheter [ˇɔmstɛndiˈhe:tər] *pl* Umstände; **under inga omständigheter** [ˈɵndər ˇiŋa ˇɔmstɛndiˈhe:tər] keinesfalls
omsättning [ˇɔmsɛtniŋ] ⟨-en, -ar⟩ *(geschäftl.)* Umsatz; Umsetzung
omväg [ˇɔmvɛ:g] ⟨-en, -ar⟩ Umweg
omvänd [ˇɔmvɛnd] umgekehrt
omvärld [ˇɔmvæ:ɭd] ⟨-en⟩ Umwelt
omöjlig [ˇu:møjlig] unmöglich
ont, göra ~ [ˇjœ:ra unt] schmerzen
onykter [ˇu:nyktər] *(leicht)* betrunken
onyttig [ˇu:nyti] nutzlos, unnütz
onödig [ˇu:nø:dig] unnütz, unnötig
oordning [ˇu:o:ɖniŋ] ⟨-en⟩ Unordnung
operera [ɔpeˈre:ra] ⟨-ade, -at⟩ operieren
opraktisk [ˇu:praktisk] unpraktisch
ord [u:ɖ] ⟨-et, -⟩ Wort
orden [ˈo:ɖən] ⟨-, ordnar⟩ *(rel, Auszeichnung)* Orden
ordentlig [ɔˈɖɛntlig] ordentlich
ordna [o:ɖna] ⟨-ade, -at⟩ regeln
ordning [ˇo:ɖniŋ] ⟨-en⟩ Ordnung
oreda [ˇu:re:da] ⟨-n⟩ Unordnung
oregelbunden [ˇu:re:gəlbɵndən] unregelmäßig
orka [ɔrka] ⟨-ade, -at⟩ schaffen
orm [urm] ⟨-en, -ar⟩ *(Tier)* Schlange
oroa sig [ˇu:ru:a sɛj] ⟨-ade, -at⟩ s. beunruhigen; **oroa sig för** [ˇu:ru:a sɛj fœ:r] s. sorgen um
orolig [ˇu:ru:lig] besorgt, unruhig
oroligt [ˇu:ru:lit] *(Meer)* bewegt
orsak [ˇuʂɑ:k] ⟨-en, -er⟩ Anlaß, Ursache, Grund
ort [uʈ] ⟨-en, - er⟩ Ort, Ortschaft
orättvis [ˇu:rɛtˈvi:s] ungerecht
orättvisa [ˇu:rɛtˈvi:sa] ⟨-n, -or⟩ Ungerechtigkeit, Unrecht
osannolik [ˇu:sanuli:k] unwahrscheinlich
oskyldig [ˇu:ʃyldi] unschuldig

oss [ɔs] uns
ostadig [ˇu:stɑ:dig] *(Wetter)* unbeständig
osund [ˇu:sɵnd] ungesund
osäker [ˇu:sɛ:kər] unsicher; zweifelhaft
otacksam [ˇu:taksam] undankbar
otillfredsställd [ˇu:tilfre:ˈstɛld] unzufrieden
otillräcklig [ˇu:tilrɛklig] ungenügend
otrevlig [ˇu:tre:vli] ungemütlich
otrivsam [ˇu:tri:vsam] ungemütlich
otrolig [ˇu:tru:lig] unglaublich
otur [ˇu:tʉ:r] ⟨-en⟩ Unglück
otvivelaktig [ˇu:tvi:vəlˈaktig] zweifellos
oumbärlig [ˇu:ɵmˈbæ:ɭi] unentbehrlich
oundviklig [ˇu:ɵndˈvi:klig] unvermeidlich
outhärdlig [ˇu:ʉ:thæ:ɖli] unerträglich
ovanlig [ˇu:vɑ:nlig] ungewöhnlich, außergewöhnlich
oviktig [ˇu:viktig] unwichtig
oviss [ˇu:vis] ungewiß, unsicher, zweifelhaft
ovälkommen [ˇu:vɛ:lkɔmən] unerwünscht
ovänlig [ˇu:vɛnlig] unfreundlich
oväntad [ˇu:vɛntad] unerwartet
oväsen [ˇu:vɛ:sən] ⟨-det⟩ Lärm
oäkta [ˇu:ɛkta] unecht

P

packa [ˇpaka] ⟨-ade, -at⟩ *(Koffer)* packen; **packa in** [ˇpaka ˈin] einpacken; **packa upp** [paka ˈɵp] ⟨-ade, -at⟩ *(Koffer)* auspacken
packning [ˇpakniŋ] ⟨-en, -ar⟩ Packung
paket [paˈke:t] ⟨-et, -⟩ Paket; **(litet) paket** [(ˇli:tət) paˈke:t] ⟨-et, -⟩ Päckchen
panorama [panɔˈrɑ:ma] ⟨-t, -or⟩ Panorama
pant [pant] ⟨-en, -er⟩ Pfand
pappa [ˇpapa] ⟨-n, -or⟩ Vater
par [pɑ:r] ⟨-et, -⟩ Paar; **ett par** [et pɑ:r] ein paar; **gift par** [jift pɑ:r] ⟨-et, -⟩ Ehepaar
paraply [paraˈply:] ⟨-et, -er⟩ Schirm
park [park] ⟨-en, -er⟩ Park
parkera [parˈke:ra] ⟨-ade, -at⟩ parken
party [pɑ:ʈʈi] ⟨-t, -n⟩ Party
pass [pas] ⟨-et, -⟩ *(Ausweis, Gebirge)* Paß
passa [ˇpasa] ⟨-ade, -at⟩ passen; **passa på** [ˈpasa ˈpo] ⟨-ade, -at⟩ zugreifen
passage [paˈsɑ:ʃ] ⟨-en, -er⟩ Passage, Gang
passagerare [pasaˇʃe:rarə] ⟨-n, -⟩ Fahrgast
passera [paˈse:ra] ⟨-ade, -at⟩ überschreiten, vorübergehen
pengar [ˇpɛŋar] *pl* Geld
per [pɛr] pro
perfekt [pærˈfɛkt] vollkommen
periferi [perifəˈri:] ⟨-(e)n, -er⟩ Peripherie
person [pæˈʂu:n] ⟨-en, -er⟩ Person
personal [pæʂuˈnɑ:l] ⟨-en⟩ Personal
personalier [pæʂuˈnɑ:liər] *pl* Personalien
personlig [pæˈʂu:nli] persönlich
pipa [ˇpi:pa] ⟨-n, -or⟩ Pfeife
pir [pi:r] ⟨-en, -ar⟩ Mole, Pier
plakat [plaˈkɑ:t] ⟨-et, -⟩ Plakat
plan [plɑ:n] ⟨-en, -er⟩ Plan
planta [ˇplanta] ⟨-n, -or⟩ Pflanze
plats [plats] ⟨-en, -er⟩ Ort, Stelle, Platz, Sitz
platt [plat] flach, eben
plikt [plikt] ⟨-en, -er⟩ Pflicht
plocka [ˇplɔka] ⟨-ade, -at⟩ pflücken; *(auf)*sammeln
plus [plɵs] plus
plågsam [ˇplo:gsam] schmerzhaft
plånbok [ˇplo:nbu:k] ⟨-en, -böcker⟩ Brieftasche
plötsligt [pløtslit] auf einmal, plötzlich
pojke [ˈpɔjkə] ⟨-n, -ar⟩ Junge
politik [pɔliˈti:k] ⟨-en⟩ Politik
pollettera [pɔlɛˈte:ra] ⟨-ade, -at⟩ *(Gepäck)* aufgeben
port [pɔʈ] ⟨-en, -ar⟩ *(Einfahrt)* Tor
portfölj [pɔʈˈfølj] ⟨-en, -er⟩ (Akten-) Mappe
positiv [pu:siˈti:v] positiv
post [pɔst] ⟨-en⟩ Post; **på posten** [po:ˈpɔstən] auf die/der Post
posta [ˇpɔsta] ⟨-ade, -at⟩ *(Post)* aufgeben; *(Briefe)* einwerfen
praktik [prakˈti:k] ⟨-en, -er⟩ Praxis
praktisk [ˈpraktisk] praktisch
prata [ˇprɑ:ta] ⟨-ade, -at⟩ sprechen, reden
precis [prɛˈsi:s] eben; **precis som** [preˈsi:s sɔm] genauso … wie
predikan [preˈdi:kan] Predigt
present [preˈsɛnt] ⟨-en, -er⟩ Geschenk
presentation [presɛntaˈʃu:n] ⟨-en, -er⟩ Vorstellung
presentera [presɛnˈte:ra] ⟨-ade, -at⟩ vorstellen; **presentera någon för någon** [presenˈtera nɔn fœ: ɳɔn] jdn mit jdm bekannt machen

preventivmedel [preven^vti:vme:dəl] Verhütungsmittel
pris [pri:s] ⟨-et, -er⟩ Preis
privat [pri'vɑ:t] privat
procent [pru'sɛnt] Prozent
procentsats [pruˇsɛntsats] ⟨-en, -er⟩ Prozentsatz
procession [prusɛ'ʃu:n] ⟨-en, -er⟩ Prozession
producera [pru:dɵ'se:ra] ⟨- ade, -at⟩ erzeugen
produkt [pru:'dɵkt] ⟨-en, -er⟩ Erzeugnis, Produkt
program [pru'gram] ⟨-met, -⟩ Programm
promenad [prumə'nɑ:d] ⟨-en, -er⟩ Spaziergang, Bummel; **gå på promenad** [go: po: prumə'nɑ:d] spazierengehen; **ta en promenad** [tɑ: en prumə'nɑ:d] einen Spaziergang machen
promille [prɔ'milə] ⟨-n⟩ Promille
prospekt [pru'spɛkt] ⟨-et, -⟩ Prospekt
protestera [prutɛs'te:ra] ⟨-ade, -at⟩ protestieren
prov [pru:v] ⟨-et, -⟩ Probe
prova [ˇpru:va] ⟨-ade, -at⟩ *(Speisen)* versuchen; anprobieren
provisorisk [pruvisu:risk] provisorisch
pruta [ˇprʉ:ta] ⟨-ade, -at⟩ feilschen
präst [prɛst] ⟨-en, -er⟩ Priester
publik [pɵb'li:k] ⟨-en⟩ Publikum
pulver ['pɵlvər] ⟨pulvret, -⟩ Pulver
pumpa upp [pɵmpa 'ɵp] ⟨-ade, -at⟩ aufpumpen
pung [pɵŋ] ⟨-en, -ar⟩ Beutel
punkt [pɵŋkt] ⟨-en, -er⟩ Punkt
punktlig [ˇpɵŋktlig] pünktlich
putsa [ˇpɵtsa] ⟨-ade, -at⟩ putzen
på [po:] *prp* auf; *(zeitlich)* an; **på dagen/natten** [po: 'dɑ:gən/'natən] bei Tag/Nacht; **på gatan** [po: ˇgɑ:tan] auf der Straße; **på Gotland** [po: 'gɔtland] auf Gotland; **på grund av** [po: 'grɵnd ɑ:v] wegen; **på kvällen** [po: 'kvɛlən] am Abend; **på posten** [po: 'pɔstən] auf die/der Post; **på resan** [po: ˇre:san] auf der Reise; **på svenska** [po: ˇsvɛnska] auf schwedisch; **på söndag** [po: 'sønda] am Sonntag
påminna någon om något [ˇpo:mina nɔn ɔm nɔt] ⟨-de, -t⟩ jdn an etw erinnern
påpeka [ˇpo:pe:ka] ⟨-ade, -at⟩ bemerken
påse [ˇpo:sə] ⟨-n, -ar⟩ Tüte
påskynda [ˇpo:ʃynda] ⟨-ade, -at⟩ beschleunigen
påstå [ˇpo:sto:] behaupten
päls [pɛls] ⟨-en, -ar⟩ Pelz
päron [ˇpæ:rɔn] ⟨-et, -⟩ Birne

R

rabatt [ra'bat] ⟨-en, -er⟩ Ermäßigung, Rabatt
rad [rɑ:d] ⟨-en, -er⟩ Reihe
radio ['rɑ:diu] ⟨-n⟩ Radio
rak [rɑ:k] *adj* gerade
raka [ˇrɑ:ka] ⟨-ade, -at⟩ rasieren
rakt fram [rɑ:kt fram] geradeaus
rand [rand] ⟨-en, ränder⟩ Rand
rapport [ra'pɔt] ⟨-en, -er⟩ Bericht
rar [rɑ:r] lieb
rasande [ˇrɑ:sandə] wütend; **bli rasande** [bli: ˇrɑ:sandə] wütend werden
raseri [rɑ:sə'ri:] ⟨-et⟩ Wut
raskt [raskt] rasch
realisation [realisa'ʃu:n] ⟨-en, -er⟩ Ausverkauf
reception [resɛp'ʃu:n] ⟨-en, -er⟩ Empfang, Rezeption
redan [ˇre:dan] bereits, schon
regel [ˇre:gəl] ⟨-n, reglar⟩ Riegel
regelbundet [ˇre:gəl'bɵndət] *adv* regelmäßig
regering [re'je:riŋ] ⟨-en, -ar⟩ Regierung
registreringsnummer Kennzeichen
reglera [re'gle:ra] ⟨-ade, -at⟩ regeln
regna [ˇrɛŋna] ⟨-ade, -at⟩ regnen
reklam [re'klɑ:m] ⟨-en, -er⟩ Reklame
reklamation [reklama'ʃu:n] ⟨-en, -er⟩ Beanstandung
reklamera [rekla'me:ra] ⟨-ade, -at⟩ reklamieren
rekommendation [rekɔmənda'ʃu:n] ⟨-en, -er⟩ Empfehlung
rekommendera [rekɔmən'de:ra] ⟨-ade, -at⟩ empfehlen
rekreation [rekre:a'ʃu:n] Erholung
rektor [ˇrɛktɔr] ⟨-n, -er⟩ *(Gymnasium)* Direktor
rem [rɛm] ⟨-men, -mar⟩ Riemen
remittera [remi'te:ra] ⟨- ade, -at⟩ überweisen
ren [re:n] frisch, sauber
rengöra [ˇre:njœ:ra] reinigen
rep [re:p] ⟨-et, -⟩ Seil
reparation [repara'ʃu:n] ⟨-en, -er⟩ Reparatur
reparera [repa're:ra] ⟨-ade, -at⟩ reparieren

A/Z

resa [ˇre:sa] ⟨-n, -or⟩ Fahrt, Reise; Tour; **resa (till)** [ˇre:sa (til)] ⟨-te, -t⟩ reisen (nach); **resa bort** [re:sa ˈbɔt] ⟨-te, -t⟩ verreisen; **resa in** [re:saˈin] ⟨-te, -t⟩ einreisen; **resa ut** [ˇre:sa ʉ:t] ⟨-te, -t⟩ ausreisen; **på resan** [po: ˇre:san] auf der Reise

resehandbok [re:sehandˈbu:k] ⟨-en, böcker⟩ Reiseführer

resenär [re:səˈnæ:r] ⟨-en, -er⟩ der, die Reisende

reservera [resærˈve:ra] ⟨-ade, -at⟩ reservieren; **reservera en plats** [resærˈve:ra en plats] einen Platz belegen

resesällskap [ˇre:sesɛlˈskaɑ:p] ⟨-et, -⟩ Reisegesellschaft

resrutt [ˇre:srɵt] ⟨-en, -er⟩ Reiseroute

rest [rɛst] ⟨-en, -er⟩ Rest

restaurang [restøˈraŋ] ⟨-en, -er⟩ Restaurant; Lokal

resultat [resɵlˈtɑ:t] ⟨-et, -⟩ Ergebnis

resväska [ˇre:svɛska] ⟨-n, -or⟩ Koffer

reta sig på (över) [ˇre:ta sɛj po: (ˈø:vər)] ⟨-ade, -at⟩ s. ärgern über

revy [reˈvy:] ⟨-n, -er⟩ Revue

rik [ri:k] reich

rikedom [ˇri:kəˈdum] ⟨-en, -ar⟩ Reichtum

riklig [ˇri:klig] reichlich

riktig [ˇriktig] *(Gegensatz zu falsch)* richtig

riktning [ˇriktniŋ] ⟨-en, -ar⟩ Richtung

ring [riŋ] ⟨-en, -ar⟩ Ring

ringa [ˇriŋa] ⟨-de, -t⟩ klingeln; *(Klingel, Telefon)* läuten; telefonieren; gering; **ringa (upp)** [ˇriŋa/riŋa ˈɵp] ⟨-de, -t⟩ anrufen

ringklocka [ˇriŋklɔka] ⟨-n, -or⟩ Klingel

risk [risk] ⟨-en, -er⟩ Risiko

rita [ˇri:ta] ⟨-ade, -at⟩ zeichnen

riva [ˇri:va] reißen; **riva sönder** [ri:va ˈsøndər] zerreißen

roa sig [ˇru:a sɛj] ⟨-ade, -at⟩ s. amüsieren

rolig [ˇru:li] lustig; unterhaltend; **ha roligt** [hɑ: ˇru:lit] s. amüsieren; s. unterhalten

ropa [ˇru:pa] ⟨-ade, -at⟩ rufen; **ropa upp** [ru:pa ˈɵp] ⟨-ade, -at⟩ aufrufen

rund [rɵnd] rund

runda [ˇrɵnda] ⟨-n, -or⟩ Runde

ruta [ˇrʉ:ta] ⟨-n, -or⟩ (Fenster-)Scheibe

rutt [rɵt] ⟨-en, -er⟩ Route

rutten [ˇrɵtən] faul

ruttna [ˇrɵtna] ⟨-ade, -at⟩ *(schlecht werden)* verderben

rycka [ˇryka] ⟨-te, -t⟩ *(ziehen)* reißen

ryggsäck [ˇrygsɛk] ⟨-en, -ar⟩ Rucksack

rymd [rymd] ⟨-en, -er⟩ Raum

råd [ro:d] ⟨-et⟩ Rat; **fråga någon om råd** [fro:ga no:n ɔm ˈro:d] jdn um Rat fragen

råda [ˇro:da] ⟨-de, rått⟩ *(Rat erteilen)* raten

räcka [ˇrɛka] ⟨-te, -t⟩ *(Zeit)* dauern; halten; (aus)reichen; **(över)räcka** [ˇrɛka/ˇø:vəˈrɛka] *(geben)* reichen

rädd [rɛd] ängstlich; **bli/vara rädd** [bli: rɛd/vɑ:ra rɛd] *(erschrocken sein)* erschrecken; **vara rädd för** [vɑ:ra ˈrɛd fœ:r] s. fürchten vor

rädda [ˇrɛda] ⟨-ade, -at⟩ retten

rädsla [ˇrɛ:dsla] ⟨-n⟩ Angst

räkna [ˇrɛ:kna] ⟨-ade, -at⟩ rechnen, zählen; **räkna fel** [rɛ:kna ˈfe:l] ⟨-ade, -at⟩ s. verrechnen; **räkna ihop** [rɛ:kna iˈhup] ⟨-ade, -at⟩ zusammenrechnen

räkning [ˇrɛ:kniŋ] ⟨-en, -ar⟩ Rechnung

rätt [rɛt] ⟨-en, -er⟩ *(Essen)* Gang, Gericht; *(Justiz)* Gericht; Recht; **ha rätt** [hɑ: rɛt] recht haben

rätta [rɛta] rechte(r, -s); *(Fehler)* verbessern; **rätta till** [rɛta ˈtil] richtigstellen

rättvis [ˇrɛtvi:s] gerecht

rök [rø:k] ⟨-en⟩ Rauch

röka [ˇrø:ka] ⟨-te, -t⟩ rauchen

rör [rœ:r] ⟨-et, -⟩ Rohr

röra (sig) [ˇrœ:ra (sɛj)] ⟨-de, -t⟩ bewegen

rörd [rœ:ɖ] *(Gefühl)* bewegt

rörelse [ˇrœ:rəlsə] ⟨-n, -r⟩ Bewegung

röst [røst] ⟨-en, -er⟩ Stimme

rösta [ˇrøsta] ⟨-ade, -at⟩ *(Wahl)* stimmen

S

sak [sɑ:k] ⟨-en, -er⟩ Angelegenheit; Sache; Ding; **klara av ett ärende/en sak** [klɑ:ra ˈɑ:v et ˇæ:rəndə/en sɑ:k] eine Angelegenheit erledigen

sal [sɑ:l] ⟨-en, -ar⟩ Saal

samhälle [ˇsamhɛlə] ⟨-t, -n⟩ Ortschaft; Gesellschaft

samla [ˇsamla] ⟨-ade, -at⟩ *(Briefmarken etc.)* sammeln

samling [ˇsamliŋ] ⟨-en, -ar⟩ Sammlung

samma [ˇsama] der-, die-, dasselbe

sammankoppla [ˇsamanˈkɔpla] ⟨-ade, -at⟩ verbinden

A/Z

sammanstötning [ˇsamanstø:tniŋ] ⟨-en,-ar⟩ Zusammenstoß
samtal [ˇsamtɑ:l] ⟨-et,-⟩ Gespräch, Unterhaltung
samtala [ˇsamtɑ:la] ⟨-ade,-at⟩ s. unterhalten
samtidigt [ˇsamti:dit] *adv* gleichzeitig
samtycka [ˇsamtyka] ⟨-te,-t⟩ einwilligen
samvetsgrann [ˇsamve:tsˈgran] gewissenhaft
sann [san] wahr
sanning [ˇsaniŋ] ⟨-en,-ar⟩ Wahrheit
sannolikhet [ˇsanuli:kˈhe:t] ⟨-en,-er⟩ Wahrscheinlichkeit
sannolikt [ˇsanuˈli:kt] *adv* wahrscheinlich
sax [saks] ⟨-en,-ar⟩ Schere
Schweiz [ʃvɛjts] Schweiz
schweizare [ˈʃvɛjtsarə] ⟨-en,-e⟩ Schweizer
schweiziska [ˈʃvɛjtsiska] ⟨-n,-ar⟩ Schweizerin
se [se:] sehen, schauen; **se på** [se: po:] ansehen; **se sig om** [se: sej ɔm] s. umsehen; **se upp (för)** [se: ˈɵp (fœ:r)] aufpassen (auf); **se upp!** [se: ˈɵp] Vorsicht!; **se ut** [se: ˈʉ:t] aussehen
sedan [ˇse:dan] *prp* seit, dann, nachher; *conj* seit wann?; **se efter** [se: ˈɛftər] nachsehen; **sedan dess** [ˇse:dan dɛs] seitdem
sedel [ˈse:dəl] ⟨-n, sedlar⟩ (Geld-)Schein
sekund [seˈkɵnd] ⟨-en,-er⟩ Sekunde
semester [seˈmɛstər] ⟨-n, semestrar⟩ Ferien, Urlaub; **på semester(n)** [po: seˈmɛstər(n)] in den Ferien
senare [ˇse:narə] später
senaste [ˇse:nastə] letzte(r, -s)
sent [se:nt] spät
separat [sepaˈrɑ:t] einzeln
servera [srˈvera] ⟨-ade,-at⟩ servieren
sex [sɛks] Sex
sida [ˇsi:da] ⟨-n,-or⟩ Seite; **på andra sidan** [po: ˇandra ˇsi:dan] jenseits
signal [siŋˈnɑ:l] ⟨-en,-er⟩ Signal
sikt [sikt] ⟨-en⟩ Sicht
sill [sil] ⟨-en,-ar⟩ Hering
simma [ˇsima] ⟨-ade,-at⟩ schwimmen
sin [sin] *(subjektbezogen)* sein, ihr
sinne [ˇsinə] ⟨-t,-n⟩ Sinn
sista [ˇsista] letzte(r, -s); **till sist** [til sist] zuletzt
sits [sits] ⟨-en,-⟩ Sitz
sitta [ˇsita] sitzen
sittplats [ˇsitplats] ⟨-en,-er⟩ Sitz

sjalett [ʃaˈlɛt] ⟨-en,-er⟩ (Kopf-)Tuch
sjuk [ʃʉ:k] krank; **bli sjuk** [bli: ˈʃʉ:k] krank werden
sjuksköterska [ˇʃʉ:kʃø:təʂka] ⟨-n,-or⟩ Krankenschwester
sjunga [ˇʃɵŋa] singen
själv [ʃɛlv] selbst
självbetjäning [ˇʃɛlvbeˈçɛ:niŋ] ⟨-en⟩ Selbstbedienung
sjö [ʃø:] ⟨-n,-ar⟩ (Binnengewässer) See
sjöigel [ˇʃø:iigəl] ⟨-n,-iglar⟩ Seeigel
ska [skɑ:] sollen
skada [ˇskɑ:da] 2l⟨-ade,-at⟩ beschädigen; schaden; ⟨-n,-or⟩ Beschädigung; Schaden
skadestånd [ˇskɑ:dəˈstɔnd] ⟨-et⟩ Schadenersatz
skadlig [ˇskɑ:dlig] schädlich
skaffa [ˇskafa] ⟨-ade,-at⟩ besorgen, beschaffen; verschaffen
Skagerrak [ˈskɑ:gərak] Skagerrak
skarp [skarp] *(Messer)* scharf
sken [ʃe:n] ⟨-et⟩ *(Anschein)* Schein
skick [ʃik] ⟨-et⟩ Verfassung
skicka [ˇʃika] ⟨-ade,-at⟩ schicken; **skicka bort** [ˇʃika ˈbɔt] ⟨-ade,-at⟩ wegschicken; **skicka efter** [ˇʃika ˈɛftər] ⟨-ade, -at⟩ abholen lassen
skicklig [ˇʃiklig] geschickt
skild [ʃild] getrennt
skilja [ˇʃilja] ⟨-de,-t⟩ trennen, unterscheiden; **skilja sig från** [ˇʃilja sɛj fro:n] s. unterscheiden von
skillnad [ˇʃilnad] ⟨-en,-er⟩ Unterschied
skina [ˇʃi:na] *(glänzen)* scheinen
skinn [ʃin] ⟨-et,-⟩ Fell
skiss [skis] ⟨-en,-er⟩ *(Entwurf)* Plan
skiva [ʃi:v] ⟨-n, -or⟩ Platte, Scheibe
skivspelare [ˇʃi:vspe:larə] ⟨-n,-⟩ Plattenspieler
skjuta [ˇʃʉ:ta] schießen; **skjuta (på)** [ˇʃʉ:ta(po:)] schieben; **skjuta upp** [ʃʉ:ta ˈɵp] aufschieben, verschieben
sko [sku:] ⟨-n,-r⟩ Schuh
skola [ˇsku:la] ⟨-n,-or⟩ Schule
skorpion [skɔrpiu:n] ⟨-en,-er⟩ Skorpion
skosnöre [ˇsku:snœ:rə] ⟨-et,-n⟩ Schnürsenkel
skott [skɔt] ⟨-et,-⟩ Schuß
skratta [ˇskrata] ⟨-ade,-at⟩ lachen
skrattretande [ˇskratre:tandə] lächerlich
skrift [skrift] ⟨-en,-er⟩ Schrift
skriftlig [ˇskriftli] schriftlich

skrika [ˇskri:ka] schreien
skriva [ˇskri:va] schreiben; **skriva under** [skri:va ˈɵndər] unterschreiben; **skriva upp** [skri:va ˈɵp] aufschreiben
skrivbok [ˇskri:vbu:k] ⟨-en, -böcker⟩ Heft
skrämma [ˇskrɛma] ⟨-de, -t⟩ erschrekken
skräp [skrɛ:p] ⟨-et, -⟩ Abfall
skugga [ˇskɵga] ⟨-n, -or⟩ Schatten
skuld [skɵld] ⟨-en, -er⟩ Schuld
skulptur [skɵlpˈtʉ:r] ⟨-en, -er⟩ Plastik
skydd [ʃyd] ⟨-et⟩ Schutz
skyldighet [ˇʃyldiˈhe:t] ⟨-en, -er⟩ Verpflichtung
skylt [ʃylt] ⟨-en, -ar⟩ Schild
skyltfönster [ˇʃyltfønstər] ⟨-fönstret, -⟩ Schaufenster
skynda sig [ˇʃynda sɛj] ⟨-ade, -at⟩ s. beeilen
skyskrapa [ˇʃy:skrɑ:pa] ⟨-n, -or⟩ Wolkenkratzer
skäl [ʃɛ:l] ⟨-et, -⟩ Grund
skämd [ʃɛmd] faul, verdorben
skämt [ʃɛmt] ⟨-et, -⟩ Spaß, Scherz
skänka [ˇʃɛnka] schenken
skära [ˇʃæ:ra] schneiden
skärgård [ˇʃæ:rgo:ɖ] ⟨-en, -ar⟩ Schären
skönhet [ˇʃø:nhe:t] ⟨-en, -er⟩ Schönheit
skörd [ʃœ:ɖ] ⟨-en, -ar⟩ Ernte
slag [slɑ:g] ⟨-et, -⟩ Art; Schlag
slamm [slam] ⟨-et⟩ Schlamm
slang [slaŋ] ⟨-en, -ar⟩ Schlauch
slarvig [ˇslarvig] nachlässig
slockna [ˇslɔkna] ⟨-ade, -at⟩ *(Licht)* ausgehen
slott [slɔt] ⟨-et, -⟩ Schloß
slug [slʉ:g] schlau
slump [slɵmp] ⟨-en, -ar⟩ Zufall
slut [slʉ:t] ⟨-et⟩ Schluß, Ende; **till slut** [til slʉ:t] am Ende; **vara slut** [vɑ:ra slʉt] vorüber sein
sluta [ˇslʉ:ta] ⟨-ade, -at⟩ aufhören, enden; beenden
slutgiltig [ˇslʉ:tjiltig] *adj* endgültig
slutgiltigt [ˇslʉ:tjiltit] *adv* endgültig
slutligen [ˇslʉ:tligən] endlich, zuletzt
sluttning [ˇslɵtniŋ] ⟨-en, -ar⟩ (Ab-) Hang
slå [slo:] schlagen; *(tele)* wählen; **slå in** [slo: ˈin] einwickeln, einpacken; **slå på** [slo: ˈpo:] einschalten; **slå sig ner** [slo: sɛj ˈne:r] s. hinsetzen; **slå sönder** [slo: ˈsøndər] zerbrechen
släcka [ˇslɛka] ⟨-te, -t⟩ löschen; *(Licht)* ausmachen; **släcka ljus** [ˇtɛnda/ˇslɛ:ka jʉ:s] Licht ausmachen
släkt [slɛkt] verwandt
slätt [slɛt] ⟨-en, -er⟩ Ebene
slå till [slo: ˈtill] zuschlagen
smak [smɑ:k] ⟨-en, -er⟩ Geschmack
smaka [ˇsmɑ:ka] ⟨-ade, -at⟩ schmecken; **smaka på** [ˇsmɑ:ka po:] ⟨-ade, -at⟩ versuchen
smal [smɑ:l] schmal; dünn, schlank
sminka sig [ˇsmiŋka sɛj] s. schminken
smuggla [smɵglɑ] ⟨-ade, -at⟩ schmuggeln
smula, en ~ [en ˇsmʉ:la] ein bißchen
smuts [smɵts] ⟨-en⟩ Schmutz
smutsig [ˇsmɵtsi] schmutzig
smärta [ˇsmæʈa] ⟨-ade, -at⟩ schmerzen
smärtsam [ˇsmæʈʂam] schmerzhaft
snabb [snab] *adj* schnell
snabbt [snabt] *adv* schnell, rasch
snackbar [ˇsnakbɑ:r] ⟨-en, -er⟩ Schnellimbiß
snarka [ˇsnarka] ⟨-ade, -at⟩ schnarchen
snart [snɑ:ʈ] bald, demnächst; **så snart som möjligt** [so: snɑ:ʈ sɔm ˇmøjlit] so bald wie möglich
snygg [snyg] hübsch, nett
snäll [snɛl] nett, freundlich
snöa [ˇsnø:a] ⟨-ade, -at⟩ schneien
snöre [ˇsnœ:rə] ⟨-t, -n⟩ Schnur, Bindfaden
sol [su:l] ⟨-en, -ar⟩ Sonne
solglasögon [ˇsu:lglɑ:sø:gɔn] *pl* Sonnenbrille
solig [ˇsu:lig] sonnig, heiter
solnedgången [ˇsu:lne:dgɔŋən] Sonnenuntergang
soluppgången [ˇsu:lɵpgɔŋən] Sonnenaufgang
som [sɔm] *(Vergleich)* wie; **som väl är!** [sɔm vɛ:l e:] Gott sei Dank!
somna [ˇsɔmna] ⟨-ade, -at⟩ einschlafen
son [so:n] ⟨-en, söner⟩ Sohn
sonson [ˇso:nso:n] ⟨-en, -söner⟩ Enkel *(Sohn des Sohnes)*
sopor [ˇsu:pur] Müll
soptunna [ˇsu:ptɵna] ⟨-n, -or⟩ Mülltonne
sorgsen [ˇsɔrjsən] traurig
sort [sɔʈ] ⟨-en, -er⟩ Sorte, Art
sova [ˇso:va] schlafen
spara [ˇspɑ:ra] ⟨-ade, -at⟩ sparen
special ... [spesˇjɑ:l] Sonder ...
speciell [spesˈiɛl] speziell
spela [ˇspe:la] ⟨-ade, -at⟩ spielen
spendera [spɛnˈde:ra] ⟨-ade, -at⟩ ausgeben

spik [spi:k] ⟨-en,-ar⟩ *(Werkzeug)* Nagel
sport [spɔt] ⟨-en,-er⟩ Sport
spricka [ˇsprika] platzen
springa [ˇspriŋa] rennen, laufen
sprit [spri:t] ⟨-en⟩ (Brenn-)Spiritus
språk [spro:k] ⟨-et,-⟩ Sprache
spång [spɔŋ] ⟨-en,-ar⟩ Steg
spår [spo:r] ⟨-et,-⟩ Spur
spärr [spær] ⟨-en,-ar⟩ *(Bahnhof)* Sperre
stad [stɑ:d] ⟨-en, städer⟩ Stadt
stadsbud [ˇstɑ:sbʉ:d] ⟨-et,-⟩ (Gepäck-)Träger
stadsplan [ˇstɑ:splɑ:n] ⟨-en,-er⟩ Stadtplan
stamma [ˈstama] ⟨-ade,-at⟩ stammen
stanna [ˇstana] ⟨-ade,-at⟩ anhalten , halten, stehenbleiben; **stanna (kvar)** [ˇstana (ˈkvɑ:r)] ⟨-ade,-at⟩ bleiben
stark [stark] stark; *(Essen)* scharf
starta [ˇstɑʈa] ⟨-ade,-at⟩ anspringen, starten
stat [stɑ:t] ⟨-en,-er⟩ Staat
stava [ˇstɑ:va] ⟨-ade,-at⟩ buchstabieren
stearinljus [steaˇri:njʉ:s] ⟨-et,-⟩ Kerze
steg [ste:g] ⟨-et,-⟩ Schritt
stege [ˇste:gə] ⟨-n,-ar⟩ Leiter *f*
stek [ste:k] ⟨-en,-ar⟩ Braten
steka [ˇste:ka] ⟨-te,-t⟩ braten
sten [ste:n] ⟨-en,-ar⟩ Stein
stenig [ˇste:nig] steinig
sticka [ˇstika] stechen
stig [sti:g] ⟨-en,-ar⟩ Pfad
stiga [ˇsti:ga] steigen; **stiga på** [stiga po:] zusteigen; **stiga upp** [sti:ga ˈɵp] aufstehen; **stiga uppför** [sti:ga ˈɵp-fœ:r] hinaufgehen; **stig in!** [sti:g ˈin] herein!
stilla [ˇstila] still
stillhet [ˇstilhe:t] ⟨-en⟩ Ruhe
stinka [ˇstiŋka] stinken
stjäla [ˇʃɛ:la] stehlen
stjärna [ˇʃæ:ɳa] ⟨-n,-or⟩ Stern
stol [stu:l] ⟨-en,-ar⟩ Stuhl
stopp! [stɔp] halt!
stor [stu:r] gewaltig, groß
storartad [ˇstu:rɑ:ʈad] großartig
storhet [ˇstu:rhe:t] ⟨-en,-er⟩ *(geistige)* Größe
storlek [ˇstu:ɭe:k] ⟨-en⟩ *(Ausdehnung; Kleidung, Schuhe)* Größe
storm [stɔrm] ⟨-en,-ar⟩ Sturm
storslagen [ˇstu:ʂlɑ:gən] großartig
straff [straf] ⟨-et,-⟩ Strafe
strand [strand] ⟨-en, stränder⟩ Strand; *(Fluß)* Ufer
strykjärn [ˇstry:kjæ:ɳ] ⟨-et,-⟩ Bügeleisen
stråle [ˇstro:lə] ⟨-n,-ar⟩ Strahl
sträcka [ˇstrɛka] ⟨-n,-or⟩ Strecke; **sträcka sig** [ˇstrɛka sɛj] ⟨-te,-t⟩ s. erstrecken, reichen
sträng [strɛŋ] streng
ström [strøm] ⟨-men,-mar⟩ *(auch el)* Strom
strömbrytare [ˇstrø:mbry:tarə] ⟨-n,-⟩ *(el)* Schalter
strömming [strømiŋ] ⟨-en,-ar⟩ Hering
strömning [ˇstrømniŋ] ⟨-en,-ar⟩ Strömung
studera [stɵˈde:ra] ⟨-ade,-at⟩ studieren
stuga [ˇstʉ:ga] ⟨-n,-or⟩ Hütte
stycke [ˇstykə] ⟨-et,-en⟩ Absatz, Stück
styrelse [ˇsty:rəlsə] ⟨-en,-r⟩ Direktion
styrka [ˇstyrka] ⟨-n⟩ Stärke
stå [sto:] stehen; **stå ut med** [sto: ˈʉ:t me:] ertragen
ställa [ˇstɛla] ⟨-de,-t⟩ setzen, stellen; **ställa i från sig** [ˇstɛla i fro:n sɛj] ⟨-de,-t⟩ abstellen; **ställa upp** [stlɛa ˈɵp] ⟨-de,-t⟩ aufstellen; **i stället för** [i: ˇstɛlət fœ:r] statt, anstatt
ställning [ˇstɛlniŋ] ⟨-en,-ar⟩ Stellung
stämma [ˇstɛma] ⟨-de, t⟩ stimmen
stämpel [ˇstɛmpəl] ⟨-n, stämplar⟩ Stempel
stänga [ˇstɛŋa] ⟨-de,-t⟩ schließen, zumachen; verschließen, zuschließen; **stänga in** [stɛŋa ˈin] ⟨-de,-t⟩ einschließen
stängd [stɛŋd] geschlossen, zu
störa [ˇstœ:ra] ⟨-de,-t⟩ stören
störning [ˇstœ:ɳiŋ] ⟨-en,-ar⟩ Störung
störta [ˇstœʈa] ⟨-ade,-at⟩ *(fallen)* stürzen
stöt [stø:t] ⟨-en,-ar⟩ *(Schubs)* Stoß
stöta [ˇstø:ta] ⟨-te,-t⟩ stoßen
stå ut med [sto: ʉ:t me:d] vertragen
stång [stɔŋ] ⟨-en, stänger⟩ Stange
summa [ˇsɵma] ⟨-n,-or⟩ Summe
sump [sɵmp] Sumpf
sumpmark [ˇsɵmpmark] ⟨-en,-er⟩ Sumpf
sur [sʉ:r] sauer
svag [svɑ:g] schwach
svaghet [ˇsvɑ:ghe:t] ⟨-en,-er⟩ Schwäche
sval [svɑ:l] kühl
svar [svɑ:r] ⟨-et,-⟩ Antwort
svara [ˇsvɑ:ra] ⟨-ade,-at⟩ antworten, erwidern; beantworten

A/Z

svensk [svɛnsk] ⟨-en,-ar⟩ Schwede; schwedisch
svenska [ˇsvɛnska] ⟨-n,-or⟩ Schwedin
Sverige [ˈsværjə] Schweden
svettas [ˇsvetas] ⟨-ades, -ats⟩ schwitzen
svullen [ˇsvɵlən] *(geschwollen)* dick
svåger [ˈsvo:gər] ⟨-n, svågrar⟩ Schwager
svår [svo:r] schwierig, schwer
svårighet [ˇsvo:riˈhe:t] ⟨-en,-er⟩ Schwierigkeit
svägerska [ˇsvɛ:gəʂka] ⟨-n,-or⟩ Schwägerin
svält [svɛlt] ⟨-en⟩ Hunger
sväng [svɛŋ] ⟨-en,-ar⟩ Kurve
svänga (till höger/vänster) [svɛŋa (til ˈhø:gər/ˈvɛnstər)] (nach rechts/links) einbiegen
swimmingpool [ˇsvimiŋˈpu:l] ⟨-en,-er⟩ Swimmingpool
sydlig [ˇsy:dlig] südlich
syfta på [ˇsyfta po:] ⟨-ade,-at⟩ s. beziehen auf
syfte [ˇsyftə] ⟨-t,-n⟩ Zweck
sympatisk [sympɑ:tisk] sympathisch
symtom [symˈto:m] ⟨-et,-⟩ (An-)Zeichen
synd [ʂynd] Sünde; **det var synd** [de vɑ: ʂynd] es ist schade; **så synd!** [so: synd] wie schade!
synhåll [ˇsy:nhɔl] ⟨-et⟩ Sicht
synlig [ˇsy:nli] sichtbar
sysselsatt [ˇsysəlˈsat] *(angestellt)* beschäftigt
syster [ˇsystər] ⟨-n, systrar⟩ Schwester; Ordensschwester
systerdotter [ˇsystəˈɖɔtər] Nichte *(schwesterlicherseits)*
systerson [ˇsystəʂɔn] Neffe *(schwesterlicherseits)*
så [so:] so, also; **på så sätt** [po: ˈso: sɛt] so
sådan [ˇso:dan] solch
sång [sɔŋ] ⟨-en,-er⟩ Gesang, Lied
sårade, den/det/de ~ [den/de/dɔm ˇso:ra:də] der/die Verletzte
såsom [ˇso:sɔm] *(Vergleich)* wie
säck [sɛk] ⟨-en,-ar⟩ Sack
säga [ˇsɛja] sagen
säker [ˈsɛ:kər] *adj* sicher
säkerhet [ˇsɛ:kərˈhe:t] ⟨-en,-er⟩ Sicherheit, Garantie
säkert [ˈsɛ:kəʈ] gewiß, bestimmt, sicher
säkring [ˇsɛ:kriŋ] ⟨-en,-ar⟩ *(el)* Sicherung
sälja [ˇsɛlja] verkaufen
sällan [ˇsɛlan] *adv* selten
sällskap [ˇsɛlskɑ:p] ⟨-et,-⟩ Gesellschaft, Begleitung
sällsynt [ˇsɛlsy:nt] *adj* selten
sämre [ˈsɛmrə] schlimmer
sämst [sɛmst] schlimmst
sända [ˇsɛnda] senden
säng [sɛŋ] ⟨-en,-ar⟩ Bett
sängkläder [ˇsɛŋklɛ:dər] *pl* Bettwäsche
sänka [ˇsɛnka] ⟨-te,-t⟩ *(Preise)* herabsetzen
särskilt [ˇsæ:ʂilt] besonders
säsong [sɛˈsɔŋ] ⟨-en,-er⟩ Saison
sätt [sɛt] ⟨-et,-⟩ Weise
sätta [ˇsɛta] setzen, stellen; **sätta fast** [ˇsɛta ˈfast] festsetzen; **sätta på** [ˇsɛta ˈpo:] einschalten; **sätta sig** [ˇsɛta sɛj] s. setzen; **sätta sig ner** [sɛta sɛj ˈne:r] s. hinsetzen
söder [ˈsø:dər] Süden; **söder om** [ˈsø:dər ɔm] südlich von
södra [ˇsø:dra] südlich
söka (efter) [ˇsø:ka (ˈɛftər)] ⟨-te,-t⟩ suchen
sömn [sømn] ⟨-en⟩ Schlaf
sönder [ˈsøndər] kaputt, defekt; **gå sönder** [go: ˈsøndər] kaputtgehen; reißen
söt [sø:t] süß, hübsch

T

ta [tɑ:] *(Verkehrsmittel)* nehmen; benutzen; **ta av** [tɑ: ˈɑ:v] abnehmen; **ta av (sig)** [tɑ: ˈɑ:v (sɛj)] *(Kleidungsstück)* ausziehen; **ta avsked** [tɑ: ˇɑ:vʃe:d] Abschied nehmen; **ta bort** [tɑ: ˈbɔt] wegbringen, wegnehmen; **ta hänsyn till** [tɑ: ˇhɛnsy:n til] *(berücksichtigen)* beachten; **ta med** [tɑ: ˈme:] mitbringen; **ta med sig** [tɑ: ˈme: sɛj] mitnehmen; (her)bringen; **ta på (sig)** [tɑ: ˈpo: (sɛj)] *(Kleidungsstück)* anziehen; **ta övergång** [tɑ: ˇø:vərˈgɔŋ] umsteigen
tack [tak] ⟨-et,-⟩ Dank; **tack detsamma** [tak deˇsama] *(danke)* gleichfalls
tacka [ˇtaka] ⟨-ade,-at⟩ danken; **tacka ja** [taka ˈjɑ:] ⟨-ade,-at⟩ *(Einladung)* zusagen
tacksam [ˇtaksam] dankbar
tak [tɑ:k] ⟨-et,-⟩ (Zimmer-)Decke
tal [tɑ:l] ⟨-et,-⟩ Zahl
tala [ˇtɑ:la] ⟨-ade,-at⟩ sprechen; **tala högt** [ˇtɑ:la hø:gt] laut sprechen; **tala tyst** [ˇtɑ:la tyst] leise sprechen

A/Z

tallrik [ˇtalrik] ⟨-en, -ar⟩ Teller
talrik [ˇtɑ:lri:k] zahlreich
tanka [ˇtaŋka] ⟨-ade, -at⟩ tanken
tanke [ˇtaŋkə] ⟨-n, -ar⟩ Gedanke
tant [tant] ⟨-en, -er⟩ Tante
tappa [ˇtapa] ⟨-ade, -at⟩ verlieren
tavla [ˇtɑ:vla] ⟨-n, -or⟩ *(Gemälde)* Bild
taxi [ˈtaksi] ⟨-n, -⟩ Taxi
tecken [ˇtekən] ⟨tecknet, -⟩ Zeichen
teckna [ˇtekna] ⟨-ade, -at⟩ zeichnen
telefonera [telefɔˈne:ra] ⟨-ade, -at⟩ telefonieren
tentamen [tɛnˈtɑ:mən] ⟨-, tentamina⟩ *(Examen)* Prüfung
terräng [tɛˈrɛŋ] ⟨-en⟩ Gelände
tid [ti:d] ⟨-en, -er⟩ Termin, Zeit; **en tid** [en ti:d] eine Zeitlang; **i tid** [i: ti:d] *adv* rechtzeitig
tidig [ˇti:dig] früh
tidning [ˇti:dniŋ] ⟨-en, -ar⟩ Zeitung
tidpunkt [ˇti:dpɵŋkt] ⟨-en, -er⟩ Termin
tiga [ˇti:ga] schweigen
till [til] dazu; *(Richtung)* zu; **till Sverige** [til ˈsværjə] nach Schweden; **till och med** [til ɔ me:] sogar
tillaga [ˇtilɑ:ga] ⟨-ade, -at⟩ zubereiten
tillbaka [tilˈbɑ:ka] zurück; **lämna tillbaka** [lɛmnɑ tilbɑ:ka] wiedergeben
tillbakavisa [tilˇbɑ:kaˈvi:sa] ⟨-ade, -at⟩ zurückweisen
tillbringa [ˇtilbriŋa] *(Zeit)* verbringen
tillfreds [tilˈfre:ds] befriedigt
tillfrisknande [ˇtilfrisknandə] ⟨-t⟩ Erholung
tillfälle [ˇtilfɛlə] ⟨-t, -n⟩ Gelegenheit, Anlaß; **vid tillfälle** [vi:d ˇtilfɛlə] *adv* gelegentlich
tillfällighet [ˇtilfɛliˈhe:t] ⟨-en, -er⟩ Zufall
tillfälligt [ˇtilfɛlit] *adv* vorübergehend
tillfälligtvis [ˇtilfɛlitˈvi:s] *adv* zufällig
tillförlitlig [ˇtilfœˈli:tlig] zuverlässig
tillgodokort [ˇtilgu:duiˈkuʈ] Gutschein
tillhöra [ˇtilhœ:ra] ⟨-de, -t⟩ gehören
tillräckligt med [ˇtilrɛklit me:] genug
till(s) [til(s)] bis
tillsammans [tilˈsamans] gemeinsam, zusammen
tillstånd [ˇtilstɔnd] ⟨-et, -⟩ Zustand, Verfassung; **ställa till med** [ˇstɛla til me:d] veranstalten; **tillställning** [ˇtilstɛlniŋ] ⟨-en, -ar⟩ Veranstaltung
tillta [ˇtiltɑ:] *(anwachsen)* zunehmen
tilltala [ˇtiltɑ:la] ⟨-ade, -at⟩ *(ansprechen)* gefallen
tillträde [ˇtiltrɛ:də] ⟨-t⟩ Zugang; **tillträde förbjudet!** [ˇtiltrɛ:də fœrˈbjʉ:dət] Zutritt verboten!
tilltäppt [ˇtiltɛpt] verstopft
tillåta [ˈtilo:ta] erlauben, zulassen; lassen
tillåtelse [ˇtilo:təlsə] ⟨-n, -r⟩ Erlaubnis
tillåten [ˇtilo:tən] zulässig
tillägga [ˇtilɛga] hinzufügen
tillämpa [ˇtilɛmpa] ⟨-ade, -at⟩ *(Gesetz)* anwenden
tillämpning [ˇtilɛmpniŋ] ⟨-en, -ar⟩ Anwendung
timme [ˇtimə] ⟨-n, -ar⟩ Stunde; **en halvtimme** [en ˇhalvtimə] eine halbe Stunde; **varannan timme** [vaˇranan ˇtimə] alle zwei Stunden
tips [tips] ⟨-et, -e⟩ Tip
titta [ˇtita] ⟨-ade, -at⟩ schauen, zuschauen; **titta efter** [ˇtita ˈɛftər] nachsehen; **titta in** [tita ˈin] vorbeikommen; **titta på** [ˇtita po:] ⟨-ade, -at⟩ anschauen
tittare [ˇtitarə] ⟨-n, -⟩ *(Fernsehen)* Zuschauer
tjock [çɔk] dick, stark
tjäna [ˇçɛ:na] ⟨-ade, -at⟩ dienen, verdienen
tjänst [çɛnst] ⟨-en, -er⟩ Dienst; Gefallen
tjänstvillighet [ˇçɛnstviliˈhe:t] ⟨-en⟩ Gefälligkeit
toalett [tuaˈlɛt] ⟨-en, -er⟩ Toilette
toalettpapper [tuaˇlɛtpapər] ⟨-et⟩ Toilettenpapier
tobak [ˈtu:bak] ⟨-en⟩ Tabak
tokig [ˇtu:ki] verrückt
tom [tum] leer
ton [tu:n] ⟨-en, -er⟩ Ton
topp [tɔp] ⟨-en, -ar⟩ Spitze, Gipfel
torka [ˇtɔrka] ⟨-ade, -at⟩ trocknen
torr [tɔr] trocken; *(Wein)* herb
torv(mosse) [tɔrv/ˇtɔrvmɔssə] ⟨-n, -ar⟩ Torf
trafik [traˈfi:k] ⟨-en⟩ Verkehr; **gå i trafik** [go: i: traˈfi:k] *(Verkehrsmittel)* verkehren
trafikljus [traˇfikjʉ:s] ⟨-et, -⟩ Ampel
trafikstockning [ˈtraˇvi:kstɔkniŋ] ⟨-en, -ar⟩ Stau
trakt [trakt] ⟨-en, -er⟩ Gegend
transocean(sk) [transuseˈɑ:n(sk)] Übersee
transportera [transpɔˈʈe:ra] ⟨-ade, -at⟩ transportieren, befördern
trappa [ˇtrapa] ⟨-n, -or⟩ Treppe
trasa [ˇtrɑ:sa] ⟨-n, -or⟩ Lappen, Tuch
trasig [trɑ:sig] defekt, kaputt

tredje [ˈtre:djə] dritte(r, -s); **för det tredje** [fœ: ɖe ˈtre:djə] drittens
tredjedel [ˈtre:djəde:l] Drittel
trevlig [ˈtre:vlig] angenehm, nett
trim, i ~ [i: trim] fit
tro [tru:] ⟨-dde, -tt⟩ glauben; ⟨-n⟩ Glaube
trogen [ˈtru:gən] treu
trots [trɔts] trotz; **trots detta** [trɔts de:] trotzdem
trycka [ˈtryka] ⟨-te, -t⟩ *(stoßen)* drücken; **trycka på en knapp** [ˈtryka po: en knap] (auf) einen Knopf drücken
tråd [tro:d] ⟨-en, -ar⟩ Draht, Faden
tråkig [ˈtro:ki] unerfreulich
trång [trɔŋ] eng
trä [trɛ:] ⟨-et⟩ Holz
träd [trɛ:] ⟨-et, -⟩ Baum
trädgård [ˈtrɛ:go:ɖ] ⟨-en, -ar⟩ Garten
träffa [ˈtrɛfa] ⟨-ade, -at⟩ treffen
träffas igen [ˈtrɛfas iˈjɛn] ⟨-ades, -ats⟩ wiedersehen
träna [ˈtrɛ:na] ⟨-ade, -at⟩ üben
träsk [trɛsk] ⟨-et, -⟩ Sumpf
trött [trøt] müde
tub [tʉ:b] ⟨-en, -er⟩ Tube
tuggummi [ˈtɵgɵmi] ⟨-t, -n⟩ Kaugummi
tull [tɵl] ⟨-en, -ar⟩ Zoll
tung [tɵŋ] *(Gewicht)* schwer
tunn [tɵn] dünn
tunnel [ˈtɵnəl] ⟨-n, tunn lar⟩ Tunnel, Unterführung,
tupp [tɵp] ⟨-en, -ar⟩ Hahn
tur [tʉ:r] ⟨-en, -er⟩ Tour
turist [tʉ:ˈrist] ⟨-en, -er⟩ Tourist/in
turistbyrå [əʉ:ˈristby:ro] ⟨-n, -er⟩ Verkehrsbüro
tveka [ˈtve:ka] ⟨-ade, -at⟩ zögern
tvinga [ˈtviŋa] ⟨-de, -at⟩ zwingen
tvist [tvist] ⟨-en, -er⟩ Streit
tvivel [ˈtvi:vəl] ⟨tvivlet, -⟩ Zweifel; **utan tvivel** [ˈʉ:tan ˈtvi:vəl] ohne Zweifel
tvivelaktig [ˈtvi:vəlˈakti] zweifelhaft
tvivla på något [ˈtvi:vla po: ˈno:gɔt] ⟨-ade, -at⟩ an etw zweifeln
tvungen, vara ~ **att** [vɑ:ra ˈtvɵŋən at] müssen
tvång [tvɔŋ] ⟨-et, -⟩ Zwang
tvärbrant [ˈtvæ:rbrant] sehr steil
tvärsigenom [tvæʂiˈje:nɔm] quer durch
tvärtom [ˈtvæʈɔm] im Gegenteil
tvätt [tvɛt] ⟨-en⟩ *(zum Waschen)* Wäsche
tvätta [ˈtvɛta] ⟨-ade, -at⟩ waschen
ty [ty:] denn
tycka [ˈtyka] ⟨-te, -t⟩ meinen; **tycka bättre om** [tyka ˈbɛtrə ɔm] lieber haben; **tycka om** [tyka ˈɔm] ⟨-te, -t⟩ *(gern haben)* mögen; **tycka om någon** [tyka ˈɔm ˈno:gɔn] jdn liebhaben
tydlig [ˈty:dlig] deutlich
tydligen [ˈty:dligən] *adv* anscheinend
tyg [ty:g] ⟨-et, -er⟩ Stoff, Gewebe
typisk [ˈty:pisk] typisch
tysk [tysk] deutsch
tyskan [ˈtyskan] ⟨-or⟩ die Deutsche
tysken [tyskən] ⟨-ar⟩ der Deutsche
Tyskland [ˈtyskland] Deutschland
tyst [tyst] ruhig, leise; **vara tyst** [vɑ:ra ˈtyst] schweigen
tystnad [ˈtystnad] ⟨-en⟩ Schweigen; *(Stille)* Ruhe
tyvärr [tyˈvær] leider
tåla [ˈto:la] ⟨-de, -t⟩ ertragen, tragen
tålamod [ˈto:laˈmu:d] ⟨-et⟩ Geduld
tålmodig [ˈto:lmu:dig] geduldig
tång [tɔŋ] ⟨-en, tänger⟩ Zange
täcka [ˈtɛka/tɛka] ⟨-te, -t⟩ bedecken; **täcka över** [ˈtɛka ˈø:vər] ⟨-te, -t⟩ zudecken
täcke [ˈtɛkə] ⟨-t, -n⟩ (Bett-)Decke
tältpinne [ˈtɛltpina] ⟨-n, -ar⟩ *(Zelt)* Hering
tämligen [ˈtɛmliən] ziemlich
tända [ˈtɛnda] ⟨-e, tänt⟩ anzünden; *(Licht)* anmachen
tändsticka [ˈtɛndstika] ⟨-n, -or⟩ Streichholz
tändsticksask [ˈtɛndstiksˈask] ⟨-en, -ar⟩ Streichholzschachtel
tänka på [ˈtɛnka po:] ⟨-te, -t⟩ denken an
tärning [ˈtæɳiŋ] ⟨-en, -ar⟩ Würfel
tät [tæ:t] *(Nebel)* dicht; **tätt intill** [tɛt inˈtil] dicht dabei
tävling [ˈtɛ:vliŋ] ⟨-en, -ar⟩ Wettbewerb
törst [tœʂt] ⟨-en⟩ Durst
törstig [ˈtœʂtig] durstig; **vara törstig** [vɑ:ra ˈtœʂti] Durst haben
tåla [ˈto:la] *(Essen)* vertragen

U

ugn [ɵŋn] ⟨-en, -ar⟩ Ofen
undantag [ˈɵndanˈtɑ:g] ⟨-et, -⟩ Ausnahme
under [ˈɵndər] unter; während; **under det att** [ˈɵndər de: at] während; **under tiden** [ˈɵndər ˈti:dən] inzwischen
underbar [ˈɵndərˈbɑ:r] wunderbar

underhållande [ˇɵndərˈhɔlandə] unterhaltend
underhållning [ˇɵndərˈhɔlniŋ] ⟨-en⟩ Vergnügen, Unterhaltung
underkläder [ˇɵndərˈklɛ:dər] *pl* (Unter-)Wäsche
underlig [ˇɵndəˈli] seltsam, eigen
underrätta [ˇɵndəˈrɛta] ⟨-ade, -at⟩ benachrichtigen, informieren, unterrichten
underrättelse [ˇɵndəˈrɛtəlsə] ⟨-n, -r⟩ Neuigkeit
underskrift [ˇɵndəˈʂkrift] ⟨-en, -er⟩ Unterschrift
understöd [ˇɵndəˈʂtø:d] ⟨-et⟩ Unterstützung
undersöka [ˇøndərsø:ka] ⟨-te, t⟩ untersuchen
undervisa [ˇɵndərˈvi:sa] ⟨-ade, -at⟩ *(Schule)* unterrichten
undra (över) [ˇɵndra (ˈø:vər)] s. wundern (über)
undvika [ˇɵndvi:ka] vermeiden
ung [ɵŋ] jung
ungdom [ˇɵŋdum] ⟨-en, -ar⟩ Jugend
ungefär [ɵnjəˈfæ:r] ungefähr
ungkarl [ˇɵŋka:ɭ] ⟨-en, -ar⟩ Junggeselle
unik [ɵˈni:k] einzig
uppe [ˇɵpə] oben; **där uppe** [dæ:r ˇɵpə] dort oben
uppehåll [ˇɵpəˈhɔl] ⟨-et, -⟩ Aufenthalt
uppehålla någon [ˇɵpəˈhɔla no:n] jdn aufhalten; **uppehålla sig** [ˇɵpəˈhɔla sɛj] s. aufhalten
uppfinna [ˇɵpfina] erfinden
uppfordra [ˇɵpfu:ɖra] ⟨-ade, -at⟩ auffordern
uppfostran [ˇɵpfustran] Erziehung
uppför [ˇɵpfœ:r] aufwärts; **uppför (berget)** [ˈɵpfœ:r (ˈbærjət)] bergauf
uppförande [ˇɵpfœ:randə] ⟨-t⟩ Benehmen
uppgift [ˇɵpjift] ⟨-en, er⟩ Angabe; **lämna uppgifter** [ˇlɛmna ˇɵpjiftər] Angaben machen; **närmare uppgifter** [ˇnærmarə ˇɵpjiftər] nähere Angaben
uppgå till [ˇɵpgo: til] *(Preis)* ausmachen, betragen
upphöra [ˇɵphœ:ra] ⟨-de, -t⟩ aufhören
upplysa någon [ˇɵply:sa ˇno:gɔn] ⟨-te, -t⟩ jdn verständigen
upplysning [ˇɵply:sniŋ] ⟨-en, -ar⟩ Auskunft, Bescheid; **inhämta upplysningar** [ˇinhɛmta ˇɵply:sniŋar] ⟨-ade, -at⟩ Auskunft einholen
upplysa [ˇɵply:sa] informieren
upplyst [ˇɵply:st] beleuchtet
uppmana [ˇɵpma:na] ⟨- ade, -at⟩ auffordern
uppmärksam [ˇɵpmærksam] aufmerksam
uppmärksamhet [ˇɵpmærksamˈhe:t] ⟨-en⟩ Aufmerksamkeit
uppnå [ˇɵpno:] ⟨-dde, -tt⟩ erlangen
upprepa [ˇɵpre:pa] ⟨-ade, -at⟩ wiederholen
uppskatta [ˇɵpskata] ⟨-ade, -at⟩ schätzen
uppskov [ˇɵpsku:v] ⟨-et, -⟩ Aufschub
uppsyningsman [ˇɵpsy:niŋsˈman] ⟨-nen, -män⟩ Aufseher
upptagen [ˇɵpta:gən] *(Platz)* besetzt, beschäftigt
upptäcka [ˇɵptɛka] ⟨-te, -t⟩ entdecken
uppåt [ˈɵpo:t] aufwärts, nach oben
ur [ˈʉ:r] ⟨-et, -⟩ (Armband-)Uhr
ursinnig [ˇʉ:ʂini] wütend
ursäkt [ˇʉ:ʂɛkt] ⟨-en, -er⟩ Entschuldigung; **be om ursäkt** [be: ɔm ˇʉ:ʂɛkt] s. entschuldigen
ursäkta [ˇʉ:ʂɛkta] ⟨-ade, -at⟩ entschuldigen, verzeihen; **ursäkta mig!** [ˇʉ:ʂɛkta mɛj] ich bitte um Entschuldigung!
urval [ˇʉ:rva:l] ⟨-et⟩ Auswahl
utan [ˇʉ:tan] *prp* ohne; *conj* sondern
utanför [ˇʉ:tanˈfœ:r] außerhalb
utanpå [ˇʉ:tanˈpo] außen
utbildning [ˇʉ:tbildniŋ] ⟨-en, -ar⟩ Ausbildung
utbyte [ˇʉ:tby:tə] ⟨-t, -n⟩ Austausch; Wechsel
utdelning [ˇʉ:tde:lniŋ] ⟨-en, -ar⟩ Verteilung
ute [ˇʉ:tə] draußen; **ute (i det fria)** [ˇʉ:tə (i: de ˇfri:a)] im Freien
uteslutet [ˇʉ:təˈslʉ:tət] ausgeschlossen
utfart(sväg) [ˇʉ:tfaʈ(sˈvɛg) ⟨-en, -ar⟩ Ausfahrt
utflykt [ˇʉ:tflykt] ⟨-en, -er⟩ Ausfahrt
utför [ˈʉ:tfœ:r] abwärts; **utför (berget)** [ˈʉ:tfœ:r (ˈbærjət)] bergab
utföra [ˇʉ:tfœ:ra] ⟨-de, -t⟩ *(Arbeit)* ausführen
utförligt [ˇʉ:tfœɭigt] ausführlich
utförsäljning [ˇʉ:tfœˈʂɛljniŋ] ⟨-en, -ar⟩ Ausverkauf
utgifter [ˇʉ:tjiftər] *pl* Ausgaben
utgång [ˇʉ:tgɔŋ] ⟨-en, -ar⟩ Ausgang
utgöra [ˇʉ:tjœ:ra] ausmachen
uthärda [ˇʉ:thæ:ɖa] ⟨-ade, -at⟩ (er)tragen

utifrån [ˇʉ:tiˈfro:n] von außen
utlandet [ˇʉ:tlandət] Ausland
utländsk [ˇʉ:tlɛndsk] ausländisch
utlänning [ˇʉ:tlɛniŋ] ⟨-en,-ar⟩ Ausländer
utmattad [ˇʉ:tmatad] erschöpft
utmärkt [ˇʉ:tmærkt] prima, ausgezeichnet
utom [ˇʉ:tɔm] außer
utomlands [ˇʉ:tɔmˈlands] im/ins Ausland
utrustning [ˇʉ:trɵstniŋ] ⟨-en,-ar⟩ Ausstattung
utrymme [ˇʉ:trymə] ⟨-t,-⟩ Raum
uträtta [ˇʉ:trɛta] ⟨-ade,-at⟩ ausrichten
utseende [ˇʉ:tse:əndə] ⟨-t⟩ Aussehen
på utsidan [po:ˇʉ:tsi:dan] außen
utsikt [ˇʉ:tsikt] ⟨-en,-er⟩ Aussicht; Blick
utsträckning [ˇʉ:tstrɛkniŋ] ⟨-en⟩ Größe
utsändning [ˇʉ:tsɛndniŋ] ⟨-en,-ar⟩ *(Radio, Fernsehen)* Sendung
uttal [ˇʉ:tɑ:l] ⟨-et,-⟩ Aussprache
uttala [ˇʉ:tɑ:la] ⟨-ade,-at⟩ aussprechen
uttryck [ˇʉ:tryk] ⟨-et,-⟩ Ausdruck
uttryckligen [ˇʉ:trykligən] *adv* ausdrücklich
utvärtes [ˇʉ:tvæʈəs] äußerlich
utväxling [ˇʉ:tvɛksliŋ] ⟨-en,-ar⟩ Austausch
utöva [ˇʉ:tø:va] ⟨-ade,-at⟩ *(Beruf)* ausüben

V

vacker [ˈvakər] fein, schön, hübsch
vad [vɑ:d] ⟨-et,-⟩ Wette; wie, was; **vad för en/ett … ?** [ˈvɑ:d fœ:r e:n/et] was für ein/eine … ?; **vad som helst** [vɑ: sɔm hɛlst] irgend etwas; **slå vad** [slo: ˈvɑ:d] wetten
vagn [vaŋn] ⟨-en,-ar⟩ Wagen
vaken [ˇvɑ:kən] wach
vakna (upp) [ˇvɑ:kna/vɑ:knaˈɵp] ⟨-ade, -at⟩ aufwachen
val [vɑ:l] ⟨-et,-⟩ Wahl
van, vara ~ [vɑ:ra ˈvɑ:n] gewohnt sein
vana [ˇvɑ:na] ⟨-n,-or⟩ Gewohnheit
vandra [ˇvandra] ⟨-ade,-at⟩ wandern
vanlig [ˇvɑ:nlig] gewöhnlich, gebräuchlich, üblich
vanligtvis [ˇvɑ:nli(g)ˈvi:s] normalerweise
vanmäktig [vɑ:nmɛktig] ohnmächtig
var (och en) [vɑ:r (ɔ e:n)] jeder; **var snäll (och)** [vɑ:ˈʂnɛl (ɔ)] bitte; **var så god (och)** [vɑ:ʂəˈgu: (ɔ)] bitte
vara [ˇvɑ:ra] ⟨-ade,-at⟩ sein, *(Zeit)* dauern; ⟨-n,-or⟩ Ware; **vara emot (det)** [vɑ:ra eˈmu:t (de:)] dagegen sein; **vara för (det)** [vɑ:ra ˈfœ:r (de:)] dafür sein; **vara i stånd** [ˇvɑ:ra i: stɔnd] imstande sein; **vara känt/känd** [vɑ:ra ˈçɛnt/ˈçɛnd] bekannt sein; **vara närvarande** [vɑ:ra ˇnæ:rvɑ:randə] dasein; **vara skyldig** [ˇvɑ:ra ˇʃyldi] schulden; **vara slut/över** [vɑ:ra slʉt/ˇœ:vər] vorüber sein
varaktighet [vɑ:ˇraktihe:t] ⟨-en⟩ Dauer
varandra [vɑ:ˈrandra] einander
varannan timme [vɑ:ˇranan ˇtimə] alle zwei Stunden
vardag [ˇvɑ:ɖɑ:g] ⟨-en,-ar⟩ Werktag; **på vardagarna** [po: ˇvɑ:ɖɑ:gaɳa] werktags, wochentags
varenda (en) [vɑ:ˈrenda (e:n)] *prn* jeder
varje [ˇvarjə] *adj* jede(r, -s); **varje dag** [ˇvarjə dɑ:g] alle Tage; **varje gång** [ˇvarjə gɔŋ] jedesmal; **i varje fall** [i: ˇvarjə fal] auf alle Fälle
varken … eller [ˇvarkən … ˈɛlər] weder … noch
varm [varm] warm
varna (för) [ˇvɑ:ɳa (fœ:r)] ⟨-ade,-at⟩ warnen (vor)
vart som helst [vɑ:ʈ sɔm hɛlst] irgendwohin
varuhus [ˇvɑ:rɵˈhʉ:s] ⟨-et,-⟩ Kaufhaus
varuprov [ˇvɑ:rɵˈpru:v] ⟨-et,-⟩ *(Probe)* Muster
vass [vas] ⟨-en,-ar⟩ Schilf; scharf
vatten [ˈvatən] ⟨vattnet⟩ Wasser
vattenkran [ˇvatənˈkrɑ:n] ⟨-en,-ar⟩ (Wasser-)Hahn
vecka [ˇvɛka] ⟨-n,-or⟩ Woche; **om en vecka** [ɔm en ˇvɛka] in einer Woche; **varje vecka** [ˇvarjə ˇvɛka] *adv (jede Woche)* wöchentlich; **en gång i veckan** [en gɔŋ i: ˇvɛkan] *(pro Woche)* wöchentlich
ved [ve:d] ⟨-en⟩ (Brenn-)Holz
vem som helst [vɛm sɔm hɛlst] jeder beliebige
verkan [ˇværkan] Wirkung
verklig [ˇværkli] *adj* wirklich
verkligen [ˇværkliən] *adv* wirklich
verklighet [ˇværkliˈhe:t] ⟨-en⟩ Wirklichkeit

A/Z

verksam [ˇværksam] wirksam
verksamhet [ˇværksamˈhe:t] ⟨-en⟩ Tätigkeit
veta [ˇve:ta] wissen; **få veta** [fo: ˇve:ta] *verb* erfahren
vetskap [ˇve:tskɑ:p] ⟨-en⟩ Wissen
vi [vi:] wir
viadukt [viaˈdɵkt] ⟨-en, -er⟩ Unterführung
vid [vi:d] *(räumlich)* an, bei; *(gegen)* um; *(Gegenteil von eng)* weit; **vid Götaälv** [vi: ˇjø:taˈɛlv] am Götaälv; **vid bordet** [vi:d bu:ɖət] bei Tisch
vigselring [ˇvi:gsəlˈriŋ] ⟨-en, -ar⟩ Ehering
vik [vi:k] ⟨-en, -ar⟩ Bucht
vikt [vikt] ⟨-en, -er⟩ Gewicht; Bedeutung
viktig [ˇviktig] bedeutend, wichtig
vila [ˇvi:la] ⟨-n⟩ *(seelisch)* Ruhe; **vila upp** s. erholen; **vila (ut)** [ˇvi:la/vi:la ˈʉ:t] ⟨-ade, -at⟩ (aus-)ruhen
vild [vild] wild
vilja [ˇvilja] mögen, wollen
vilken som helst [ˇvilkən sɔm hɛlst] jeder beliebige
villa [ˇvila] ⟨-n, -or⟩ Villa
villebråd [ˇviləˈbro:d] ⟨-et⟩ Wild
villkor [ˇvilko:r] ⟨-et, -⟩ Bedingung
vilt [vilt] ⟨-et⟩ Wild
vinberg [ˇvi:nberj] ⟨-et, -⟩ Weinberg
vinka [ˇviŋka] ⟨-ade, -at⟩ winken
vinna [ˇvina] gewinnen
vinst [vinst] ⟨-en, -er⟩ Gewinn
virke [ˇvirkə] ⟨-t⟩ (Bau-)Holz
vis [vi:s] ⟨-et, -⟩ Weise, Art
visa [ˇvi:sa] ⟨-ade, -at⟩ zeigen; **visa sig** [ˇvi:sa sɛj] ⟨-ade, -at⟩ erscheinen
viss [vis] *adj* gewiß
visst [vist] wohl
vistas [ˇvistas] ⟨-ades, -ats⟩ s. aufhalten
vistelseort [ˇvistəlsəˈuʈ] ⟨- en, -er⟩ Wohnort; Wohnsitz
vits [vits] ⟨-en, -ar⟩ Witz
vittne [ˇvitnə] ⟨-t, -n⟩ Zeuge
vittnesmål [ˇvitnəsˈmo:l] ⟨-et⟩ Zeugnis
volt [vɔlt] ⟨-en, -er⟩ Volt
volym [vɔˈly:m] ⟨-en, -er⟩ Band *m*
vrede [ˇvre:də] ⟨-n⟩ Wut
vrida [ˇvri:da] drehen
vrå [vro:] ⟨-n, -r⟩ Winkel
vuxen [ˇvɵksən] ⟨vuxna, vuxna⟩ Erwachsene(r)
vy [vy:] ⟨-n, -er⟩ Ansicht
vykort [ˇvy:kuʈ] ⟨-et⟩ (Ansichts-)Karte

våg [vo:g] ⟨-en, -ar⟩ Waage
våga [ˇvo:ga] ⟨-ade, -at⟩ wagen
våldta [ˇvɔldtɑ:] vergewaltigen
vålla [ˇvɔla] ⟨-ade, -at⟩ verursachen
våning [ˇvo:niŋ] ⟨-en, -ar⟩ Stock(werk), Wohnung
vår [vo:r] unser
våt [vo:t] naß
väcka [ˇvɛka] ⟨-te, -t⟩ wecken; **väcka (upp)** [ˇvɛka/vɛka ˈɵp] ⟨-te, -t⟩ aufwecken
väckarklocka [ˇvɛkarˈklɔka] ⟨-n, -or⟩ Wecker
väder [ˈvɛ:dər] ⟨vädret⟩ Wetter; **i det här vädret** [i: de: hæ:r ˈvɛ:drət] bei diesem Wetter
vädra [ˇvɛ:dra] ⟨-ade, -at⟩ lüften
väg [vɛ:g] ⟨-en, -ar⟩ Weg; **gå sin väg** [go: sin vɛ:g] weggehen; **på väg** [po: vɛ:g] unterwegs
väga [ˇvɛ:ga] ⟨-de, -t⟩ wiegen
vägg [vɛg] ⟨-en, -ar⟩ Wand
vägra [ˇvɛ:gra] ⟨-ade, -at⟩ s. weigern, ablehnen
väktare [ˇvɛktarə] ⟨-n, -⟩ *(Wächter)* Aufseher
väl [vɛ:l] Wohl
välbefinnande [ˇvɛlbəˈfinandə] ⟨-t⟩ Wohlbefinden
välbärgad [ˇvɛ:lbærjad] wohlhabend
väldig [ˇvɛldi] gewaltig
välja [ˇvɛlja] *(auch Politik)* wählen; **välja ut** [vɛlja ˈʉ:t] aussuchen
välkommen [ˇvɛlkɔmən] willkommen
välvillig [ˇvɛ:lvilig] wohlwollend
vän [vɛn] ⟨-nen, -ner⟩ Freund; **vara god vän med** [vɑ:ra gu: ˈvɛn me:] befreundet sein mit
vända [ˇvɛnda] ⟨-e, vänt⟩ wenden; **vända om (tillbaka)** [vɛnda ˈɔm (tilˈbɑ:ka)] ⟨-e, vänt⟩ umkehren; **vända sig till någon** [ˇvɛnda sɛj til ˇno:gɔn] s. an jdn wenden
vänja sig vid [ˇvɛnja sɛj vi:d] s. gewöhnen an
vänlig [ˇvɛnlig] freundlich
vänlighet [ˇvɛnligˈhe:t] ⟨-en⟩ Freundlichkeit
vänskap [ˇvɛnskɑ:p] ⟨-en, -⟩ Freundschaft
vänster [ˈvɛnstər] links; **till vänster** [til ˈvɛnstər] nach links; **den/det/de vänstra** [den/de/dɔm ˇvɛnstra] linke(r, -s)
vänta [ˇvɛnta] ⟨-ade, -at⟩ warten; **vänta (sig)** [ˇvɛnta (sɛj)] ⟨-ade, -at⟩ erwarten
värd [væ:d] ⟨-en, -ar⟩ Wirt

värde [ˇvæ:ḍə] ⟨-t, -n⟩ Wert; **vara mycket värd** [vɑ:ra ˇmykə væ:ḍ] viel wert sein
värdeföremål/värdesaker [ˇvæḍəfœ:reˈme:l ˇvæḍəˈsɑ:kər] Wertsachen
värdelös [ˇvæ:ḍəˈlø:s] wertlos
värd(inna) [væˈḍ(ina)] ⟨-n, -or⟩ Gastgeber(in)
värdshus [ˇvæ:ḍʂhʉ:s] ⟨-et, -⟩ Gasthaus, Gasthof
värld [væ:ḷḍ] ⟨-en, -ar⟩ Welt
värma [ˇværma] ⟨-de, -t⟩ wärmen; **värma upp** [værma ˈɵp] heizen
värme [ˇværmə] ⟨-n⟩ Wärme
värre [ˈværə] schlimmer
värst [væʂt] schlimmst
väster [ˈvɛstər] Westen
västlig [ˇvɛstli] westlich
västra [ˇvɛstra] westlich
väv [vɛ:v] ⟨-en, -ar⟩ Gewebe
växa [ˇvɛksa] wachsen
växel [ˈvɛksəl] ⟨-n⟩ *(Veränderung)* Wechsel; *(Auto)* Gang
växelkurs [ˇvɛksəlˈkɵʃ] ⟨-en, -er⟩ Wechselkurs
växelpengar [ˇvɛksəlˈpeŋar] Wechselgeld
växla [ˇvɛksla] ⟨-ade, -at⟩ austauschen; *(Geld)* wechseln
växt [vɛkst] ⟨-en, -er⟩ Pflanze

W

watt [vat] ⟨-en⟩ Watt

Y

yr [y:r] schwindlig
yrke [ˇyrkə] ⟨-t, -n⟩ Beruf
yrsel [ˈyʂɛl] ⟨-n, ⟩ schwindeln
ytterdörr [ˇytəˈḍœr] ⟨-en, -ar⟩ Haustür
ytterligare [ˇytəḷiarə] sonst noch, zusätzlich
yttre [ˈytrə] äußerlich

Å

åka [ˇo:ka] ⟨-te, -t⟩ fahren; **åka tillbaka** [ˇo:ka tilˈbɑ:ka] zurückfahren
ålder [ˈɔldər] ⟨-n, åldrar⟩ Alter
år [o:r] ⟨-et, -⟩ Jahr
årligen [ˇo:ḷiən] *adv* jährlich
årstid [ˇo:ʂti:d] ⟨-en, -er⟩ Jahreszeit
åsikt [ˇo:sikt] ⟨-en, -er⟩ Meinung; Ansicht
åska [ˇo:ska] ⟨-n, -⟩ Gewitter
åskådare [ˇo:sko:darə] ⟨-n, -⟩ Zuschauer
åsna [ˇo:sna] ⟨-n, -or⟩ Esel
åter [ˈo:tər] wieder
återfordra [ˇo:tərfu:ḍra] reklamieren
återfå [ˇo:tərˈfo:] wiederbekommen
återföra [ˇo:tərˈfœ:ra] ⟨-de, -t⟩ zurückbringen
återkomma [ˇo:tərˈkɔma] wiederkommen
återkomst [ˇo:tərˈkɔmst] ⟨-en, -er⟩ Rückkehr
återlämna [ˇo:təˈḷɛmna] ⟨-ade, -at⟩ wiedergeben
återresa [ˇo:təˈre:sa] ⟨-n, -or⟩ Rückfahrt, Heimreise
återse [ˇo:təˈʂe:] wiedersehen
återstående [ˇo:təˈʂto:əndə] übrig
återvända [ˇo:tərˈvɛnda] ⟨-e, -vänt⟩ zurückkehren
åtminstone [o:tˇminstɔnə] mindestens, wenigstens

Ä

äga [ˇɛ:ga] ⟨-de, -t⟩ besitzen; **äga rum** [ɛ:ga ˈrɵm] stattfinden
ägare [ˇɛ:garə] ⟨-n, -⟩ Eigentümer, Besitzer
ägg [ɛg] ⟨-et, -⟩ Ei
ägodelar [ˇɛ:guˈde:lar] *pl* Besitz
äkta [ˇɛkta] echt; wirklich
äktenskap [ˇɛktənˈskɑ:p] ⟨-et, -⟩ Ehe
älska [ˇɛlska] ⟨-ade, -at⟩ lieben
älskling [ˇɛlskliŋ] ⟨-en, -ar⟩ Liebling
älskvärd [ˇɛlskvæ:ḍ] liebenswürdig
älskvärdhet [ˇɛlskvæ:ḍˈhe:t] ⟨-en, -er⟩ Liebenswürdigkeit
älv [ɛlv] ⟨-en, -ar⟩ Fluß
ämne [ˇɛmnə] ⟨-t, -n⟩ (Gesprächs-)Gegenstand
än [ɛn] *(bei Vergleich)* als; **bättre än** [ˈbɛtrə ɛn] besser als; **ingenting annat än** [ˇiŋəntiŋ ˇanat ɛn] nichts als
ändamål [ˇɛndaˈmo:l] ⟨-et, -⟩ Zweck
ändamålsenlig [ˇɛndamo:lsˈe:nli] zweckmäßig
ändamålslös [ˇɛndamo:lsˈlø:s] zwecklos
ändra [ˇɛndra] ⟨-ade, -at⟩ ändern
ändå [ˇɛndo:] trotzdem
ändå [ˇɛndo:] doch
äng [ɛŋ] ⟨-en, -ar⟩ Wiese

A/Z

än(nu) [ɛn/ˇɛnʉ:] noch; **inte än(nu)** [ˇintə ɛn/ˇɛnʉ:] noch nicht
är i stånd [e: i: stɔnd] ist fähig
ära [ˇæ:ra] ⟨-n⟩ Ehre
ärende [ˇæ:rəndə] ⟨-t, -n⟩ Angelegenheit, Besorgung; **klara av ett ärende/ en sak** [klɑ:ra ˈɑ:v et ˇæ:rəndə/en sɑ:k] eine Angelegenheit erledigen
äta [ˇɛ:ta] essen; **äta frukost** [ˇɛta ˈfrɵkɔst] frühstücken
ätbar [ˇɛ:tbɑ:r] eßbar
även [ˇɛ:vən] auch

Ö

ö [ø:] ⟨-n, -ar⟩ Insel
öga [ˇø:ga] ⟨-t, ögon⟩ Auge
ögonblick [ˇø:gɔnˈblik] ⟨-et, -⟩ Augenblick, Moment
öka [ˇø:ka] ⟨-ade, -at⟩ zunehmen; **öka i vikt** [ˇø:ka i: vikt] ⟨-ade, -at⟩ *(dicker werden)* zunehmen
öm [øm] zärtlich
önska [ˇønska] ⟨-ade, -at⟩ wollen, wünschen
önskan [ˇønskan] Wunsch
önskemål [ˇønskəˈmo:l] ⟨-et, -⟩ Wunsch
öppen [ˇøpən] offen, auf
öppet [ˇøpət] geöffnet
öppna [ˇøpna] ⟨-ade, -at⟩ aufmachen, öffnen
öppningstid [ˇøpniŋsˈti:d] ⟨-en, -er⟩ Öffnungszeit
öster [ˈøstər] Osten
österrikare [ˈøstəri:karə] ⟨-n, -⟩ Österreicher
Österrike [ˈøstəri:kə] Österreich
Östersjön [ˇøstəˈʂøn] Ostsee
öva [ˇø:va] ⟨-ade, -at⟩ üben
över [ˇø:vər] über; **bli över** [bli: ˈø:vər] übrigbleiben; **vara över** [vɑ:ra ˇœ:vər] vorüber sein
överallt [ø:vəˈralt] überall
överbringa [ˇø:vərˈbriŋa] ⟨-ade, -at⟩ überbringen
överdriven [ˇø:vəˈɖri:vən] übertrieben
överenskomma (om något) [ø:və-ˇre:nskɔma (ɔm ˇno:gɔt)] vereinbaren; **vara överens** [vɑ:ra øvəˈre:ns] einig sein
överenskommelse [ø:vəˇre:ns-kɔməlsə] ⟨-n, -r⟩ Einverständnis
överfalla [ˇøvərˈfala] überfallen
överflödig [ˇø:vərˈflø:dig] überflüssig
överfull [ˇø:vərˈfɵl] überfüllt
överföra [ˇø:vərˈfœ:ra] ⟨-de, -t⟩ überweisen
övergående [ˇø:vərˈgo:əndə] vorübergehend
övergång [ˇø:vərˈgɔŋ] ⟨-en, -ar⟩ Übergang
kan överlåtas [kan ˇø:vəˈɭo:tas] übertragbar
överlämna [ˇø:vəˈɭɛmna] ⟨-ade, -at⟩ übergeben, überbringen, abgeben
övernatta [ˇø:vəˈɳata] ⟨-ade, -at⟩ übernachten
överraskad [ˇø:vəˈraskad] überrascht
översätta [ˇø:vəˈʂɛta] übersetzen
överta(ga) [ˇøvərtɑ:(ga)] übernehmen
övertala [ˇø:vəˈʈɑ:la] ⟨-ade, -at⟩ überreden
övertyga [ˇø:vəˈʈy:ga] ⟨-ade, -at⟩ überzeugen
övning [ˇø:vniŋ] ⟨-en, -ar⟩ Übung
övrig [ˇø:vrig] übrig
övrigt, för ~ [fœr ˈø:vrit] übrigens

Notizen

Notizen

otizen

Notizen